宁夏大学“提升中西部高校综合实力项目”资助出版

西夏文献研究丛刊

杜建录　波波娃　主编

上海古籍出版社

国家社科基金青年项目
（14CZS029）

总　　序

西夏在中国，大量的西夏文献收藏在俄罗斯，西夏研究成为中俄两国共同关注的学术领域。为此，2009年在国家领导人的亲切关怀下，中俄人文合作委员会秘书处（教育部）将“西夏文化研究”列入两国语言年活动项目，由宁夏回族自治区教育厅和宁夏大学承担。在教育部的指导下，宁夏大学西夏学研究院和俄罗斯科学院东方文献研究所签订协议，成立中俄人文合作交流机制下研究机构——中俄西夏学联合研究所，宁夏大学西夏学研究院院长杜建录教授任中方所长，俄罗斯科学院东方文献研究所所长波波娃教授任俄方所长。

2010年7月26日，我利用中国高等教育学会外国留学生教育管理分会银川学术年会间隙，专门考察了宁夏大学西夏学研究院，该院主持完成的《中国藏西夏文献》《中国藏黑水城汉文文献》《说西夏》等著作，给我留下了深刻的印象。作为中俄人文合作委员会教育合作分委会主席，我高兴地看到，中俄西夏学联合研究每年都有新成果、新亮点。2010年10月中俄西夏学联合研究所在宁夏大学揭牌，2011年9月俄中西夏学联合研究所在俄罗斯科学院东方文献研究所揭牌。连续召开三届西夏学国际学术论坛，一批西夏学中青年骨干赴俄罗斯访问研究。更令人欣慰的是，两国学者不是停留在一般性的往来上，而是围绕西夏法律文献、社会文书、佛教典籍等领域开展实质性的合作研究，相继完成“西夏社会文书研究”、“夏译《孟子》研究”、“天盛律令研究”、“党项西夏碑刻研究”、“西夏《功德宝集偈》跨语言对勘研究”、“黑水城出土汉文文书释录”等课题，陆续出版的《西夏文献研究丛刊》和《黑水城出土汉文社会文书释录》，就是其中的一部分。

中俄西夏学联合研究源远流长，20世纪30年代，《国立北平图书馆馆刊》刊出西夏文专号，中苏等国西夏学者发表成果，相互酬唱，成为佳话；90年代以来，中俄两国学者联合整理出版大型文献丛书《俄藏黑水城文献》；进入新世纪，中俄人文合作交流框架下的西夏学合作研究，是在西夏文献整理出版基础上的深入研究，相信在两国政府的支持和两国学者的共同努力下，一定会取得丰硕的成果，为推动中俄全面战略协作伙伴关系的发展做出应有贡献。

中俄人文合作委员会
教育合作分委会中方主席
郝　平
二〇一四年十一月二十六日

目　　录

绪　　论

一、《天盛改旧新定律令》武器装备条文基本内容概况

1908年和1909年，俄国皇家蒙古四川地理考察队在我国内蒙古阿拉善盟额济纳旗的黑水城遗址先后发掘出了大批西夏文献，这些珍贵的资料现收藏于俄罗斯科学院东方研究所圣彼得堡分所。其中西夏文本《天盛改旧新定律令》也在这批珍贵资料之内，先经俄国专家将其翻译为俄文，我国学者根据原文图版，将其译成汉文，才使《天盛律令》得以展示于世人面前。

《天盛律令》是一部用少数民族文字印行的法典，共二十卷，卷下分为一百五十门，一千六百六十余条。除个别卷、门的条文有缺佚外，保存基本完整，其涉及内容非常广泛，规定非常详细。天盛是西夏仁宗皇帝的年号，《天盛改旧新定律令》（以下简称《天盛律令》）西夏文为“[illegible]”，是仁宗时期对前朝法典重新修订的一部体例完备的综合法典。

《天盛律令》卷首有《颁律表》，记载了有关《天盛律令》的修订、定名、雕印、敕准、颁行等重要线索。目前所见的仅有西夏文写本和刻本，尚未发现有汉文文本存世。尽管《天盛律令・颁律表》中明确记载“合汉文者奏副中兴府正汉大学院博士杨时中，译汉文者西京尹汉学士讹名□□、译汉文纂定律令者汉学士大都督府通判芭里居地、译汉文者番大学院博士磨勘司承旨学士苏悟力”。[①] 从整理出的刻本来看，页面均为蝴蝶装，每页版口上方皆有“律令”二字。每页左右双栏，每半页九行，行十七或十八字不等，版口

① 史金波、聂鸿音、白滨译：《天盛改旧新定律令・颁律表》，法律出版社，2000年，第108页。

题律令卷次及页次，全书纸幅及版框高广并不一致，书体及镌刻精拙程度各异，似由多人于不同地点分头雕版而成。写本共有五种，残存情况不一，均独立成卷。装帧形式有蝴蝶装、卷轴装、线订册叶装，抄工亦优劣不等，其西夏文刻本是我国中古时期唯一基本完整保存原本的法典，在少数民族法制史、中国法制史的链条中占有不可或缺的重要地位。

《天盛律令》共二十卷，专门规定军事法规的就有三卷，涉及到军事方面的有三卷，包括卷四、卷五和卷六。本文以卷五为主要研究内容，涉及到卷六的一部分内容，如《官披甲马门》。第四卷，计六门分八十五条，主要围绕边防制度等方面展开，这些条文在唐宋律令《擅兴》篇中有所涉及，但具体内容不尽相同；第五卷，计二门分三十七条，为西夏武器装备的配给和季校的规定。唐宋律中对于武器方面的规定，也只有《擅兴》律中的"私有禁兵器"，而对于战具发放与校验均不载；第六卷，计七门分七十七条，内容涉及发兵集校与兵役制度方面的内容，条文中除《发兵集校门》外，其他各门唐宋律中都没有。仅此三卷、十六门、一百九十八条，已占全书二十卷、一百五十门、一千四百六十一条的七分之一左右，加之散见于其他门类的条文，如卷十"官军敕门"中的"抄官军继法"、"继子继抄官军"等条，足见军事法规在西夏法律制度中的分量。

《天盛律令》中的第五卷，共有二门三十七条，包括《军持兵器供给门》和《季校门》，保存相对完整，部分内容佚失，仅存条目。每一门的条目名称如下：

军持兵器供给：诸父子武器属法、正首领箭数、持隐身用木牌、善步射箭数、负担持锹镢、披甲裹袋、枪式、止留人、披甲尺。

季校：十月大校、武器校者缺、披甲马校者缺首领分罪、杂物校者缺首领等罪、武器相互借、武器有损予期限上未修整、能偿不偿首领罪及告功、修披甲马期限、有补偿武器半分未偿不足整份罪、小首领等属下武器缺使不偿、武器住滞溜行监连坐、十枝箭算一种、武器校者缺故失军功有得、权检校罪承法、畜依等披甲马找寻、官马当印驮齿、私马借贷何校、军头监给聚日时不来、权检校聚日上不来、小首领等聚日上不来、检口正未来及何派、人马坚甲籍上未著校口隐、口检守持者之武器辅主人检作、大杖代各小杖承、校军者贪食及检查未牢不告、当检军上摊结合、摊派举赏、人马武器实无样式不合偿中入。[①]

---

① 史金波、聂鸿音、白滨译：《天盛改旧新定律令(名略)》，法律出版社，2000年，第22—24页。

二、国内外研究述评

（一）国外研究

1932 年出版的中国《国立北平图书馆馆刊》西夏文专号上刊载了苏联著名西夏学家聂历山初步整理的《西夏书籍目录》，第一次将《天盛律令》的消息公诸于世，聂历山还在同刊《西夏语研究小史》中作了记述："在亚洲博物馆（即后来的东方学研究所）中有关于西夏法律之官书甚多，中有若干颇为完好，大半则俱属残本。若就现存各本之大小为断，此当属西夏各朝之法典，其中一部分尚存书名，为《天盛年变新民制学》，是可证也。"①可以说聂历山是在圣彼得堡西夏文特藏中第一个发现《天盛律令》的人。

1963 年，在戈尔巴乔娃和克恰诺夫编订的《西夏文写本和刊本》一书中，首次对《天盛律令》作了详细的整理，按原书顺序排好卷次、页码，对各编号的叶面尺寸、行、字数、保存情况等作了详细的描述。②

自 20 世纪 60 年代起，苏联西夏学家克恰诺夫致力于《天盛律令》的译释和研究，相继发表了一系列论文。如他在 1965 年《亚洲民族研究所简报》中发表的《西夏国家政府机构的西夏文资料》一文，就主要利用了《天盛律令》卷十《司序行文门》中的部分资料。1968 年克氏出版的《西夏史纲》也利用了《天盛律令》中的资料。1987—1989 年克恰诺夫的四卷本巨著《天盛改旧新定律令》先后出版。该书第一卷为研究篇，是他对法典研究的论文，第二、三、四卷为俄译本和全部影印件，刊布并翻译了 20 世纪 80 年代以前识别出的《天盛律令》刻本，但缺少卷首《名略》及卷七第二十六页右半、卷十七第四十七页右半。克恰诺夫倾注了二十年心血，不仅在《天盛律令》的研究上作出了巨大的贡献，而且第一次把这部法典由西夏文翻译出来，在西夏文法律的翻译史上具有开创性意义。更为重要的是，与译文一同刊布的影印件也让更多的人见到了《天盛律令》的原貌，为我国学者的研究提供了可以参照的底本。遗憾的是，克恰诺夫的俄译本，由于文本语言方面的局限，在我国没有得到充分的利用和应有的认可。

（二）国内研究

1.《天盛律令》的刊布情况

《天盛律令》是西夏时期最为完备的法典，是研究西夏社会历史的珍贵资料。由

① ［俄］聂历山：《西夏语研究小史》，《国立水平图书馆馆刊》"西夏文专号"，1932 年。

② 杜建录、波波娃主编：《〈天盛律令〉研究》，上海古籍出版社，2014 年，第 2 页。

于其独特的版本价值和极高的史料价值，发掘的消息一经刊布就引起中外学者的关注。国内最早著录《天盛律令》的是《国立北平图书馆馆刊》第四卷第三号（1932），书题当时译为《天盛改良新定法令》、《天盛年变更定戒教》或《天盛年变新民制学》。最详细的版式描述载于戈尔巴乔娃和克恰诺夫合著的《西夏文写本和刊本》，该书于1963年由苏联东方文献出版社出版。到目前为止，刊布《天盛律令》原件照片的著作共有三种：

一是1987—1989年苏联科学出版社刊布本，共有四册，由克恰诺夫俄译。该书刊布并翻译了20世纪80年代以前识别的《天盛律令》刻本，但缺少写本、名略及卷七第26页右半、卷十七第47页右半。其中第二册俄译本（原卷一至卷七）由李仲三转译为汉文，经罗矛昆校订，于1988年由宁夏人民出版社出版。

二是1994年中国科学出版社刊布本，题为《西夏天盛律令》，编入《中国珍稀法律典籍集成》甲编第五册，由史金波、聂鸿音、白滨据西夏文原件翻译。书中原件照片系从苏联刊本翻拍制版。

三是1998年中国上海古籍出版社刊布本，见俄罗斯科学院东方研究所圣彼得堡分所、中国社会科学院民族研究所、上海古籍出版社合编的俄藏黑水城文献第八、九册。该书所刊照片均从俄藏原件直接拍摄，另补入苏联未曾刊出的卷首名略两卷，以及近年新识别出的《天盛律令》刻本零页和写本照片百余帧。

2.《天盛律令》的研究状况

自《天盛律令》整理翻译出版以来，为西夏学研究提供了取之不竭的基本素材。相继推动出版了王天顺《西夏天盛律令研究》、[①]杨积堂《法典中的西夏文化——西夏天盛改旧新定律令研究》、[②]姜歆《西夏法律制度研究——〈天盛改旧新定律令〉初探》、[③]杜建录《〈天盛律令〉与西夏法制研究》、[④]陈永胜《西夏法律制度研究》、[⑤]邵方《西夏法制研究》[⑥]等一批以《天盛律令》为研究对象的专著，从多个角度对《天盛律令》进行深入的研究。论文方面有代表性的当数史金波《西夏〈天盛律令〉略论》（《宁夏社会科学》1993年第1期），全面地介绍了《天盛律令》的内容、特点、格式等问题；杜建录《西夏〈天盛律令〉的历史文献价值》

① 王天顺：《西夏天盛律令研究》，甘肃文化出版社，1998年。
② 杨积堂：《法典中的西夏文化——西夏〈天盛改旧新定律令〉研究》，法律出版社，2003年。
③ 姜歆：《西夏法律制度研究——〈天盛改旧新定律令〉初探》，兰州大学出版社，2005年。
④ 杜建录：《〈天盛律令〉与西夏法制研究》，宁夏人民出版社，2005年。
⑤ 陈永胜：《西夏法律制度研究》，民族出版社，2006年。
⑥ 邵方：《西夏法制研究》，人民出版社，2009年。

(《西北民族研究》2005 年第 1 期)一文结合《天盛律令》内容,对其文献价值进行详细的介绍和研究;韩小忙《〈天盛律令〉与西夏婚姻制度》(《宁夏大学学报》1999 年第 2 期)结合西夏法典,对西夏婚姻制度的礼制化、民族化特点进行讨论;王爽、蒋犀勐《从〈天盛改旧新定律令〉看西夏的婚姻法律制度》(《重庆科技学院学报》社会科学版,2010 年第 22 期),通过对《天盛律令》的研究,论述了西夏婚姻制度的内容、自身特点及产生原因;邵方《西夏法典对中华法系的传承与创新——以〈天盛律令〉为视角》(《政法论坛》2011 年第 1 期)认为,《天盛律令》是以唐律为代表的中华法系的传承,同时西夏法典中所包含的党项民族特有的内容,是西夏法律对于中华法系的发展和创新;董昊宇的《〈天盛律令〉中的比附制度——以〈天盛律令〉"盗窃法"为例》(《宁夏社会科学》2011 年第 5 期)认为,比附作为中国古代刑法中的一项重要制度,在各朝法典中被广泛运用,而西夏的立法者也将其寓于本国法典当中;李娜《略论西夏妇女的法律地位——基于〈天盛改旧新定律令〉分析》(《内蒙古农业大学学报》2011 年第 2 期)以《天盛律令》为中心,探讨西夏妇女的经济地位问题;聂鸿音《俄藏 6965 号〈天盛律令〉残卷考》(《宁夏大学学报》1998 年 3 期)一文指出,这个残卷是西夏法典《天盛改旧新定律令》卷十四的另一种写本,其中有二十三条可补通行本《天盛律令》之缺,文中对这二十三条进行翻译;佐藤贵保著、刘宏梅译《未刊俄藏西夏文〈天盛律令〉印本残片》(《西夏研究》2011 年第 3 期),对俄藏未刊西夏文《天盛改旧新定律令》的印本残片进行了介绍。研究这些论著为《天盛律令》和西夏历史的进一步深入研究奠定了更加坚实的基础。但需进一步指出的是,大多的论著还是从史学视野出发得出的结论,仅仅停留在直接引用《天盛律令》中的法律条文为基本资料,缺乏对《天盛律令》文献本身进行拓展型研究,这些成果都不可避免地在研究角度、研究方法、研究思路等方面带有一定的局限性。

3. 西夏武器装备研究

西夏以武立国,西夏军事自然成为西夏研究的重要课题,且西夏军事内容丰富、特点鲜明,既具有西夏游牧民族的特点,又有中原王朝军事的影子,更是中国古代武器发展过程中一个重要的承袭和创新时期。截至目前,公布和发现的西夏军事方面的典籍,除了专门的西夏兵法《贞观玉镜将》、《六韬》、《孙子》、《黄石公三略》、《将苑》等兵书的西夏译本外,还有《天盛律令》、《亥年新法》等西夏文法律典籍,尤其是军事立法在《天盛改旧新定律令》中占有相当重要的位置。

关于西夏武器装备这一课题,经过前辈学者的不懈努力,已经取得了一定的成果。专著主要有王天顺的《西夏战史》、陈炳应的《贞观玉镜将研究》,在林旅芝《西夏史》、吴天墀

《西夏史稿》、白滨《党项史研究》、李蔚《简明西夏史》等研究著作中都涉及西夏武器装备。更多的就是一些关于西夏军事制度方面的论著，西夏武器装备是其中的一个重要研究部分，如陈炳应的《党项人的军事组织述论》(《民族研究》1986 年第 5 期)一文对西夏军事组织发展过程进行探讨，并将其分为原始阶段、发展阶段和成熟阶段；邵方的《西夏的兵役制度论》(《中国政法大学学报》2012 年第 5 期)着重分析了西夏兵役制度的缘起、变化和完善，结合《天盛律令》探讨了兵役制度的具体规定；彭向前的《释“负赡”》(《东北史地》2011 年第 2 期)结合史料和文献，对“负赡”这一西夏军事制度的一个重要术语进行了详细考释；张玉海《简论宋夏平夏城之战》(《西夏研究》2010 年第 4 期)认为，平夏城之战是宋夏中前期围绕平夏城修筑与争夺所发生的一次重要战役；陈广恩《关于西夏边防制度的几个问题》(《宁夏社会科学》2001 年第 3 期)，结合《天盛律令》和《贞观玉镜将》，对西夏边防将领的选派、边防军的职责、奖罚制度以及边防制度的特点等具体问题做出探讨等。李华瑞《近 30 年国内的西夏史研究述评》(《西夏研究》2010 年第 4 期)一文中，对近十年的西夏史研究论文选题进行分析，除去重复、一般知识性介绍等文章外，对西夏军事研究的论文大概有 30 余篇，且与西夏政治分为一类，选题内容主要集中在军事体育、军事后勤、宋夏战争和地理、军事制度、武器装备等方面。

由于缺乏出土文物和文献资料，就西夏武器装备专门进行研究的论著不是很多，其中代表性的有杜建录《西夏军队的武器装备及其管理制度》(《河北大学学报》1998 年第 3 期)利用《天盛律令》的宝贵资料，详细介绍了西夏不同种类和任务军队的武器装备，季校审验制度、官披马甲的管理规定；贾随生《西夏军事后勤供给概论》(《宁夏社会科学》2004 年第 3 期)也对西夏军粮、武器、马匹的供给情况作了初步探讨，概括西夏军事后勤供给体制的特点与系统；陈广恩《西夏兵器及其配备制度》、《关于西夏兵器的几个问题》和《西夏兵器及其在中国兵器史上的地位》等文中分析探讨了西夏兵器的种类、制作及其配备制度，并对西夏兵器在中国兵器史上的地位作尽可能客观公允的评价和较为准确的认识；李进兴《两件西夏兵器考略》(《西夏研究》2010 年第 1 期)以出土的两件西夏兵器——夏人剑、铭文弩机为例，论述西夏文化和冶炼技术。王福良的《西夏的兵器制造与化学》(《宁夏大学学报》1999 年第 2 期)概述了西夏兵器的发展状况以及西夏兵器与西夏冶金、化学之间的关系。西北师范大学拓万亮的《西夏特色兵器的研究》(西北师范大学 2011 年硕士毕业论文)系统地介绍了西夏各种兵器，并对其中西夏特有兵器如神臂弓、夏人剑、旋风炮、瘊子甲等进行较为详细的研究等。尽管这些论著都成为本文研究的基础，有积极的借鉴意义，但大都以《天盛律令》或汉译本为材料，缺乏考证辨析，缺乏从中国古代兵器史发展的角度进行宏观比对。

总的说来，与西夏经济、宗教、文献考释、文物等西夏学其他领域的研究相比，西夏军事制度的研究相对滞后，武器装备方面的论述就更是匮乏，也仍然有许多重要的问题没有得到深入的研究，或者是目前史学界还存在争论。汤开建先生也在《近几十年国内西夏军事制度研究中存在的几个问题》(《宁夏社会科学》2002 年第 4 期)一文中提出"近几十年国内西夏军事制度的研究存在的问题甚多，其研究水准尚处在一个初级阶段"。虽然又经过多年的研究，西夏军事方面已经有了很大程度的进步，但仍然有很大的提升空间。

三、研究意义

对于本文研究意义，也要从资料整理和专题研究两个部分来看。首先从资料整理来看：

(一) 西夏文武器装备条文整理研究是对《天盛律令》翻译的有益补充。西夏《天盛律令》汉译本的刊布，可以说是老一代专家学者克服重重困难、努力拼搏的结果，是其毕生智慧的结晶，为西夏学界提供了一份宝贵的研究资料，推动了西夏学研究的全面展开和蓬勃发展。但是正如克恰诺夫先生所说，"这类典籍任何时候也不可能一译而就。需要一代、两代、三代学者，对他们二次、三次甚至十次翻译，每次都要仔细推敲原文，才能使译文臻于完善"。[①] 而克恰诺夫、史金波、聂鸿音等老一辈西夏学专家们在不断地对《天盛律令》加以修改完善的同时，也非常谦虚地认为"可能无人比我更知自己译文中缺点和不足"，希望有人能够对他们在译文中的错误观点进行改正。作为年轻的西夏学者，随着更多新材料的发现和公布，更多新技术的运用，我们有条件、也有责任对《天盛律令》的进一步准确翻译贡献自己的力量。同时《天盛律令》是西夏的综合性法典，需要译者对各个方面的知识都要有所涉猎和研究，势必会分散翻译时的注意力，也就容易产生博而不精、全而不深的问题，为我们在其中的一个方面进行深入考证和研究提出了要求。

因此，我们在《天盛律令》已有汉译本和俄译本两种译本翻译的基础上，利用《贞观玉镜将》、《番汉合时掌中珠》、《文海》、《类林》、军籍文书等西夏文文献，对照《俄藏黑水城文

① [苏] 克恰诺夫俄译、李仲三汉译、罗矛昆校订：《西夏法典——天盛改旧新定律令(1—7 章)》(序言)，宁夏人民出版社，1988 年 12 月。

献》图版，就《天盛律令》中所涉及的西夏武器装备条文进行逐字逐句地录入、译注和考证。我们发现《天盛律令》两种译本中对各个武器装备的翻译存有一定问题，两种译本仅在武器装备方面的名物制度方面就存在很多翻译不同和没有翻译出来的问题。其中，有一些武器装备的翻译模糊、笼统，虽然基本的意思是正确的，但在表述方面不够准确。如将西夏保护战士的铠甲和保护战马的马铠，简单译为“披”、“甲”，容易在现代汉语中产生歧义；有一些武器装备的翻译，对不同武器装备没有加以区分，如果仅仅从汉文字面意思来理解，不对西夏文进行释读，将无法完全准确理解、把握其性质，如枪、矛、旗、槌杖等；有一些武器装备的翻译存在前后不一的现象，对读者有误导作用，以为是西夏时期的两种不同武器装备，如“铁蒺藜”和“铁笊篱”等武器。

（二）西夏文武器装备条文整理研究在西夏文版本校勘、汉文典籍的理解等方面有参考价值。

1. 有助于正确理解汉文典籍中的词义。

中国古代典籍中有一些词语有时难以准确理解，西夏译本为我们提供了方便。如在翻译铠甲的构成部分时发现，汉文本《孙子兵法》中有“是故卷甲而趋”一句，并且“卷甲”一词被多处引用，如《新唐书·王晙传》：“书未报，而虏已叛，乃敕晙将并州兵济河以讨。晙间行，卷甲舍幕趋山谷。”[①]通常“卷甲”被释为“收起铠甲，轻装疾进”之意，初读之下似乎并无不妥，但仔细推敲却有问题。古代战役中，随时都可能发生战争，铠甲之类防护装备穿着起来本就繁琐，不应该在疾行时将所有铠甲收起，战时再穿。那么如何正确理解该句，西夏文《孙子兵法》翻译为“[illegible]”，[②]该句中“甲”用“[illegible]”（甲裙）来翻译，而非“[illegible]”（铠甲）。这样我们就非常清楚，在战争中疾行的战士，只是将遮挡住腿部的甲裙卷起，而非传统意义上的整个铠甲卷起。

2. 有助于对《天盛律令》的整理研究起到有一定补充作用。

汉译本《天盛律令》是“据 1998 年上海古籍出版社刊布的照片补译了原来所缺的内容，包括卷首《天盛改旧新定律令·名略》二卷，卷十四《误伤杀与斗殴门》中新识别出的二十三条，以及少量刻本零页和据写本新校补的残字”。[③] 尽管汉译本已经补充了很多条文，但仍有遗漏的部分。如在卷五《季校门》中依据《俄藏黑水城文献》第八册中又发现一页，其意译为“种徒二年；十六种至二十种，则有者革职、军，徒二年，无职、军者则徒三年；

① ［宋］欧阳修：《新唐书》卷一一一《王晙传》，中华书局，2002 年。
② 林英津：《夏译〈孙子兵法〉研究》，中研院史语所单刊二十八，第 3—6 页。
③ 史金波、聂鸿音、白滨译：《天盛改旧新定律令》（前言），法律出版社，2000 年，第 6 页。

二十一种至二十五种，徒四年；二十六种至三十种，徒五年；三十一种至三十五种，徒六年；三十六种至四十种，徒十二年；四十种以上一律绞杀。其中不知情者不治罪。一等箭袋、弓、箭、枪、剑、木橹、浑脱、弓弦、槌杖、凿头斧、铁笊篱、锹镢、马铠、铠甲”。同时，在《俄藏黑水城文献》第八册，第132—138页中还有五个西夏文图版，被收录在《天盛律令》第五卷末尾部分。但其实际为第十五卷内容，且收录图版比第十五卷中相同部分更加清晰，可以作为第十五卷翻译的补充材料。

3. 有助于对西夏雕版印刷、公文格式的研究起到一定的借鉴作用。

在《天盛律令》卷五中多次出现为“[illegible]”（[illegible]），其意为“怒”。如图版31—12中“[illegible]（缺三分以内者，不治罪）”[①]在句中如将其理解为“怒”，似为不妥，根据上下文意该字应为“惩罚”之意。该字在《天盛律令》中多处出现，且图版清晰，到底是“[illegible]”有了“治”的意思，还是另有原因？通过对《天盛律令》的仔细核查，发现图版中“[illegible]”应为“[illegible]”在雕版印刷时的讹体字之一，即该字的左边两横不出头。《天盛律令》中还有该字右边两横不出头，如“[illegible]”；在文中还有一处字比较完整，即左、右两边都出头“[illegible]”，“[illegible]”意为“拒”、“止”、“去”、“遮”、“制”、“逆、“论”、“护”、“免”、“御”等。[②] 通过对版本和字形的对比，可以看出《天盛律令》卷五尽管只有甲种本，但也应该是由不同版本缀合或是同一版本中不同刻工所做，为我们研究西夏版本印刷提供了借鉴作用。

尽管《天盛律令》为西夏综合性法典，不像其他公文一样严格讲究公文格式，但是也在文中的一些字词上体现了西夏的“公移平阙”的规定。如“[illegible]”，字义为“公”、“官”。在《天盛律令》中每字前都要空一格，按照西夏文公文撰写制度，在行文中遇到特殊的字要空出一个或者两个字。既是西夏律法特殊情况的如实反映，也是西夏礼制和尊卑森严等级制度的真实写照。其中西夏文献中对“官”字空一字的不仅是公文或《天盛律令》这样的官刻本，就是在日常文书中也存在这一现象。如俄藏Инв. No.5124-4(4)《天庆寅年二月卖畜契》中“[illegible]　[illegible]”译为“官依三斛麦”前亦空一字。[③] 同样的情况在《天盛律令》中还有“[illegible]”（御）等字。

（三）西夏文武器装备文献资料的整理是规范西夏语言文献译释的参考模式。由于《天盛律令》是西夏的综合法典，它的内容十分丰富，涉及领域广阔，研究价值高，倾注了许多老一辈西夏学者多年的心血，几乎可以代表西夏文翻译的最高水平。它的译本不仅是

① 史金波、聂鸿音、白滨译：《天盛改旧新定律令》卷五《军持兵器供给门》，法律出版社，2000年，第232页。
② 史金波、聂鸿音、白滨译：《天盛改旧新定律令》卷五《军持兵器供给门》，法律出版社，2000年，第230页。
③ Инв. No.5124-4(4)《天庆寅年二月卖畜契》，《俄藏黑水城文献》第十四册，第17页。

我们研究西夏历史的重要资料，也是学习西夏文字的典范教材，更是翻译其他西夏文文献的重要参考。目前，西夏学界对西夏文翻译的方法、式样各一，林英津先生一直倡导“四轮翻译法”，即西夏文录文、音标、直译、对译等四种方法要同时使用，并在翻译的过程中还对一些字、词、句子的语法进行标注。聂鸿音先生在2014年10月银川举办的“黑水城文献与西夏学学术论坛”时做的《西夏文佛经研究方法问题》专题报告中，也对当下西夏学术界出现的西夏文佛经翻译方法多样、质量不齐等问题和现状提出了自己的看法，得到与会专家学者的普遍认可。因此，在前辈研究的基础上，我们整个团队在杜建录导师的教育指导下，经过多年的摸索和逐步改进，形成了西夏文《天盛律令》的录文、整理、考释式样，形成自己独特的研究风格，以期达到为目前纷繁复杂的西夏语言文字译释提供一种西夏文翻译、考释参考模式的目的。

西夏文武器装备文献资料的整理是开展西夏武器装备专题研究的依据。老一辈学者对年轻人提出殷切希望的同时，也为我们指明了学习方向“捷径是没有的，至关重要的是为广大研究者提供西夏原文……为了科学的发展，首先应深入研究具体材料，它们的重要性并不亚于修正认识事物的一般观点”。通过对西夏文《天盛律令》的考释，不仅修补了一些翻译上的问题，加深了我们对《天盛律令》和西夏武器装备的认识和了解，又提高了自己释读西夏文献的能力，并培养成对西夏文文献随时核对原图版的习惯，为以后西夏文献深入研究方面打下坚实的基础。同时我们在前辈的指引下，从《天盛律令》法律条文内容本身出发，展开专题研究。通过研究西夏武器装备条文的内容，了解西夏武器装备配备、检查、管理的具体规定，达到研究西夏军事社会的目的。

其次，从专题整理部分来看，边疆少数民族进入农业和半农半牧区，建立稳定的封建政权，是宋、辽、夏、金时期我国多民族历史发展的重要特点。和宋、辽、金等政权相比，西夏有自己独特的武器装备和完善的武器装备生产、管理制度。因此，通过《天盛律令》武器装备条文的整理考释，开展对西夏武器装备专题研究，是探讨中国多民族史的重要环节，是丰富中国军事历史研究内容的重要方面，这是本文研究的另一意义之所在。

1. 西夏武器装备专题研究有利于进一步丰富和完善西夏军事制度内容。人们研究古代军事通常会更多地关注战役的过程和影响，却往往忽视在战争中发挥重要作用的武器装备这一重要因素。武器装备是西夏军事制度的重要内容，是关乎国家安全、战争胜负和政权稳定的重要问题。西夏采取了一系列行之有效的措施，建立了一整套成熟的武器装备生产、管理、检查制度，维护了西夏国家安全与社会稳定，又使西夏在对外战争中不落下风。西夏的武器装备是西夏军事制度的一个缩影，西夏军事制度的诸多方面如军队编制、军籍管理、军官体系、后勤保障等内容都在西夏武器中有所反映。可以说，西夏武器装备是研究西夏军事和边疆少数民族军事发展史的一把钥匙。

2. 西夏武器装备专题研究有利于进一步深刻认识西北民族发展的历史演变。党项族从内迁至建立党项政权一直缺少精良的武器，但在元昊建国时，宋使就能“闻屋后有数百人锻声”。后来，西夏武器中神臂弓、西夏剑、锁子甲等武器的生产，已经在某些方面超越了宋朝。同时还使用许多民族特色的武器，如铁链枷、浑脱、毡甲等。西夏的武器装备是受到自身民族传统与中原王朝先进生产力影响的结果。研究这种武器装备，为今人研究西北地区社会演变、民族关系提供重要的历史依据，为解决民族问题提供一定的借鉴作用。

3. 西夏武器装备专题研究有利于进一步解读西夏社会历史生活。西夏与周边政权不断发生政治、经济、军事、文化、民族等关系，表现为交聘、和亲、贸易、战争、叛投、文化等形式的交流和融合，武器装备是西夏招诱缘边部落首领、促使其发动战争的重要工具。对于西夏武器装备研究，会触及西夏社会生活的各个方面，有利于进一步解读西夏社会，对研究西北地区经济发展和民族融合起到积极的补充作用。

四、研究思路与方法

本文的研究思路是综合运用历史学、民族学、文献学、军事学等学科理论与方法，从基本的西夏文法律条文搜集、分类、整理入手，在前人翻译、研究的基础上进行重新考释；同时运用军事学方法构建西夏武器装备体系；然后将西夏武器装备和宋、辽、金等武器装备进行比较，将西夏军事法律文书与敦煌文书进行对比，探求规律。具体运用以下方法：

（一）文献学研究方法。通过对文献的搜集、分类、整理、考释，以达到分析解释历史社会现象的目的。主要以《俄藏黑水城文献》《天盛律令（刻本）》为底本，进行逐字辨识、录入和逐句翻译，查漏补缺，并学习和熟悉西夏文。

（二）跨学科综合研究法。运用多种学科的知识进行多角度思考，综合研究。例如在对《天盛律令》的翻译、考释中要学会运用文字学、语言学、训诂学的知识，除了要熟悉西夏文，还要熟悉西夏文中的西夏语法现象。对《天盛律令》法律条文的研究，要学会运用法学的专业知识去思考。

（三）军事历史研究方法。从宏观的视野和整体的角度审视西夏武器装备发展的基本线索，在认真释读文献和积累详实资料的基础上，认真地理清中国古代武器装备发展的整体脉络和西夏武器装备发展的基本情况，并揭示这一时期军事发展的内在动因、社会背景、文化形态、地域特色、历史影响等因素，探讨西夏武器装备的民族特色和发展状况。

（四）比较分析研究法。通过将某一特定的军事条文与具有可比性的其他不同地区或不同时期的同类军事法律条文进行对比，寻找它们之间的差异性、相似性及原因之所在，借以解释说明该特定现象。例如将《天盛律令》与《唐律疏议》、《宋刑统》等法律典籍比较，将《天盛律令》中具体的条文与《贞观玉镜将》、《亥年新法》等西夏法典比较，将《天盛律令》的俄译本和汉译本相比较。

上篇　《天盛改旧新定律令》武器装备译释

凡　例

《天盛律令》武器装备卷的译释分为录文、译文、考释、脚注四部分。

（一）对西夏原文进行电脑录入。录文以《俄藏黑水城文献》第八册《天盛改旧新定律令》卷五（甲种本）为底本逐字录入，录文前的数字标示每行西夏文所在图版数和行数。如31－1右面，“31”代表《俄藏黑水城文献》第8册卷五《供给门》所刊布的所有图版数，“1”代表所录西夏文所在的第1个图版，“右”代表第1个图版的右面。

（二）用表格的形式将西夏文和译文一一对应起来，方便识读。正文全部顶格排列，原文中的空白处不留空格。每行录文13格（字）以上者，按格排列；少于13字者，后面用空白表格补满。将录文中的专有名词和固定词组处的表格合并，便于理解和区分。

（三）录文中残缺不全的字或辨识不出字用“□”表示，对原译文中没有识别出的字进行的补充，用“字”表示。译文中的部分虚词因无实际意思用“〈 〉”表示等。

（四）考释部分采用脚注。对释文、校勘中引文出处的标注，以带圈数字表示，超过⑩的，直接数字标注，包括对译文校勘中发现的问题等。考释是对录文关键字词的逐一注解，以带[ ]的数字表示。

（五）译文部分主要是采用史金波、聂鸿音、白滨等先生对《天盛律令》的译注，并参考了克恰诺夫俄译、李仲三汉译、罗矛昆校订译注，在文中用楷体字引用。

（六）在资料的引用上，尽量选用《番汉合时掌中珠》（以下简称《掌中珠》）、夏译汉籍和有汉文对照的部分佛经等史料，其中《掌中珠》的使用率最高，因为它是西夏人自己编著的夏汉对音对义词语集，不仅对音对义资料丰富，而且可信度高。

第一章 《军持兵器供给门》校勘考释

31－1右面

[illegible][1] [illegible]	[illegible][2] [illegible]
木橹毡后 连一	拨子手口 护全

[illegible][3]	[illegible]	[illegible][4]	[illegible]	[illegible]	[illegible]	[illegible]	[illegible]	[illegible][5]
负担	有	弓	一	张	三	十	枝	箭

[illegible][6] [illegible]	[illegible]	[illegible]	[illegible]
槌杖 长	一	枝	拨子手口护全

[illegible]	[illegible]	[illegible][7]	[illegible][8]	[illegible]	[illegible]	[illegible]				
一	等	独诱	族	各	种	有				

[illegible][9]										
战具										

[illegible][10]	[illegible]	[illegible][11]	[illegible][12]	[illegible][13]	[illegible]	[illegible]	[illegible]
正军	有	官马	铠甲	马甲	弓	一	张

[illegible]	[illegible]	[illegible]	[illegible]	[illegible][14]	[illegible]	[illegible]	[illegible][15]	[illegible]	[illegible]		
三	十	枝	箭	枪	一	枝	剑	一	把		

[illegible]	[illegible]	[illegible]	[illegible]	
槌杖长	一	枝	拔子手口护全	

[illegible][16][illegible]	[illegible]	[illegible]	[illegible]	[illegible]	[illegible]	[illegible]	[illegible]		
正辅 主	弓	一	张	二	十	枝	箭		

注释：

[1] [illegible]，意“后毡木橹、木盾”，简称“木毡盾”。

[illegible]，意“树”、“木”、“薪”等。《掌中珠》“[illegible]”作“木槛”、“[illegible]”作“木植”、“[illegible]”作“木匠”。① 《六韬》中“[illegible] [illegible]”译“根深而木长，木长而实生之”。②

[illegible]，意“盾”、“橹”、“龟甲”等。《六韬》“[illegible]”译“矛戟小橹二十具”、“[illegible]”译“大橹刀”。③

[illegible]，意“毡”等。《掌中珠》该字词组有：“[illegible]”作“帐毡”、④“[illegible]”作“氈帽”。⑤

[illegible]，字面意为“后毡木盾”或“带毡木盾”，是西夏防护装备之一，为木盾的一种。

[2] [illegible]，直译“拔子手口帕全”，意译“射箭全套护手”。

[illegible]，音“绑”，意“边界”、“绑”(汉语借词)。⑥ 《新集慈孝传》中“[illegible]，[illegible]”译“薛包者，后汉时为侍中”。⑦

[illegible]，意“小”、“亦”、“尚”、“复”。《掌中珠》该字标子音。如雀子[[illegible]]、燕子[[illegible]]、褥子[[illegible]]、纽子[[illegible]]、冠子[[illegible]]。⑧

[illegible]，意“手”、“臂”、“巾”、“擒”、“始”、“末”等。《掌中珠》“[illegible]”作“手掌”，“[illegible]”作“指爪”，⑨“[illegible]”作“手帕”。⑩

[illegible]，汉语借词，音“口”，意“口”、“津”。《掌中珠》该字标[口]音。口唇[[illegible]]。⑪

① 《番汉合时掌中珠》(乙种本)，《俄藏黑水城文献》第一〇册，第30页。
② 贾常业：《西夏文译本〈六韬〉解读》，《西夏研究》2011年第2期，第61页。
③ 贾常业：《西夏文译本〈六韬〉解读》，《西夏研究》2011年第2期，第73、74页。
④ 《番汉合时掌中珠》(乙种本)，《俄藏黑水城文献》第一〇册，第30页。
⑤ 《番汉合时掌中珠》(甲种本)，《俄藏黑水城文献》第一〇册，第13页。
⑥ 史金波：《西夏文教程》中将因为出现了党项族语言中没有的新事物而借用汉语词，有时尽管党项语中本来有的词，但仍然输入汉语借词，本语词和汉语借词同时使用的词称为汉语借词。
⑦ 聂鸿音：《西夏文〈新集慈孝传〉研究》，宁夏人民出版社，2009年，第116页。
⑧ 《番汉合时掌中珠》(乙种本)，《俄藏黑水城文献》第一〇册，第27、31页。
⑨ 《番汉合时掌中珠》(甲种本)，《俄藏黑水城文献》第一〇册，第10、31页。
⑩ 《番汉合时掌中珠》(乙种本)，《俄藏黑水城文献》第一〇册，第31页。
⑪ 《番汉合时掌中珠》(甲种本)，《俄藏黑水城文献》第一〇册，第10页。

[illegible]，意“帕”、“补”、“帔”等。《掌中珠》“[illegible]”作“手帕”。①

[illegible]，意“全”、“俱”、“尽”等。《掌中珠》“[illegible]”作“尽皆了毕”、“[illegible]”作“尽皆指挥”、“[illegible]”作“尽皆准备”、“[illegible]”作“富贵具足”、“[illegible]”作“尽皆聚集”。②《孟子》中“[illegible]口[illegible]”译“而百工之所为备”。③

[illegible]，直译“拨子手口帕全”，意译“绑在手口的全套工具”。其中汉译本“拨扣”为音译，该词采用意译亦可理解为“绑在手口的全套护具”，是指射箭时的全套保护工具，应包括扳指和臂韝，本文在后文中有详细讨论。俄译本译为“全付护腿和护腕”。

[3] [illegible]，汉语“负担”音译。

[illegible]，音“府”，《掌中珠》该字标腹、父、服、斧、富、缚等音。如，腹肚[[illegible]]、父母[[illegible]]、栿[[illegible]]、梔栿[[illegible]]、斤斧[[illegible]]、衣服[[illegible]]、伏罪[[illegible]]、富贵具足[[illegible]]、烦恼缠缚[[illegible]]④等。《德行集》中“[illegible]”意“昔齐威王召即墨城内大夫而命之”。⑤

[illegible]，意“品”、“篇”、“章”、“排”、“秩”、“摊”、“叹”。《掌中珠》顶脑[[illegible]]。⑥《德行集》中“[illegible]”译“学习奉师章”。⑦

[illegible]二字连用，意为“负担”，为西夏军事组织单位。俄译本译为“副军”，汉译本译为“负担”，《宋史·夏国传》中记载：“其民一家号一帐，男年登十五为丁，率二丁取正军一人。每负赡一人为一抄。负赡者，随军杂役也。四丁为两抄，余号空丁。愿隶正军者，得射他丁为负赡，无则许射正军之疲弱者为之。故壮者皆习战斗，而得正军为多。”⑧彭向前先生认为：“‘负担’一词本不存在，不过是‘负赡’的形讹而已。”⑨

[4] [illegible]，意“弓”、“弩”。

[illegible]，意“弓”、“弩”。《金明王经》卷七“[illegible]”对应汉文本“各持弓箭刀斧”。⑩《西夏谚语》第342条“[illegible]”作“作弓作袋相连”。⑪《六韬》“[illegible]”译

① 《番汉合时掌中珠》(乙种本)，《俄藏黑水城文献》第一〇册，第31页。

② 《番汉合时掌中珠》(乙种本)，《俄藏黑水城文献》第一〇册，第32、33、34、35、36页。

③ 彭向前：《西夏文〈孟子〉整理研究》，上海古籍出版社，2012年，第126页。

④ 《番汉合时掌中珠》(甲种本)，《俄藏黑水城文献》第一〇册，第10、11、12、17、18页。

⑤ 聂鸿音：《西夏文德行集研究》，甘肃文化出版社，2002年，第124、125页。

⑥ 《番汉合时掌中珠》(甲种本)，《俄藏黑水城文献》第一〇册，第10页。

⑦ 聂鸿音：《西夏文德行集研究》，甘肃文化出版社，2002年，第44、45页。

⑧ [元] 脱脱：《宋史》卷四八六《夏国传》，中华书局，2004年。

⑨ 彭向前：《释“负赡”》，《东北史地》2011年第2期，第75页。

⑩ 王静如：《金光明最胜王经卷七夏藏汉合璧考释》，《西夏研究》第三辑，第144页，中研院史语所单刊甲种之十一，1933年。

⑪ 陈炳应：《西夏谚语——新集锦成对谚语》第342条，山西人民出版社，1993年，第25页。

“绞车连弩自副”。[1]

𗍊，意“弓”、“弩”，西夏抛射兵器之一，沈括《梦溪笔谈》中记载：“熙宁中，李定献偏架弩，似弓而施干镫。以镫距地而张之，射三百步，能洞重札，谓之神臂弓，最为利器。李定本党项羌酋，自投归朝廷，官至防团而死。”[2]“神臂弓”是宋朝人对西夏弓的称呼，在《六韬》中有“𗏇𗈪𗰗𗍊𗫂 大黄镫连弩”[3]的记载。

[5] 𗦳，意“箭”、“矢”。

𗦳，意“箭”、“矢”。《金光明经》卷十“𗓱𗦳𗫔𗧓𗤶𗉔𗳒”对应汉文本“如箭射心忧苦逼”；[4]《类林》中“𗧓𗍊𗏹𗧓𗦳𗖵”译“吾张弓搭箭”。[5]

𗦳，意“箭”、“矢”，西夏兵器之一。《释名·释兵》：“箭，进也，其本曰足，矢形似木，木以下为本，以根为足也。又谓之镝。镝，敌也，言可以御敌也。齐人谓之镞。镞，族也，言其所中皆族灭也……其体曰干，言挺干也。其旁曰羽，如鸟羽也。鸟须羽而飞，矢须羽而前也……其末曰栝。栝会也，与弦会也。栝旁曰叉，形似叉也。”[6]出土的西夏箭头有三棱箭，《文海》中亦有“三刃镞”的记载，“𗐯𗕘𗦳𗑗𗖵𗗙𗓱𗉘𗰗𗗚”（三刃镞者箭镞有三棱之谓也）。[7]

[6] 𗨿𗪷，意“槌杖”、“戟”。

𗨿，意“槌”。《六韬》“𗈪𗨿”译“天槌”；“𗑗𗨿”译“矛戟”。[8]

𗪷，意“杖”。《孙子兵法》“𗪷𗗙𗖵𗏁𗕘𗤶”译“杖而立者饥饿也”。该字为名词，与动词“杖（𗪸）”字形上非常相似，能反映出西夏互换字之造字方法。[9]《类林》中“𗪷𗧓𗉔𗓱𗗚”译“杖头挂百钱”。[10]

𗨿𗪷二字连用，意为“槌杖”，为西夏兵器之一。汉译本译为“矛杖”，俄译本译为“槌杖”。

[7] 𗾞𗣼，本意“独差”，引申为“特差”。

---

① 贾常业：《西夏文译本〈六韬〉解读》，《西夏研究》2011年第2期，第73页。

② [宋] 沈括著、施适校点：《梦溪笔谈》卷一九《器用》，上海古籍出版社，2015年，第124页。

③ 贾常业：《西夏文译本〈六韬〉解读》，《西夏研究》2011年第2期，第73页。

④ 王静如：《金光明最胜王经》卷十《夏藏汉合璧考释》，西夏研究（第三辑），中研院史语所单刊甲种之十一，1933年，第340页。

⑤ 史金波、黄振华、聂鸿音：《类林研究》，宁夏人民出版社，1993年，第109页。

⑥ [汉] 刘熙传：《释名》卷七《释兵》，中华书局，1985年，第109—110页。

⑦ 史金波、白滨、黄振华：《文海研究》，中国社会科学出版社，1983年，第180、432页。

⑧ 贾常业：《西夏文译本〈六韬〉解读》，《西夏研究》2011年第2期，第75页。

⑨ 史金波先生在《西夏文教程》中将一个字的两个部位交换位置组成的新字称为互换字。

⑩ 史金波、黄振华、聂鸿音：《类林研究》，宁夏人民出版社，1993年，第185页。

[illegible]，意“独”。《德行集》中“[illegible]”译“行慎独之法”。[①]

[illegible]，意“诱”、“差”。

[illegible]二字连用，意为“特差”。该词俄译本译为“特差”，汉译本译为“独诱”。《天盛律令》中多处记载有“军独诱”，在《亥年新法》卷一二中亦有：“[illegible]”，[②]可译为“一诸种待命特差中，帐门末宿、前御使等二品人”。可见帐门末宿、前御使可派遣为特差，特差是作为临时派遣的使职人员。

[8] [illegible]，意“族”。

[illegible]，意“类”、“族”、“辈”、“传”、“部”、“党”。《六韬》中“[illegible]，[illegible]”译“无乱行业，无乱其族”。[③]《类林》中“[illegible]”译“发部曲以报前怨”。[④]

[9] [illegible]，意“战具”。

[illegible]，意“斗”、“争”、“战”、“击”。《掌中珠》“[illegible]”作“与人斗争”。[⑤]《孙子兵法》“[illegible]”译“不得已则斗”。[⑥]

[illegible]，意“器”、“具”（汉语借词）。《掌中珠》“[illegible]”作“农具”。[⑦]《六韬》中“[illegible]，[illegible]，[illegible]”意“夫攻守之具，各有科品，此兵之大威也”。[⑧]

[illegible]二字连用，意为“战具”，是各类兵器的统称。《六韬Ⅱ》“[illegible]”译“战攻守御之具”。[⑨]

[10] [illegible]，意“正军”。

[illegible]，意“军”、“兵”。《掌中珠》“[illegible]”作“统军司”、“[illegible]”作“监军司”，[⑩]《六韬·军义用》中“[illegible]”意“凡用兵之大数”。[⑪]

[illegible]，意“正”（汉语借词）。《掌中珠》“[illegible]”作“正听”。[⑫]《德行集》“[illegible]”译“正直之疏”。[⑬]

---

① 聂鸿音：《西夏文德行集研究》，甘肃文化出版社，2002年，第58、59页。
② 《俄藏黑水城文献》第九册，第281页。
③ 贾常业：《西夏文译本〈六韬〉解读》，《西夏研究》2011年第2期，第67页。
④ 史金波、黄振华、聂鸿音：《类林研究》，宁夏人民出版社，1993年，第150页。
⑤ 《番汉合时掌中珠》（乙种本），《俄藏黑水城文献》第一〇册，第24页。
⑥ 《孙子兵法三注》（甲种本卷下），《俄藏黑水城文献》第一一册，第176页。
⑦ 《番汉合时掌中珠》（乙种本），《俄藏黑水城文献》第一〇册，第32页。
⑧ 贾常业：《西夏文译本〈六韬〉解读》，《西夏研究》2011年第2期，第73页。
⑨ 贾常业：《西夏文译本〈六韬〉解读》，《西夏研究》，2011年，第71页。
⑩ 《番汉合时掌中珠》（乙种本），《俄藏黑水城文献》第一〇册，第33页。
⑪ 贾常业：《西夏文译本〈六韬〉解读》，《西夏研究》2011年第2期。
⑫ 《番汉合时掌中珠》（乙种本），《俄藏黑水城文献》第一〇册，第33页。
⑬ 聂鸿音：《西夏文德行集研究》，甘肃文化出版社，2002年，第114、115页。

[illegible]二字连用，意为“正军”，是西夏军队中直接应征参战的士兵，也是西夏军队中最基层编制单位，与“辅主”共同组成“抄”，《同音文海宝韵合编》“[illegible]”释“[illegible]”（军抄：军中正辅集之共谓）。[①] 在《俄藏黑水城文献》中有“第五毛克下正军”等“毛克下正军编册”。[②]

［11］[illegible]，意“官马”。

[illegible]，意“官”、“公”（汉语借词），在《天盛律令》中，“[illegible]”前空一字，按照西夏文公文撰写制度，在行文中遇到特殊的字要空出一个或者两个字。既是西夏律法特殊情况的如实反映，也是西夏礼制和尊卑森严等级制度的真实写照。其中西夏文献中对“官”字空一字的不仅是公文或《天盛律令》这样的官刻本，就是在日常文书中也存在这一现象。如俄藏Инв. No.5124－4(4)《天庆寅年二月卖畜契》中“[illegible]　[illegible]”译为“官依三斛麦”前亦空一字。[③]

[illegible]，“马”。《掌中珠》“[illegible]”作“人马”；[④]“[illegible]”作“教被马”。[⑤]《孟子》中“[illegible]”译“好驰马习剑”。[⑥]

“[illegible]”二字连用，意为“官马”，是相对私马来说的。西夏畜牧业非常发达，马匹不仅数量多，质量也很好，战马是西夏兵种配备和战术安排的有利保障，在西夏军队中要求凡正军皆应为官马。

［12］[illegible]，意“铠甲”、“甲胄”。

[illegible]，意“甲”、“胄”、“铠”。《类林》中“[illegible]”译“以皮骨为甲”。[⑦]

[illegible]，意“铠甲”、“甲胄”。甲又名铠，《释名·释兵》：“铠，犹垲也。垲，坚重之言也。或谓之甲，似物有孚甲以自御也。”[⑧]西夏壁画等艺术品中有关于西夏铠甲的描绘，如《画说中国历代甲胄》中就有对西夏铠甲的复原图。[⑨]

［13］[illegible]，意“马铠”、“具装”、“马甲”。

[illegible]，意“铠”。汉译本中将“[illegible]”译为“披”，俄译本将“[illegible]”译为“甲胄”，根据史先生翻

---

① 韩小忙：《〈同音文海宝韵合编〉整理与研究》，中国社会科学院出版社，2008年，第247页。
② Инв. No.4484《毛克下正军编册》，《俄藏黑水城文献》第十一册，第308页。
③ Инв. No.5124－4(4)《天庆寅年二月卖畜契》，《俄藏黑水城文献》第十四册，第17页。
④《番汉合时掌中珠》(甲种本)，《俄藏黑水城文献》第一〇册，第4页。
⑤《番汉合时掌中珠》(乙种本)，《俄藏黑水城文献》第一〇册，第35页。
⑥ 彭向前：《西夏文〈孟子〉整理研究》，上海古籍出版社，2012年，第147页。
⑦ 史金波、黄振华、聂鸿音：《类林研究》，宁夏人民出版社，1993年，第102页。
⑧ 刘熙：《释名》卷七《释兵》，中华书局，1985年，第113页。
⑨ 陈大威：《画说中国历代甲胄》，上海书店出版社，2009年，第179—182页。

译的《俄 Инв. No. 4197.天庆庚申七年军籍》[①]文书，可以准确地理解为“马甲”。

“[illegible]……[illegible]

番杂披：红丹色麻六、颈五、肩护一、胸三、喉嗓二……马头套等全”

由于骑兵是西夏的重要兵种，马铠在西夏也占据非常重要的位置。《宋史·仪卫志》记载：“甲，人铠也；具装，马铠也。”[②]曾公亮在《武经总要》中绘有马甲的图形，与南北具装相比，形制无多大变化，仍有“面帘、鸡颈、荡胸（当胸）、身甲、搭后”[③]五大部分组成（只是少了马臀上的寄生），西夏还专门有一支重甲骑兵，名曰“铁鹞子”，在宋夏战争中发挥了重要作用。

［14］[illegible]，意“旗枪”、“旌旗”。

[illegible]，意“旌旗”。《孙子兵法》“[illegible]”译“旌旗者以一人之耳目也”；[④]《金光明经》卷七“[illegible]”对应汉文本“左右常持日月旗”；[⑤]《六韬》“[illegible]”译“旌旗”。[⑥]

[illegible]，意“旗枪”、“旌旗”，是指军队的旗帜。该词俄译本译为“矛”，汉译本译为“枪”，应译为“旗枪、旌旗”，《天盛律令》多处文中用“[illegible]”，来表示枪。其中《文海》对“[illegible]”进行了详细解释“[illegible]”（旌旗者为行军佐正处所见显是也），[⑦]可见西夏对于“旌旗”一词的理解还是比较固定和准确的，并没有枪的意思。

［15］[illegible]，意“剑”。

[illegible]，意为“剑”、“戟”、“武器”。《类林》中有“[illegible]”译“臣欲请敕剑斩佞臣一人”；[⑧]“[illegible]”译“季扎之宝剑”。[⑨]

[illegible]，意为“剑”，西夏短兵器之一。西夏武器的代表性之一就是“西夏剑”，在俄国西夏学家 A.л.捷连吉耶夫·卡坦斯基所著的《西夏物质文化》一书中就记载西夏剑：“其身佩长而直的剑，剑尖收起缩小，圆形护手盘，手柄上缠有饰带。”[⑩]在 1975 年西夏陵区六号陵墓

① 史金波：《西夏文教程》，社会科学文献出版社，2013 年，第 390 页。
② ［元］脱脱：《宋史》卷一四八《仪卫志》，中华书局，2014 年。
③ ［宋］曾公亮：《武经总要前集》卷一二，解放军出版社、辽沈书社，1988 年，第 715—717 页。
④《俄藏黑水城文献》第十一册，《孙子兵法三注》（甲种本）卷中（图版 27－7 左），第 159 页。
⑤ 王静如：《金光明最胜王经》卷七《夏藏汉合璧考释》，《西夏研究》（第三辑），中研院史语所单刊甲种之十一，1933 年，第 138—139 页。
⑥ 李范文：《同音研究》，宁夏人民出版社，1989 年，第 451 页。
⑦ 史金波、白滨、黄振华：《文海研究》，中国社会科学出版社，1983 年，第 168、422 页。
⑧ 史金波、黄振华、聂鸿音：《类林研究》，宁夏人民出版社，1993 年，第 40 页。
⑨ 史金波、黄振华、聂鸿音：《类林研究》，宁夏人民出版社，1993 年，第 34 页。
⑩ ［俄］A.Л.捷连吉耶夫·卡坦斯基著，崔红芬、文志勇译：《西夏物质文化》，民族出版社，2006 年，第 141 页。

室中出土了一把铁剑，其剑身长约88cm，刃部最宽处约为5cm，厚约1.5cm，剑柄成管状的椭圆形状。①

［16］[illegible]，意“正辅主”。

[illegible]，意“辅助”，《掌中珠》该字标［班］、［巴］、［把］、［攀］；如，拍板［[illegible]］；攀胸鞦［[illegible]］、［[illegible]］。②

[illegible]，意“主”，通常附在名词之后，表示领属关系；在动词之后，表示该动作的主体。如[illegible]（家主）藏文有个词写作 khyim bdag，其中 khyim 意为“家”，bdag 意为“主”，合在一起字面意思是“家主”，藏文释意为 mi tshang gi bdag po，即“一户之主”，译作“家长、当家男子”。“家主”系指个体家庭中的家主。③《类林》“[illegible]”译“孟子又名轲，齐国人。自家东边邻舍主人杀猪”。④

[illegible]二字连用，意为“正辅主”，西夏军队的基层组成单位，俄本译为“辅军”，汉译本为“辅主”，该词史金波先生意译为“正辅有”。《文海》对于“[illegible]”释“[illegible]”（辅者辅军也，辅主也，正军之佑助者也），⑤有助于我们正确理解辅主的作用。

汉译文：⑥

有后氈木橹一，拨子手扣全，

负担有：弓一张，箭三十枝，长矛杖一枝，拨子手扣全。

一等各种独诱⑦类属：

战具：

正军有：官马、甲、披、⑧弓一张、箭三十枝、枪⑨一枝、剑一把、长矛杖⑩一枝、全套拨子手扣。

正辅有：弓一张、箭二十枝，

① 《大夏寻踪：西夏文物辑萃》，中国社会科学出版社，2004年，第120页。
② 《番汉合时掌中珠》（乙种本），《俄藏黑水城文献》第一〇册，第35页。
③ 彭向前：《藏语在解读西夏文献中的作用》，《中国社会科学报》2013年3月6日。
④ 史金波、黄振华、聂鸿音：《类林研究》，宁夏人民出版社，1993年，第35页。
⑤ 史金波、白滨、黄振华：《文海研究》，中国社会科学出版社，1983年，第192、441页。
⑥ 史金波、聂鸿音、白滨译注：《天盛改旧新定律令》卷五《季校门》，法律出版社，2007年，第223—242页。
⑦ “[illegible]”一词，汉译本原译为“独诱”，俄译本译为“特差”，当译为“特差”。
⑧ “[illegible]”一词，汉译本原译为“披”，当译为“马铠”。
⑨ “[illegible]”一词，汉译本原译为“枪”，当译为“旌旗”。
⑩ “[illegible]”一词，汉译本原译为“矛杖”，当译为“槌杖”。

俄译本：①

一、……带毡帘木盔一，全护腿和护腕。

副军（府兵）享有、弓一，箭十三，长[槌]杖一，全护腿和护腕。

二、特差者有如下兵杖和战具：

编入正军者有：官马一、甲胄[人用与马用]、弓一、箭三十、矛一、箭一、长[槌]杖一、全护腿和护腕。

辅正军卒有：弓一、箭二十、长[槌]杖一、全护腿和护腕。

副军有：弓一、箭二十、

31－1左面

[illegible]	[illegible]	[illegible]	[illegible]	
槌杖长	一	枝	拔子手口护全	

[illegible]	[illegible]	[illegible]	[illegible]	[illegible]	[illegible]	[illegible]	[illegible]	[illegible]	[illegible]	[illegible]
负担	弓	一	张	二	十	枝	箭	剑	一	把

[illegible]	[illegible]	[illegible]	[illegible]	[illegible]	[illegible]	[illegible][1]	
槌杖长	一	枝	等	一	样	检校	

[illegible]	[illegible]	[illegible]	[illegible]	[illegible]	[illegible]		
若	弓	箭	领	则	拔子手扣帕		

[illegible]	[illegible]	[illegible][2]								
亦	应	供给								

[illegible]	[illegible]	[illegible]	[illegible]	[illegible]	[illegible]							
族	各	类	战具	有	者							

① [俄] 克恰诺夫俄译、李仲三汉译、罗矛昆校订：《西夏法典——天盛改旧新定律令（1—7章）》，宁夏人民出版社，1988年12月，第129—148页。

[illegible][3]	[illegible][4]	[illegible][5]	[illegible]	[illegible]	[illegible][6]	[illegible][7]
官 吏	下 臣	匠	各	种	簿 主	役 人

[illegible][8]	[illegible][9]	[illegible][10]
独 诱 真	艺 人 童 子	前 宫 侍

[illegible][11]	[illegible][12]	[illegible][13]	[illegible][14]
閤 门	杂 院 子	字 刻	圣 旗 执

注释：

［1］[illegible]，意“检校”。

[illegible]，意“敬”、“经”、“同”、“近”、“使”。《掌中珠》该字标。［肩］、［检］、［敬］、［鸡］、［景］、［荆］、［泾］、［检］、［捡］、［泾］等音。如，肩背［[illegible]］、巡检司［[illegible]］、不敬尊长［[illegible]］，《掌中珠》“[illegible]”作“经略司”。① 《德行集》中“[illegible]，[illegible]”意“夫恩者，欲人之与己亲”。②

[illegible]，意“经”、“受”、“守”、“领”、“过”、“流”、“终”、“验”等。莫高窟57窟有西夏文题记：“[illegible]□[illegible]”译“甲丑五年一日，墨勒原籍凉州，为找□石，来到沙州地界”。③

[illegible]，二字连用直译为“使验”，引申为“检校”。

［2］[illegible]，意“准备”、“供给”。

[illegible]，意“准备”、“供给”。《掌中珠》“[illegible]”作“准备食馔”；“[illegible]”作“尽皆准备”。④

[illegible]，意“准备”。《金光明经》卷十“[illegible]”对应汉文本“一切所需皆悉供给”。⑤

[illegible]，二字连用意为“供给”、“准备”。《金光明经》卷十“[illegible]”对应汉文本

① 《番汉合时掌中珠》（乙种本），《俄藏黑水城文献第》第一〇册，第10、32、33页。

② 聂鸿音：《西夏文德行集研究》，甘肃文化出版社，2002年，第116、117页。

③ 陈炳应：《西夏文物研究》，宁夏人民出版社，1985年，第8、69页。

④ 《番汉合时掌中珠》（乙种本），《俄藏黑水城文献》第一〇册，第35、36页。

⑤ 王静如：《金光明最胜王经》卷十《夏藏汉合璧考释》，《西夏研究》（第三辑），中研院史语所单刊甲种之十一，1933年，第6—7页。

"车乘财物皆供给"。[①]

[3] [illegible],意"臣僚"。

[illegible],意"臣"、"丞相"、"宰相"、"官宦"、"大夫"。《类林》中"[illegible]"译"大臣春申君黄歇使为兰陵令"。[②]

[illegible],意"丞相"、"宰臣"、"官吏"。《类林》中"[illegible]"译"行至井市时,与大臣及官吏相遇"。[③]

[illegible]二字连用,意为"臣宰"、"官僚",指西夏的上层官员的总称。《金光明经》卷九"[illegible]"对应汉文本"王告臣曰:汝诣长者家,唤取其子";[④]《金光明经》卷十"[illegible]"对应汉文本"因命诸群臣,寻求所爱子"。[⑤]

[4] [illegible],"下臣"。

[illegible],意为"下臣"、"下级官",指级别比较低的官吏。

[5] [illegible],意"匠各种"。

[illegible],意"匠"、"工"。《德行集·用人篇》中提到"[illegible]"译"巧匠不为斫木,在于运斧";[⑥]西夏把具有某种技术的手工业生产者统称为"匠",《掌中珠》中也记载了西夏的工匠:"[illegible]"作"木匠"、"[illegible]"作"泥匠"、"[illegible]"作"陶匠",以及"[illegible]"作"工院"。[⑦]《六韬》中"[illegible]"译"尽力工造者,则器足"。[⑧] 杜建录先生在《西夏经济史》中详细考证了西夏的各种匠有40余种,根据手工业生产者的人身依附程度,将西夏的匠分为依附匠和自由匠两大类。[⑨]

[6] [illegible],意"主簿"。

[illegible],意"纲"、"历"、"簿"。《德行集》中"[illegible]"意"依次皇帝承天"。[⑩]

[illegible],意"执"、"持"、"主"、"计"、"守"、"随"、"驻"、"质"等。《掌中珠》"[illegible]"作"座

---

① 王静如:《金光明最胜王经》卷十《夏藏汉合璧考释》,《西夏研究》(第三辑),中研院史语所单刊甲种之十一,1933年,第330—331页。

② 史金波、黄振华、聂鸿音:《类林研究》,宁夏人民出版社,1993年,第154页。

③ 史金波、黄振华、聂鸿音:《类林研究》,宁夏人民出版社,1993年,第185页。

④ 王静如:《金光明最胜王经》卷九《夏藏汉合璧考释》,《西夏研究》(第三辑),中研院史语所单刊甲种之十一,1933年,第310—311页。

⑤ 王静如:《金光明最胜王经》卷十《夏藏汉合璧考释》,《西夏研究》(第三辑),中研院史语所单刊甲种之十一,1933年,第354—355页。

⑥ 聂鸿音:《西夏文德行集研究》,甘肃文化出版社,2002年6月,第103页。

⑦ 《番汉合时掌中珠》(乙种本),《俄藏黑水城文献》第一〇册,第30、33页。

⑧ 贾常业:《西夏文译本〈六韬〉解读》,《西夏研究》2011年第2期,第67页。

⑨ 杜建录:《西夏经济史》,中国社会科学出版社,2002年8月,第218—224页。

⑩ 聂鸿音:《西夏文德行集研究》,甘肃文化出版社,2002年,第32、33页。

司主法”。[1]

[illegible]，二字连用意“主簿”。西夏职官，主管账册簿籍的职员。比案头、司吏官职低。《类林》“[illegible]”译“主簿问郭伋”；[2]《类林》“[illegible]”译“主簿”。[3]

［7］[illegible]，意“使人”。

[illegible]，意“使”、“令”、“用”、“检校”。《类林》中“[illegible]”译“门下食口仆役数百人”。[4]《孟子》中“[illegible]”译“为天吏，则可伐之”。[5]

[illegible]，西夏官府中专门的差使人员。意“使人”，该词似乎译为“役人”、“差人”更好一些。因为西夏文的“使人”是名词，而现代汉语中“使人”为动词词组，有“让人”、“令人”的意思，容易产生歧义。

［8］[illegible]，意应为“真特差”。

[illegible]，本意“独差”，引申为“特差”，上文已释。

[illegible]，意“真实”、“纯真”、“正”、“亮”、“蒂”等意。《掌中珠》“[illegible]”作“真正”。[6]

[illegible]，意思为“真特差”。真特差，西夏官府中临时被派往执行某种命令的人员。

［9］[illegible]，意“艺人童子”。

[illegible]，意“艺”、“行”、“业”。《掌中珠》“[illegible]”作“五常六艺”。[7]《德行集》中“[illegible]”译“六艺者礼、乐、射、御、书、数也”；“[illegible]”意“直言不顺耳而利于行”。[8]《六韬》中“[illegible]，[illegible]”意“无乱行业，无乱其族”。[9] 西夏将俘虏中的有艺者，区别对待。“得汉人勇者为前军，号‘撞令郎’。若脆怯无他伎者，迁河外耕作，或以守肃州。”[10]宋人苏舜钦在《庆州败》一诗中讽刺宋朝被俘虏的兵卒“逡巡下令艺者全，争献小技歌且吹”。[11]

[illegible]，意“兵”、“卒”、“人”、“士”等。《类林》中“[illegible]”译“我终不作凡人妻”。[12]

---

① 《番汉合时掌中珠》(乙种本)，《俄藏黑水城文献》第一〇册，第32页。
② 史金波、黄振华、聂鸿音：《类林研究》，宁夏人民出版社，1993年，第37页。
③ 史金波、聂鸿音：《西夏文本〈类林〉译文试析》，《固原师专学报》，1990年第2期，第32页。
④ 史金波、黄振华、聂鸿音：《类林研究》，宁夏人民出版社，1993年，第193页。
⑤ 彭向前：《西夏文〈孟子〉整理研究》，上海古籍出版社，2012年，第134页。
⑥ 《番汉合时掌中珠》(乙种本)，《俄藏黑水城文献》第一〇册，第27页。
⑦ 《番汉合时掌中珠》(乙种本)，《俄藏黑水城文献》第一〇册，第29页。
⑧ 聂鸿音：《西夏文德行集研究》，甘肃文化出版社，2002年，第9—10、82—83页。
⑨ 贾常业：《西夏文译本〈六韬〉解读》，《西夏研究》2011年第2期，第67页。
⑩ ［元］脱脱：《宋史》卷四八六《夏国传》，中华书局，2004年。
⑪ 张廷杰：《宋夏战事诗研究》，甘肃文化出版社，2002年6月，第220页。
⑫ 史金波、黄振华、聂鸿音：《类林研究》，宁夏人民出版社，1993年，第42、152页。

[illegible]，意“儿童”。《佛母大孔雀明王经夏梵藏汉合璧校译》“[illegible]”对应汉文本“童子戏”；[1]《孟子》中“[illegible]”译“童子持黍肉往”。[2]

[illegible]，意“儿童”。《金光明经》卷一“[illegible]”对应汉文本“护金刚童子”。[3]《类林》中“[illegible]”译“梦见二童子自相语”。[4]

[illegible]，意“艺人童子”。应为西夏专门负责表演的童子的人员。西夏壁画中就有童子戏。

[10] [illegible]，意“前宫侍”。

[illegible]，意“前”。《掌中珠》“[illegible]”作“殿前司”。[5]《金光明经》卷三“[illegible]”对应汉文本“三世佛奇前”。[6]

[illegible]，意“宫殿”。《掌中珠》“[illegible]”作“十二星宫”。[7]

[illegible]，意“侍”、“奉”、“事”、“夫”。《类林》中“[illegible]”译“侍者曰：烧故车轮轴耳”；“[illegible]”译“鲍山最长，侍母最孝”。[8]

[illegible]，该词意为“前宫侍”，应为西夏前宫侍奉人员。《天盛律令》卷六《抄分合除籍门》规定前内侍革职转入内宫侍中。内宫当职人员的父母、子、兄弟、妻眷等死，或嫁女娶妇，或有丧葬时，应告于前内侍和内宿司。[9] 史金波先生翻译的“西夏户籍初探”文书中有关于“前内侍”的记载：

一人讹千男原本与前内侍正军讹吉祥犬兄

千父等是一抄，先因羸弱，在行监崔移善盛下共旧抄，千父及

军首领崔移吉祥山下崔移般若

宝三人为一抄，千男现今叔……[10]

前宫侍司，西夏中等司，设六承旨、二都案、二案头。

[11] [illegible]，意“閤门”。

① 王静如：《佛母大孔雀明王经夏梵藏汉合璧校译》，《西夏研究》（第五辑），中国社会科学出版社，1989年，第226页。
② 彭向前：《西夏文〈孟子〉整理研究》，上海古籍出版社，2012年，第174页。
③ 王静如：《金光明最胜王经》卷一《夏藏汉合璧考释》，《西夏研究》（第二辑），中研院史语所单刊甲种之十一，1933年，第10—11页。
④ 史金波、黄振华、聂鸿音：《类林研究》，宁夏人民出版社，1993年，第126页。
⑤ 《番汉合时掌中珠》（乙种本），《俄藏黑水城文献》第一〇册，第33页。
⑥ 王静如：《金光明最胜王经》卷三《夏藏汉合璧考释》，《西夏研究》（第二辑），中研院史语所单刊甲种之十一，1933年，第118—119页。
⑦ 《番汉合时掌中珠》（甲种本），《俄藏黑水城文献》第一〇册，第6页。
⑧ 史金波、黄振华、聂鸿音：《类林研究》，宁夏人民出版社，1993年，第33、186页。
⑨ 史金波、聂鸿音、白滨译注：《天盛改旧新定律令》卷六《抄分合籍门》，法律出版社，2000年，第260页。
⑩ 杜建录、史金波：《西夏社会文书研究》，上海古籍出版社，2010年1月，第59页。

[illegible]，意“礼”、“阖”、“法”、“仪”、“式”、“制”；“俗”。《掌中珠》“[illegible]”作“君子有礼”、“[illegible]”作“閤门司”、“[illegible]”作“依法行遣”。①

[illegible]，意“行”“列”、“閤门”等。

[illegible]二字连用，意为“閤门”。《掌中珠》“[illegible]”作“閤门司”。② 应为西夏閤门司人员，掌皇帝朝会、宴享时赞相礼仪，承接皇帝旨命，传宣赞谒等。③ 西夏汉文《杂字》将“閤使”列入“官分部”。④ 唐朝内殿掌接受四方章表的官员，宋朝始建和閤司职掌传宣皇帝旨、命，引见、排班文武臣僚朝见皇上等事宜。此外，西夏还专门设有閤门司、西夏五等司中次等司，设有四正、四承旨、二都案、四案头等官职。

[12] [illegible]：汉语“杂院子”音译。

[illegible]，意“杂”，(汉语借词)。《六韬》中“[illegible]”意“粝粱之饭，藜藿之羹救济”。⑤

[illegible]，音“圆”，《掌中珠》该字标元、圆、原、远、园、袁等音，如泉原[[illegible]]、园林[[illegible]]、马院[[illegible]]、大恒历院[[illegible]]、工院[[illegible]]、远离三途[[illegible]]、昔因行愿[[illegible]]。⑥

杂院子，其意不明，待考。

[13] [illegible]，意“刻字”。

[illegible]，意“字”。《掌中珠》“[illegible]”作“搜寻文字”；“[illegible]”作“出与头子”。⑦

[illegible]，意“雕”、“刻”、“挑”等。《类林》中“[illegible]”译“桓公闻后遣人察令掘之”。⑧

[illegible]，意“刻字”。刻字应为刻字司人员，从事西夏刻印事业的人员。刻字司，西夏五等司末等司，设二头监。《音同》跋文中记载“今番文字者，乃为祖帝朝搜寻。为欲使繁盛，遂设刻字司”。⑨ 西夏的许多典籍中都有刻字司的记载，值得一提的是，西夏是中国历史上唯一的在中央政府机构设置刻字司的王朝，极大地推动了西夏出版业的繁荣。

[14] [illegible]，意“掌御旗”。

[illegible]，意“贤”、“圣”。《掌中珠》“[illegible]”作“贤人”。⑩

---

① 《番汉合时掌中珠》(乙种本)，《俄藏黑水城文献》第一〇册，第24、33页。
② 《番汉合时掌中珠》(乙种本)，《俄藏黑水城文献》第一〇册，第33页。
③ 许伟伟：《天盛律令〈内宫待命等头项门〉研究》，宁夏大学博士学位论文，2013年，第111页。
④ 史金波：《西夏汉文本杂字初探》，《中国民族史研究》(二)，中央民族学院出版社，1989年，第184页。
⑤ 贾常业：《西夏文译本〈六韬〉解读》，《西夏研究》2011年第2期，第63页。
⑥ 《番汉合时掌中珠》(甲种本)，《俄藏黑水城文献》第一〇册，第7、19、25、33、页。
⑦ 《番汉合时掌中珠》(乙种本)，《俄藏黑水城文献》第一〇册，第32、34页。
⑧ 史金波、黄振华、聂鸿音：《类林研究》，宁夏人民出版社，1993年，第72页。
⑨ 史金波、黄振华：《西夏文字典〈音同〉序跋考释》，《西夏文史论丛》，宁夏人民出版社，1992年10月。
⑩ 《番汉合时掌中珠》(乙种本)，《俄藏黑水城文献》第一〇册，第27页。

[illegible]，该词意为“掌圣旗”，西夏皇帝、皇后、嫔妃等出行及大典时的护卫仪仗。西夏大军将寇环庆，章楶命骁将精兵，授以方略，又使人置毒于牛圈潴水中。既而虏入围环州，其所遣将折可适潜师洪德城。虏过，识其母梁氏旗帜，鼓噪而出，斩千余级。虏经牛圈，饮其水，人马多死。①

汉译本：

长矛杖一枝、拨子手扣全套。

负担有：弓一张、箭二十枝、剑一把、长矛杖一枝等当发给一样，若发弓箭，则拨子手扣亦当供给。

各个部类有战具者：

臣僚、下臣、各种匠、主簿、使人、②真独诱、③艺人行童、前宫内侍、閤门、杂院子、刻字、掌御旗、

俄译本：

剑一、长[槌]杖一。[所有这些]应统一规格。若[副军]领得弓和箭，就应配发全护腿和护腕。

有统一规格战具者名单：(高级)官吏、小头领、营造工匠、文薄，驿使、特差、质子兵、前侍、礼仪、杂宫(院)、刻字匠(刻版)、执旗牌、

31－2 右面

[illegible][1]	[illegible][2]	[illegible][3]	[illegible][4]
礼垒测	帐下内侍	车拉	人医

[illegible][5]	[illegible][6]	[illegible][7]	[illegible][8]
地识	渠主	商者	回鹘言局分

[illegible][9]	[illegible][10]	[illegible][11]	[illegible][12]
检黑主	船主	井匠	朝殿侍卫

① [元] 脱脱：《宋史》卷三二八《章楶传》，中华书局，2004年。
② “[illegible]”一词，汉译本原译为“真独诱”，当译为“正特差”。
③ “[illegible]”一词，汉译本原译为“使人”，当译为“役人”。

[illegible][13]	[illegible][14]	[illegible][15]	[illegible][16]
占卜	夜鼓打	官巫	褐织

[illegible][17]	[illegible][18]	[illegible][19]	[illegible][20]
御柴辎重	宗殿监	炭烧	宫监

[illegible][21]	[illegible][22]	[illegible][23]
廉卷做者	城测	飞禽主

[illegible][24]	[illegible][25]	[illegible][26]	[illegible][27]
缨缦捆	御车主	骆驼牵	相君

[illegible][28]	[illegible][29]	[illegible][30]
城修汉黑	钱监院	绢织院

[illegible][31]	[illegible][32]	[illegible][33]	[illegible][34]
马侍	御院子	殿使	厨匠

注释：

[1] [illegible]，意“测礼垒”。

[illegible]，意“堡垒”、“篱”等。

[illegible]，意“测”、“量”、“喻”、“卜”、“度”等。《类林》中“[illegible]”译“命写文者书于策”。①

[illegible]，意“测礼垒”，应指西夏宫城内负责宫廷礼仪的人员。

[2] [illegible]，意“帐下内侍”。

[illegible]，意“帐”、“舍”、“堂”、“室”、“宅”、“宇”、“庙”等。《掌中珠》“[illegible]”作“楼阁帐库”、“[illegible]”作“门帘”、“[illegible]”作“天窗”、“[illegible]”作“帐毡”、“[illegible]”作“室女长大”。②

[illegible]，意“下”、“底下”。《类林》中“[illegible]”译“遣左右人拖下堂”。③

① 史金波、黄振华、聂鸿音：《类林研究》，宁夏人民出版社，1993年，第83页。
② 《番汉合时掌中珠》(乙种本)，《俄藏黑水城文献第》一〇册，第30、36页。
③ 史金波、黄振华、聂鸿音：《类林研究》，宁夏人民出版社，1993年，第127页。

[illegible]，意“内”。《掌中珠》“[illegible]”作“内宿司”。[①]

[illegible]，意“帐下内侍”，指西夏宫城中专门负责保护的侍卫。

[3] [illegible]，意“出车”。

[illegible]，音“举”、“句”、“驹”、“车”。《类林》中“[illegible]”译“郭文又名文举”。[②]

[illegible]，“拉”、“拔”、“挖”、“掘”、“拽”等。《类林》中“[illegible]”译“使向公主谢罪”。[③]

[illegible]二字连用，意“出车”，指专门负责人员出行或运送货物的人员。此外西夏有出车院，西夏五等司中的末等司，设小监二。

[4] [illegible]，意“医人”。

[illegible]，意“修造”、“医治”、“调整”。《掌中珠》“[illegible]”作“医人看验”。[④]《类林》中“[illegible]”译“秦国遣卢医往治病”。[⑤]

[illegible]二字连用，意为“医人”，指专门从事医疗救治业务的人员。此外，西夏设有医人院，西夏五等司中的中等司，依事设职，大人数不定。

[5] [illegible]，意“地识”，又称“虞人”、“向导”、“园主”。

[illegible]，意“土地”、“活业”、“虞”。《掌中珠》“[illegible]”作“或做活业”、“[illegible]”作“田畴”、“[illegible]”作“更买田地”。[⑥]《贞观玉镜将》“[illegible]”译“又虞人迷路，推算远近失误等”。[⑦]

[illegible]，意“情”、“知识”、“虞人”。《类林》“[illegible]”译“魏文侯与与人期猎”。[⑧]

[illegible]，二字连用，意为“虞人”、“向导”。多指专门负责带路和指引军队前进方向的人员。《孟子》中“[illegible] [illegible]”译“昔齐景公往猎，招虞人以旌”。[⑨] 该文中“[illegible]”，字面义“园主”，对译为“虞人”。赵岐《孟子注疏》云：“虞人，守园囿之吏也。”那么在此“[illegible]”是否也为守园囿的官吏。

---

① 《番汉合时掌中珠》(乙种本)，《俄藏黑水城文献》第一〇册，第 33 页。
② 史金波、黄振华、聂鸿音：《类林研究》，宁夏人民出版社，1993 年，第 35 页。
③ 史金波、黄振华、聂鸿音：《类林研究》，宁夏人民出版社，1993 年，第 41 页。
④ 《番汉合时掌中珠》(乙种本)，《俄藏黑水城文献》第一〇册，第 34 页。
⑤ 史金波、黄振华、聂鸿音：《类林研究》，宁夏人民出版社，1993 年，第 41 页。
⑥ 《番汉合时掌中珠》(乙种本)，《俄藏黑水城文献》第一〇册，第 25、29、32 页。
⑦ 陈炳应：《贞观玉镜将研究》，宁夏人民出版社，1995 年 7 月，第 84 页。
⑧ 史金波、黄振华、聂鸿音：《类林研究》卷三《敦信篇・魏文侯》，宁夏人民出版社，1993 年 9 月，第 34 页。
⑨ 彭向前：《西夏文〈孟子〉整理研究》，上海古籍出版社，2012 年，第 167—168 页。

[6] [illegible]，意“渠主”。

[illegible]，意“渠”。《掌中珠》“[illegible]”作“渠井”；[1]“[illegible]”作“开渠”。[2]

[illegible]，意“渠主”，负责农田水利灌溉的人员。此外西夏设有农田司，西夏吾等司之中等司，有四正、四承旨、四都案、十二案头。

[7] [illegible]，意“商人”。

[illegible]，意“市”、“商”、“沽”、“嫁”等。《掌中珠》“[illegible]”作“嫁与他人”。[3]

[illegible]，意“商人”，应指专门负责采购的人员。

[8] [illegible]，意“回鹘通译”。

[illegible]，意“回”，“汉语借词”。《类林》“[illegible]”译“愍帝在长安，为回鹘贼所囚”。[4]

[illegible]，意“鹘”，“汉语借词”。

[illegible]，意“言”。《掌中珠》“[illegible]”作“听我之言”、“[illegible]”作“不说实话”、“[illegible]”作“大人指挥”、“[illegible]”作“不肯招承”、“[illegible]”作“我闻此言”。[5]

[illegible]，意“侍奉”、“局务”。《掌中珠》“[illegible]”作“局分大小”、“[illegible]”作“指挥局分”；[6]《贞观玉镜将》“[illegible]”译“各自局分所属”。[7]《孟子》卷5《滕文公章句上》“[illegible]”对应汉文本“百官有司莫敢不哀，先之也”。[8]

[illegible]，该词意为“回鹘通译”，是指可以说回鹘等语的翻译人员。西夏设有回夷务，西夏吾等司之中等司，设二正、二承旨，二都案，三案头。

[9] [illegible]，意“黑检主”。

[illegible]，“哨”、“检查”。《西夏谚语》第84条“[illegible]　哨卡口上莫放牧”。[9]

[illegible]，意“黑”、“冥”“暗”、“安息”。《掌中珠》“[illegible]”作“黑风”、“[illegible]”作“黑乌”、“[illegible]”作“胡椒”、[10]“[illegible]”作“安息香”。[11]

[illegible]，意“黑检主”，疑为专门负责检查、监督关口、哨卡的人员。待考。

---

① 《番汉合时掌中珠》（甲种本），《俄藏黑水城文献》第一〇册，第7页。
② 《番汉合时掌中珠》（乙种本），《俄藏黑水城文献》第一〇册，第25页。
③ 《番汉合时掌中珠》（乙种本），《俄藏黑水城文献》第一〇册，第36页。
④ 史金波、黄振华、聂鸿音：《类林研究》卷三—《见异篇·张华》，宁夏人民出版社，1993年9月，第149页。
⑤ 《番汉合时掌中珠》（乙种本），《俄藏黑水城文献》第一〇册，第34页。
⑥ 《番汉合时掌中珠》（乙种本），《俄藏黑水城文献》第一〇册，第29、34页。
⑦ 陈炳应：《贞观玉镜将研究》，宁夏人民出版社，1995年7月，第84页。
⑧ 彭向前：《西夏文〈孟子〉整理研究》，第27页。
⑨ 陈炳应：《西夏谚语——新集锦成对谚语》第84条，山西人民出版社，1993年4月，第10页。
⑩ 《番汉合时掌中珠》（甲种本），《俄藏黑水城文献》第一〇册，第5、8页。
⑪ 《番汉合时掌中珠》（乙种本），《俄藏黑水城文献》第一〇册，第29页。

[10] [illegible]，意“船主”。

[illegible]，意“船”、“舟”、“舶”、“舫”、“筏”等。《类林》中“[illegible]”译“夏统曰：修造船橹”。[①]

[illegible]，意“船主”，指专门负责水上运输及渔业捕捞的人员。

[11] [illegible]，意“井匠”。

[illegible]，意“井”。《掌中珠》“[illegible]”作“渠井”；“[illegible]”作“井宿”。[②]《类林》中“[illegible]”译“凿井得铜钱”。[③]

[illegible]，意“井匠”，专门负责水源勘探，凿井，及其维护的人员。

[12] [illegible]，意“朝殿侍卫”。

[illegible]，“界”、“潮”、“朝”等。《掌中珠》“[illegible]”作“三界溜转”。[④]《类林》“[illegible]”译“晏婴穿朝服而至”。[⑤]

[illegible]，意为“朝殿侍卫”，是指在殿庭负责保卫的人员。

[13] [illegible]，意“占卜”。

[illegible]，意“占卜”。《六韬》中“[illegible]”译“边之太祖史畴”。[⑥]

[illegible]，意“算”、“数”、“历”、“卜”。《德行集》“[illegible]，[illegible]”意“存者以为民之功，亡者归于己之过”。[⑦] 西夏文中将卜和算区分得十分明确，如《文海·杂类》“[illegible]”释“[illegible]”（卜者能知语言，显所问语，则故谓卜）[⑧]而《文海》“[illegible]”释“[illegible]”（算者算数也，释本也，使有无分明之谓也）。[⑨]

[illegible]，二字连用指“占卜”，掌管王室占卜、祭祀等事务的官名。甲骨文有“卜宾”、“卜竹”、“卜即”等记载，《周礼正义·春官》：“卜师掌开龟之四兆：一曰方兆，二曰功兆，三曰义兆，四曰弓兆。”隋、唐太卜署均置二十人。“季冬，帅侲子堂赠大傩，天子六队，太子二队，方相氏右执戈、左执楯而导之，唱十二神名，以逐恶鬼，傩者出，磔雄鸡于宫门、城门。有卜助教二人，卜师二十人，巫师十五人，卜筮生四十五人，府一人，史二人，掌固二人。”

西夏人笃信机鬼，有多种卜算方法。如《宋史·夏国传》记载：“每出兵则先卜。卜有

① 史金波、黄振华、聂鸿音：《类林研究》卷十五《隐逸篇·夏统》，宁夏人民出版社，1993 年 9 月，第 66 页。
② 《番汉合时掌中珠》(甲种本)，《俄藏黑水城文献》第一〇册，第 3、7 页。
③ 史金波、黄振华、聂鸿音：《类林研究》，宁夏人民出版社，1993 年，第 149 页。
④ 《番汉合时掌中珠》(乙种本)，《俄藏黑水城文献》第一〇册，第 36 页。
⑤ 史金波、黄振华、聂鸿音：《类林研究》卷十二《忠谏篇·晏婴》，宁夏人民出版社，1993 年 9 月，第 51 页。
⑥ 贾常业：《西夏文译本〈六韬〉解读》，《西夏研究》2011 年第 2 期，第 60 页。
⑦ 聂鸿音：《西夏文德行集研究》，甘肃文化出版社，2002 年，第 80、81 页。
⑧ 史金波、白滨、黄振华：《文海研究》，中国社会科学出版社，1983 年，第 315、533 页。
⑨ 史金波、白滨、黄振华：《文海研究》，中国社会科学出版社，1983 年，第 214、459 页。

四：一、以艾灼羊脾骨以求兆，名‘炙勃焦’；二、擗竹于地，若揲蓍以求数，谓之‘擗算’；三、夜以羊焚香祝之，又焚谷火布静处，晨屠羊，视其肠胃通则兵无阻，心有血则不利；四、以矢击弓弦，审其声，知敌至之期与兵交之胜负，及六畜之灾祥、五谷之凶稔。”①

［14］[illegible]，意“更夫”。

[illegible]，意“夜晚”。《文海》“[illegible]”释“[illegible]”（夜者夜也，夜晚也，晚也）。②

[illegible]，意“鼓”。《掌中珠》“[illegible]”作“天鼓”、“[illegible]”作“击鼓”、“[illegible]”作“铜鼓”、“[illegible]”作“法鼓”、“[illegible]”作“大鼓”、“丈鼓”。③

[illegible]，意“打”、“击”、“杖”等。《掌中珠》“[illegible]”作“如此拷打”、“[illegible]”作“凌持打拷”。④

[illegible]，该词意为“更夫”，专门负责打更、报时的人员。

［15］[illegible]，意“官巫”。

[illegible]，意“巫”、“禳”。

[illegible]，二字连用意为“官巫”，指西夏政府任命的专门预测吉凶未来、祛除病魔、禳除灾祸的巫师。

［16］[illegible]，意“织褐”。

[illegible]，意“褐”。《类林》“[illegible]”译“男人皆穿褐衣裤，善骑射”。⑤《类林》“[illegible]”译“男人皆穿褐衣裤”。⑥ 西夏文献《碎金》中载“棉麻线袋细，毛毡褐囊粗”。[illegible]，意“编织”、“结”。

[illegible]，二字连用意“织褐”，指专门从事编织毛褐行业的人员。

［17］[illegible]，意“驮御柴”。

[illegible]，意“寨”、“镗”、“柴”、“豺”。《掌中珠》镗［[illegible]］、豺狼［[illegible]］。⑦

[illegible]，意“辎重”。《同音文海宝韵合编》“[illegible]”释“[illegible]”（辎重使畜脊梁上负载为）。⑧

[illegible]，意“驮御柴”，指专门负责驮运货物运输的人员。

① ［元］脱脱：《辽史》，卷一一五《西夏外纪》，中华书局，2000年，第1523页。
② 史金波、白滨、黄振华：《文海研究》，中国社会科学出版社，1983年，第237、476页。
③ 《番汉合时掌中珠》（乙种本），《俄藏黑水城文献》第一〇册，第6、29页。
④ 《番汉合时掌中珠》（乙种本），《俄藏黑水城文献》第一〇册，第34页。
⑤ 史金波、黄振华、聂鸿音：《类林研究》，宁夏人民出版社，1993年，第103页。
⑥ 史金波、黄振华、聂鸿音：《类林研究》，宁夏人民出版社，1993年，第103页。
⑦ 《番汉合时掌中珠》（乙种本），《俄藏黑水城文献》第一〇册，第27、30页。
⑧ 韩小忙：《〈同音文海宝韵合编〉整理与研究》，中国社会科学院出版社，2008年6月，第168页。

[18] [illegible]，意“宗庙监”。

[illegible]，意“影”、“庙”、“祠”、“画”等。《类林》“[illegible]”对应汉文本“吴人暗立祠于江边”。[1]

[illegible]，意“监”、“视”、“守”。《掌中珠》“[illegible]”作“司吏都监”。[2]

[illegible]，该词意“宗庙监”，指专门负责皇室宗庙祭祀、洒扫、香灯等事务的人员。

[19] [illegible]，意“烧炭”。

[illegible]，意“炭”。《掌中珠》“[illegible]”作“松炭石炭”。[3]《类林》“[illegible]”译“洛阳炭价贵”。[4]

[illegible]，意“燃”、“烧”。《掌中珠》“[illegible]”作“烧饼”。[5]

[illegible]，意“烧炭”，指从事木炭烧制行业的人员。

[20] [illegible]，意“宫监”。

[illegible]，意“宫”、“城”。《掌中珠》“[illegible]”作“皇城司”。[6]《金光明经》卷十“[illegible]”对应汉文本“皇慈母住宫内”。[7]

[illegible]，意“宫监”，是后宫都监的省称，指专门负责内宫事务的管理人员。在唐宋时期，内监有时指宦官。

[21] [illegible]，意“卷帘者”。

[illegible]，音[令]，《掌中珠》该字标[菱]、[绫]、[凌]、[令]的读音，如“菠薐”[[illegible]]、绫罗[[illegible]]、恃强凌弱[[illegible]]、令追知证[[illegible]]、凌持打拷[[illegible]]、令交获利[[illegible]]、门帘[[illegible]]、连袋[[illegible]]。[8]

[illegible]，意“卷”，（汉语借词）。《掌中珠》绢丝[[illegible]]。[9]

[illegible]，意“卷帘者”。卷帘在中国古代有多种含义，一指负责宫廷中的勤杂人员，负责宫廷卫生的打扫等人员；二是古代称“簿”为帘，卷帘者即宫廷中主管卷册文书的人员；三指，科举考试时考生所做考场之帘，考试时主考官的另一种称呼，又分为外帘官、内

① 史金波、黄振华、聂鸿音：《类林研究》卷三《敦信篇·魏文侯》，宁夏人民出版社，1993年，第160页。
②《番汉合时掌中珠》（乙种本），《俄藏黑水城文献》第一〇册，第33页。
③《番汉合时掌中珠》（乙种本），《俄藏黑水城文献》第一〇册，第25页。
④ 史金波、黄振华、聂鸿音：《类林研究》卷三八《贵富篇·羊琇》，宁夏人民出版社，1993年，第192页。
⑤《番汉合时掌中珠》（乙种本），《俄藏黑水城文献》第一〇册，第35页。
⑥《番汉合时掌中珠》（乙种本），《俄藏黑水城文献》第一〇册，第33页。
⑦ 王静如：《金光明最胜王经》卷十《夏藏汉合璧考释》，《西夏研究》（第三辑），中研院史语所单刊甲种之十一，1933年，第352—353页。
⑧《番汉合时掌中珠》（乙种本），《俄藏黑水城文献》第一〇册，第19、26、30、31、32、33、34页。
⑨《番汉合时掌中珠》（乙种本），《俄藏黑水城文献》第一〇册，第31页。

帘官。四指卷帘，即指推荐、提携的意思。西夏文中应指第一中，即负责宫廷中的勤杂人员。

［22］𗂧𗢳，意“测城”。

𗂧，意“城”、“州”、“墙”、“舍”。《掌中珠》“𗏹𗂧𗗙𗪴”作“修造舍屋”。[①]

𗂧𗢳，意“测城”，疑指专门负责城池、宫殿修建的专业人员。

［23］𗋕𗧓𗤶，意“主飞禽”。

𗋕，意“鸟”、“禽”、“鸡”《掌中珠》“𗋕𗧓”作“飞禽”。[②]《孟子》中“𗏁𗣼𗩾𗋕，𗥃𗍫𗧘𗱕”译“我武惟鹰，侵于之疆”。[③]

𗧓，意“鸟”、“禽”。[④]《掌中珠》“𗧓𗍺”作“朱雀”，“𗧓𗕤”作“鹰雕”，“𗤁𗧓”作“石榴”。

𗋕𗧓𗤶，意为“主飞禽”，指负责驯养飞禽，供观赏、狩猎的养殖人员。

［24］𗥞𗖵𗫬，意“系花鬘”。

𗥞，意“华”、“花”等。《掌中珠》“𗥞𗂸”作“花果”、“𗾞𗫂𗥞”作“牡丹花”、“𗥞𗔀𗥞𗢫”作“折花戴花”。[⑤]

𗖵，意“览”、“瞻”、“显”、“缨缦”等。

𗫬，意“系”、“缚”。

𗥞𗖵𗫬，意“系花鬘”，疑与宫廷装扮活动有关，待考。《类林》中“𗼃𗗚𗣗𗏈𗑗𗥞𗉣𗫬𗏈𗤶𗙮𗒹𗌭𗨁”译“娶妇人以金系花带，以金腕钏为聘”。[⑥]

［25］𗎋𗫂𗗙，意“御车主”。

𗫂，意“车”。《掌中珠》烦恼缠缚［𗫃𗢳𗫂𗤱］。[⑦]

𗎋𗫂𗗙，意“御车主”，应为负责驾驭出行车辆的人员。

［26］𗖻𗣉𗠝，意“牵骆驼”。

𗖻𗣉，意“骆驼”。《掌中珠》“𗖻𗣉”作“骆驼”。[⑧]《西夏谚语》“𗤓𗢳𗗙𗏇𗖻𗣉𗄈𗐯𗤁𗅋𗉣𗡞”译“骆驼吃刺，不怕刺腭，皆因习惯”。

𗠝，音“领”、“引”、“携”、“牵”。《类林》中“𗦇𗦻𗤒𗢳𗗙𗗚𗗙𗠝”译“虞君大败，乃抱碧牵

① 《番汉合时掌中珠》(乙种本)，《俄藏黑水城文献》第一〇册，第29页。
② 《番汉合时掌中珠》(乙种本)，《俄藏黑水城文献》第一〇册，第27页。
③ 彭向前：《西夏文〈孟子〉整理研究》，上海古籍出版社，2012年，第176页。
④ 史金波、白滨、黄振华：《文海研究》，中国社会科学出版社，1983年，第154、411页。
⑤ 《番汉合时掌中珠》(乙种本)，俄藏黑水城文献第一〇册，第25、35页。
⑥ 史金波、黄振华、聂鸿音：《类林研究》，宁夏人民出版社，1993年，第104页。
⑦ 《番汉合时掌中珠》(乙种本)，《俄藏黑水城文献》第一〇册，第36页。
⑧ 《番汉合时掌中珠》(乙种本)，《俄藏黑水城文献》第一〇册，第27页。

马而走”。[1]

[illegible]，意“牵骆驼”，指负责牵引驼只，驼队的人员。

[27] [illegible]，意“相君”。

[illegible]，意“熟悉”、“面熟”；[相]音。《掌中珠》入定诵咒[[illegible]]。[2]《类林》中“[illegible]”译“司马相如又名长卿”。[3]

[illegible]，意“君”；[军]、[君]、[究]，(汉语借词)。

[illegible]，意“相君”。相君，相面的一种，通过观察人的五官面貌、体态骨骼以及手纹和气色等来推断其吉凶祸福、贫富贵贱及寿夭等。此外，黑水城出土了西夏文相面图。

[28] [illegible]，意“修城黑汉人”。

[illegible]，意“汉”。《掌中珠》“[illegible]”作“番汉语要略一本”，[4]《西夏谚语》第 4 条“[illegible]”译“想要有钱汉商场”。[5]

[illegible]，意“修城黑汉人”，指专门管理、监督、驱使汉人等修建宫殿、城池的负责人员。

[29] [illegible]，意“钱监院”。

[illegible]，意“钱”。《掌中珠》“[illegible]”作“金钱花”、“[illegible]”作“金条”、[6]“[illegible]”作“金银”、“[illegible]”作“金风”。[7]

[illegible]，音译[价]，[加]、[监]、[间]等，《掌中珠》世间扬名[[illegible]]。[8]

[illegible]，意“钱监院”，指专门负责制造钱币的管理部门人员。

[30] [illegible]，意“绢织院”。

[illegible]，意“绢”、“帛”、“彩”等。《掌中珠》“[illegible]”作“绢丝”。[9]《类林》中“[illegible]”译“侍女亦皆穿纨绣”。[10]

[illegible]，意“绢织院”，西夏专门负责生产、编织绢帛的供职人员。

[31] [illegible]，意“马侍”。

---

① 史金波、黄振华、聂鸿音：《类林研究》，宁夏人民出版社，1993 年，第 49 页。
② 《番汉合时掌中珠》(乙种本)，《俄藏黑水城文献》第一〇册，第 29 页。
③ 史金波、黄振华、聂鸿音：《类林研究》，宁夏人民出版社，1993 年，第 158 页。
④ 《番汉合时掌中珠》(乙种本)，《俄藏黑水城文献》第一〇册，第 20 页。
⑤ 陈炳应：《西夏谚语——新集锦成对谚语》第 4 条，山西人民出版社，1993 年，第 7 页。
⑥ 《番汉合时掌中珠》(乙种本)，《俄藏黑水城文献》第一〇册，第 31 页。
⑦ 《番汉合时掌中珠》(甲种本)，《俄藏黑水城文献》第一〇册，第 5、7 页。
⑧ 《番汉合时掌中珠》(乙种本)，《俄藏黑水城文献》第一〇册，第 32 页。
⑨ 《番汉合时掌中珠》(乙种本)，《俄藏黑水城文献》第一〇册，第 31 页。
⑩ 史金波、黄振华、聂鸿音：《类林研究》，宁夏人民出版社，1993 年，第 189 页。

[illegible]，意“马”。《掌中珠》“[illegible]”作“马院”。[1]《西夏谚语》第 223 条“[illegible]”译“骏马十价，骑着劣，脊折断绝，名未出”。[2]

[illegible]，意“马侍”，指专门管理马匹的马夫。

[32] [illegible]，意“御院子”。

[illegible]，意“御院子”，疑指负责打扫内宫院子的人员。

[33] [illegible]，意“殿使”。

[illegible]，意“殿使”，是指在宫殿专门供皇帝差使的人员，在外出执行任务时有较大权力。西夏有“带牌天使”、“带银牌天使”等记载。据捉到西界首领伊特香通说：“有带银牌天使报梁乙逋来称，塔坦国人马入西界娄博贝，打劫了人户一千余户，牛羊孳畜不知数目，其带牌天使当时却回去。”[3]

[34] [illegible]，意“厨师”。

[illegible]，意“食”、“厨”。《掌中珠》“[illegible]”作“准备食馔”。[4]《金光明经》卷十“[illegible]”对应汉文本“卧具衣食及象马，车乘宝物皆供给”。[5]

[illegible]，意“厨师”，指从事饮食行业的人员。

史译本：

测礼垒、帐下内侍、出车、医人【御医】、向导、渠主、商人、回鹘通译、黑检主、船主、井匠、朝殿侍卫、占算、更夫、官巫、织褐、驮御柴、宗庙监、烧炭、宫监、卷帘者、测城、主飞禽、系花鬘、御车主、牵骆驼、相君、修城黑汉人、钱监院、绢织院、马侍、御院子、殿使、厨师

俄译本：

修固壕堡主司、(御)宿卫内侍、宣[罪]者、御医、地慧、渠主、商[人]、对回纥人传令、夜巡、船主和船匠、井匠、诸宫传侍、占星(占卜)、夜鼓手、御巫师、织褐匠、接产婆、宫画守卫、烧炭者、宫视、良饲者、守城、养禽鸟者、养花者、御车人、牵驼者、智者、修城汉人、财宝院[供奉]、丝织院、马夫、采玉(软玉)院、宫使、厨师、

---

① 《番汉合时掌中珠》(乙种本)，《俄藏黑水城文献》第一〇册，第 33 页。
② 陈炳应：《西夏谚语——新集锦成对谚语》第 223 条，山西人民出版社，1993 年 4 月，第 19 页。
③ [宋] 李焘撰：《续资治通鉴长编》卷四七一，中华书局，2004 年，第 11238 页。
④ 《番汉合时掌中珠》(乙种本)，《俄藏黑水城文献》第一〇册，第 35 页。
⑤ 西夏文《金光明最胜王经》卷十(图 44 - 12)，史金波主编：《中国藏西夏文献》第 4 册，甘肃人民出版社、敦煌文艺出版社，2005 年，第 14 页。

31-2左面

[illegible][1]	[illegible][2]	[illegible][3]
传桌主	陈现钉作	御皮衣驮

[illegible][4]	[illegible][5]		
帐侍奉者	门楼主		

[illegible][6]	[illegible][7]
御仆役房局分	案头司吏

[illegible][8]	[illegible][9]	[illegible][10]
大消舍	金采	司监园子

[illegible][11]	[illegible][12]	[illegible][13]
麻种院子	细狗养	番汉乐人

[illegible][14]	[illegible][15]	[illegible][16]	[illegible][17]
内官	金判	马背戏	马院

[illegible][18]	[illegible][19]	[illegible][20]
归义军院黑汉	染青种	珂贝库主

[illegible][21]						
川地节亲主						

[illegible]	[illegible]	[illegible][22]	[illegible]	[illegible]	[illegible]	[illegible]	[illegible][23]	[illegible]	[illegible]	[illegible]	[illegible][24]
一	等	牧农主	马铠	铠甲	二	种	搜寻	其	显	依	队溜

注释：

[1] [illegible]，意“主传桌”。

赦，意“传”、“转”。《掌中珠》“敍旒缄赦”作“三界流传”。[①]《金光明经》“缎瀫赦祇”对应汉文本“广为流传”。[②]

蔑，意“桌”。《掌中珠》“豜蔑”作“桌子”。[③]《孟子》中“蔑繸繿，觃豜”译“卧长桌，不应”。[④]

赦蔑藉，意为“主传桌”，指负责日常宫廷御膳制度、礼仪的管理人员。

[2] 瓞藣敍豩，汉语“作陈设钉”音译。

瓞，《掌中珠》该字标“陈”、“秤”、“沉”、“尘”、“嗔”等音。如，勾陈[秅瓞]、尘土[瓞嫮]、茵陈[敍瓞]、沉香[瓞畚]、大人嗔怒[赌豙瓞赌]。[⑤]

藣，意“显”、“现”、“叹”、“誉”。《掌中珠》“豩藣缄貆”作“堪为叹誉”。[⑥]

敍，意“钉”，《掌中珠》该字标“顶”、“鼎”、“造”、“黄”等音。如，鼎[敍]、石顶[纏敍]。[⑦]

瓞藣敍豩，汉语“作陈设钉”音译。可能指西夏文思院的巧工能匠。

[3] 絺缴繸秖，汉语“驮御仆役”音译。

缴，音“匹”。

繸，意“众”、“多”、“群”，音“易”、“医”、“意”、“羿”。《孙子兵法》“繸荻”译“周易”。

絺缴繸秖，汉语“驮御仆役”音译，是指仆役房中专门负责御用辎重运输的人员。[⑧]

[4] 賭霰赦豩，意“帐侍卫者”。

賭霰赦豩，意“帐侍卫者”，应为负责皇帝、后妃等寝宫内起居生活、安全保卫等人员。

[5] 葥蘶豯，意“门楼主”。

葥，意“门”，汉语借词。《掌中珠》“门帘”作“葥荿”、“通判”作“嫮葥緮”、正统司[豩葥嫮豯]。[⑨]

蘶，意“楼”、“耧”，汉语借词。《掌中珠》“楼阁帐库”作“蘶貢勋蘣”。[⑩]

葥蘶豯，意“门楼主”，宿卫中负责看管城门的人员。

① 《番汉合时掌中珠》(乙种本)，《俄藏黑水城文献》第一〇册，第36页。

② 王静如：《金光明最胜王经》卷六《夏藏汉合璧考释》，《西夏研究》(第三辑)，中研院史语所单刊甲种之十一，1933年，第6—7页。

③ 《番汉合时掌中珠》(乙种本)，《俄藏黑水城文献》第一〇册，第31页。

④ 彭向前：《西夏文〈孟子〉整理研究》，上海古籍出版社，2012年，第139页。原句为“隐几而卧”，西夏文用“蔑”翻译“几”，彭向前先生认为反映出西夏语中此类用具的缺乏。

⑤ 《番汉合时掌中珠》(乙种本)，《俄藏黑水城文献》第一〇册，第4、25、26、29、33、34页。

⑥ 《番汉合时掌中珠》(乙种本)，《俄藏黑水城文献》第一〇册，第36页。

⑦ 《番汉合时掌中珠》(乙种本)，《俄藏黑水城文献》第一〇册，第30页。

⑧ 许伟伟：《天盛律令〈内宫待命等头项门〉研究》，宁夏大学博士学位论文，2013年。

⑨ 《番汉合时掌中珠》(乙种本)，《俄藏黑水城文献》第一〇册，第32、33页。

⑩ 《番汉合时掌中珠》(乙种本)，《俄藏黑水城文献》第一〇册，第29页。

[6] □□□□□□，意“御仆役房勾管”。

□，意“香”，《掌中珠》该字标“房”、“方”、“向”、“乡”等音。如香菜[□□]、涂香[□□]、方得心定[□□□□]。[①]

□□□□□□，意“御仆役房勾管”，皇宫内部仆役房的官吏。

[7] □□□□，意“案头司吏”。

□，意“案”、“汇集”、“优”。《掌中珠》“□□□□”作“都案案头”。[②]

□，意“头”、“蕴”、“阴”、“笙”。《掌中珠》“□□”作“馒头”。[③]

□，意“站”、“吏”。《掌中珠》“□□□□”作“司吏行遣”、“□□□□”作“司吏都监”。[④]

□□□□，意“案头司吏”，指西夏各司政机构中一级管理人员。宋神宗元丰四年(1081)十月，种谔奏言：“捕获西界伪枢密院都案官麻女喫多革。”[⑤]

[8] □□□，意“大舍硬”。

□，意“台”、“大”、“太”等。《掌中珠》该字标“大”、“袋”等音。如连袋[□□]、大恒历院[□□□□]。[⑥]《类林》中“□□□□□”译“太原地方人”。[⑦]

□，意“消除”。

□，音“崖”、“矮”、“樱”、“鞅”。《掌中珠》短勒[□□]、[⑧]樱桃[□□]。[⑨]

大舍硬，此意未明，待考。

[9] □□，意“采金”。

□，意“金”，[瑶]、[陶]。《类林》“□□”音“刘陶”，“□□”音“褚瑶”。[⑩]

□，意“割”、“收”。

□□，意“采金”，指开采矿石、提炼金子的冶炼人员。

[10] □□□□，意“司监院子”。

□□□□，意“司监院子”，此意未明，待考。

[11] □□□□，意“种麻院子”。

---

① 《番汉合时掌中珠》(乙种本)，《俄藏黑水城文献》第一〇册，第26、29、36页。
② 《番汉合时掌中珠》(乙种本)，《俄藏黑水城文献》第一〇册，第29页。
③ 《番汉合时掌中珠》(乙种本)，《俄藏黑水城文献》第一〇册，第33页。
④ 《番汉合时掌中珠》(乙种本)，《俄藏黑水城文献》第一〇册，第29、34页。
⑤ [宋]李焘：《续资治通鉴长编》第三一八卷，中华书局，2004年，第7680页。
⑥ 《番汉合时掌中珠》(乙种本)，《俄藏黑水城文献》第一〇册，第32、33页。
⑦ 史金波、黄振华、聂鸿音：《类林研究》，宁夏人民出版社，1993年，第38页。
⑧ 《番汉合时掌中珠》(甲种本)，《俄藏黑水城文献》第一〇册，第13页。
⑨ 《番汉合时掌中珠》(乙种本)，《俄藏黑水城文献》第一〇册，第26页。
⑩ 史金波、黄振华、聂鸿音：《类林研究》，宁夏人民出版社，1993年，第90页。

[illegible]，意“麻”。《掌中珠》“[illegible]”作“麻稗”。①

[illegible]，意“耕”、“种”、“植”、“农”、“结”。《类林》中“[illegible]”译“遣类中人劝勤于课农养桑”。②

[illegible]，意为“种麻院子”，指负责种植麻类作物的种植人员。

[12] [illegible]，意“养细狗”。

[illegible]，意“犬”、“狗”也。《掌中珠》“[illegible]”作“狗猪”，“[illegible]”作“西狗”。③

[illegible]，意“狗”。

[illegible]，意“畜养”。《西夏谚语》第 154 条“[illegible]”译“马劣毛长食不甘”。④

[illegible]，意为“养细狗”，指专门喂养用来狩猎细狗的人员。在俄罗斯艾尔米塔什博物馆中藏着一幅黑水城出土的《西夏皇帝和众侍从》图中，皇帝面前就画着一只细狗。⑤

[13] [illegible]，意“番汉乐人”、“番汉伶人”。

[illegible]，意“番”。《掌中珠》“[illegible]”作“番汉合时掌中珠”。⑥

[illegible]，意“汉”。《掌中珠》“[illegible]”作“番汉语要略一本”，⑦《西夏谚语》第 4 条“[illegible]”译“想要有钱汉商场”。⑧

[illegible]，意“乐”、“伎”、“伶”。《掌中珠》“[illegible]”作“教动乐”，“[illegible]”作“乐人打诨”。⑨《类林》“[illegible]”译“戴安道者不为汝门下伶人”。⑩

[illegible]，意“人”。《金光明经》卷八“[illegible]”对应汉文本“为人王者”。⑪

[illegible]，意“番汉乐人”、“番汉伶人”。西夏有番乐人院、汉乐人院。番汉乐人指在乐人院中表演节目的艺人。秉常时期，有李清将军者，为秉常诱汉倡妇、乐人。元丰六年(1083)五月，宋神宗召见宋夏边境米脂寨投降的戎乐人(党项乐人)，并让他们“奏乐于崇政殿”。⑫

---

① 《番汉合时掌中珠》(乙种本)，《俄藏黑水城文献》第一〇册，第 27 页。
② 史金波、黄振华、聂鸿音：《类林研究》，宁夏人民出版社，1993 年，第 88、90 页。
③ 《番汉合时掌中珠》(乙种本)，《俄藏黑水城文献》第一〇册，第 27 页。
④ 陈炳应：《西夏谚语——新集锦成对谚语》第 9 条，山西人民出版社，1993 年 4 月，第 7 页。
⑤ 《俄藏黑水城艺术品》(一)，上海古籍出版社，2008 年，第 17 页。
⑥ 《番汉合时掌中珠》(乙种本)，《俄藏黑水城文献》第一〇册，第 20 页。
⑦ 《番汉合时掌中珠》(乙种本)，《俄藏黑水城文献》第一〇册，第 20 页。
⑧ 陈炳应：《西夏谚语——新集锦成对谚语》第 4 条，山西人民出版社，1993 年，第 7 页。
⑨ 《番汉合时掌中珠》(乙种本)，《俄藏黑水城文献》第一〇册，第 35 页。
⑩ 史金波、黄振华、聂鸿音：《类林研究》，宁夏人民出版社，1993 年，第 70 页。
⑪ 王静如：《金光明最胜王经》卷八《夏藏汉合璧考释》，《西夏研究》(第三辑)，中研院史语所单刊甲种之十一，1933 年，第 208—209 页。
⑫ [元] 脱脱：《宋史》卷一四二《乐志》，中华书局，2004 年。

[14] [illegible]，意“内官”。

[illegible]，意“内”。《掌中珠》“[illegible]”作“内宿司”。[①]《类林》中“[illegible]”译“帝令侍者小黄门持董宣”。[②]

[illegible]，意“内官”。内官，在中国古代职官制度中的含义比较多。1. 指帝王近侍之臣，或称为“宦官”、“中官”。2. 是指宫内女官。3. 指内宫中专设的机构。

[15] [illegible]，意“释金”。

[illegible]，“金”。《掌中珠》“[illegible]”作“金银铜鍮”，[③]“[illegible]”作“金钱花”。[④]《金光明经》卷一“[illegible]”对应汉文本“护金刚童子”。[⑤]《类林》中“[illegible]”译“秋胡至家，奉金遗母”。[⑥]

[illegible]，意“释”、“放”、“弃”、“判明”、“驱逐”。《掌中珠》“[illegible]”作“踪迹见有”，“[illegible]”作“罪在我身”。[⑦]

[illegible]，二字连用意为“释金”。释金，对矿石进行筛选处理的专业冶炼人员。汉译本中翻译为“采药”。

[16] [illegible]，意“马背戏”。

[illegible]，意“马”、“玛”、“午”。《类林》中“[illegible]”译“公主出，使奴骖马”。[⑧]

[illegible]，意“脊”、“梁”。《西夏谚语》第223条“[illegible]，[illegible]”译“骏马十价，骑着劣，脊折断绝，名未出”。[⑨]

[illegible]，意“游戏”、“娱乐”。《类林》中“[illegible]”译“高祖常与戚夫人密戏”。[⑩]

[illegible]，意“马背戏”，西夏的一种戏剧。

[17] [illegible]，意“马院”。

[illegible]，二字连用意“马院”，指负责马匹饲养、管理的专业人员。

[18] [illegible]，意“归义军院黑汉人”。

---

① 《番汉合时掌中珠》(乙种本)，《俄藏黑水城文献》第一〇册，第33页。

② 史金波、黄振华、聂鸿音：《类林研究》，宁夏人民出版社，1993年，第41页。

③ 《番汉合时掌中珠》(甲种本)，《俄藏黑水城文献》第一〇册，第7页。

④ 《番汉合时掌中珠》(乙种本)，《俄藏黑水城文献》第一〇册，第24、25页。

⑤ 王静如：《金光明最胜王经》卷四《夏藏汉合璧考释》，《西夏研究》(第二辑)，中研院史语所单刊甲种之十一，1933年，第10—11页。

⑥ 史金波、黄振华、聂鸿音：《类林研究》，宁夏人民出版社，1993年，第119页。

⑦ 《番汉合时掌中珠》(甲种本)，《俄藏黑水城文献》第一〇册，第16页。

⑧ 史金波、黄振华、聂鸿音：《类林研究》，宁夏人民出版社，1993年，第41页。

⑨ 陈炳应：《西夏谚语——新集锦成对谚语》第223条，山西人民出版社，1993年，第19页。

⑩ 史金波、黄振华、聂鸿音：《类林研究》，宁夏人民出版社，1993年，第39页。

[illegible]，意“义”、“议”、“理”。《掌中珠》“[illegible]”作“仁义忠信”。[1]

[illegible]，意“归义军院黑汉人”。

［19］[illegible]，意“种染青”。

[illegible]，意“青”、“绿”。《文海·杂类》“[illegible]”释“[illegible]”（青者染青用也，又萬苣青菜之亦谓也）。[2]

[illegible]，意“青”。《掌中珠》“[illegible]”作“青龙”。[3]

[illegible]，意“种染青”，指负责种植青菜的种植人员。《掌中珠》中有“蔓青菜”、“芥菜”、“香菜”等记载。[4]

［20］[illegible]，意“主杂物库”。

[illegible]，意“珂贝”、“服饰（穿戴）”。《西夏谚语》第187条“[illegible]”译“男子珂贝从未曾出于骨”；[5]《圣立义海》“[illegible]”译“逾十五，为求精神”。[6]

[illegible]，意“仓”、“库”、“藏”、“府”。《掌中珠》“[illegible]”作“楼阁帐库”。[7]《金光明经》卷八“[illegible]”对应汉文本“仓库欲满”。[8]《类林》中“[illegible]”译“财产库积，宫殿室宇宏伟壮丽”。[9]

[illegible]，意“主杂物库”，指负责杂物仓库的管理人员。

［21］[illegible][illegible]，意“川地节亲王”。

[illegible]，音川（地名）。《同音》“[illegible]”译“施川”、[10]“[illegible]”译“沙川”。[11]

[illegible]，意“节”。《掌中珠》“[illegible]”作“八节”、“[illegible]”作“时节”、[12]“[illegible]”作“骨节”。[13]

[illegible]，意“亲”。《掌中珠》“[illegible]”作“六亲和合”，“[illegible]”作“亲戚大小”，“[illegible]

① 《番汉合时掌中珠》（乙种本），《俄藏黑水城文献》第一〇册，第29页。
② 史金波、白滨、黄振华：《文海研究》，中国社会科学出版社，1983年，第322、538页。
③ 《番汉合时掌中珠》（甲种本），《俄藏黑水城文献》第一〇册，第4页。
④ 《番汉合时掌中珠》（乙种本），《俄藏黑水城文献》第一〇册，第26页。
⑤ 陈炳应：《西夏谚语——新集锦成对谚语》第187条，山西人民出版社，1993年4月，第16页。
⑥ 克恰诺夫、李范文、罗矛昆：《〈圣立义海〉研究》，宁夏人民出版社，1995年7月，第70页。
⑦ 《番汉合时掌中珠》（乙种本），《俄藏黑水城文献》第一〇册，第29页。
⑧ 王静如：《金光明最胜王经》卷十《夏藏汉合璧考释》，《西夏研究》（第三辑），中研院史语所单刊甲种之十一，1933年，第168—169页。
⑨ 史金波、黄振华、聂鸿音：《类林研究》，宁夏人民出版社，1993年，第85页。
⑩ 李范文：《同音研究》，宁夏人民出版社，1986年，第393页。
⑪ 李范文：《同音研究》，宁夏人民出版社，1986年，第378页。
⑫ 《番汉合时掌中珠》（乙种本），《俄藏黑水城文献》第一〇册，第24页。
⑬ 《番汉合时掌中珠》（甲种本），《俄藏黑水城文献》第一〇册，第10页。

□”作“并诸亲戚”。[①]《西夏谚语》第63条“□□□□□□□ 亲旧已老朋邻稀”；[②]第140条“□□□□□□□□ 过恶已大，亲难相助”。[③]

□□□□□，意“川地节亲王”，是指平原荒漠地区的节亲主。川地与山区相对应。节亲主，是指皇亲国戚，即皇族的各种亲戚关系。在《天盛律令》有“节亲门”。史金波先生《西夏社会》中，“西夏人的亲属以‘节’（音[则]）区分辈分高低和亲疏等次。节分同节、节上和节下。节上、节下又依据亲疏远近分为一节、二节、三节等。节亲中又可分为族亲、姻亲二种，族亲是本人同族人，姻亲本族人以婚姻结成的亲戚”。

[22] □□□，意“牧农主”。

□□□，意“牧农主”。王天顺先生认为牧农主可能是另一种家主，他们多居于京师以外的重镇或边地，拥有大片的牧地和耕地，他们不领有“租户”，却替国家管制着服劳役的刑徒。他们不负担国家租赋，却负担军队的甲、马战具。[④]

[23] □□，意“搜寻”。

□，意“搜寻”、“寻找”；[豫]（音）。《掌中珠》“□□□□”作“搜寻文字”。[⑤]《西夏谚语》第4条“□□□□□□□”译“想要有钱汉商场”。[⑥]

□，意“寻”、“找”、“觅”、“搜”、“检”。《掌中珠》“□□□□”作“搜寻文字”。[⑦]

□□，二字连用，意“搜寻”。

[24] □□，意“队溜”。

□，“队”、“林”、“树”。《掌中珠》“□□”作“攒昴”。[⑧]《将苑》“□□□□□□□□□□”对应汉文本“其众可用不可疲矣”。[⑨]

□，意“条”、“篇”、“佐”、“吏”、“将”。《将苑》“□□□□”对应汉文本“兵多将少”。[⑩]

□□，二字连用意为“队溜”，汉译本中将“队溜”译为“队将”。队溜是西夏地方组织形式，起初体现在军事组织上，后逐渐发展为军政一体。《续资治通鉴长编》中有一条关于“溜”的记载，北宋边臣田况上奏：“西贼首领，各将种落之兵，谓之一溜，少长服习，盖如臂

① 《番汉合时掌中珠》（乙种本），《俄藏黑水城文献》第一〇册，第29、33页。
② 陈炳应：《西夏谚语——新集锦成对谚语》第63条，山西人民出版社，1993年，第10页。
③ 陈炳应：《西夏谚语——新集锦成对谚语》第140条，山西人民出版社，1993年，第13页。
④ 王天顺：《西夏天盛律令研究》，甘肃文化出版社，1998年，第40—41页。
⑤ 《番汉合时掌中珠》（乙种本），《俄藏黑水城文献》第一〇册，第32页。
⑥ 陈炳应：《西夏谚语——新集锦成对谚语》第4条，山西人民出版社，1993年4月，第7页。
⑦ 《番汉合时掌中珠》（乙种本），《俄藏黑水城文献》第一〇册，第32页。
⑧ 《番汉合时掌中珠》（甲种本），《俄藏黑水城文献第》一〇册，第5页。
⑨ 《将苑》，《英藏黑水城文献》第二册，第218页。
⑩ 《将苑》，《英藏黑水城文献》第二册，第217页。

之使指，既成行列，举手掩口，然后敢食，虑酋长遥见，疑其语言，其肃整如此。”①

史译本：

主传桌、作陈设钉、驮御皮衣、②帐侍卫者、门楼主、御仆役房勾管、案头司吏、大舍硬、采金、司监院子、种麻院子、养细狗、番汉乐人、内官、采药、③马背戏、马院、归义军院黑汉人、种染青、主杂物库、□地节亲王。④

一等牧农主披甲二种搜寻法，可借于队溜，

俄译本：

堂官、铅锡焊匠、缁重、有优比夷乡局分者、御帐幕侍、楼门主、优比夷乡（房）供奉、执事、文薄、太（大）神（?）、妖鬼（?）、看司院子、总管、种大麻人、看猎犬者、蕃汉乐人、内宫侍卫、[有]官品者、金匠、骑马表演、马院、汉人将士归附[夏国]者、中绿青人、战具库供俸、来自荒区之[国]亲。

三、依议定，牧耕人应有甲胄和其余战具。

31 - 3 右面

[illegible]	[illegible]	[illegible]	[illegible]	[illegible]	[illegible]	[illegible]	[illegible]	[illegible]	[illegible]	[illegible]	[illegible]	[illegible]	
中	借	名	乃	计	簿	中	供	给	不	莫	军	行	

[illegible] [illegible]	[illegible]	[illegible]	[illegible]	[illegible] [illegible]	[illegible]	[illegible]	[illegible] [illegible][1]	[illegible]	[illegible]
季 验	为	等	时	队 溜	州	令	检 验	为	其

[illegible]	[illegible]	[illegible] [illegible][2]	[illegible]	[illegible] [illegible][3]	[illegible]	[illegible]	[illegible]	[illegible] [illegible]
中	已	损 失	赔	不 得	则	不	赔	官 马

[illegible]	[illegible]	[illegible]	[illegible]	[illegible] [illegible][4]	[illegible]	[illegible] [illegible][5]	[illegible]	[illegible]	[illegible]	[illegible]	[illegible]
一	种	边	等	法 依	使	烙 印	簿	中	乃	供	取

① [宋] 李焘：《续资治通鉴长编》卷一三二，中华书局，2004 年，第 3136 页。
② “[illegible]”一词，汉译本原译为“驮御皮衣”，当译为“驮御仆役”。
③ “[illegible]”一词，汉译本原译为“采药”，当译为“释金”。
④ “[illegible]”一词，汉译本第一字没有识别出，当译为“川地节亲主”。

[illegible]											
牧主											

[illegible]	[illegible]	[illegible]	[illegible]	[illegible]	[illegible]				
军正	有	官马	弓	一	张				

[illegible]	[illegible]	[illegible]	[illegible]	[illegible][6]				
六	十	枝	箭	袋有囊全				

[illegible][7]	[illegible]	[illegible]	[illegible]	[illegible]	[illegible]	[illegible][8]	[illegible]		
枪	一	枝	剑	一	把	浑脱	一		

[illegible][9]	[illegible]	[illegible]	[illegible]	[illegible]	[illegible]		
弦	一	根	楦杖长	一	枝		

注释：

[1] [illegible]，意“检校”。

[illegible]，意“口”、“津”(汉语借词)。

[illegible]，直译为“验口”，《天盛律令·译文对照表》中汉译文为“校口”，即“检校”、“检验”，李仲三据克恰诺夫译本(以下简称俄译本)翻译为“审验”。

[2] [illegible]，意“损失”。

[illegible]，意“失”、“弃”、“舍”、“出”、“亏”。[illegible]，意“亡”、“无”。“[illegible]”通“[illegible]”。

[illegible]，二字连用意思为“损失”。

[3] [illegible]，意“没有能力”。

[illegible]，意“不”、“无”、“非”、“莫”，常同动词和部分能愿动词一起，构成否定词组。

[illegible]，意“得”、“获”、“蒙”。

[illegible]，直译为“不得”、“不获”，在此引申为：没有能力，不能。

[4] [illegible]，意“依法”。

[illegible]，意“依”、“因”、“随”、“以”、“於”、“缘”、“奉”、“如”、“故”、“合”。与名词一起可组成介词结构；与动词一起组成的介词结构；加在偏句后表示原因，正句表示结果；仍表示因果

关系；韵也。

[illegible]二字一起，意“依法”。《掌中珠》“[illegible]”作“依法行遣”；[1]《金光明经》卷八“[illegible]”对应汉文本“当以法罚治”、[2]卷三“[illegible]”对应汉文本“是诸国主如法行时，一切人民随王修习如法行者”。[3]《孟子》中“[illegible]，[illegible]”译“生，事以礼”。[4]

［5］[illegible]，意“烙印”。

[illegible]，意“印”、“信”、“烙”。《经律异相》“[illegible]，[illegible]”对应汉文本“一者，信根坚固”，[5]文中为给马匹烫烙印，作为标识之用。

［6］[illegible]，直译为“袋有囊全”，应为“弓箭袋”。

[illegible]，意“包”、“裹”、“袋”、“囊”。《文海》“[illegible]”释“[illegible]”（“囊”者“箭囊”之谓）。[6]

[illegible]，意“在”、“有”、“置”、“设”，其为固定的有。《慈悲道场忏法》卷四“[illegible]”对应汉文本“于门阃上有十八釜”。史金波先生在《天盛律令・译名对照表》中将“[illegible]”，误识为“[illegible]”，翻译为“袋速函”。[7]

[illegible]四字连用，直译“袋有囊全”或“袋有函全”，史先生翻译为“箭袋”。应译为“弓矢韣”、“弓箭囊”。《宋史・夏国传》：“武职则冠金帖起云镂冠、银帖间金镂冠、黑漆冠，衣紫旋襕，金涂银束带，垂蹀躞，配解结锥、短刀、弓矢韣。”[8]《天盛律令》中还有“箭筒”“[illegible]”的记载，此处应该为盛放弓和箭的工具。

［7］[illegible]，意“枪”、“矛”。

[illegible]，“枪”、“矛”、“戟”。《六韬》“[illegible]”译“矛戟”。《六韬》“[illegible]”译“车上立旗鼓”，西夏文中用“枪”代替“鼓”字。[9] [illegible]为竖长物体，竖立旗枪。“[illegible]”当为“[illegible]”（戳穿、透过）的引申义，两者之间还存在一定的联系。《类林》中“[illegible]”译“矛头折，剑出火”。[10]

---

① 《番汉合时掌中珠》（乙种本），《俄藏黑水城文献》第一〇册，第 33 页。

② 王静如：《金光明最胜王经》卷八《夏藏汉合璧考释》，西夏研究（第三辑），中研院史语所单刊甲种之十一，1933 年，第 224 页。

③ 《中国藏西夏文献》第三册，《金光明最胜王经》卷三《灭业障品第五》，第 122 页。

④ 彭向前：《西夏文〈孟子〉整理研究》，上海古籍出版社，2012 年，第 146 页。

⑤ 杨志高：《西夏文〈经律异相〉整理研究》，社会科学文献出版社，2014 年 12 月，第 99 页。

⑥ 史金波、白滨、黄振华：《文海研究》，中国社会科学出版社，1983 年，第 308、528 页。

⑦ 史金波、聂鸿音、白滨译：《天盛改旧新定律令》卷五《军持兵器供给门》，法律出版社，2000 年，第 629 页。

⑧ ［元］脱脱：《宋史》卷四八五《夏国传》，中华书局，2004 年。

⑨ 贾常业：《西夏文译本〈六韬〉解读》，《西夏研究》2011 年第 2 期，第 73 页。

⑩ 史金波、黄振华、聂鸿音：《类林研究》，宁夏人民出版社，1993 年，第 113 页。

[illegible]，意“枪”、“矛”，是西夏格斗兵器之一。

［8］[illegible]，意“浑脱”。

[illegible]，意“皮囊”、“浑脱”。《文海·杂类》“[illegible]”释“[illegible]”为“浑脱者皮不割全剥则谓浑脱”。[①] [illegible]，意“熟”（皮子）。《文海》“[illegible]”释“[illegible]”，为“揉者熟也，使为揉熟皮也”。[②]

[illegible]二字连用，意“浑脱”。该词汉译本翻译为“皮囊”，俄译本翻译为“背囊”，此处应该翻译为“浑脱”，这样既保持西夏语原样，又能准确反映西夏军事装备的特点。《宋史·夏国传》中记载：“凡正军给长生马、驼各一。团练使以上，帐一、弓一、箭五百、马一、橐驼五，旗、鼓、枪、剑、棍棓、粆袋、披毡、浑脱、背索、锹镢、斤斧、箭牌、铁爪篱各一。”[③]参照《武经总要》中记载宋代“水囊”、“水袋”的式样和用法。“水袋以马牛杂畜皮浑脱为袋，贮水三四石，以大竹一丈去节，缚于袋口。若火焚楼棚，则以壮士三五持袋口向火，蹙水注入之，每门置两具。水囊以猪牛胞盛水，敌若积薪城下顺风发火，则掷火中。古军法作油囊亦便。”[④]可知，浑脱还有消防灭火的作用。

［9］[illegible]，意“弓弦”。

[illegible]，意“弦”。《掌中珠》“[illegible]”作“三弦”；“[illegible]”作“六弦”。[⑤]《类林》中“[illegible]”译“蔡琰曰第二弦也”；“[illegible]”译“箭在弦上，不得不发”。[⑥]

弓弦，西夏弓箭重要部件之一。《隆平集》：“夏兵长于骑射，不善刀枪，而柳弓、皮弦遇雨雪则不能施，又其所短，故所向无不破也。”可知，西夏的弓应该使用的是皮弦，但具体为何种动物的皮就不得而知了。朱弁《曲洧旧闻》卷九中记载的“神臂弓，盖熙宁初百姓李宏造，中贵张若水以献，其实弩也。以檿为身，檀为弰，铁为枪膛，铜为机，麻索系札丝为弦”。

史译本：

当接名不须永久注册。行军季校时，当在队溜上阅校。其中有损失不能偿则不偿。官马一种则应按边等法烙印，永久注册。

---

① 史金波、白滨、黄振华：《文海研究》，中国社会科学出版社，1983年，第333、546页。

② 史金波、白滨、黄振华：《文海研究》，中国社会科学出版社，1983年，第257、492页。

③ ［元］脱脱：《宋史》卷四八六《夏国传》，中华书局，2004年，第14028页。

④ ［宋］曾公亮：《武经总要前集》卷十二，解放军出版社、辽沈书社，1988年，第634页。

⑤《番汉合时掌中珠》（乙种本），《俄藏黑水城文献》第一〇册，第35页。

⑥ 史金波、黄振华、聂鸿音：《类林研究》，宁夏人民出版社，1993年，第95、111页。

牧主

正军有：官马、弓一张、箭六十枝、箭袋、[1]枪一枝、剑一柄、囊[2]一、弦一根、长矛杖一枝、

俄译本：

［这些战具］由分队头领在需用时发给［他们］，用后收回集中，签名并注明为［战需物］。在平时，牧耕人不许用这些战具。军队征战时，主司应发给［甲胄、战具］，主司在分给时应查清数目和完好程度。若有某物丢失或损坏，［此罪犯］无力赔偿时，［对这类人］不必要求赔偿。［发给牧耕人之］官马必须一样，并依律烙印为证。

牧主［发如下战具］：

正军应有：官马、弓一、箭六十、簇囊(?)，矛一、剑一、镢一、弦一、长［槌］杖一、

31－3 左面

[illegible]						
拨子手扣帕全						

[illegible]	[illegible]	[illegible]	[illegible]	[illegible]	[illegible]	[illegible]	[illegible]	[illegible]
正辅主	有	弓	一	张	三	十	枝	箭

[illegible]	[illegible]	[illegible]	[illegible]
槌杖长	一	枝	拨子手扣帕

[illegible]	[illegible]	[illegible]	[illegible]	[illegible]	[illegible]	[illegible]	[illegible]	
负担	弓	一	张	二	十	枝	箭	

[illegible]	[illegible]	[illegible]			
槌杖长	一	拨子手扣帕			

① “[illegible]”一词，汉译本第二字识别为“见”，译为“箭袋”，当译为“弓箭韊”。

② “[illegible]”一词，汉译本译为“囊”，当译为“浑脱”。

[illegible]										
农主										

[illegible]	[illegible]	[illegible]	[illegible]	[illegible]	[illegible]	[illegible]	[illegible]	[illegible]
军正	有	官马	剑	一	把	弓	一	张

[illegible]	[illegible]	[illegible]	[illegible]	[illegible]	[illegible]	[illegible]		[illegible]	[illegible]		
三	十	枝	箭	枪	一	枝		浑脱	一		

[illegible]	[illegible]	[illegible]	[illegible]				
拨子手扣帕	弦	一	根				

史译本：

拨子手扣全。

正辅主有：弓一张、箭二十枝、长矛杖一枝、拨子手扣全。[①]

负担：弓一张、箭二十枝、长矛杖一枝、拨子手扣全。

农主

正军有：官马、剑一柄、弓一张、箭三十枝、枪一枝、囊一、拨子手扣、弦一根、

俄译本：

护腿和护腕。

辅正[军]应有：弓一、箭三十、长[槌]杖一、护腿和护腕。

副军应有：弓一、箭二十、长[槌]杖一、护腿和护腕。

耕夫[发如下战具]：

正军应有：官马、剑一、弓一、箭三十、矛一、镢一、护腿和护腕、弦一、

① "[illegible]"与"[illegible]"：拨子手口护，《天盛律令》正军、辅主武器装备略有区别。可见"拨子手扣"是一套用于射箭的装备。汉译本中没有将其区别翻译。该词在下文翻译中基本如此。

31－4右面

[illegible]	[illegible]	[illegible]							
槌杖长	一	枝							

[illegible]	[illegible]	[illegible]	[illegible]	[illegible]	[illegible]	[illegible]	[illegible]		
正辅主	弓	一	张	二	十	枝	箭		

[illegible]	[illegible]	[illegible]	[illegible]		
拨子手扣帕	槌杖长	一	枝		

[illegible]	[illegible]	[illegible]	[illegible]	[illegible]	[illegible]	[illegible]	[illegible]	[illegible]		
负担	有	弓	一	张	二	十	枝	箭		

[illegible]	[illegible]	[illegible]	[illegible]		
拨子手扣帕	槌杖长	一	枝		

[illegible]	[illegible]	[illegible][1]	[illegible]	[illegible]	[illegible]	[illegible]	[illegible]	[illegible]	[illegible]	[illegible]	[illegible]	[illegible]	[illegible]
一	等	使军	之	战具	有	〈〉	中	马甲	铠甲	马	三	种	者

[illegible]	[illegible]	[illegible]	[illegible]	[illegible]	[illegible]	[illegible]	[illegible]	[illegible]	[illegible]
畜	等	阶	依	当	搜寻	则	马甲	铠甲	二

[illegible]	[illegible]	[illegible]	[illegible]	[illegible]	[illegible]	[illegible]	[illegible]	
种	簿	中	著	不	还	牧农主	法依	

[illegible]	[illegible]	[illegible]	[illegible]	[illegible]	[illegible]	[illegible]	[illegible]	[illegible]	
队溜	中	检	著	损失	赔	修	不	得	

注释：

［1］[illegible]，意“使军”。

[illegible]，意“使”、“令”、“用”、“检校”。《金光明经》卷九“[illegible] 奴婢仆使”，[1]该词词组还有：[illegible] 役人、[illegible] 宫使、[illegible] 仆使、[illegible] 神策。

[illegible]，意“使军”。杜建录先生认为：《天盛律令》中的“使军”大致是官有奴隶，奴仆则主要指私人奴隶，他们与“官人”、“私人”有着对应的关系，从属于各自的主人，即法律文献上的头监。根据《文海》、《同音》等辞书对该字的解释，都是同义解释，都具有“兵”的含义。而《同音》丁中本备注对该字的解读是正文解释“没有官”，从这一解释可以看出“送”是指西夏社会中没有官位的人。当然西夏社会还有使军和奴仆，他们是隶属于头监的完全没有人身自由的社会最低阶层，其地位相当于唐宋时期的部曲和奴婢。使军虽然可以入军队，但不能成为正军，只有其头监许可，方有可能成为辅主，但是奴仆是完全没有成为军人的权利和资格的。[2] 再如，俄藏黑水城文献 4696(17—33)是天庆年间的西夏文贷粮契约，根据史金波先生译文，这十几件契约中，都明确写到了使军兀黑成。[3]《天盛律令·内宫待命等头项门》载：“一前述择人、守护者。所自投奔者、汉山主、羌、回鹘使军等甚多，不须使守护于官家住处内宫，其代转处内宿、外护人可守护，择人、守护者应使住于官家不住之内宫、库藏及其他处，应守护。”《天盛律令》中的“使军”大致是官有奴隶，奴仆则主要指私人奴隶，[4]他们与“官人”、“私人”有着对应的关系，从属于各自的主人，即法律文献上的头监。前引“诸人所属使军不问头监，不取契据，不许将子女、媳、姑、姐妹妇人等自行卖与他人”，使军未问所属头监，不取契据，亦“不许送女、姐妹、姑等与诸人为婚，违律为婚时徒四年，妇人所生之子女当一律还属者”。[5]

史译本：

矛杖长一枝。

正辅主有：弓一张、二十枝箭、拨子手扣全、矛杖长一枝。

负担有：弓一张、二十枝箭、拨子手扣全、矛杖长一枝。

一等使军所属之战具法中其披、甲、马三种，畜等级按当搜寻，披、甲二种毋须注册，按农牧主法当著于列队溜上，有损失无力偿修

---

① 王静如：《金光明最胜王经》卷九《夏藏汉合璧考释》，《西夏研究》(第三辑)，中研院史语所单刊甲种之十一，1933 年，第 266—267 页。

② 史金波：《西夏社会》，上海人民出版社，2007 年，第 221—227 页。

③ 史金波：《西夏粮食借贷契约研究》，《中国社会科学院学术委员会集刊》第 1 辑，社会科学文献出版社，2004 年，第 186—204 页。

④ 史金波：《西夏天盛律令及其法律文献价值》，《法律史论集》，法律出版社，1998 年。

⑤ 史金波、聂鸿音、白滨译：《天盛改旧新定律令》卷一二《无理注销诈言门》，法律出版社，2000 年，第 417 页。

俄译本：

长[槌]杖一。

辅正[军]应有：弓一、箭二十、护腿和护腕、长[槌]杖一。

副军应有：弓一：箭二十、护腿和护腕、长[槌]杖一。

四、关于奴仆战具。三种[战具][战马、甲胄]，若奴仆要求则可视其财产状况(真正的"牲畜类别")发给二种甲胄，即人用和马用，并应注册。

[和平时]不用甲胄，也同牧耕人甲胄一样置于分队头领处。若[甲胄]丢失或损坏是否要赔偿，

31－4左面

[illegible]	[illegible]	[illegible]	[illegible][1]	[illegible]	[illegible]	[illegible]	[illegible]	[illegible]
则	不	赔	官 骏 马	下	检	牧	作	簿

[illegible]	[illegible]	[illegible]								
中	乃	供 给								

[illegible]	[illegible]	[illegible]	[illegible]	[illegible]	[illegible]	[illegible]	[illegible]	[illegible]	
军 正	官 马	弓	一	张	三	十	枝	箭	

[illegible]	[illegible]	[illegible]	[illegible]	[illegible]	[illegible]	[illegible]	[illegible]	[illegible]	
枪	一	枝	剑	一	把	槌 杖 长	一	枝	

[illegible]							
拨 子 手 扣 帕							

[illegible]	[illegible]	[illegible]	[illegible]	[illegible]	[illegible]	[illegible]	[illegible]	[illegible]
正 辅 主	负 担	等	一 律	二	十	枝	箭	弓

[illegible]	[illegible]	[illegible]	[illegible]	[illegible]	[illegible]	[illegible]	[illegible]	[illegible]	[illegible]		
一	张	剑	一	把	等	每	样	一	种		

[illegible]	[illegible]	[illegible]	[illegible]	[illegible]	[illegible]	
检校	弓	箭	检	则	拨子手扣帕	

[illegible]	[illegible]	[illegible]	[illegible][2]						
供给	中	使	入						

注释：

［1］[illegible]：骏马。

[illegible]，意“骏马”。《同音文海宝韵合编》“[illegible]”释“[illegible]”（骏马者骏马、午马，马又骏马也）。①

［2］[illegible]，意“入”、“置”。

[illegible]，意“入”、“堕入”、“陷入”、“置”、“贯”、“系”。《掌中珠》“[illegible]”作“伏罪入状”。②

史译本：

则不偿，但官马③应作记号，永久注册。

正军有：官马、弓一张、箭三十枝、枪一枝、剑一柄、长矛杖一枝、拨子手扣全。

正辅主、负担一样：箭二十枝、弓一张、剑一柄。一样点校一种。如校弓箭，则应供给拨子手扣全。

俄译本：

则可不赔偿。官马必须烙印，并应造册。

到正军服役之［奴仆］应有：官马、弓一、箭三十、戟一、剑一、长［槌］杖一、护腿和护腕。

到辅正军和副军服役之［奴仆］应有：箭二十、弓一、剑一；以上［全部］为一种形式和质地。若发给弓和箭，则［领到弓和箭者］也应有护腿和护腕。

① 韩小忙：《〈同音文海宝韵合编〉整理与研究》，中国社会科学院出版社，2008年6月，第220页。

②《番汉合时掌中珠》（乙种本），《俄藏黑水城文献》第一〇册，第35页。

③“[illegible]”一词，汉译本译为“官马”，当译为“官骏马”。

31－5右面

[illegible]	[illegible]	[illegible]	[illegible]	[illegible]						
一	等	诸	臣僚	属						

[illegible]	[illegible]	[illegible]	[illegible]	[illegible]	[illegible]	[illegible]	[illegible]			
军	正	官马	马甲	铠甲	弓	一	张			

[illegible]	[illegible]	[illegible]	[illegible]	[illegible]	[illegible]	[illegible]				
枪	一	枝	剑	一	柄	拨子手扣帕				

[illegible]	[illegible]	[illegible]	[illegible]	[illegible]	[illegible]					
马甲	一	付	宽	五	寸					

[illegible][1]	[illegible][2]	[illegible]	[illegible]	[illegible]				
官	低高	依	箭	数				

[illegible][3]	[illegible]	[illegible][4]	[illegible][5]	[illegible]	[illegible]	[illegible]	[illegible]
十乘	起	胜监	至	五	十	枝	箭

[illegible][6]	[illegible]	[illegible][7]	[illegible]	[illegible]	[illegible]	[illegible]	
暗监	起	戏监	至	百	枝	箭	

[illegible][8]	[illegible]	[illegible][9]	[illegible]	[illegible]	[illegible]	[illegible]	[illegible]	[illegible]	[illegible]
头主	起	柱趣	至	一	百	五	十	枝	箭

[illegible][10]	[illegible]	[illegible][11]	[illegible]	[illegible]	[illegible]	[illegible]	
语抵	起	真舍	至	二	百	枝	

注释：

[1] [illegible]，意“官”。

□，意“官”、“吏”、“爵”。《掌中珠》“□□□□”作“因此加官”；[①]“□□□□”作“天官贵神”。[②]《六韬》中“□□□□□□：□□□，□□□，□□□”译“钧有三权：禄等以权，死等以权，官等以权”。[③]

官、职、军是西夏职官制度的核心，三者属于不同的系统，但有密切的联系。在西夏社会中，人的身份首先区分是否为“有官”人，“官”类似于中原王朝的爵位加勋官，不是职事官。从《天盛律令》授给官印可知西夏的“官”除三公、诸王外，可分为及授官、及御印官和未及御印官三大类。目前，已知的西夏官阶至少有 80 多阶、100 多个名号。出土于黑水城遗址的两件西夏文《官阶封号表》中上、次、中、下、末品前都有授字。一般官品越高、特权越大，例如在武器配备、司法等方面，量刑会根据官品来增减。[④]

［2］□□，意“高低”。

□，意“下”。□，意“高”、“上”。

□□，二字连用，意“高低”、“高下”。《掌中珠》“□□ □□”作“高下、深浅”，[⑤]“□□□□”作“人有高下”。[⑥]《过去庄严劫千佛名经》“□□ □□”对应汉文本“上下梵天”。[⑦]

［3］□□，意“十骑”。

□，意“拾”、“十”。《经律异相》中“□□□ □□□□□”对应汉文本“十方皆阇冥为见”。[⑧] □，意“骑”、“戴”、“乘”、“阵”。

□□，二字连用意“十骑”，西夏职官名。俄译本译为“十骑”，汉译本译为“十乘”。应译为“十骑”，《类林》中“□□□□□□□□□□”译“董卓遣使，以车百乘”。[⑨]

［4］□□，意“胜监”。

□，意“强”、“能”、“胜”（汉语借词）。□，意“监”（汉语借词）。《类林》中“□ □□□□□□□□”译“于小道远见车头监”。[⑩]

□□，二字连用意“胜监”，西夏职官名。俄译本译为“能监”，汉译本译为“胜监”。

［5］□……□，意“自……至……”。

① 《番汉合时掌中珠》（乙种本），《俄藏黑水城文献》第一〇册，第 32 页。
② 《番汉合时掌中珠》（甲种本），《俄藏黑水城文献》第一〇册，第 3 页。
③ 贾常业：《西夏文译本〈六韬〉解读》，《西夏研究》2011 年第 2 期，第 61 页。
④ 史金波：《西夏社会》，上海人民出版社，2007 年，第 286 页。
⑤ 《番汉合时掌中珠》（甲种本），《俄藏黑水城文献》第一〇册，第 7 页。
⑥ 《番汉合时掌中珠》（乙种本），《俄藏黑水城文献》第一〇册，第 33 页。
⑦ 王静如：《〈过去庄严劫千佛名经〉考释》，《西夏研究》（5），中国社会科学出版社，1989 年 9 月，第 146 页。
⑧ 杨志高：《西夏文〈经律异相〉整理研究》，中国科学文献出版社，2014 年 12 月，第 111 页。
⑨ 史金波、黄振华、聂鸿音：《类林研究》，宁夏人民出版社，1993 年，第 120 页。
⑩ 史金波、黄振华、聂鸿音：《类林研究》，宁夏人民出版社，1993 年，第 97 页。

[illegible]，意“起”、“生”、“发”、“立”、“自”。《掌中珠》“起贪嗔痴”作“[illegible]”。[1]《孟子》中“[illegible]”译“自天子达于庶人”。[2]

[illegible]，意“至”、“到”、“普”、“遍”；“周”、“上”、“临”、“及”、“均”。《掌中珠》“立便到来”作“[illegible]”、“追干连人”作“[illegible]”。[3]《孟子》中“[illegible]”译“天下有达尊三”。[4]

[illegible]……[illegible]，该词是固定词组，意“自……至……”，“从……到……”等。

［6］[illegible]，意“暗监”。

[illegible]，二字连用意“暗监”，西夏职官名。俄译本译为粗监，汉译本译为暗监，《夏汉字典》中译为中监。

［7］[illegible]，意“戏监”。

[illegible]，意“游戏”。《经律异相》中“[illegible]”译“小象遨戏都不觉知”。[5]

[illegible]，二字连用意“戏监”，西夏职官名。俄译本译为游监，汉译本译为戏监。

［8］[illegible]，意“头主”。

[illegible]，意“头”、“颈”。《文海・杂类》“[illegible]”（颈者喉胸间则颈谓）。[6]

[illegible]，二字连用意“头主”，西夏职官名。俄译本译为盔宰，汉译本译为头主。

［9］[illegible]，意“柱批”。

[illegible]，意“座”、“椅”、“柱”、“杖”，“撑”、“冲”。《文海》“[illegible]”释“[illegible]”（座者靠也，倚也，柱也，以自身座用之谓也）。[7]

[illegible]，意“灵巧”、“灵敏”，批（音）。

[illegible]，二字连用意“柱批”，西夏职官名。俄译本译为信报，汉译本译为柱趣，《夏汉字典》译为主批。汉译本将“[illegible]”识读为“[illegible]”。

［10］[illegible]，意“察情”。

[illegible]，意“俗”、“俗语”、“民情”。《文海》“[illegible]”释“[illegible]”（俗语者速语也，口头语也，所说话为俗话也）。[8]

---

① 《番汉合时掌中珠》（乙种本），《俄藏黑水城文献》第一〇册，第36页。
② 彭向前：《西夏文〈孟子〉整理研究》，上海古籍出版社，2012年，第132页。
③ 《番汉合时掌中珠》（乙种本），《俄藏黑水城文献》第一〇册，第34页。
④ 彭向前：《西夏文〈孟子〉整理研究》，上海古籍出版社，2012年，第124页。
⑤ 杨志高：《西夏文〈经律异相〉整理研究》，社会科学文献出版社，2014年，第101页。
⑥ 史金波、白滨、黄振华：《文海研究》，中国社会科学出版社，1983年，第352、556页。
⑦ 史金波、白滨、黄振华：《文海研究》，中国社会科学出版社，1983年，第255、491页。
⑧ 史金波、白滨、黄振华：《文海研究》，中国社会科学出版社，1983年，第208、455页。

𗗙，意“考察”、“荡”、“会”、“敌”。《掌中珠·序》“𗐱𗰜𘟩𗴂𗆐𗊏𗗙𗐯𗥃”作“论末则异，考本则同”。[①]

𘅞𗗙，二字连用意“察情”，西夏职官名。该词俄译本译为“察情”，汉译本译为“语抵”。应为“察情”或“语敌”。

［11］𗼇𘇂，意“真舍”。

𗼇，“真实”、“纯真”、“正”、“良”、“蒂”。《掌中珠》“𗏹𗼇”作“真正”；[②]《金光明经》卷八“𗵒𗼇 真珠”。[③]

𘇂，音［舍］、［奢］、［阇］、［苦］、［叉］、［缮］。《金光明经》卷一“𘇂𗤋”对应汉文本“舍利”。[④]

𗼇𘇂，二字连用意“真舍”，西夏职官名。

汉译本：

一等诸臣僚属：

正军：官马、披、甲、弓一张、枪一枝、剑一柄、拨子手扣、宽五寸革一。

依官爵高低箭数：

“十乘”起至“胜监”，箭五十枝；

“暗监”起至“戏监”，箭百枝；

“头主”起至“柱趣”，[⑤]箭百五十枝；

“语抵”[⑥]起至“真舍”，箭二百枝；

俄译本：

五、全部头领应有［下列战具］：

正军中［在任者］应有：官马、甲胄、弓一、矛一、剑一、护腿和护腕，甲一付，叶宽五寸。依官品高低配箭数：从“十骑”到“能监”配箭五十，从“粗监”到“游监”配箭一

---

① 《番汉合时掌中珠》（乙种本），《俄藏黑水城文献》第一〇册，第20页。

② 《番汉合时掌中珠》（乙种本），《俄藏黑水城文献》第一〇册，第27页。

③ 王静如：《金光明最胜王经》卷八《夏藏汉合璧考释》，《西夏研究》（第三辑），中研院史语所单刊甲种之十一，1933年，第164—165页。

④ 王静如：《金光明最胜王经》卷一《夏藏汉合璧考释》，《西夏研究》（第二辑），中研院史语所单刊甲种之十一，1933年，第44—45页。

⑤ “𗤶𗏵”一词，汉译本译为“柱趣”，当译为“柱批”。

⑥ “𘅞𗗙”一词，汉译本译为“语抵”，疑当译为“语敌”或“察情”。

百，从“盔宰”到“信报”配箭一百五十，从“察情”到“真舍”配箭三百，

31－5 左面

[illegible][1]	[illegible]	[illegible][2]	[illegible]	[illegible]	[illegible]	[illegible]	
调伏	起	拒邪	至	三	百	枝	

[illegible][3]	[illegible]	[illegible][4]	[illegible]	[illegible]	[illegible]	[illegible]	
涨围	起	盛习	至	四	百	枝	

[illegible][5]	[illegible]	[illegible][6]	[illegible][7]	[illegible]	[illegible]	[illegible]	
茂寻	起	以上	一律	五	百	枝	

[illegible]	[illegible]	[illegible]	[illegible]	[illegible]	[illegible]	[illegible]	[illegible]
正辅主	及	负担	等	杂物	者	独诱	辅主

[illegible]	[illegible]	[illegible]	[illegible]					
负担	等	法依	检校					

[illegible]	[illegible]	[illegible][8]	[illegible]				
一	等	帐门后宿	属				

[illegible]	[illegible]	[illegible]	[illegible]	[illegible]	[illegible]	[illegible]	[illegible]
军正	有	官马	马甲	铠甲	弓	一	张

[illegible]	[illegible]	[illegible]	[illegible]					
百	枝	箭	袋有囊全					

[illegible][9]	[illegible]	[illegible]	[illegible][10]	[illegible]	
银剑	一	把	木橹头圆	一	

注释：

[1] [illegible]，意“调伏”。

[illegible]，意“降伏”、“调御”、“驯服”。《金光明经》卷九“[illegible]”对应汉文本“调御大夫”。[①]《金光明经》卷十“[illegible]”对应汉文本“稀有调御弘慈愿”。[②]

[illegible]，“伏”、“服”。《文海》“[illegible]”释“[illegible]”（伏者降伏也，调伏为熟善之义也；上声也）。[③]

[illegible]，二字连用意“调伏”，西夏职官名。

[2] [illegible]，意“拒邪”。

[illegible]，“拒”、“止”、“去”、“遮”、“制”、“逆”、“论”、“护”、“免”、“御”。在西夏文《维摩诘所说经》卷首题款有“[illegible]”，[④]对应汉文夏仁宗尊号中的“制义去邪”。

[illegible]，意“邪”、“奸”、“蟹”。《金光明经》卷九“[illegible]”对应汉文本“虫道邪魅等”。[⑤]

[illegible]，二字连用意“拒邪”，西夏职官名，六品。此外，《西夏职官表》中有“[illegible]”。[⑥] 该字还在仁宗皇帝的尊号中出现“奉天显道耀武宣文神谋睿智制义去邪惇睦懿恭皇帝嵬名贤校”。[⑦]《宋史·夏国传》记载：“仁孝上尊号曰‘制义去邪’。”[⑧]

[3] [illegible]，“涨围”。

[illegible]，意“涨”、“张”、“昌”。《掌中珠》“[illegible]”作“水涨”。[⑨]《孙子兵法》中“[illegible]”译“恐半涉而水遽涨也”。[⑩]

[illegible]，意“围”、“圆”、“周”、“近”。《孙子兵法》中“[illegible]”译“贼众退散，四面围合”。[⑪]

[illegible]，二字连用意“涨围”，西夏职官名。该词俄译本译为“近盛”，汉译本译为“涨围”。

---

① 王静如：《金光明最胜王经》卷九《夏藏汉合璧考释》，《西夏研究》（第三辑），中研院史语所单刊甲种之十一，1933年，第262—263页。

② 王静如：《金光明最胜王经》卷九《夏藏汉合璧考释》，《西夏研究》（第三辑），中研院史语所单刊甲种之十一，1933年，第376—377页。

③ 史金波、白滨、黄振华：《文海研究》，中国社会科学出版社，1983年，第210、456页。

④ 于光建、黎大祥：《武威博物馆藏西夏文〈维摩诘所说经〉上集残叶考释》，《西夏研究》2010年第4期。

⑤ 王静如：《金光明最胜王经》卷九《夏藏汉合璧考释》，《西夏研究》（第三辑），中研院史语所单刊甲种之十一，1933年，第246—247页。

⑥ 文志勇：《〈西夏官阶封号表〉残卷新译及考释》，《宁夏社会科学》2009年第1期。

⑦《西夏译〈妙法莲花经〉经题》，《俄藏黑水城文献》第一册。

⑧［元］脱脱等：《宋史》卷四八六《夏国传》，中华书局，1977年。

⑨《番汉合时掌中珠》（甲种本），《俄藏黑水城文献》第一〇册，第7页。

⑩ 林英津：《夏译〈孙子兵法〉研究》，中研院史语所，1994年，第3—73页。

⑪ 林英津：《夏译〈孙子兵法〉研究》，中研院史语所，1994年，第3—41页。

［4］[illegible]，“盛习”。

[illegible]，意“盛”、“安”。[illegible]，意“学习”。《掌中珠》“[illegible]”作“学习圣典”；[1]《西夏谚语》157条“[illegible]”译“当学不学学饮酒”。[2]

[illegible]，二字连用意“盛习”，西夏职官名。俄译本译为大盛；汉译本译为盛习。

［5］[illegible]，意“茂寻”。

[illegible]，意“茂”、“兴”、“盛”、“昌”、“隆”、“炽”、“长”。[illegible]，意“寻觅”、“全”。《圣立义海》“[illegible]”译“逾十五，为求精神”。[3]

[illegible]，二字连用意“茂寻”，西夏职官名。俄译本译为“全盛”，汉译本译为“茂寻”。

［6］[illegible]，意“以上”。

[illegible]，意“高”、“上”。《圣立义海》“[illegible]”译“逾十五，为求精神”。[4]

[illegible]，意“高”、“上”。《类林》“[illegible]”译“若居心之上，心之下，则针灸不及，汤药不下”。[5]

[illegible]，二字连用，意“以上”。该词是表示范围的固定词组。

［7］[illegible]，意“一律”。

[illegible]，意“一”，加在动词之前表示趋向；作为语助，具有“大、都、已、所”等意。《掌中珠》“[illegible]”作“一个月”。[6]

[illegible]，意“礼”、“阃”、“法”、“仪”、“式”、“制”、“俗”。《掌中珠》“[illegible]”作“大恒历院”。[7]西夏文《孙子兵法三注》九变品第八“[illegible]”译“孙子曰凡用兵之法，将受命于君令，以后集合军马”。[8]

[illegible]二字连用，有“如是、这样”的意思，文中译为“一律”。《贞观玉镜将》“[illegible]”意“一律加五官”。[9]

［8］[illegible]，意“帐门后寝”。

[illegible]，意“卧具”、“寝也”。《西夏谚语》“[illegible]”译“天已晚，当睡

---

① 《番汉合时掌中珠》（乙种本），《俄藏黑水城文献》第一〇册，第32页。

② 陈炳应：《西夏谚语——新集锦成对谚语》第187条，山西人民出版社，1993年4月，第11页。

③ 克恰诺夫、李范文、罗矛昆：《〈圣立义海〉研究》，宁夏人民出版社，1995年7月，第70页。

④ 克恰诺夫、李范文、罗矛昆：《〈圣立义海〉研究》，宁夏人民出版社，1995年，第70页。

⑤ 史金波、黄振华、聂鸿音：《类林研究》卷六《医巫篇·卢医》，宁夏人民出版社，1993年9月，第127页。

⑥ 《番汉合时掌中珠》（甲种本），《俄藏黑水城文献》第一〇册，第6页。

⑦ 《番汉合时掌中珠》（乙种本），《俄藏黑水城文献》第一〇册，第33页。

⑧ 《俄藏黑水城文献》第11册，第162页。《孙子兵法三注》中卷九变品第八（甲种本图27-13右5、6）。

⑨ 陈炳应：《贞观玉镜将研究》，宁夏人民出版社，1995年7月，第78页。

觉；毡已至，当置枕”。[①] 西夏牌符“[illegible]”对应汉文本“宫门后寝待命”。[②]

[illegible]，意“帐门后寝”。《天盛律令》卷首有“[illegible]”，即“御前帐门官”，史金波先生认为：御前帐门官是守卫皇宫御帐的统领，同时兼殿前司的最高长官。应与帐门后宿有关。

[9] [illegible]，意“银剑”。

[illegible]，意“银”。《掌中珠》“[illegible]”作“金银铜鍮”。[③]《类林》中“[illegible]”译“宫室、田、金银、琉璃、珍宝等莫究其数”。[④]

[illegible]，意“银剑”，西夏格斗武器，此处佩带银剑是一种身份的象征。

[10] [illegible]，意“圆头木橹”。

圆头木橹，西夏防御性武器，与“带毡木橹”一样，均为西夏正军的防御性装备之一，只是二者形制不一样。

汉译本：

“调伏”起至“拒邪”，箭三百枝；

“涨围”起至“盛习”，箭四百枝；

“茂寻”以上，一律箭五百枝。

正辅主及负担等杂物者，当按独诱之辅主及负担等法校。

一等帐门后宿属：

正军有：官马、披、甲、弓一张、箭百枝、箭袋、银剑一柄、圆头木橹一、

俄译本：

从“调伏”到“拒邪”配箭三百，从“近盛”到“大盛”配箭四百“全盛”以上按规定配箭五百。

关于发给在辅正军或编入副军之头领战具，则应依发给特差到辅正军和副军之服役者发放战具例。

六、内宿宫卫[发如下战具]：

编入正军者[应配有]：官马、甲胄、弓一、箭一百、簇囊(?)、银剑一、木头盔一、

① 陈炳应：《西夏谚语——新集锦成对谚语》第 323 条，山西人民出版社，1993 年 4 月，第 24 页。

② 王静如：《西夏文木活字版佛经与铜牌》，《文物》1972 年 11 期，第 25 页。

③《番汉合时掌中珠》(甲种本)，《俄藏黑水城文献》第一〇册，第 7 页。

④ 史金波、黄振华、聂鸿音：《类林研究》，宁夏人民出版社，1993 年，第 192 页。

31－6 右面

[illegible]	[illegible]	[illegible]	[illegible]	[illegible]	[illegible]
拨子手扣帕	革	一	付	五	寸

[illegible]	[illegible]	[illegible]	[illegible]	[illegible]	[illegible][1]	[illegible]		
浑脱	一	弦	一	根	雕斧头	二		

[illegible]	[illegible]	[illegible]	[illegible]	[illegible]	[illegible]	[illegible]	[illegible]		
正辅主	弓	一	张	六	十	枝	箭		

[illegible]	[illegible]	[illegible]	[illegible]	[illegible]
木橹毡后连	一	槌杖长	一	枝

[illegible]							
拨子手扣帕							

[illegible]	[illegible]	[illegible]	[illegible]	[illegible]	[illegible]	[illegible]	[illegible]		
负担	弓	一	张	二	十	枝	箭		

[illegible]	[illegible]	[illegible]	[illegible]		
拨子手扣帕	槌杖长	一	枝		

[illegible]	[illegible]	[illegible]	[illegible]	[illegible]			
一	等	内宿护守	等	属			

注释：

[1] [illegible]，意“凿(雕)头斧”。

[illegible]，意“斧”、“钺”。《掌中珠》“[illegible]”作“斤斧”。① 《六韬》“[illegible]”对应汉文本

① 《番汉合时掌中珠》(乙种本)，《俄藏黑水城文献》第一〇册，第 30 页。

“甍桷椽楹不斫”,①“[illegible]”对应汉文本“伐木斧头”、“[illegible]”(大柯斧)、“[illegible]”(天钺)。②

[illegible],意“凿(雕)头斧”,西夏格斗武器之一。俄译本译为双刃斧(钺),《宋史·夏国传》中亦有“斤斧”的记载。

汉译本：

拨子手扣全、五寸叉一柄、囊一、弦一根、凿斧头二、长矛杖一枝。

正辅主：弓一张、六十枝箭、有后氈木橹一、拨子手扣全、矛杖长一枝。

负担：弓一张、二十枝箭、拨子手扣全、矛杖长一枝。

一等内宿后卫等属

俄译本：

护腿和护腕、甲一付叶宽五寸、锹(?)一、弦一、大斧(?)、长[槌]杖一。

编入辅正[军]者[应有]：弓一、箭六十、带毡帘木盔一、长[槌]杖一、护腿和护腕。

副军[应有]：弓一、箭二十、护腿和护腕、长[槌]杖一。

七、宫外卫队[应发如下战具]：

31-6 左面

[illegible]	[illegible]	[illegible]	[illegible]	[illegible]	[illegible]	[illegible]	
正军	官马	铠甲	马甲	弓	一	张	

[illegible]	[illegible]	[illegible]	[illegible]	[illegible]	[illegible]	[illegible]		
百	枝	箭	袋有函全	枪	一	枝		

[illegible]	[illegible]	[illegible]	[illegible]	[illegible]				
剑	一	把	木橹头圆	一				

① 贾常业：《西夏文译本〈六韬〉解读》,《西夏研究》2011年第2期,第63—64页。
② 贾常业：《西夏文译本〈六韬〉解读》,《西夏研究》2011年第2期,第73页。

[illegible]	[illegible]	[illegible]	[illegible]		
槌杖长	一	枝	拨子手扣帕		

[illegible]	[illegible]	[illegible]	[illegible]	[illegible]	[illegible]	[illegible]	[illegible]	[illegible]	[illegible]	[illegible]
马甲	一	付	宽	五	寸	弦	一	根	浑脱	一

[illegible]	[illegible]	[illegible][1]	[illegible]			
雕斧头	二	铁笊篱	一			

[illegible]	[illegible]	[illegible]	[illegible]	[illegible]	[illegible]	[illegible]	[illegible]	[illegible]	
正辅主	有	弓	一	张	六	十	枝	箭	

[illegible]	[illegible]	[illegible]	[illegible]	[illegible]		
木橹后氈有	一	槌杖长	一	枝		

[illegible]							
拨子手扣帕							

注释：

[1] [illegible]，汉语“铁笊篱”音译。

[illegible]，意“铁”。《掌中珠》“[illegible]”作“锡铁”。① 《孟子》中“[illegible]”译“许子以釜甑爨，以铁犁耕乎？”②

[illegible]，意“聚集”。《掌中珠》该字标[桌]、[卓]等音。如，卓午[[illegible]]、棹子[[illegible]]。③

[illegible]，《掌中珠》该字标[李]、[利]、[吏]、[礼]、[里]、[历]、[丽]、[鲤]、[蠡]、[棣]；如，李子[[illegible]]、褥子[[illegible]]、司吏都监[[illegible]]、君子有礼[[illegible]]、大恒历院[[illegible]]。④

[illegible]三字连用，汉译本翻译为“铁笊篱”。“[illegible]”俄译本翻译为“铁棘藜”，应为

① 《番汉合时掌中珠》(甲种本)，《俄藏黑水城文献》第一〇册，第7页。
② 彭向前：《西夏文〈孟子〉整理研究》，上海古籍出版社，2012年，第157页。
③ 《番汉合时掌中珠》(乙种本)，《俄藏黑水城文献》第一〇册，第24、31页。
④ 《番汉合时掌中珠》(乙种本)，《俄藏黑水城文献》第一〇册，第26、31、33、34页。

"铁笊篱"。《同音文海宝韵合编》"[illegible]"释"[illegible]"(笊篱,器名汉语笊篱)。[①]《掌中珠》"[illegible]"作"杓笊篱";[②]《西夏谚语》第91条"[illegible]"译"过滤清水不留渣"。[③]

"笊篱"亦作"爪篱",竹编勺形滤器,犹今之漏勺,用以淘米或捞取汤水中物,后亦以柳条、金属等制成。其名南北朝已见,至今沿用。《中国古代名物大典》将该词列入《日用类·饮食部·挹取具》类。[④] 北齐贾思勰《齐民要术·饼法》:"[麩面]须即汤煮,笊篱漉出,别作臛浇,甚滑美。"《景德传灯录·令尊禅师》:"问如何是有漏,师曰:笊篱。曰如何是无漏,师曰:木杓。"《六书故》:"今人织竹如勺以漉米,谓之笊篱,俗有爪篱字。"明代宋应星《天工开物·甘嗜》:"用火糖头之上,则浮沤黑滓尽起水面,以笊篱捞去,其糖清白之甚。"目前还没有文献有关于"铁笊篱"在军事方面的记载。虽然《宋史·夏国传》中明确记载的事物应该是军事武器和装备中的物品。"凡正军给长生马、驼各一。团练使以上,帐一、弓一、箭五百、马一、橐驼五,旗、鼓、枪、剑、棍、棓、粆袋、披毡、浑脱、背索、锹、斤斧、箭牌、铁笊篱各一。"同时,按照文献记载的顺序和分类,文中的"铁笊篱"排在"锹、斤斧、箭牌"等防御性武器之后,应该属于防御武器类,而不应该出现生活用品。所以"铁笊篱"的军事用途有待于进一步探讨。

汉译本:

正军:官马、披、甲、弓一张,箭百枝、箭袋、枪一枝、剑一柄、圆头木

橹一、长矛杖一枝、拨子手扣全、五寸叉一柄、弦一根、囊一、凿斧

头二、铁笊篱一。

正辅主有:弓一张、箭六十枝、有后氈木橹一、长矛杖一枝、拨子手扣全。

俄译本:

编入正军者[应有]:官马、甲胄、弓一、箭一百、簇囊(?)、矛一、剑一、木头盔一、长[槌]杖一、护腿和护腕、甲一付叶宽五寸、弦一、锹(?)一、大斧(?)、铁棘藜(?)一。

编入辅正[军]者[应有]:弓一、箭六十、带毡帘木盔一、长[槌]杖一、护腿和护腕。

---

① 韩小忙:《〈同音文海宝韵合编〉整理与研究》,中国社会科学院出版社,2008年,第248页。
② 《番汉合时掌中珠》(乙种本),《俄藏黑水城文献》第一〇册,第30页。
③ 陈炳应:《西夏谚语——新集锦成对谚语》第91条,山西人民出版社,1993年,第10页。
④ 华夫主编:《中国古代名物大典》下册《日用部》,济南出版社,1993年10月,第67页。

31－7 右面

[illegible]	[illegible]	[illegible]	[illegible]	[illegible]	[illegible]	[illegible]	[illegible]			
负担	弓	一	张	二	十	枝	箭			

[illegible]	[illegible]	[illegible]	[illegible]		
槌杖长	一	枝	拨子手扣全		

[illegible]	[illegible]	[illegible]	[illegible]	[illegible]			
一	等	神策外内侍	等	属			

[illegible]	[illegible]	[illegible]	[illegible]	[illegible]	[illegible]	[illegible]	[illegible]
军正	有	官马	铠甲	马甲	弓	一	张

[illegible]	[illegible]	[illegible]	[illegible]	[illegible]	[illegible]	[illegible]	[illegible]
五	十	枝	箭	袋有函全	枪	一	枝

[illegible]	[illegible]	[illegible]	[illegible]	[illegible]	[illegible]
剑	一	把	圆头木橹	一	拨子手扣帕

[illegible]	[illegible]	[illegible]	[illegible]	[illegible]	[illegible]	[illegible]	[illegible]	[illegible]	[illegible]	[illegible]
马铠	一	付	宽	五	寸	弦	一	根	浑脱	一

[illegible]	[illegible]	[illegible]	[illegible]	[illegible]			
凿斧头	二	槌杖长	一	枝			

[illegible]	[illegible]	[illegible]	[illegible]	[illegible]	[illegible]	[illegible]	[illegible]			
正辅主	弓	一	张	三	十	枝	箭			

汉译本：

负担：弓一张、箭二十枝、长矛杖一枝、拨子手扣全。

一等神策内外侍等属：

正军：官马、披、甲、弓一张、箭五十枝、箭袋、枪一枝、剑一柄、圆头木橹一、拨子手扣、宽五寸革一、弦一根、囊一、凿斧头一、长矛杖一枝。

正辅主：弓一张、箭三十枝、

俄译本：

八、官遣供奉宫内外侍卫[应发放以下战具]：

编入正军者[应有]：官马、甲胄、弓一、箭五十、簇囊(?)、矛一、剑一、木头盔一、护腿和护腕、甲一付叶宽五寸、弦一、锹(?)一、大斧(?)、长[槌]杖一。

编入辅正[军]者[应有]：弓一、箭三十、

31-7 左面

[illegible]	[illegible]	[illegible]	
木橹后氈有	一	拨子手扣帕	

[illegible]	[illegible]	[illegible]							
槌杖长	一	枝							

[illegible]	[illegible]	[illegible]	[illegible]	[illegible]		
负担	有	槌杖长	一	枝		

[illegible]	[illegible]	[illegible]	[illegible]	[illegible]	[illegible]	[illegible]	[illegible]	[illegible]	[illegible]	[illegible]	[illegible]	[illegible]	[illegible]	[illegible]	[illegible]
一	正首领	官	有	无	有	当	不	一律	一	百	五	十	枝	各	箭

[illegible]	[illegible]	[illegible][1]	[illegible][2]	[illegible]	[illegible]	[illegible]	[illegible]	[illegible]	[illegible]	[illegible]
及	首领小	舍监	末驱	等	者	军卒	法依	等	当	成

[illegible]	[illegible]	[illegible]	[illegible]	[illegible]	[illegible]	[illegible]	[illegible][3]	[illegible]	[illegible]	[illegible][4]	[illegible]
一	前述	军特差	部	诸	类	一样	隐蔽		五	抄	一共

[illegible]	[illegible][5]	[illegible]	[illegible]	[illegible]					
一	木牌	各	应	供给					

[illegible]	[illegible]	[illegible]	[illegible][6]	[illegible]	[illegible]	[illegible][7]	[illegible]	[illegible]	[illegible]	[illegible]	[illegible]	[illegible]	[illegible]	[illegible]
一	队	中	步射善	一	等	连连	明	者	武器	持	应	各	部	前

[illegible]	[illegible]	[illegible]	[illegible]	[illegible]	[illegible]	[illegible]	[illegible]	[illegible]	[illegible]	[illegible]	[illegible]	[illegible]	[illegible]	[illegible]
如	别明	其中	箭	者	前	旧	有	一	百	枝	时	数	足	者

注释：

［1］[illegible]，意“舍监”。

[illegible]，意“房屋”。《掌中珠》中“[illegible]”作“厨庖”。①《类林》中“[illegible]”译“老奴在庖听此音”。②

[illegible]，意“主”、“监”、“霸”、“帅”、“领”、“在”、“君”、“司”。《掌中珠》“[illegible]”作“州主”，“[illegible]”作“监军司”。③《将苑》中“[illegible]”对应汉文本“敕不将令”。④《德行集》中“[illegible]，[illegible]”译“明主爱要约，暗主爱周详”。⑤

[illegible]二字连用，汉文本译为“舍监”，陈炳应先生将其翻译为“帐将”、“帐主”并在注释中解释为：第一字意为“房”、“庖”，此处用“房”义，转译为军队营帐。《贞观玉镜将》“[illegible]”译“小首领、帐主、押队、军卒等，当获勇捷称号等”。⑥

［2］[illegible]，意“末驱”。

[illegible]，意“尾”、“末”、“后”、“垂”。《掌中珠》中“[illegible]”作“攀胸秋”。⑦

[illegible]。意“逼迫”、“驱赶”。《孙子兵法》“[illegible]”对应汉文本“驱而往，驱而来”。⑧

[illegible]，意“末驱”，西夏军队的职官名称。该词俄译本译为“殿后”，陈炳应先生将“[illegible]”翻译为“尾驱”、“押队”，并解释为：即在军队后面驱赶，应即“押队”，是将的重要助手。

① 《番汉合时掌中珠》(乙种本)，《俄藏黑水城文献》第一〇册，第30页。
② 史金波、黄振华、聂鸿音：《类林研究》，宁夏人民出版社，1993年，第149页。
③ 《番汉合时掌中珠》(乙种本)，《俄藏黑水城文献》第一〇册，第33页。
④ 《将苑》，《英藏黑水城文献》第二册，第217页。
⑤ 聂鸿音：《西夏文德行集研究》，甘肃文化出版社，2002年，第68、69页。
⑥ 陈炳应：《贞观玉镜将研究》，宁夏人民出版社，1995年，第100页。
⑦ 《番汉合时掌中珠》(乙种本)，《俄藏黑水城文献》第一〇册，第35页。
⑧ 《孙子兵法三注》甲种本卷下，《俄藏黑水城文献》第十一册，第175页。

《贞观玉镜将》"𗑗𗌭𗙇𗖵𗐯𗗠"译"尾驱城头先登"。①

［3］𗂧𗋚，意"隐藏"。

𗂧，意"掩蔽"、"遮蔽"、"覆盖"。《文海》"𗂧"释"𗂧𗗙𗥃𗏁𗂧𗋐𗉘𗗚𗆮𗀔"（遮者盖也，遮蔽也，藏匿依处之谓也）。② 𗋚，意"蔽"、"掩"。

𗂧𗋚，二字连用意"隐藏"。

［4］𗓱，意"抄"。

𗓱，意"抄"。《贞观玉镜将》"𗎫𗏁𗓱𗋟𗫨"译"三十名抄军"。③

𗓱，意"抄"，是西夏基层军事单位，《同音文海宝韵合编》"𗓱"释"𗋟𗗪𗅲𗓱𗙏𗆮𗌮𗀔"（军抄，军中正辅集之谓也）。④ 也就是说"军抄"由"正军"和"辅主"组成。《宋史》卷四八五《夏国传下》载有"抄"：其民一家号一帐，男年登十五为丁，率二丁取正军一人。每负赡一人为一抄。负赡者，随军杂役也。四丁为两抄，余号空丁。原隶正军者，得射他丁为负赡，无则许射正军之疲弱者为之。故壮者皆习战斗，而得正军为多。⑤

［5］𗍊𗗙，意"木牌"。

𗍊，音"木"，《掌中珠》该字标［牡］、［木］、［目］、［帽］、［补］、［满］族姓等音。如，头目［𗑗𗍊］；⑥牡丹花［𗍊𗏵𗐱］、果木［𗋽𗍊］、群牧司［𗔀𗍊𗍊］。⑦

𗗙，音"白"、"彭"。《掌中珠》该字标［白］、［拍］等音。如，白虎［𗗙𗗠］、白羊［𗗙𗙇］、白日［𗗙𗎘］、白米［𗗙𗥃］、白土［𗗙𗗚］、⑧知证分白［𗍊𗒹𗗠𗗙］、拍板［𗗙𗓱］，⑨《孙子兵法》"𗗙𗏁"对应汉文本"彭成"。

𗍊𗗙二字连用，意为木牌。西夏木牌为牌符制度之一，在西夏运用较为广泛是为了证明身份，便于管理的一种方式。目前考古发现的西夏一块木牌上面有几个人名的，一般是用于佛教许愿或上税登记等用途，军事用途还没有发现，有待于以后发现。

［6］𗋟𗏵𗐯，意"善步射"。

𗋟，意"行"、"步"、"往"等。《金光明经》卷六"𗋟𗂧𗐯𗙇𗑗𗗙𗒹𗗚𗆮𗎫"对应汉文本"步

① 陈炳应：《贞观玉镜将研究》，宁夏人民出版社，1995年，第70页。
② 史金波、白滨、黄振华：《文海研究》，中国社会科学出版社，1983年，第152、409页。
③ 陈炳应：《贞观玉镜将研究》，宁夏人民出版社，1995年，第99页。𗋟𗓱，陈炳应先生译为"直军"。
④ 韩小忙：《〈同音文海宝韵合编〉整理与研究》，中国社会科学院出版社，2008年6月，第247页。
⑤ ［元］脱脱：《宋史》卷四八六，中华书局，2004年。
⑥ 《番汉合时掌中珠》（甲种本），《俄藏黑水城文献》第一〇册，第10页。
⑦ 《番汉合时掌中珠》（乙种本），《俄藏黑水城文献》第一〇册，第25、33页。
⑧ 《番汉合时掌中珠》（甲种本），《俄藏黑水城文献》第一〇册，第4、8页。
⑨ 《番汉合时掌中珠》（乙种本），《俄藏黑水城文献》第一〇册，第24、30、34、35页。

出王城，迎彼法师”。[①]

豗，意“射”、“捕”。《类林》“絺绥豵敎蘢敥羝姘乱鬣豗秡赦焱荪胒”译“男人皆穿褐衣裤，善骑射”。[②]

胒，意“巧”、“善”、“精”、“利”。《德行集・用人篇》中提到“毓胒蘒惝羝豥娟幭”译“巧匠不为斫木，在于运斧”。[③]《凉州重修护国寺感通塔碑》西夏文铭文有“胒缅胒缅烿翗绒繉繨赪翗”，汉译“善名善名，后人瞻仰永传说”。[④]《孙子兵法》“纚赦脪敍烿豰姘繉纖胒姘娟豥”中译“先暴而后畏其众者不精之至也”。[⑤]

黐豗胒，意“善步射”。西夏重视武力的一个重要体现，是给善于射箭袋的人配备足够的箭数，以提高战斗力。

[7] 舵舵，汉语“连连”音译。

舵，音[令]，《掌中珠》该字标[菱]、[绫]、[凌]、[令]的读音，如“菠薐”[豱舵]、绫罗[舵䶮]、恃强凌弱[豲繨舵婁]、令追知证[舵儎敎蘢]、凌持打拷[舵毓刻赫]、令交获利[舵㬎餅绒]、门帘[莆舵]、连袋[舵毹]。[⑥]

舵舵，汉语“连连”音译。在此处表示连续射中的意思，来修饰善射者。

汉译本：

有后氈木橹一、拨子手扣、长矛杖一枝。

负担：长矛杖一枝。

一正首领不论有官无官，一律箭一百五十枝，小首领、舍监、末驱等当依军卒法办。

一前述各部类军独诱一样，每五军抄应于隐蔽□[⑦]供给一木牌。

一队间善步射连连获一等者，所持武器按各部类如前述。其中箭旧有一百枝数足者，

俄译本：

带毡帘木盔一、护腿和护腕、长[槌]杖一。

---

① 王静如：《金光明最胜王经》卷六《夏藏汉合璧考释》，《西夏研究》(第三辑)，中研院史语所单刊甲种之十一，1933年，第12—13页。

② 史金波、黄振华、聂鸿音：《类林研究》，宁夏人民出版社，1993年，第103页。

③ 聂鸿音：《西夏文德行集研究》，甘肃文化出版社，2002年，第103页。

④ 史金波：《西夏佛教史略》，宁夏人民出版社，1988年，第245页。

⑤ 《俄藏黑水城文献》第十一册，第168页，俄 инв. No.579 772 943(27－25(左))《孙子兵法三注》甲卷中。

⑥ 《番汉合时掌中珠》(乙种本)，《俄藏黑水城文献》第一〇册，第19、26、30、31、32、33、34页。

⑦ “㷰”字，汉译本没有识读出，当译为“共”。

副军有：长[槌]杖一。

全差不问正副头领有无官品一律配箭一百五十，而小头领，布阵和殿后[在配给他们箭时]及士卒等按规矩定配给[箭]。

上述军卒和特遣者五人一顶帐篷，被褥应得一样。

[发放兵杖]原则应使最能在"穿林"驰射者得到最好弓箭，应根据上指具体规定使能者有兵器。若这类人在发放箭头时未按上例每人给一百枚箭，

31－8 右面

[illegible]	[illegible]	[illegible]	[illegible]	[illegible]	[illegible]	[illegible]	[illegible]	[illegible]	[illegible]	[illegible]	[illegible]	[illegible]	[illegible]	[illegible]	[illegible]
不	有	数	不	足	则	〈〉	添	一	百	枝	也	箭	应	足	箭

[illegible] [illegible][1] [illegible]	[illegible]	[illegible]	[illegible]	[illegible]	[illegible]	[illegible]	[illegible]
筒 一 副	时	等	同	一	〈〉	应	供给

[illegible]	[illegible][2]	[illegible]	[illegible]	[illegible]	[illegible]	[illegible]	[illegible]	[illegible]	[illegible]	[illegible]	[illegible]	[illegible]
一	军待命	特差	部	诸	类	等	抄	数	负担	中	一	人

[illegible]	[illegible]	[illegible]	[illegible]	[illegible]	[illegible]	[illegible]	[illegible]	[illegible]	[illegible]	[illegible]	[illegible]	[illegible]
锹	镢	一样	一一	时	乃	持	别	珂贝	不	持	其中	族

[illegible][3]	[illegible]	[illegible]	[illegible]	[illegible]	[illegible]	[illegible]	[illegible]	[illegible]	[illegible]	[illegible]	[illegible]	
独	军正	及	军正辅主	三	强	中	均	留	锹	镢	不	

[illegible]	[illegible]	[illegible]	[illegible]	[illegible]					
持	法依	武器	乃	持					

[illegible]	[illegible]	[illegible]	[illegible][4]	[illegible][5]	[illegible][6]	[illegible]	[illegible]	[illegible]	[illegible]
一	马铠	铠甲	扎袋	者毡上褐毛布	熟兽皮	等	何	得	一

[illegible]	[illegible]	[illegible]	[illegible]	[illegible]	[illegible]	[illegible]			
样	望	遮穿	固牢	好	愿	做			

[illegible]	[illegible]	[illegible]	[illegible]	[illegible]	[illegible]	[illegible]	[illegible]	[illegible]	[illegible]	[illegible]	[illegible]	[illegible]	[illegible]	[illegible]	[illegible]	[illegible]
一	枪	式	者	下	刃	一	〈 〉	长	十	一	尺	于	起	高 上	一 样	当

注释：

［1］[illegible]，意“箭筒一副”。

[illegible]，意“筒”。《类林》“[illegible]”对应汉文本“楚人因思念之，每至此日，竹筒中盛米，投水祭之”。①

[illegible]，意“箭筒一副”，西夏用来盛放箭的工具。箭筒为直形盛箭工具，箭囊为曲形盛箭手工具。

［2］[illegible]，意“待命”，“候旨”。

[illegible]，意“旨”、“令”。《孟子》中“[illegible]”译“父母之命不待”。②

[illegible]，意“待”、“留”。《掌中珠》“[illegible]”作“不许留连”。③《类林》中“[illegible]”译“去往陈地待命”。④

[illegible]，意“待命”、“候旨”，指等待朝廷随时征召的人员。汉译本译“待命”。

［3］[illegible]，意“独姓”。

[illegible]，意“独姓”，指独姓，《掌中珠》“[illegible]”作“万人取则”。⑤《贞观玉镜将》中出现得比较多，如“[illegible] 副将获人马甲胄”。⑥

［4］[illegible]，意 “缚袋”、“扎袋”。

[illegible]，意“系”、“扎”、“捆”。[illegible]，意“袋”、“囊”、“函”、“鞘”、“茧”。

“[illegible]”二字连用，俄译本译为“装备连接”，汉译本译为“缚袋”。该词与“[illegible]”一起，且不算作季校种类，应属于“[illegible]”的附属品，推测其为连接、扎捆铠甲、马甲甲片的皮索。在西夏陵园出土了大量的甲片，有 52 片，铜质，有的有鎏金，皆呈长条柳叶形。有两种类型，一种长 9.9 厘米、宽 2.1 厘米，一端圆，一端平，圆端有 3 组缀孔，每组二孔，平端上有一孔，中部一孔，两孔中有两组缀孔，每组二孔。另一种长 5.8 厘米，宽 1.8 厘米，圆端缀孔与

① 史金波、黄振华、聂鸿音：《类林研究》卷一二《忠谏篇·屈原》，宁夏人民出版社，1993 年，第 56 页。
② 彭向前：《西夏文〈孟子〉整理研究》，上海古籍出版社，2012 年，第 171 页。
③《番汉合时掌中珠》（甲种本），《俄藏黑水城文献》第一〇册，第 6 页。
④ 史金波、黄振华、聂鸿音：《类林研究》，宁夏人民出版社，1993 年，第 118 页。
⑤《番汉合时掌中珠》（乙种本），《俄藏黑水城文献》第一〇册，第 32 页。
⑥ 陈炳应：《贞观玉镜将研究》，宁夏人民出版社，1995 年，第 67 页。

长片相同，中部一孔，平端二孔。制作都很精细，厚薄均匀，孔眼划一。[①] 可知，无论是铜质甲，还是皮质甲，都有许多孔，需要大量的皮索来连接。

[5] [illegible]，意“毛褐布”。

[illegible]，意“布”、“葛巾”。《掌中珠》“[illegible]”作“布衫”。[②]《类林》中“[illegible]”译“有外国进火浣布一段”。[③]《孟子》中“[illegible]”译“许子必织布然后衣乎”。[④]

[illegible]，意“毛褐布”，指西夏毛制品之一。毛褐是用牲畜毛捻成线然后织成布，有粗细之分。[⑤]

[6] [illegible]，意“熟兽皮”。

[illegible]，意“野兽”、“野”、“猎”、“敌”、“麝”等。《掌中珠》“[illegible]”作“野兽”。[⑥]《类林》中“[illegible]”译“子庄常水边捕鱼，不猎”。[⑦]

[illegible]，意“皮”。《掌中珠》“[illegible]”作“皮裘”。[⑧]《类林》“[illegible]”译“著鹿皮裘”。[⑨] [illegible]，该词意“熟兽皮”，是将新的兽皮经过化学或物理方法，进行简单加工使其耐用，且不生虫。

汉译本：

以外，不足数者须增足箭一百枝，务使全备。并应与箭□□□[⑩]一齐准备。

一各杂部类军待命、独诱等每军抄中应有负担中当一人持锹、镢中一样，不持其他杂物。其中为独姓正军及正军、辅主住至三丁上，可不持锹、镢，但应依法持武器。

一披、甲、袋，应以氈加褐布、革、兽皮等为之，有何用一种，务求坚牢做好。

一枪式者：杆部一共长十一尺，务求一

俄译本：

即箭未发足，则每人应备箭并铺足百枝，或依上述原则发足全数。

---

① 史金波：《西夏社会》，上海人民出版社，2007年，第336页。
②《番汉合时掌中珠》(乙种本)，《俄藏黑水城文献》第一〇册，第31页。
③ 史金波、黄振华、聂鸿音：《类林研究》，宁夏人民出版社，1993年，第198页。
④ 彭向前：《西夏文〈孟子〉整理研究》，上海古籍出版社，2012年，第155页。
⑤ 杜建录：《西夏经济史》，中国社会科学出版社，2002年，第189页。
⑥《番汉合时掌中珠》(乙种本)，《俄藏黑水城文献》第一〇册，第33页。
⑦ 史金波、黄振华、聂鸿音：《类林研究》，宁夏人民出版社，1993年，第67页。
⑧《番汉合时掌中珠》(甲种本)，《俄藏黑水城文献》第一〇册，第13页。
⑨ 史金波、黄振华、聂鸿音：《类林研究》，宁夏人民出版社，1993年，第67页。
⑩ 汉译本“[illegible]”三字没有识别出，补“筒一副”。

按军令规定，所有非正军中之杂役等每人配发锹镢一付，不配其他战具，但正军、辅正军、副军不配锹镢，依律配发兵器。

用粗毡、细线、兽皮等缝制之甲胄，要求统一标准，不能太硬但要坚固，又能防身。

矛之长度从末端算起，应为十一尺有余。

31－8 左面

[illegible]												
做												

[illegible]	[illegible]	[illegible]	[illegible]	[illegible]	[illegible]	[illegible]	[illegible]	[illegible]	[illegible]	[illegible]	[illegible]	[illegible]	[illegible][1]	[illegible]	[illegible]	[illegible]
一	季校	做	及	军	行	检	等	时	抄	数	族	氏	三强	有	中	以

[illegible]	[illegible]	[illegible]	[illegible]	[illegible]	[illegible]	[illegible]	[illegible]	[illegible][2]	[illegible]	[illegible]	[illegible]	[illegible]	[illegible]
高上	一律	留	人	一	人	乃	应	留	杂物	不	校	许	族

[illegible]	[illegible]	[illegible]	[illegible]	[illegible]	[illegible]	[illegible]	[illegible]			
独	及	二	在	者	皆	检校	作			

[illegible]	[illegible][3]	[illegible]	[illegible]	[illegible]	[illegible]	[illegible]	[illegible]	[illegible]	[illegible]	[illegible]	[illegible]	[illegible]	[illegible]	[illegible]
一	防守	属	铠甲	不	有	军卒	等	之	马甲	铠甲	者	长	同	尺

[illegible][4]	[illegible]	[illegible]	[illegible]	[illegible]	[illegible]	[illegible]	[illegible]	[illegible]	[illegible]	[illegible]	[illegible]
节附加	法依	将	增	续	做	簿	上	名	一	面	依

[illegible]	[illegible]	[illegible]	[illegible]	[illegible]	[illegible]	[illegible]	[illegible]	[illegible]	[illegible]	[illegible]
点校	此后	其	马甲	铠甲	中	损失	虽	新	搜寻	应

[illegible]	[illegible]	[illegible]	[illegible]	[illegible]	[illegible]	[illegible]	[illegible]	[illegible][5]	[illegible]	[illegible]
有	者	时	依律	长	有	如	番甲	番披精	当	搜

[illegible]	[illegible]	[illegible]	[illegible]	[illegible]	[illegible]	[illegible]	[illegible]		
寻	点检	其中	不	足	则	〈〉	增		

注释：

[1] [illegible]，意“强”。

[illegible]，意“强”。《掌中珠》“[illegible]”作“恃强凌弱”。① 西夏军抄中分为强和弱。

[2] [illegible]，意“留”。

[illegible]，意“停留”、“嘱托”等。《金光明经》卷六“[illegible]”对应汉文本“皆令罄尽，不得停留”。②《孙子兵法》中“[illegible]”译“饵兵勿食”。③

[3] [illegible]，“守卫”。

[illegible]，意“外表”、“背后”、“防护”等。《贞观玉镜将》“[illegible]”译“队头领逃，割防守队士卒嘴”。

[illegible]，意“守护”、“衫”。《金光明经》卷十“[illegible]”对应汉文本“永求难免难保护”。④

[illegible]，意“守卫”。西夏牌符“[illegible]”译“防守命令”。《贞观玉镜将》“[illegible]”译“将外护、首领小大人杀”，指将守卫、大首领、小首领。⑤

[4] [illegible]，汉语“节副甲”音译。

[illegible]，意“节”。《掌中珠》“[illegible]”作“八节”、“[illegible]”作“时节”，⑥“[illegible]”作“骨节”。⑦

[illegible]，音译[价]、[加]、[监]、[间]等，《掌中珠》世间扬名[[illegible]]、司吏都监[[illegible]]。⑧

[illegible]，汉语“节副甲”音译，根据上下文意理解，应该是表示“精番铠甲番马甲”的一种称法，可以译为附加甲。该词汉译本有两种译法“副甲”和“获加”。

[5] [illegible]，意“精番铠甲番马甲”。

---

①《番汉合时掌中珠》(乙种本)，《俄藏黑水城文献》第一〇册，第 33 页。

② 王静如：《金光明最胜王经》卷六《夏藏汉合璧考释》，《西夏研究》(第三辑)，中研院史语所单刊甲种之十一，1933 年，第 58—59 页。

③《俄藏黑水城文献》第十一册，第 161 页。俄 инв. No.771 773(27－11(右))《孙子兵法三注》甲种本卷下。

④ 王静如：《金光明最胜王经》卷十《夏藏汉合璧考释》，《西夏研究》(第三辑)，中研院史语所单刊甲种之十一，1933 年，第 320—321 页。

⑤ 陈炳应：《贞观玉镜将研究》，宁夏人民出版社，1995 年，第 68 页。

⑥《番汉合时掌中珠》(乙种本)，《俄藏黑水城文献》第一〇册，第 24 页。

⑦《番汉合时掌中珠》(甲种本)，《俄藏黑水城文献》第一〇册，第 10 页。

⑧《番汉合时掌中珠》(乙种本)，《俄藏黑水城文献》第一〇册，第 24、27 页。

[illegible]，意“番”。《掌中珠》“[illegible]”作“《番汉合时掌中珠》”。[①]

[illegible]，意“精”、“纯”。《金光明经》卷十“[illegible]”对应汉文本“勇猛精勤六渡圆”。[②]

[illegible]，意“精番铠甲番马甲”，为西夏铠甲马甲的一种，与旧番铠甲番马甲相对。

汉译本：

律。

一做季校及行军时，每抄姓氏三十[③]以上，一律当留住止一人，勿校杂物。孤姓及二人在者应点校。

一守卫所属□甲以外，军卒等之披、甲者，其长宽尺度应依副甲法而增续，当按簿上所记点名校阅。此后披、甲若有损失及应重新搜寻时，当依律令所载搜寻真[④]番甲、番披供给，其有缺者，应令增补。

俄译本：

发[战具]时，[上述]时间或军队出征时，按律留守人员不过三人，分给每人之战具不必发给那些应留下之离职者。若某必须或同别人一起当值时，则发给[其]全套[战具]。

士卒铠甲，除了那些穿小号者或编外防守者，其尺码加大必须始终按富家[铠甲]之规定，而发放亦应按每人登记之尺码。若铠甲有不合适或损坏之处，穿用这些铠甲者有权要求(换)新，应按规定允许讨要，并[重]发蕃式铠甲。若[蕃式铠甲]不够，[不足部分]应补足。

31－9右面

[illegible]	[illegible]	[illegible]						
附加	马甲	铠甲						

① 《番汉合时掌中珠》(乙种本)，《俄藏黑水城文献》第一〇册，第20页。

② 王静如：《金光明最胜王经》卷十《夏藏汉合璧考释》，《西夏研究》(第三辑)，中研院史语所单刊甲种之十一，1933年，第320—321页。

③ 西夏文“[illegible]”，汉译本译为“十”，当译为“强”。

④ 西夏文“[illegible]”，汉译本译为“真”，当译为“精”。

[illegible] [illegible][1]	[illegible]	[illegible]	[illegible]	[illegible]	[illegible]	[illegible]	[illegible]	[illegible]	[illegible]	[illegible]	[illegible][2]	[illegible]	[illegible]
甲胸	五	头	宽	八	寸	长	一	尺	四	寸	背	七	头

[illegible]	[illegible]	[illegible]	[illegible]	[illegible]	[illegible]	[illegible]	[illegible]	[illegible]	[illegible]	[illegible]	[illegible][3]	[illegible]	[illegible]
宽	一	尺	一	寸	半	长	一	尺	九	寸	尾	三	长

[illegible]	[illegible]	[illegible]	[illegible]	[illegible]	[illegible]	[illegible]	[illegible]	[illegible]	[illegible]	[illegible]	[illegible]	[illegible]
一	尺	下	宽	一	尺	四	寸	头	宽	一	尺	一

[illegible]	[illegible][4]	[illegible]	[illegible]	[illegible]	[illegible]	[illegible][5]	[illegible]	[illegible]	[illegible]	[illegible]	[illegible]	[illegible]
寸	胁	四	宽	八	寸	裙	六	长	二	尺	五	寸

[illegible]	[illegible]	[illegible]	[illegible]	[illegible]	[illegible]	[illegible]	[illegible]	[illegible]	[illegible]	[illegible]	[illegible]	[illegible]
下	宽	二	尺	四	寸	半	头	宽	一	尺	七	寸

[illegible][6]	[illegible]	[illegible]	[illegible] [illegible] [illegible]	[illegible]	[illegible]	[illegible]	[illegible]	[illegible]	[illegible]	[illegible]
臂	十	四	前手口	宽	八	寸	头	宽	一	尺

[illegible]	[illegible]	[illegible]	[illegible]	[illegible]	[illegible]	[illegible]	[illegible] [illegible] [illegible][7]	[illegible]	[illegible]	[illegible]
二	寸	长	二	尺	四	寸	肩目下	四	长	八

[illegible]	[illegible]	[illegible]	[illegible]	[illegible]	[illegible]	[illegible]	[illegible] [illegible][8]	[illegible]	[illegible]	[illegible]	[illegible]
寸	口	宽	一	尺	三	寸	腰带	约	长	三	尺

注释：

[1] [illegible]，意“护胸”。

[illegible]，意“胸”。《金光明经》卷十“[illegible][illegible][illegible][illegible]”对应汉文本“双手椎胸”。①

[illegible]，意“护胸”，西夏铠甲中主要保护胸部的甲片。由头宽八寸，长一尺七寸甲片五个组成。《俄藏黑水城文献》中有许多西夏军籍文书，其中就记载了西夏番甲的详

① 王静如：《金光明最胜王经》卷十《夏藏汉合璧考释》，《西夏研究》（第三辑），中研院史语所单刊甲种之十一，1933年，第346—347页。

细情况：如 инв. No. 4197《天庆庚申七年军籍文书》，史金波先生将其翻译成汉文，译文如下：

[illegible]……

[illegible]……

[illegible][1]

番杂甲胸五背六胁四结连接八衣襟九末五臂普护十……

手头护二颈遮一独木下三喉面护一衣裙十……

铁索五裹节袋绳索等全[2]

根据史金波先生的研究可知，西夏军籍文书对西夏披、甲的记载较为简明，只登录一部分以及叶片的数量，而省略了长、宽等具体尺寸。我们将军籍文书中的甲、披各个部分与《天盛律令》中规定部分作一简单对比发现，军籍文书中对甲的记载增加了“结连接”、“更兜”、“关子”、“铁索”等，而未记“腰带”，“臂”则有时记为“臂普袋”；披的部分增加了“马头套”。[3]

［2］[illegible]，意“护背”。

[illegible]，意“背部”、“椅子”。《掌中珠》“[illegible]”作“背心”，“[illegible]”作“背心”。

[illegible]，意“护背”，西夏铠甲中主要保护背部的甲片，由头宽一尺一寸半，长一尺九寸甲片七个组成。

［3］[illegible]，意“鹘尾”。

[illegible]，意“鹘尾”，西夏铠甲中主要保护腿部的甲片。由长一尺、下宽一尺四寸、头宽一尺一寸甲片三个组成。“鹘尾”指古代甲衣从腰带以下至腿裙边缘的叶片，同腿裙一起保护腿部。《宋史·兵志十一》记载：“绍兴四年，军器所言：‘得旨，依御降式造甲。缘甲之式有四等，甲叶千八百二十五，表里磨锃……又腿裙鹘尾叶六百七十九，每叶重四钱五分。’”

［4］[illegible]，意“护髀”。

[illegible]，意“胁”。《文海》“[illegible]”释“[illegible]”（胁者臂胁中间之谓）。[4]《掌中珠》“[illegible]”作“胁肋”，[5]《金光明经》卷九“[illegible]”对应汉文本“置于右胁”。[6]

---

① 《俄藏黑水城文献》第十三册(13)，第 197 页。

② 史金波：《西夏文教程》，社会科学文献出版社，2013 年，第 390—391 页。

③ 史金波：《西夏文军籍文书考略》，《中国史研究》2012 年第 4 期，第 143—163 页。

④ 史金波、白滨、黄振华：《文海研究》，中国社会科学出版社，1983 年，第 187、437 页。

⑤ 《番汉合时掌中珠》(甲种本)，《俄藏黑水城文献》第一〇册，第 10 页。

⑥ 王静如：《金光明最胜王经》卷十《夏藏汉合璧考释》，《西夏研究》(第三辑)，中研院史语所单刊甲种之十一，1933 年，第 308—309 页。

[illegible]，意“护髀”，西夏铠甲中主要保护腰部的甲片。由宽八寸甲片四个组成。

[5] [illegible]，意“裾”。

[illegible]，意“裙”、“裾”。《掌中珠》“[illegible]”作“领襟”。[①]《西夏谚语》“[illegible]”译“帐门一开未铺氈毯，衣襟一张未见裙裤”。[②]《孙子兵法》中“[illegible]”译“是故卷甲而趋”。[③]

襟，西夏铠甲中主要保护腰部以下的甲片。由长二尺五寸、下宽二尺四寸半、头宽一尺七寸甲片六个组成。《西夏文军籍文书考略》中有“[illegible] 衣襟七”，汉译本译为裙。

[6] [illegible]，意“护臂”。

[illegible]，意“臂腕”、“袖”。《文海》“[illegible]”释“[illegible]”（臂腕者臂力也，手腕也）。[④]

[illegible]，意“护臂”，西夏铠甲中主要保护胳膊的甲片。由前手口宽八寸、头宽一尺二寸、长二尺四寸甲片十四个组成。

[7] [illegible]，意“护肩”。

[illegible]，意“肩”。

[illegible]，意“护肩”，西夏铠甲中主要保护肩膀的甲片。由长八寸、口宽一尺三寸甲片四个组成。汉译本译为□目下，俄译本译为肩目下，史金波先生在《西夏文军籍文书考略》中译为独目下。

[8] [illegible]，意“腰带”。

[illegible]，意“腰”、“中”、“频”。《掌中珠》“[illegible]”作“腰绳”、[⑤]“[illegible]”作“腰膝”。[⑥]

[illegible]，二字连用意“腰带”，指用于系紧、固定铠甲的皮带或布带。

汉译本：

获甲[⑦]披、甲：

甲者，胸五，头宽八寸，长一尺七寸；背七，头宽一尺一寸半，长一尺九寸；尾三，长

---

① 《番汉合时掌中珠》（甲种本），《俄藏黑水城文献》第一〇册，第 13 页。
② 陈炳应：《西夏谚语——新集锦成对谚语》第 187 条，山西人民出版社，1993 年 4 月，第 15 页。
③ 林英津：《夏译〈孙子兵法〉研究》，中研院史语所单刊二十八，第 3—6 页。
④ 史金波、白滨、黄振华：《文海研究》，中国社会科学出版社，1983 年，第 218、462 页。
⑤ 《番汉合时掌中珠》（乙种本），《俄藏黑水城文献》第一〇册，第 31 页。
⑥ 《番汉合时掌中珠》（甲种本），《俄藏黑水城文献》第一〇册，第 10 页。
⑦ 西夏文“[illegible]”，上文译为“副甲”，此处译为“获甲”，前后不一。

一尺，下宽一尺四寸；头宽一尺一寸；肋四，宽八寸。裙[①]六，长二尺五寸，下宽二尺四寸半，头宽一尺七寸；臂十四，前手口宽八寸，头宽一尺二寸，长二尺四寸；□目下[②]四，长八寸，口宽一尺三寸；腰带约长三尺

俄译本：

富家铠甲：

铠胸由五条组成，宽八寸，长一尺四寸。护背由七条组成，宽一尺一寸五，长一尺九寸。尾部由三条组成，长一尺，下宽一尺四寸，上宽一尺一寸。护肋由四条组成，宽八寸。围裙由六条组成，长二尺五寸，下宽二尺四寸半，上宽一尺七寸。袖子由十四条组成，袖口宽八寸，上宽一尺二寸，长二尺四寸。护肩（肩木）底部由四条组成，长八寸，宽一尺三寸。腰带三尺七寸。

31－9左面

[illegible]	[illegible]										
七	寸										

[illegible] [illegible][1]	[illegible]	[illegible]	[illegible]	[illegible]	[illegible]	[illegible]	[illegible]	[illegible]	[illegible]	[illegible]	[illegible]	[illegible]
马铠河	六	长	一	尺	八	寸	下	宽	三	尺	九	寸

[illegible][2]	[illegible]	[illegible]	[illegible]	[illegible]	[illegible]	[illegible]	[illegible]	[illegible]	[illegible]	[illegible]	[illegible]	[illegible]
颈	五	长	一	尺	五	寸	头	宽	一	尺	七	寸

[illegible]	[illegible]	[illegible]	[illegible]	[illegible][3]	[illegible]	[illegible]	[illegible]	[illegible]	[illegible]	[illegible]	[illegible]	[illegible]
下	宽	九	寸	肋	三	长	九	寸	下	宽	一	尺

[illegible]	[illegible]	[illegible][4]	[illegible]	[illegible]	[illegible]	[illegible]	[illegible]	[illegible]	[illegible][5]	[illegible]	[illegible]	[illegible]
七	寸	喉	二	长	宽	同	六	寸	尾	十	长	二

① 西夏文“[illegible]”，汉译本译为“裙”，史金波先生在《西夏文军籍文书考略》中译为“襟”，当译为“襟”。

② 西夏文“[illegible]”，汉译本第一字没有识别出，译为“□目下”，俄译本译为“肩目下”，史金波先生在《西夏文军籍文书考略》中译为“独目下”，当译为“肩目下”，即“护肩”的意思。

[illegible]	[illegible]	[illegible]	[illegible]	[illegible]	[illegible]	[illegible]	[illegible]	[illegible]	[illegible]	[illegible]	[illegible]	[illegible]
尺	八	寸	下	宽	二	尺	九	寸	头	宽	一	尺

[illegible]	[illegible]	[illegible][6]	[illegible]	[illegible]	[illegible]	[illegible]	[illegible]	[illegible]	[illegible]	[illegible]	[illegible]
七	寸	盖	二	长	七	寸	下	宽	一	尺	头
[illegible]	[illegible]	[illegible]									
宽	八	寸									
[illegible]		[illegible]	[illegible]		[illegible]		[illegible]				
军卒		番	马甲		铠甲		旧				

注释：

[1] [illegible]：河，意“身甲”。

[illegible]，音〔麻〕，意“河”。[①]《掌中珠》“[illegible]”作“江河”、[②]“[illegible]”作“天河”。[③]

[illegible]，字面意“河”，在此指“身甲”。身甲，西夏马铠中主要保护马腰身的甲片。由长一尺八寸，下宽三尺九寸甲片六个构成。俄译本译为护侧，汉译本译为河，史金波先生在《西夏文军籍文书考略》中译为红丹色麻。

[2] [illegible]，意“鸡颈”。

[illegible]，意“颈”、“项”。《掌中珠》“[illegible]”作“项胸”；[④]《金光明经》卷十“[illegible]”对应汉文本“颈中出血”；[⑤]“[illegible]”对应汉文本“竹芒以刺颈”。[⑥]

[illegible]，指“鸡颈”。西夏马铠中主要保护马颈部的甲片。由长一尺五寸、头宽一尺七寸、下宽九寸甲片五个构成。

[3] [illegible]，意“荡胸”。

---

① 史金波、白滨、黄振华：《文海研究》，中国社会科学出版社，1983 年，第 184、435 页。

②《番汉合时掌中珠》(甲种本)，《俄藏黑水城文献》第一〇册，第 7 页。

③《番汉合时掌中珠》(乙种本)，《俄藏黑水城文献》第一〇册，第 24 页。

④《番汉合时掌中珠》(甲种本)，《俄藏黑水城文献》第一〇册，第 10 页。

⑤ 王静如：《金光明最胜王经》卷十《夏藏汉合璧考释》，《西夏研究》(第三辑)，中研院史语所单刊甲种之十一，1933 年，第 336—337 页。

⑥ 王静如：《金光明最胜王经》卷十《夏藏汉合璧考释》，《西夏研究》(第三辑)，中研院史语所单刊甲种之十一，1933 年，第 334—335 页。

㣧，意“肋”，（汉语借词）。《同音》“𗀀㣧”译“胸肋”。[①]

㣧，指“荡胸”。西夏马铠中主要保护马胸部的甲片。由长九寸、下宽一尺七寸甲片三个构成。

［4］ 𗀀，意“护喉”。

𗀀，意“喉”、“隘”。《文海·杂类》“𗀀𗀀𗀀𗀀𗀀𗀀𗀀𗀀”（颈者喉胸间则颈谓）。[②]

𗀀，指“护喉”，西夏马铠中主要保护马喉咙的甲片。由长宽同六寸甲片两个构成。在《武经总要》等汉文典籍中记载的马铠，均没有单独提到“护喉”，只记载有“鸡颈”保护马颈部。

［5］ 𗀀，意“搭后”。

𗀀，指“搭后”，西夏马铠中主要保护马臂部的甲片。由长二尺八寸、下宽二尺九寸甲片十个构成。

［6］ 𗀀，意“面帘”。

𗀀，意“盖”、“覆”、“罩”。《掌中珠》“𗀀𗀀”作“华盖”、“𗀀𗀀”作“铛盖”。[③]

𗀀，指“面帘”，西夏马铠中主要保护马头的甲片。由长七寸、下宽一尺、头宽八寸甲片两片构成。

汉译本：

七寸。

披者，“河”[④]六，长一尺八寸，下宽三尺九寸；头五，长一尺五寸，头宽一尺七寸，下宽九寸；背三、长九寸，下宽一尺七寸；喉二，长宽同六寸；末尾十，长二尺八寸，下宽二尺九寸，头宽一尺七寸；盖二，长七寸，下宽一尺，头宽八寸。

军卒旧番披、甲：

俄译本：

马胄：护侧由六条组成，长一尺八寸，下宽一尺九寸。护颈由五条组成，长一尺五寸，上宽一尺七寸，下宽九寸。护胸由三条组成，长九寸，上宽一尺七寸。护喉由二条组成，长宽均七寸。护臂由十条组成，长二尺八寸，下宽二尺九寸，上宽一尺七寸。

① 李范文：《同音研究》，宁夏人民出版社，1986年，第466页。

② 史金波、白滨、黄振华：《文海研究》，中国社会科学出版社，1983年，第352、556页。

③ 《番汉合时掌中珠》（乙种本），《俄藏黑水城文献》第一〇册，第30页。

④ 西夏文“𗀀”，汉译本译为“河”，取其意。史金波先生在《西夏文军籍文书考略》中译为“麻”，取其音。

额革带二条，长七寸，下宽一尺，上宽八寸。

蕃卒老式铠甲：

31－10右面

[illegible]	[illegible]	[illegible]	[illegible]	[illegible]	[illegible]	[illegible]	[illegible]	[illegible]	[illegible]	[illegible]	[illegible]	[illegible]	[illegible]
铠甲胸	五	头	宽	七	寸	长	一	尺	二	寸	背	七	头

[illegible]	[illegible]	[illegible]	[illegible]	[illegible]	[illegible]	[illegible]	[illegible]	[illegible]	[illegible]	[illegible]	[illegible]	[illegible]
宽	一	尺	一	寸	长	一	尺	五	寸	腰带	约	长

[illegible]	[illegible]	[illegible]	[illegible]	[illegible]	[illegible]	[illegible]	[illegible]	[illegible]	[illegible]	[illegible]	[illegible]	[illegible]
三	尺	二	寸	胁	二	宽	七	寸	尾	三	宽	一

[illegible]	[illegible]	[illegible]	[illegible]	[illegible]	[illegible]	[illegible]	[illegible]	[illegible]	[illegible]	[illegible]	[illegible]	[illegible]	[illegible]
尺	四	寸	长	九	寸	头	宽	一	尺	襟	六	长	一

[illegible]	[illegible]	[illegible]	[illegible]	[illegible]	[illegible]	[illegible]	[illegible]	[illegible]	[illegible]	[illegible]	[illegible]	[illegible]
尺	七	寸	下	宽	一	尺	九	寸	头	宽	一	尺

[illegible]	[illegible]	[illegible]	[illegible]	[illegible]	[illegible]	[illegible]	[illegible]	[illegible]	[illegible]	[illegible]
四	寸	臂	十	七	前手口	宽	七	寸	半	长

[illegible]	[illegible]	[illegible]	[illegible]	[illegible]	[illegible]	[illegible]	[illegible]	[illegible]	[illegible]	[illegible]
二	尺	头	宽	一	尺	二	寸	肩目下	四	长

[illegible]	[illegible]	[illegible]	[illegible]	[illegible]	[illegible]	[illegible]	[illegible]				
五	寸	口	宽	一	尺	一	寸				

[illegible]	[illegible]	[illegible]	[illegible]	[illegible]	[illegible]	[illegible]	[illegible]	[illegible]	[illegible]	[illegible]	[illegible]	[illegible]	[illegible]
马身甲	六	长	一	尺	八	寸	下	宽	三	尺	九	寸	头

汉译本：

甲：胸五，头宽七寸，长一尺二寸；背七，头宽一尺一寸，长一尺五寸；腰带约长三尺二寸；胁二，宽七寸；末尾三，宽一尺四寸，长九寸，头宽一尺；裙六，长一尺七寸，下宽一尺九寸，头宽一尺四寸；臂十七，前手口宽七寸半，长二尺，头宽一尺二寸，△目下四，长五寸，口宽一尺一寸。

披："河"六，长一尺八寸，下宽三尺九寸；头

俄译本：

护胸由五条组成，上宽七寸，长一尺二寸。护背由七条组成，上宽一尺一寸，长一尺五寸。腰带长三尺二寸。护肋由二条组成，宽七寸。护臂由三条组成，宽一尺四寸，长九寸，上宽一尺。围裙由六条组成，长一尺七寸，下宽一尺九寸，上宽一尺四寸。袖子由十七条组成，袖口宽七寸半，袖长二尺，上宽一尺二寸。护肩（肩木）下部由四条组成，长五寸，扉宽一尺一寸。

马胄：护侧由六条组成，长一尺八寸，下宽三尺九寸，

31-10左面

[illegible]	[illegible]	[illegible]	[illegible]	[illegible]	[illegible]	[illegible]	[illegible]	[illegible]	[illegible]	[illegible]	[illegible]	[illegible]	[illegible]
六	长	一	尺	五	寸	头	宽	一	尺	七	寸	下	宽

[illegible]	[illegible]	[illegible]	[illegible]	[illegible]	[illegible]	[illegible]	[illegible]	[illegible]	[illegible]	[illegible]	[illegible]	[illegible]	[illegible]
九	寸	肋	三	长	九	寸	下	宽	一	尺	七	寸	喉

[illegible]	[illegible]	[illegible]	[illegible]	[illegible]	[illegible]	[illegible]	[illegible]	[illegible]	[illegible]	[illegible]	[illegible]	[illegible]	[illegible]
二	长	宽	同	六	寸	尾	十	长	二	尺	八	寸	下

[illegible]	[illegible]	[illegible]	[illegible]	[illegible]	[illegible]	[illegible]	[illegible]	[illegible]	[illegible]	[illegible]	[illegible]	[illegible]	[illegible]
宽	二	尺	九	寸	上	宽	一	尺	七	寸	盖	二	长

[illegible]	[illegible]	[illegible]	[illegible]	[illegible]	[illegible]	[illegible]	[illegible]	[illegible]	[illegible]		
七	寸	下	宽	一	尺	上	宽	八	寸		

汉译本：

六，长一尺五寸，头宽一尺七寸，下宽九寸，背三，长九寸，下宽一尺七寸；喉二，长宽同六寸；末尾十，长二尺八寸，下宽二尺九寸，上宽一尺七寸；盖二，长七寸，下宽一尺，上宽八寸。

俄译本：

上宽一尺七寸，下宽九寸。护喉由二条组成，长宽均为六尺。护臂由十条组成，长二尺八寸，下宽二尺九寸，上宽一尺七寸。额革带三条，长七寸。下宽一尺，上宽八寸。

第二章 《季校门》校勘考释

31－10 左面：

		[illegible][1]	[illegible]							
		季校	门							

[illegible]	[illegible][2]	[illegible]	[illegible]	[illegible][3]	[illegible]	[illegible][4]	[illegible]	[illegible][5]	[illegible]
一	全国	中	诸	父子	官马	甲胄	杂物	兵器	季校

[illegible]	[illegible]	[illegible]	[illegible][6]	[illegible]	[illegible]	[illegible]	[illegible][7]	[illegible]	[illegible]	[illegible]	[illegible]	[illegible]	[illegible]
做	者	应	年年	十	月	一	日	将	近	做	时	季校	做

[illegible]	[illegible]	[illegible]	[illegible][8]	[illegible][9]	[illegible]	[illegible][10]	[illegible]	[illegible]	[illegible][11]	[illegible]	[illegible]	[illegible]
应	不	应	殿前司	人大	乃	举	为	经	奏	天	丰	国

注释：

[1] [illegible],意“季校”。

[illegible],意“季节”、“季度”。《掌中珠》“[illegible]”作“四季八节”。①

[illegible],意“经”、“受”、“守”、“领”、“过”、“流”、“终”、“验”。《金光明经》卷七“[illegible]”对应汉文本“若不遂意经三月”。②

[2] [illegible],意“国土”、“全国”。

---

① 《番汉合时掌中珠》(甲种本),《俄藏黑水城文献》第一〇册,第 24 页。

② 王静如:《金光明最胜王经卷十夏藏汉合璧考释》,《西夏研究》(第三辑),第 134 页,中研院史语所单刊甲种之十一,1933 年。

[illegible]，意“国”、“土”、“邦”、“刹”等。《掌中珠》“[illegible]”作“国人敬爱”。[1]《德行集》中“[illegible]”意“欲治国时，先齐家也”。[2]

[illegible]，意“圆”、“院”、“国”等。《掌中珠》“[illegible]”作“能圆能方”，[3]“[illegible]”作“工院”。[4]《六韬》“[illegible]”译“今日畋于汝阳地方”。[5]

[illegible]二字连用，意为“国土”、“全国”，如，西夏文《金刚般若波罗蜜多经》一体同分第十八品“[illegible]”，[6]对应汉文本“尔所国土中，所有众生”。[7]《黄石公三略》“[illegible]□/[illegible]/[illegible]”对应汉文本“帝财者以国土成□/后人而谓当何有”；[8]《类林》“[illegible]”译“国土皆被灾”；[9]《金光明最胜王经》卷三“[illegible]”对应汉文本“于其国中大臣辅相有四种益”；[10]《六韬》“[illegible]，[illegible]”对应汉文本“天下安定，国家无事”。[11]

［3］[illegible]，意“父子”，引申为“族”。

[illegible]，意“父亲”。《文海》“[illegible]”释“[illegible] 父者父辈也源本出生处根是也”；[12]《掌中珠》“[illegible]”作“孝顺父母”；“[illegible]”作“父母发身”。[13]《德行集》中“[illegible]，[illegible]”意“父母者，犹子之天地也”。[14]

[illegible]，意“子”。我们通常见到的是“[illegible]”，且在翻译时都是“[illegible]”在前，“[illegible]、[illegible]”在后。[15] 如《孟子》中有“[illegible] 内则父子，外则君臣”。[16]《掌中珠》“[illegible]”作“凡君子者”，[17]“[illegible]”作“君子有礼”。[18]

[illegible]二字连用，根据西夏文中对“[illegible]”的解释，此处的意思应该相当于“族”。《文海》

---

① 《番汉合时掌中珠》(甲种本)，《俄藏黑水城文献》第一〇册，第 14 页。
② 聂鸿音：《西夏文德行集研究》，甘肃文化出版社，2002 年，第 52、53 页。
③ 《番汉合时掌中珠》(甲种本)，《俄藏黑水城文献》第一〇册，第 18 页。
④ 《番汉合时掌中珠》(甲种本)，《俄藏黑水城文献》第一〇册，第 15 页。
⑤ 贾常业：《西夏文译本〈六韬〉解读》，《西夏研究》2011 年第 2 期，第 60 页。
⑥ 西夏文《金刚般若波罗蜜多经》，《中国藏西夏文献》第一六册，第 128 页。
⑦ 汉文《金刚般若波罗蜜多经》，《俄藏黑水城文献》第一册，第 344 页。
⑧ 《黄石公三略卷上》，《俄藏黑水城文献》第十一册，第 209 页。
⑨ 史金波、黄振华、聂鸿音：《类林研究》，宁夏人民出版社，1993 年，第 85 页。
⑩ 《金光明最胜王经》，《中国藏西夏文献》第三册，第 122 页。
⑪ 贾常业：《西夏文译本〈六韬〉解读》，《西夏研究》2011 年第 2 期，第 71 页。
⑫ 史金波、白滨、黄振华：《文海研究》，中国社会科学出版社，1983 年，第 181、432 页。
⑬ 《番汉合时掌中珠》(乙种本)，《俄藏黑水城文献》第一〇册，第 29、34 页。
⑭ 聂鸿音：《西夏文德行集研究》，甘肃文化出版社，2002 年，第 62、63 页。
⑮ 聂鸿音：《〈夷坚志〉契丹诵诗新证》，《满语研究》2001 年第 2 期。文中提到：西夏人在翻译汉文资料时，将一些并列的词语和复合句采用次序颠倒的翻译方法。
⑯ 彭向前：《西夏文〈孟子〉整理研究》，上海古籍出版社，2012 年，第 122 页。
⑰ 《番汉合时掌中珠》(甲种本)，《俄藏黑水城文献》第一〇册，第 18 页。
⑱ 《番汉合时掌中珠》(乙种本)，《俄藏黑水城文献》第一〇册，第 33 页。

“[illegible]”释“[illegible]”为“类者一父也，一种也，父子同类似之谓也”；[①]西夏国内，首领由酋长担任，本族成员呼酋长为“父”。《宋史·郑文宝传》中记载：“文宝前后自环庆部粮越旱海人灵武者十二次。晓达蕃情，习其语，经由部落，每宿酋长帐中，其人或呼为父。”[②]

［4］[illegible]，意“坚甲”、“甲胄”。

[illegible]，意“坚固”、“甲”。《六韬》中“[illegible]，[illegible]”译“蓑藏晒笠者，甲胄兵器相同”。[③]《将苑》“[illegible]，[illegible]”对应汉文文本“故甲不坚密，与肉袒同；射不能中，与无矢同”。[④]《贞观玉镜将》“[illegible]”译“副将获人马甲胄”，[⑤]也将甲胄按照两种物品计算。《金光明经》卷四“[illegible]”对应汉文文本“甲杖庄严”；[⑥]卷十“[illegible]”对应汉文文本“为大悲甲胄”。[⑦]“[illegible]”俄译本为“人马用甲胄，即人用铠甲和马用马具”，汉译本为“坚甲”，为西夏将士穿在身上的防护装具。在《天盛律令》中将“[illegible]”定为三种武器装备，因此，此处应该翻译为“官马、甲、胄”。[⑧]

［5］[illegible]，意“兵器”。

[illegible]，“兵器”、“武器”。《西夏谚语》第50条“[illegible]”解“剑戟不利眷属坚”。[⑨]《六韬》“[illegible]，[illegible]”对应汉文文本“修正攻具，砥砺兵器巧手三百人”。[⑩]

[illegible]，“戈”、“械”、“枪”、“剑”、“箭”。《将苑》“[illegible]”译“相议以勇斗”。[⑪]

[illegible]二字连用，意为兵器。在西夏文文献中，也将“兵器”翻译为“[illegible]”。如《孟子》中“[illegible]”译“故助买兵器”。[⑫]

［6］[illegible]，意“年年”、“每年”。

[illegible]，意“年”、“岁”。《掌中珠》“[illegible]”作“今年”、“[illegible]”作“来年”、“[illegible]”作“去岁”、“[illegible]

① 史金波、白滨、黄振华：《文海研究》，中国社会科学出版社，1983年，第261、495页。

② ［元］脱脱：《宋史》卷二七七《郑文宝传》，中华书局，2004年。

③ 贾常业：《西夏文译本〈六韬〉解读》，《西夏研究》2011年第2期，第71页。

④ 《将苑》，《英藏黑水城文献》第二册，第218页。

⑤ 陈炳应：《贞观玉镜将研究》，宁夏人民出版社，1995年，第67页。

⑥ 王静如：《金光明最胜王经卷四夏藏汉合璧考释》，《西夏研究》（第二辑），中研院史语所单刊甲种之十一，1933年，第160页。

⑦ 王静如：《金光明最胜王经卷十夏藏汉合璧考释》，《西夏研究》（第三辑），中研院史语所单刊甲种之十一，1933年，第386页。

⑧ 史金波、聂鸿音、白滨译注：《天盛改旧新定律令》卷五《季校门》，第233页，法律出版社，2000年。

⑨ 陈炳应：《西夏谚语——新集锦成对谚语》第50条，山西人民出版社，1993年，第9页。

⑩ 贾常业：《西夏文译本〈六韬〉解读》，《西夏研究》2011年第2期，第74页。

⑪ 《将苑》，《英藏黑水城文献》第二册，第217页。

⑫ 彭向前：《西夏文〈孟子〉整理研究》，上海古籍出版社，2012年，第126页。

[illegible]”作“前年”。[1]《十二国》中“[illegible]”意“宓子践答曰：‘今年的粮食没能保全’”。[2]

[7] [illegible]，意“日”。

[illegible]，意“日”、“天”。《掌中珠》“[illegible]”作“后日”，“[illegible]”作“外后”。[3]《类林》中“[illegible]”作“屈原以五月五日投江自尽”。[4]

[illegible]是指一个月中的某日时用“[illegible]”（日），文书契约中往往在“[illegible]”后加个“[illegible]”，原来第一个日字“[illegible]”为“某某日”，第二个字“[illegible]”则为白天之“日”，有时也只用“[illegible]”，如《武威G31.004[6728]乾定申年(1224)贷粮契》“[illegible]……[illegible]”译“定申年二月二十五日立契人……同年九月一日”。[5] 表示计算日期的日则用“[illegible]”，这里是个量词，“[illegible]”（日期）即为此意。[6]

[8] [illegible]：殿前司。

[illegible]，意“宫殿”。《类林》卷三“[illegible]”译“宫前”、“殿前”，“[illegible]”译“修殿”。[7]《德行集》中“[illegible]”意“孔子往于鲁桓公之宗庙”。[8]

[illegible]，意“前”。《德行集》“[illegible]”作“献于龙廷”，又“[illegible]”作“宗庙前”。[9]

[illegible]，意“司”、“点”。《掌中珠》中还有“[illegible]”作“统军司”、“[illegible]”作“殿前司”、“[illegible]”作“陈告司”等诸司。[10]

殿前司，西夏五等司中次等司，设八正、八承旨、十都案、六十案头。汉文文献还有“磨勘军案殿前司上管”，[11]《金史·交聘表》等文献中记载了大量关于西夏“殿前太尉”出使辽、金等国的材料，如“夏殿前太尉习勒遵义、枢密都承旨苏寅孙谢赐生日”。[12] 殿前司应该掌殿前诸班直及步骑诸指挥的名籍，总管统制、训练、番卫、戍守、迁补、赏罚的政令。入则侍卫殿帝，出则扈从皇帝，大礼则提点编排，整肃禁卫卤簿仪仗，掌宿卫之事。

---

① 《番汉合时掌中珠》(甲种本)，《俄藏黑水城文献》第一〇册，第6页。
② 索罗宁著、粟瑞雪译：《十二国》，宁夏人民出版社，2012年，第44页。
③ 《番汉合时掌中珠》(乙种本)，《俄藏黑水城文献》第一〇册，第24页。
④ 史金波、黄振华、聂鸿音：《类林研究》，宁夏人民出版社，1993年，第56页。
⑤ 《中国藏西夏文献》第一六册，第389页。
⑥ 史金波：《西夏文教程》，社会科学文献出版社，2013年，第173页。
⑦ 史金波、黄振华、聂鸿音：《类林研究》，宁夏人民出版社，1993年，第39、40、41页。
⑧ 聂鸿音：《西夏文德行集研究》，甘肃文化出版社，2002年，第76、77页。
⑨ 聂鸿音：《西夏文德行集研究》，甘肃文化出版社，2002年，第42、44页。
⑩ 《番汉合时掌中珠》(乙种本)，《俄藏黑水城文献》第一〇册，第33页。
⑪ 史金波、聂鸿音、白滨译注：《天盛改旧新定律令》卷一〇《司序行文门》，法律出版社，2000年，第362—363页。
⑫ [元]脱脱：《金史》卷六二《交聘表下》，中华书局，2005年，第1480页。

［9］[illegible]，意“大人”。

[illegible]，意“且”，作为词缀加在民族、国家等一般名词之后，表示“人”之意；加在表示人的名词之后，表示复数；通常加在形容词之后，亦有“人”之意。《掌中珠》中有“[illegible]”作“大人嗔怒”。① 《德行集》中“[illegible]”意“顾谓弟子曰：‘试注水视之’”。②

大人，西夏职官名。如《天盛律令》卷十《失职宽限变告门》规定“一诸大人、承旨、习判、都案、案头等不赴任上及超出宽限期，又得职位官敕论文已发而不赴任等，一律超一二日罚五斤铁，三四日十斤铁……”③

［10］[illegible]，意“申”。

[illegible]，意“举”、“秉”、“开”；《掌中珠》中有“[illegible]”作“尽皆准备”。④ 《德行集》中“[illegible]，[illegible]”意“举进善之旗，植诽谤之木”。⑤

此处引申为“申”，与后面的“[illegible]”呼应，表示上行文。根据上下文意可知，由殿前司大人向经略司行文，按照《天盛律令》卷一〇《司序行文门》中的有关规定：“上、次、中、下、末等司大小高低，依条下所列实行。”其中“殿前司位居次等司”，“经略司者，比中书、枢密低一品，然大于诸司”。⑥ 因为殿前司品级要低于经略司，行文要用上行文，所以在此用了“[illegible]”（举）与“[illegible]”（奏），合译为“申奏”。

［11］[illegible]，意“奏”。

[illegible]，意“到”、“至”。此处引申为“奏”。⑦ 《贞观玉镜将》“[illegible]”意“其罪要报告京师”。⑧ 《孟子》中“[illegible]，[illegible]”译“不告于王而私与汝之禄爵”。⑨ 《新集慈孝传》中“[illegible]”译“故奏而原宋光之罪”。⑩

汉译本：

季校门

一全国中诸父子　官马、坚甲、杂物、武器季校之法：应于每年十月一日临近时，应不

① 《番汉合时掌中珠》（乙种本），《俄藏黑水城文献》第一〇册，第 34 页。
② 聂鸿音：《西夏文德行集研究》，甘肃文化出版社，2002 年，第 76、77 页。
③ 史金波、聂鸿音、白滨：《天盛改旧新定律令》，法律出版社，2000 年，第 351 页。
④ 《番汉合时掌中珠》（乙种本），《俄藏黑水城文献》第一〇册，第 34 页。
⑤ 聂鸿音：《西夏文德行集研究》，甘肃文化出版社，2002 年，第 50、51 页。
⑥ 史金波、聂鸿音、白滨译注：《天盛改旧新定律令》卷一〇《司序行文门》，法律出版社，2000 年，第 362—364 页。
⑦ 史金波、白滨、黄振华：《文海研究》，中国社会科学出版社，1983 年，第 279、508 页。
⑧ 陈炳应：《贞观玉镜将研究》，宁夏人民出版社，1995 年，第 81 页。
⑨ 彭向前：《西夏文〈孟子〉整理研究》，上海古籍出版社，2012 年，第 133 页。
⑩ 聂鸿音：《西夏文〈新集慈孝传〉研究》，宁夏人民出版社，2009 年，第 167 页。

应季校，

应由殿前司大人表示同意、报奏。天丰国

俄译本：

季度审验[战具]

我国全体有应征义务者(规定“父与子”)对官马、人马用甲胄、其他兵杖和战具作季度审验，每年十月初一前由枢密院进行季度审验[战具状况]并申奏[所见]。

31－11右面：

[illegible]	[illegible]	[illegible]	[illegible]	[illegible]	[illegible]	[illegible]	[illegible]	[illegible]	[illegible]	[illegible][1]	[illegible]	[illegible]	[illegible][2]
稔	中	当	视	季校	为	者	派	应	则	言节	应	遣	经略

[illegible]	[illegible]	[illegible]	[illegible]	[illegible]	[illegible]	[illegible]	[illegible]	[illegible]	[illegible]	[illegible]	[illegible]	[illegible]	[illegible]	[illegible][3]
中	系	属	者	经略	大	其	人	司	属	〈〉	依	管	得	人能

[illegible]	[illegible]	[illegible]	[illegible]	[illegible]	[illegible]	[illegible]	[illegible][4]	[illegible][5]	[illegible]	[illegible][6]	[illegible]
派遣	季校	队溜	为	使	毕	时	分别	导送	各	典	殿

[illegible]	[illegible]	[illegible][7]	[illegible]	[illegible]	[illegible]	[illegible]	[illegible]	[illegible]	[illegible]	[illegible]	[illegible]
前司	当	送	经略	中	不	系	属	数	殿前司	自己	管

[illegible]	[illegible]	[illegible]	[illegible]	[illegible]	[illegible]	[illegible]	[illegible]	[illegible]	[illegible]	[illegible]	[illegible]	[illegible]	[illegible]
门	得	人能	派遣	一	于	十	月	一	日	季校	乃	起	做

[illegible]	[illegible]	[illegible]	[illegible]	[illegible]	[illegible]	[illegible]	[illegible]	[illegible]	[illegible]	[illegible]	[illegible]	[illegible][8]	[illegible]
若	季校	为	者	派	不	应	则	代	应	坦	季校	互换	自

[illegible][9]	[illegible][10]	[illegible][11]	[illegible]	[illegible]	[illegible]	[illegible]	[illegible]	[illegible]	[illegible]	[illegible][12]	[illegible][13]
己	行监	溜首领	人检	小	校	做	三	年	各	差	一遍

[illegible]	[illegible]	[illegible]	[illegible]	[illegible]	[illegible]	[illegible]	[illegible]	[illegible]	[illegible]	[illegible][14]	[illegible]	[illegible]
则	应	定	季校	做	者	法依	不	往	不	只能	当	往

[illegible]	[illegible]	[illegible]	[illegible][15]	[illegible][16]	[illegible]	[illegible]	[illegible][17]	[illegible]	[illegible]	[illegible]
一	诸	溜	盈 能	军 头 监 小 大	末 驱	舍 监	军 卒	等	马 铠	铠 甲

注释：

[1] [illegible]，意“谕节”、“言节”。

[illegible]，意“言”、“论”、“谕”、“语”。[illegible]，意“节”、“辈”、“重”、“数”，（汉语借词）。《掌中珠》“[illegible]”作“八节”、“[illegible]”作“时节”、①“[illegible]”作“骨节”。②《德行集》中“[illegible]”译“节亲”。③

[illegible]二字连用，表示下行公文中的谕文，由经略司行文所属部门依照执行。《贞观玉镜将》“[illegible]”译“副将军分管兵马头项，不求得正将军令节”。④

[2] [illegible]，意“经略司”。

[illegible]，意“集结”。《掌中珠》该字标[六]音。如六弦[[illegible]]。⑤

[illegible]，意“司”、“点”。《掌中珠》“[illegible]”作“正统司”、“[illegible]”作“閤门司”、“[illegible]”作“受纳司”、“[illegible]”作“群牧司”、“[illegible]”作“司吏都监”、“[illegible]”作“司吏行遣”、“[illegible]”作“诸司告状”等。⑥

经略司，在西夏是比上等司低、又高于次等司。汉文文献还有经略使。《天盛律令》《司序行文门》规定“中书、枢密等应遣都案者，当于本司正案头及经略、次等司正都案等中遣。经略、次、中、下、末五等司应遣都案者，当量其业，依本司所属军马、公事、钱谷等事务多少，当派遣晓业者。经略使处都案者，于中书、枢密正案头及次等司都案、经略本司正案头等中遣。次等司都案者，于中书、枢密、经略使正案头、中等司正案头、本司正案头等中遣”。⑦

[3] [illegible]，意“胜任人”，“有能力者”。

[illegible]，意“人”。《掌中珠》“[illegible]”作“人有高下”，“[illegible]”作“大人嗔怒”，“[illegible]”作“贤人”，“[illegible]”作“圣人”。⑧ [illegible]，作“胜”、“能”。

① 《番汉合时掌中珠》（乙种本），《俄藏黑水城文献》第一〇册，第24页。
② 《番汉合时掌中珠》（甲种本），《俄藏黑水城文献》第一〇册，第10页。
③ 聂鸿音：《西夏文德行集研究》，甘肃文化出版社，2002年，第42、43页。
④ 陈炳应：《贞观玉镜将研究》，宁夏人民出版社，1995年，第78页。
⑤ 《番汉合时掌中珠》（乙种本），《俄藏黑水城文献第》一〇册，第33页。
⑥ 《番汉合时掌中珠》（甲种本），《俄藏黑水城文献第》一〇册，第32、33、34页。
⑦ 史金波、聂鸿音、白滨译注：《天盛改旧新定律令》卷一〇《司序行文门》，法律出版社，2000年，第364页。
⑧ 《番汉合时掌中珠》（乙种本），《俄藏黑水城文献第》一〇册，第27、33、34页。

[illegible]二字连用，是指有能力胜任的人。

[4] [illegible]，意“差异”、“分别”。

[illegible]，意“异”、“差异”、“参差”。《西夏谚语》第 71 条“[illegible]”译“擀毡吹禾天不同”；[1]《金光明经》卷十“[illegible]”对应汉文本“见其骨骸随处交横”。[2]

[5] [illegible]：意“遣送”。

[illegible]，意“引导”、“诱”、“将”等。《德行集》中“[illegible]”译“引古代言行以求其本”；“[illegible]”译“导人而令其陷于罪也”。[3]

[illegible]，意“送”、“送行”。《掌中珠》中“[illegible]”作“奉送宾客”；[4]“[illegible]”作“送与讼房”。[5]《孟子》中“[illegible]”译“行者必送贶礼”。[6]

[6] [illegible]，意“典册”。

[illegible]，意“根”、“本”、“典”；《掌中珠》“[illegible]”作“学习圣典”；[7]“[illegible]”作“番汉语节略一本”。[8]

[7] [illegible]，意“呈送”、“报送”。

[illegible]，意“送还”、“运送”。《贞观玉镜将》“[illegible]”译“送者不量罪”。[9]

[8] [illegible]，意“互换”。

[illegible]，意“换”、“变”。[illegible]，意“各”、“处”，作为词缀，常附在动词之后，构成派生词，表示该动作或状态发生，或存在的地点；加在形容词之后，表示形容词根所描写的那种性质和特征的场所。

[illegible]二字连用，意为互换。

[9] [illegible]，意“自己”。

[illegible]，意“自己”。《掌中珠》“[illegible]”作“不累于己”；“[illegible]”作“争如自悔”；[10]“[illegible]

---

① 陈炳应：《西夏谚语——新集锦成对谚语》第 71 条，山西人民出版社，1993 年，第 10 页。

② 王静如：《金光明最胜王经卷十夏藏汉合璧考释》，《西夏研究》（第三辑），中研院史语所单刊甲种之十一，1933 年，第 344 页。

③ 聂鸿音：《西夏文德行集研究》，甘肃文化出版社，2002 年，第 40—41、90—91 页。

④《番汉合时掌中珠》（乙种本），《俄藏黑水城文献》第一〇册，第 36 页。

⑤《番汉合时掌中珠》（乙种本），《俄藏黑水城文献》第一〇册，第 36 页。

⑥ 彭向前：《西夏文〈孟子〉整理研究》，上海古籍出版社，2012 年，第 126 页。

⑦《番汉合时掌中珠》（乙种本），《俄藏黑水城文献》第一〇册，第 32 页。

⑧《番汉合时掌中珠》（乙种本），《俄藏黑水城文献》第一〇册，第 20 页。

⑨ 陈炳应：《贞观玉镜将研究》，宁夏人民出版社，1995 年，第 88 页。

⑩《番汉合时掌中珠》（乙种本），《俄藏黑水城文献》第一〇册，第 36、37 页。

[illegible]”作“自受用佛”。[1]《德行集》中“[illegible]”译“行慎独之法”。[2]“[illegible]”作为词根，可以重叠，构成复合词。例如：《金光明经》卷十“[illegible]”对应汉文本“我等今者于自己身，各生爱恋”。[3]

［10］[illegible]，意“行监”。

[illegible]，意“行”、“遣”、“用”、“进”、“设”、“狩”。《掌中珠》“[illegible]”作“依法行遣”。[4]《德行集》中“[illegible]”译“故立爱时惟始于亲”。[5]

[illegible]一词，西夏军队职官。汉译本译为“行监”、俄译本为“行军头领”。

［11］[illegible]，意“溜首领”。

[illegible]，意“头”、“首”、“上”，与“[illegible]”连用具有“投降”之意。《掌中珠》“[illegible]”作“头目”，“[illegible]”作“头发”。[6]《类林》中“[illegible]”译“投奔楚国”。[7] [illegible]，意“领”、“引”、“携”、“牵”。

首领，在西夏文献中出现频率非常高，《贞观玉镜将》中有大首领、小首领。“[illegible]”译“将外护、首领小大人杀”，即指大首领、小首领。[8]“[illegible]”译“权正首领左官捕”、“[illegible]”译“首领小等左官捕”[9]等。值得一提的是，西夏官印中有许多的“首领”印，多为西夏文篆字“首领”二字。部分印章印文为四字、六字篆文。首领印章之印背除印纽上刻一西夏文“上”字外，纽之左右两边多刻有西夏文题款，往往一边为年款，一边为人名，有的人名字上冠职称“正首领”、“首领”等字。年款标明用印之时间，人名应是掌印者姓名。史金波在《西夏官印姓氏考》一文中提到“由于党项人是西夏的主体民族。从西夏印文多为‘首领’二字看，可能担任‘首领’这一职务的人多为党项族的上层，史书记载党项族早有首领、十二府首领、十六府大首领的称谓……佩有首领印章的人当为有一定影响的中、上级军官，他们所担任的首领职务，可能是部落族帐的领袖和国家军队的军官双重身份”。[10]这些首领印的发现，也证明了西夏实行部落兵役制度，并使党项人在军队中、特别是在军官中占有绝对的优势，这种军事组织方法适应了西夏政权频繁作战的需要。

---

① 《番汉合时掌中珠》（甲种本），《俄藏黑水城文献》第一〇册，第 19 页。
② 聂鸿音：《西夏文德行集研究》，甘肃文化出版社，2002 年，第 58、59 页。
③ 王静如：《金光明最胜王经卷十夏藏汉合璧考释》，《西夏研究》（第三辑），中研院史语所单刊甲种之十一，1933 年，第 328 页。
④ 《番汉合时掌中珠》（乙种本），《俄藏黑水城文献》第一〇册，第 33 页。
⑤ 聂鸿音：《西夏文德行集研究》，甘肃文化出版社，2002 年，第 64、65 页。
⑥ 《番汉合时掌中珠》（甲种本），《俄藏黑水城文献》第一〇册，第 10 页。
⑦ 史金波、黄振华、聂鸿音：《类林研究》，宁夏人民出版社，1993 年，第 35 页。
⑧ 陈炳应：《贞观玉镜将研究》，宁夏人民出版社，1995 年，第 68 页。
⑨ 陈炳应：《贞观玉镜将研究》，宁夏人民出版社，1995 年，第 69 页。
⑩ 史金波：《西夏官印姓氏考》，《中国民族古文字研究》（第二辑）1993 年，第 63、74 页。

[12] [illegible]，意“参差”。

[illegible]，意“参差”。《掌中珠》“[illegible]”作“事物参差”。①

[13] [illegible]，意“一遍”。

[illegible]，意“一”，加在动词之前表示趋向，作为语助，具有“大、都、已、所”等意。《掌中珠》“[illegible]”作“一寸”，“[illegible]”作“一尺”等。②《六韬》中“[illegible]，[illegible]，[illegible]？”意“攻守之具，科品众寡，岂有法乎？”③

[illegible]，意“续”、“补”、“遍”、“举”、“换”、“免”、“罢”、“系”、“帮”、“守”。《孙子兵法》“[illegible]”对应汉文本“是我一举解赵之围”。④《十二国》中“[illegible]”意“与敌人斗三次都失败”。⑤

[14] [illegible]，直译为“不往不只能”，意译为“不得已则往”。

[illegible]，意“不得已”、“只能”、“只好”。《孙子兵法》“[illegible]”译“不得已则斗”、⑥“[illegible]”译“杜牧曰：不得已则斗者为死地，至命处无法超脱故谓不得已则斗”。⑦

[15] [illegible]，汉语“盈能”音译。

[illegible]，意“乃”；[illegible]，意“等”。常附在人称代词之后，或指人的名词之后，表示复数。如《六韬》中“[illegible]”意“又天时等变化自然也”。⑧《德行集》中“[illegible]”作“免于太保太傅等之教训”。⑨

[illegible]，意“盈能”，西夏军队的职官名称。

[16] [illegible]，意“大小军头监”。

[illegible]，意“小”、“少”、“幼”。[illegible]，意“大”。《掌中珠》“[illegible]”作“亲戚大小”、“[illegible]”作“局分大小”。⑩

[illegible]，意“头监”。《类林》中“[illegible]”译“谓监狱头监”。⑪

大小军头监，西夏军队的职官名称。该词俄译本为军队大小头领。

---

① 《番汉合时掌中珠》（乙种本），《俄藏黑水城文献》第一〇册，第 34 页。
② 《番汉合时掌中珠》（甲种本），《俄藏黑水城文献》第一〇册，第 14 页。
③ 贾常业：《西夏文译本〈六韬〉解读》，《西夏研究》2011 年第 2 期，第 72 页。
④ 《孙子兵法三注》甲种本卷下，《俄藏黑水城文献》第一一册，第 182 页。
⑤ 索罗宁著、粟瑞雪译：《十二国》，宁夏人民出版社，2012 年，第 30 页。
⑥ 《孙子兵法三注》甲种本卷下，《俄藏黑水城文献》第一一册，第 176 页。
⑦ 《孙子兵法三注》甲种本卷下，《俄藏黑水城文献》第一一册，第 173 页。
⑧ 贾常业：《西夏文译本〈六韬〉解读》，《西夏研究》2011 年第 2 期，第 63 页。
⑨ 聂鸿音：《西夏文德行集研究》，甘肃文化出版社，2002 年，第 50、51 页。
⑩ 《番汉合时掌中珠》（乙种本），《俄藏黑水城文献》第一〇册，第 29、33 页。
⑪ 史金波、黄振华、聂鸿音：《类林研究》，宁夏人民出版社，1993 年，第 93 页。

[17] [illegible]，意“军卒”、“兵卒”。

[illegible]，意“兵”、“卒”、“士”、“人”、“庸”。《孙子兵法》“[illegible]”对应汉文本“旌旗者以一人之耳目也”；①《金光明经》卷十“[illegible]”对应汉文本“库仓盈满，军兵勇健”。②

汉译本：

稔时，应派季校者，则当行文经略司所属者，当由经略大人按其处司所属次序，派遣堪胜任人使为季校队将，校毕时分别遣归，典册当送殿前司。非系属经略司者，当由殿前司自派遣能胜任人，一齐于十月一日进行季校。若不应派季校者，则当令暂止，代替大校，自己行监、溜首领当做小校。但连续三年必行季校，校者依法不得不往者当往。

一诸溜盈能、大小军头监、末驱、舍监、军卒等季校，披、甲、

俄译本：

国库行文阐明[审验]现用方法。若执审者已被派定，则应[就此]下令。各军厢所辖之军队，应由兵站自己委派在署内主司能者就地审验[战具]。分署长官结束季度审验时，审验[结果]报摺应连同附文一起呈送枢密院。对周围不受兵站节制者，枢密院应派在本部能者主司到他们那里，从十月初一起进行季度审验。若不能派出季度审验人时，则应指派行军头领、副将代替他们作季度审验，委派者可作小规模抽验[战具]。若连续三年，都是这种例外，则应当作惯例，依照进行季度审验人员，未派、未被派、派定者律执行。

对军首，指军队大小头领、殿后、布阵以及军卒在季度审验甲胄，

31－11 左面：

[illegible]	[illegible]	[illegible]	[illegible]	[illegible]	[illegible]	[illegible][1]	[illegible]	[illegible]
马	杂物	等	季校	短缺	不	全俱	罪	法

① 《孙子兵法三注》甲种本卷中，《俄藏黑水城文献》第十一册，第159页。

② 王静如：《金光明最胜王经卷十夏藏汉合璧考释》，《西夏研究》（第三辑），中研院史语所单刊甲种之十一，1933年，第324页。

[illegible]	[illegible]										
军正	有										

[illegible]	[illegible]	[illegible]	[illegible]	[illegible]	[illegible]	[illegible]	[illegible]	[illegible]	[illegible]	[illegible][2]	[illegible]	[illegible]	[illegible]
马铠	铠甲	马	三	种	中	一	缺	十	三	杖	二	缺	十

[illegible]	[illegible]	[illegible]	[illegible]	[illegible]	[illegible]	[illegible]	[illegible]	[illegible]	[illegible]	[illegible]	[illegible]	[illegible]
五	杖	三	种	皆	缺	十	七	杖	其	人	属	别

[illegible]	[illegible]	[illegible]	[illegible]	[illegible]	[illegible]	[illegible]	[illegible]	[illegible]	[illegible]	[illegible]
杂物	武器	寡多	且	缺	罪	者	其	下	当	入

[illegible]	[illegible]	[illegible]	[illegible]	[illegible]	[illegible]	[illegible]	[illegible]	[illegible]	[illegible]	[illegible]	[illegible]	[illegible]	[illegible]
马铠	铠甲	缚袋	二	种	中	一	种	缺	之	十	杖	二	种

[illegible]	[illegible]	[illegible]	[illegible]	[illegible]	[illegible]	[illegible]	[illegible]	[illegible]	[illegible]	[illegible]
缺	十	三	杖	等	应	受	此外	杂物	诸种	缺

[illegible]	[illegible]	[illegible]	[illegible]	[illegible]	[illegible]	[illegible]	[illegible][3]	[illegible]	[illegible]
者	缚袋	缺	罪	下	当	入	直接	袋有囊	弓

[illegible]	[illegible]	[illegible]	[illegible]	[illegible]	[illegible]	[illegible]	[illegible]	[illegible]	[illegible]	[illegible]	[illegible]	[illegible]
箭	枪	剑	等	五	种	中	一	种	二	种	缺	八

注释：

[1] [illegible]，意"全备"。

[illegible]，意"全"、"俱"。《孙子兵法》"[illegible]"对应汉文本"是故其兵不修而戒"。①

[illegible]，意"内"、"中"、"里"、"阙"。《德行集》中"[illegible]"译"内无忧患"，"[illegible]"译"夜

① 《孙子兵法三注》甲种本卷下，《俄藏黑水城文献》第十一册，第173页。

里”，“[illegible]”译“宗庙中”。[①]

[illegible]，意“全集”、“俱全”、“聚集”。《西夏谚语》第 210 条“[illegible]”译“喜衣全集，财宝已聚，无不借债”。[②]《将苑》“[illegible]”对应汉文本“以整为胜”。[③]

[2] [illegible]，意“杖”。

[illegible]，意“杖”、“拷”、“打”。《类林》“[illegible]”对应汉文本“吃一百拷杖”，[④]本句子中“[illegible]”本意即为吃，此处翻译为“挨打”的意思，与汉语用法极为相似。

杖，西夏刑罚之一，分大杖和细杖。

[3] [illegible]，意“直接”。

[illegible]，意“真”、“正”。“[illegible]”直译为“直直”、“径直”，在此译为“直接”。《掌中珠》“[illegible]”作“真正”。[⑤]《孙子兵法》“[illegible]”对应汉文本“直走大梁”。[⑥]《十二国》中“[illegible]”意“当别人说仁慈的时候”。[⑦]

汉译本：

马、杂物等短缺不

全罪法：

正军属：

披、甲、马三种有一种不备，十三杖；二种不备，十五杖；三种皆不备，十七杖。其另外杂物、武器多寡不备者，则当入其下。

披、甲、缚袋二种有一种不备，当受十杖；二种不备，当受十三杖；此外种种杂物缺者，当入缺缚袋罪下。直接箭袋、弓、箭、枪、剑五种有一二种缺短，八

俄译本：

战马和其他战具时因缺少某种战具，处罪如下：

---

① 聂鸿音：《西夏文德行集研究》，甘肃文化出版社，2002 年，第 58、59 页。
② 陈炳应：《西夏谚语——新集锦成对谚语》第 210 条，山西人民出版社，1993 年，第 18 页。
③《将苑》，《英藏黑水城文献》第二册，第 218 页。
④ 史金波、黄振华、聂鸿音：《类林研究》，宁夏人民出版社，1993 年，第 130 页。
⑤《番汉合时掌中珠》(乙种本)，《俄藏黑水城文献》第一〇册，第 27 页。
⑥《孙子兵法三注》甲种本卷下，《俄藏黑水城文献》第十一册，第 182 页。
⑦ 索罗宁著、粟瑞雪译：《十二国》，宁夏人民出版社，2012 年，第 31 页。

［在审验时］编入正军者若缺三种即战马、甲胄［战具］一种者，［罪犯］杖十三；三缺二者，杖十五；三种全缺者，杖十七。因缺少某种兵杖或其他战具、对其持有者论律如下：

因两种甲胄装备连接缺一者，杖十；两种全缺者，杖十三。缺少［同类］其余战具之处罪，则［他们］应算作缺少连接甲胄装备罪。［下列］五种［战具］箭囊、弓、箭、矛、剑，缺一至二件者，杖八；

31－12右面：

[illegible]	[illegible]	[illegible]	[illegible]	[illegible]	[illegible]	[illegible]	[illegible]	[illegible]	[illegible]	[illegible]
杖	三	种	缺	十	杖	此	外	杂 物	多 少	缺

[illegible]	[illegible]	[illegible]	[illegible]	[illegible]	[illegible][1]	[illegible]	[illegible]	[illegible]	[illegible]
罪	其	下	当	入	前 连	坚 甲	杂 物	等	皆

[illegible]	[illegible][2]	[illegible]	[illegible]	[illegible]	[illegible]	[illegible]	[illegible]
能	校 口	已	过	弓 弦	浑 脱	铁 笊 篱	斧

[illegible][3]	[illegible]	[illegible]	[illegible]	[illegible]	[illegible]	[illegible]	[illegible][4]	[illegible]	[illegible]	[illegible]
斧	等	中	一 一	二	缺	十	笞	于	彼	以 上

[illegible]	[illegible]	[illegible]	[illegible]	[illegible]	[illegible]					
缺	则	一 律	二	十	笞					

[illegible]	[illegible]	[illegible]	[illegible]	[illegible]	[illegible]	[illegible]	[illegible]	[illegible]	[illegible]	[illegible]	[illegible]	[illegible]	[illegible]
辅 主	属	弓	箭	木 橹	一 一	二	缺	八	杖	全	缺	则	十

[illegible]	[illegible]	[illegible]	[illegible]	[illegible]	[illegible]	[illegible][5]	[illegible][6]	[illegible]	[illegible]	[illegible]	[illegible]
杖	及	负 担	弓	箭	槌 杖	锹	镢	每	样	一 一	二

□	□	□	□	□	□	□	□	□	□	□	□	□	□
缺	等	十	五	笞	三	四	种	皆	缺	则	二	十	笞

注释：

[1] □□，意“上述”。

□，意“先”、“替”、“前”、“向”、“预”、“曾”。《德行集》中“□□□□□”译“前汉文中说”。①

□，意“悬”、“挂”、“连”、“在”、“自”、“垂”。《掌中珠》“□□□”作“三弦”，“□□□”作“六弦”，“□□□□”作“踪迹见有”。②

□□，直译为“前连”，此处译为“前述”、“上述”。

[2] □□，意“检校”。

□，意“口”、“津”（汉语借词）。《掌中珠》该字标[口]音。口唇[□□]。③ “□□”一词直译为“验口”，《天盛律令・译文对照表》中汉译文为“校口”，即“检校”、“检验”，俄译本翻译为“审验”。

[3] □□，意“斧钺”。

第一个字图版比较清楚，但实在无法识读□，疑为“□”的讹体字。

□□，意“斧钺”，西夏兵器。汉译本译为“砍斧”，俄译本译为“钺”。

[4] □，意“笞”。

□，意“打”、“拷”、“击”、“笞”。《掌中珠》“□□□□”作“凌持打拷”、“□□□□”作“如此打拷”。④

笞刑，西夏刑法。略低于杖刑，即用小竹板或小荆条锤击罪犯臀、腿或背部的刑罚。一般用以惩罚轻罪。《唐律疏议・名例律》：“笞者，击也。又训为耻。言人有小愆，法须惩戒，故加捶挞以耻之。”⑤

[5] □，意“锹”。

□，音[曹]，族姓也。《掌中珠》该字标[曲]、[凑]、[秋]、[锹]、[草]、[造]、[骚]、[谁]、

① 聂鸿音：《西夏文德行集研究》，甘肃文化出版社，2002年，第44、45页。
② 《番汉合时掌中珠》（乙种本），《俄藏黑水城文献》第一〇册，第34、35页。
③ 《番汉合时掌中珠》（甲种本），《俄藏黑水城文献》第一〇册，第10页。
④ 《番汉合时掌中珠》（乙种本），《俄藏黑水城文献》第一〇册，第33页。
⑤ [唐]长孙无忌等撰、刘俊文点校：《唐律疏议》，中华书局，1983年。

[就]、[澡]等音。如，萱草花[[illegible]]、修造舍屋[[illegible]]、草香[[illegible]]、鼎[[illegible]]、做造[[illegible]]、锹[[illegible]]、攀胸鞦[[illegible]]。①《宋史·夏国传》中正军武器装备时也有“锹”的记载。

[6] [illegible]，意“镢”。

[illegible]，意“镢”。《同音文海宝韵合编》“[illegible]”释“□[illegible]□[illegible]”（镢□尖□为用唇阔）。②“[illegible]”俄译本译为“铲”，汉译本译为“镢”更为准确，为西夏军事装备之一。《掌中珠》“[illegible]”作“镢锨”。③

[illegible]，西夏军事装备之一，用于修建城池、营寨、沟壕、地洞时刨土所用。镢一般用于日常生活和农业生产活动。

汉译本：

杖，三种不备，十杖。此外杂物多少短缺罪，当入其下。上述坚甲、杂物等均检验合格，但弓、弦、皮囊、铁笊篱、砍斧等有一二种不备，则笞十，在其数以上不备，一律笞二十。

辅主属：

弓、箭、木橹一二种不备，八杖，全不备则十杖。负担：弓、箭、矛杖、铁锄一样有一二种不备，笞十五，三四种全不备则笞二十。

一诸军首领、末驱、小首领等所属有披、甲、马三种短缺

俄译本：

缺三件者，杖十三。因缺其他战具应算此[罪]。若上述战具和甲胄经审验全有或缺短时，又发现[下列战具][(?)、镢(?)、]背囊(?)、铁棘蒺藜、钺缺一至二件者，[对罪犯]笞十。若发现缺多者，则[对罪犯]笞二十。

[在审验时]编入辅正者，若缺下列战具：弓、箭、木盔一至二件者，[对罪犯]杖八；若三件[战具]皆缺者，杖十。

[在审验]副军[战具时]，若下列[战具]弓、箭、长[槌]杖、锹(?)和铲缺一至二件者，[对罪犯]笞十五；若缺三至四件或全缺者，笞二十。

① 《番汉合时掌中珠》(乙种本)，《俄藏黑水城文献》第一〇册，第25、29、30、32、35页。
② 韩小忙：《〈同音文海宝韵合编〉整理与研究》，中国社会科学院出版社，2008年，第502页。
③ 《番汉合时掌中珠》(乙种本)，《俄藏黑水城文献》第一〇册，第32页。

[在本法中]没有因军首，差遣、殿后等小头领短缺其所用甲胄和马匹专门处罪指令，

31－12 左面：

[illegible]	[illegible]	[illegible]	[illegible][1]	[illegible]	[illegible]	[illegible]	[illegible][2]	[illegible]	[illegible]	[illegible]	[illegible]
罪	始	依	分别	之	外	自己	属下	军卒	属	马铠	铠甲

[illegible]	[illegible]	[illegible]	[illegible]	[illegible]	[illegible]	[illegible]	[illegible][3]	[illegible]	[illegible]	[illegible]	[illegible]	[illegible]
马	三	种	校口	缺	有	则	结合	一共	十	分	愿	为

[illegible]	[illegible]	[illegible]	[illegible][4]	[illegible]	[illegible]	[illegible]	[illegible]	[illegible]	[illegible]	[illegible]	[illegible]	[illegible]	[illegible]
三	分	至	以内	缺	者	罪	不	治	此	于	以上	四	五

[illegible]	[illegible]	[illegible]	[illegible]	[illegible]	[illegible]	[illegible]	[illegible]	[illegible]	[illegible][5]	[illegible]	[illegible]	[illegible]	[illegible]
分	缺	十	三	杖	缺	六	七	分	六个月	八	九	分	缺

[illegible]	[illegible]	[illegible]	[illegible]	[illegible]	[illegible]	[illegible]	[illegible]	[illegible]	[illegible]	[illegible][6]	[illegible][7]	[illegible]	[illegible]	[illegible]	[illegible]
一	年	十	分	全	缺	十	三	杖	官	职	军	皆	当	革	缺

[illegible]	[illegible]	[illegible]	[illegible]	[illegible]	[illegible]	[illegible]	[illegible][8]	[illegible]	[illegible]	[illegible]	[illegible]	[illegible]	[illegible]	[illegible]
官	无	有	则	二	年	再	期限	明	以	内	应	偿	修	全

[illegible]	[illegible]										
备	令										

[illegible]	[illegible]	[illegible]	[illegible]	[illegible]	[illegible]	[illegible]	[illegible]	[illegible]	[illegible]	[illegible]	[illegible]	[illegible]
一	军头监小大	及	所	属	军卒	等	马甲	铠甲	马	三	种	校

[illegible]	[illegible]	[illegible]	[illegible][9]	[illegible]	[illegible]	[illegible]	[illegible]	[illegible]	[illegible]	[illegible]
口	时	缺	必定	依	罪	缺	取	则	杂物	种

注释：

［1］[illegible]，意“分别”。

[illegible]，意“异”、“别”。《孟子》中“[illegible]”译“他日，见于王曰”。①

[illegible]，意“明显”、“分明”、“显现”。《掌中珠》“[illegible]”作“人有高下”、“[illegible]”作“知证分白”。②

［2］[illegible]，意“部下”、“属下”。

[illegible]，意“下”、“底下”。《掌中珠》“[illegible]”作“心下思惟”。③《德行集》中“[illegible]”译“则天下何不安也？”④

［3］[illegible]，意“结合”。

[illegible]，意“结合”、“结集”。《孙子兵法》“[illegible]”对应汉文本“故不知诸侯之谋者，不能豫交”。⑤《十二国》中“[illegible]”译“田单给四五百头牛裹上红绸”。⑥

［4］[illegible]：以下、以内、低下。

[illegible]，意“下”、“以下”。《金光明经》卷十“[illegible]”对应汉文本“投身于地”。⑦《将苑》中“[illegible]”意“谷战斗之道者”。⑧

［5］[illegible]，意“徒……个月”。

[illegible]，意“月”。《掌中珠》“[illegible]”作“正月”，“[illegible]”作“腊月”，“[illegible]”作“闰月”。⑨

[illegible]，意“月”。《掌中珠》“[illegible]”作“一个月”，⑩《天盛律令》在表述“徒刑”时，行文上都省略。此处当译为“徒几个月/年”，⑪俄译本中将此类情况译为“几个月/年劳役”，应该省略的是徒刑，劳役在《天盛律令》中有专门的词。

［6］[illegible]，意“职”。

[illegible]，意“事”、“管理”、“局”、“务”。《掌中珠》“[illegible]”作“局分大小”、“[illegible]”作

① 彭向前：《西夏文〈孟子〉整理研究》，上海古籍出版社，2012 年，第 128 页。
② 《番汉合时掌中珠》（乙种本），《俄藏黑水城文献》第一〇册，第 33、34 页。
③ 《番汉合时掌中珠》（乙种本），《俄藏黑水城文献》第一〇册，第 34 页。
④ 聂鸿音：《西夏文德行集研究》，甘肃文化出版社，2002 年，第 114、115 页。
⑤ 《孙子兵法三注》甲卷中，《俄藏黑水城文献》第十一册，第 158 页。
⑥ 索罗宁著、粟瑞雪译：《十二国》，宁夏人民出版社，2012 年，第 34 页。
⑦ 王静如：《金光明最胜王经卷十夏藏汉合璧考释》，《西夏研究》（第三辑），中研院史语所单刊甲种之十一，1933 年，第 334—335 页。
⑧ 《将苑》，《英藏黑水城文献》第二册，第 219 页。
⑨ 《番汉合时掌中珠》（甲种本），《俄藏黑水城文献》第一〇册，第 6 页。
⑩ 《番汉合时掌中珠》（甲种本），《俄藏黑水城文献》第一〇册，第 6 页。
⑪ 许伟伟：《天盛改旧新定律令〈内宫待命等头项门〉研究》，宁夏大学博士论文 2013 年，第 12 页。

“指挥局分”、“□□□□”作“管勾家计”。[①]《德行集》中有“□□□□□□，□□□□□□”译“故天子之职，在于用一臣”。[②]

□，意为“做事、管理”，在此引申为“职、职务”。西夏职官制度中另一个重要的体系就是“职”，即职事官，就是在职司（局分）中担任职务。《宋史·夏国传》中记载的元昊建国前建立的官制，记录了15个职司的名称：“其官分文武班，曰中书，曰枢密，曰三司，曰御史台，曰开封府，曰翊卫司，曰官计司，曰受纳司，曰农田司，曰群牧司，曰飞龙院，曰磨勘司，曰文思院，曰蕃学，曰汉学。自中书令、宰相、枢使、大夫、侍中、太尉已下，皆分命蕃汉人为之。”[③]后来，西夏的职司不断变化，《天盛律令》第十《司序行文门》系统地记录了有关西夏职官的内容，在规定公文报送奏呈次序时，由高及低系统地列举了西夏的职司等级和名称。[④] 汉文本《杂字》中的“司分部”也列了部分西夏朝廷职司以及部分职务名称。[⑤]

［7］□，意“军”。

□，意“军”、“兵”。《掌中珠》“□□□”作“监军司”，[⑥]《十二国》中“□□□□□□□□”作“楚国举兵攻打齐国”。[⑦]

西夏官员除了有“官”“职”外，还有一种身份即“军”。《天盛律令》和《贞观玉镜将》中，明确涉及了“军”的问题。军应该是西夏军事组织管理体系中重要的职务和身份，从西夏律法中的有关规定可知，有时犯罪以官品当时，降官或革官、革职，但往往不革军。或低官革军，高官不革军。[⑧]

［8］□□，意“期限”、“日限”。

□，意“日期”。《掌中珠》“□□”作“一日”。[⑨]《六韬》中“□□□□□□□□□”译“文王乃斋三日”。[⑩]

□，意“限”、“量”。作为词缀，加在基数词之后，构成派生词，表示词序。《掌中珠》“□□”作“日限”。[⑪]

---

① 《番汉合时掌中珠》（乙种本），《俄藏黑水城文献》第一〇册，第33、34、36页。
② 聂鸿音：《西夏文德行集研究》，甘肃文化出版社，2002年，第104、105页。
③ ［元］脱脱：《宋史》卷四八五《夏国传》，中华书局，2004年。
④ 史金波、聂鸿音、白滨译：《天盛改旧新定律令》卷一〇《司序行文门》，法律出版社，2000年，第362—364页。
⑤ 史金波：《西夏汉文本〈杂字〉初探》，《中国民族史研究》（第二辑），中央民族学院出版社，1989年，第362—364页。
⑥ 《番汉合时掌中珠》（乙种本），《俄藏黑水城文献》第一〇册，第33页。
⑦ 索罗宁著、粟瑞雪译：《十二国》，宁夏人民出版社，2012年，第36页。
⑧ 史金波：《西夏文教程》，社会科学文献出版社，2013年9月版，第359—360页。
⑨ 《番汉合时掌中珠》（乙种本），《俄藏黑水城文献》第一〇册，第24页。
⑩ 贾常业：《西夏文译本〈六韬〉解读》，《西夏研究》2011年第2期，第60页。
⑪ 《番汉合时掌中珠》（乙种本），《俄藏黑水城文献》第一〇册，第24页。

[9] [illegible][illegible]，意“必定”、“一定”。

[illegible]，意“已”、“所”、“虽”、“将”。《掌中珠》“[illegible][illegible][illegible][illegible]”作“身齿已衰”。[①]《六韬》中“[illegible][illegible][illegible][illegible][illegible][illegible]”译“禄者必定终散”。[②]

[illegible]，意“定”，(汉语借词)。《掌中珠》“[illegible][illegible][illegible][illegible]”作“方得心定”，“[illegible][illegible][illegible][illegible]”作“入定诵咒”。[③]《金明王经》卷一“[illegible][illegible][illegible][illegible][illegible]、[illegible][illegible][illegible][illegible][illegible]”对应汉文本“当于无量劫、当获斯功德”，[④]《德行集》“[illegible][illegible][illegible][illegible][illegible][illegible][illegible][illegible]”译“故明主者，必先治国”。[⑤]

汉译本：

罪如前述另明以外，自下属军卒所有披、甲、马三种校验有短缺，则总共分为十分，缺三分以内者，不治罪；于此以上缺四五分，十三杖；缺六七分，徒六个月；缺八九分，徒一年；十分全缺则十三杖，官、职、军皆当革。无官者则当徒二年，再令其于期限内偿修，务使全备。

一大小军头监及所属军卒等披、甲、马三种校时短缺，依所定承短缺罪，则当入各种杂物

俄译本：

但若审验中发现其分队军卒缺少马匹和甲胄时，则全部所缺者都应计算在内。全部[该队使用]甲胄和战马总数按十分法，若缺三成或不到三成者，[罪犯]不获罪。若缺件大于此比例而达到四、五成者，则[对罪犯]杖三十；达六、七成者，处六个月苦役；达八、九成者，处一年苦役；若全缺者，则[对罪犯]杖十三，夺官品，革军职；[罪犯]无官品者，则[对其]处二年苦役。此外，兵站对所缺[战具]必及按期补足。

若审验中发现大小头领及其所部军卒缺战马和甲胄，并[罪犯]已被议罪，

31－13右面：

[illegible]	[illegible]	[illegible]	[illegible]	[illegible]	[illegible]	[illegible]	[illegible]	[illegible][illegible]	[illegible][illegible]	[illegible]
诸	缺	罪	其	下	当	入	若	官马	胄甲	三

① 《番汉合时掌中珠》(乙种本)，《俄藏黑水城文献》第一〇册，第36页。
② 贾常业：《西夏文译本〈六韬〉解读》，《西夏研究》2011年第2期，第61页。
③ 《番汉合时掌中珠》(乙种本)，《俄藏黑水城文献》第一〇册，第29、36页。
④ 王静如：《金光明最胜王经》卷一《夏藏汉合璧考释》，《西夏研究》(第二辑)，中研院史语所单刊甲种之十一，1933年，第20页。
⑤ 聂鸿音：《西夏文德行集研究》，甘肃文化出版社，2002年，第80、81页。

[illegible]	[illegible]	[illegible][1]	[illegible]	[illegible]	[illegible]	[illegible]	[illegible]	[illegible]	[illegible]	[illegible]	[illegible]
种	皆	过	不	缺	则	其	人	杂物	武器	中	袋

[illegible]	[illegible]	[illegible]	[illegible]	[illegible]	[illegible]	[illegible]	[illegible]	[illegible]	[illegible]
有囊	一	副	弓	箭	枪	剑	木橹	锹	槌杖

[illegible]	[illegible]	[illegible]	[illegible]	[illegible]	[illegible]	[illegible]	[illegible]	[illegible]	[illegible]	[illegible]
马铠	铠甲	缚袋	等	校口	缺	不	全	备	等	治

[illegible]	[illegible]	[illegible]									
令	罪	法									

[illegible]	[illegible]	[illegible]	[illegible]	[illegible]	[illegible]	[illegible]	[illegible]	[illegible]	[illegible]	[illegible]	[illegible]	[illegible]	[illegible]	[illegible]	[illegible]	[illegible]
十	种	起	百	种	至	有	中	二	十	五	种	缺	罪	不	治	二

[illegible]	[illegible]	[illegible]	[illegible]	[illegible]	[illegible]	[illegible]	[illegible]	[illegible]	[illegible]	[illegible]	[illegible]
十	五	种	以上	五	十	种	均	七	杖	五	十

[illegible]	[illegible]	[illegible]	[illegible]	[illegible]	[illegible]	[illegible]	[illegible]	[illegible]	[illegible]	[illegible]	[illegible]	[illegible]
种	以上	七	十	五	种	至	十	杖	七	十	五	种

[illegible]	[illegible]	[illegible]	[illegible]	[illegible]	[illegible]	[illegible]				
以上	百	种	至	十	三	杖				

注释：

[1] [illegible]，意“完备”。

[illegible]，意“流”、“漏”、“过”、“休”、“绝”、“轮”。该词本义为“过”，在此为“完备、合格”之意。《掌中珠》“[illegible]”作“三界流转”。①《十二国》中有“[illegible]”译“途中经过

① 《番汉合时掌中珠》（乙种本），《俄藏黑水城文献》第一〇册，第36页。

阳昼的家”。①

汉译本：

短缺罪下。若官马、坚甲三种皆备不缺，则其人杂物、武器中箭袋一副、弓、箭、枪、剑、木橹、锹、矛杖、披、甲、缚袋等校时不全具备，治罪法：

有十至百种时，缺二十五种不治罪；二十五种以上至五十种不备，七杖；五十种以上至七十五种不备，十杖；七十五种以上至百种不备，十三杖。

俄译本：

则因缺[其他]战具处罪应与此[罪]并处。若未发现其人短缺官马和甲胄，但在审验时发现这些人还缺其他战具和兵杖如箭囊、弓、箭、矛、剑、木盔、锹(?)、长[槌]杖、连接甲胄备品时，则罪犯应获罪，依[下]律处罪。

其[所部定员]之战具以百分法计算，若[单件战具]缺二十五件者，不论罪。若短缺过二十五而达五十[件]者，[对罪犯]杖七；过五十达七十五件者，杖十；过七十五达百件者，杖十三。

31－13 左面：

[illegible]	[illegible]	[illegible]	[illegible]	[illegible]	[illegible]	[illegible]	[illegible]	[illegible]	[illegible]	[illegible]	[illegible]	[illegible]	[illegible]	[illegible]
百	种	以上	千	种	至	中	二	百	五	十	种	缺	罪	不

[illegible]	[illegible]	[illegible]	[illegible]	[illegible]	[illegible]	[illegible]	[illegible]	[illegible]	[illegible]	[illegible]	[illegible]	[illegible]	[illegible]
责	二	百	五	十	种	以上	五	百	种	至	缺	七	杖

[illegible]	[illegible]	[illegible]	[illegible]	[illegible]	[illegible]	[illegible]	[illegible]	[illegible]	[illegible]	[illegible]	[illegible]	[illegible]	[illegible]
五	百	种	以上	七	百	五	十	种	至	缺	十	杖	七

[illegible]	[illegible]	[illegible]	[illegible]	[illegible]	[illegible]	[illegible]	[illegible]	[illegible]	[illegible]	[illegible]	[illegible]	[illegible]	[illegible]
百	五	十	种	以上	千	种	至	缺	十	三	杖	千	种

① 索罗宁著、粟瑞雪译：《十二国》，宁夏人民出版社，2012年，第48页。

[illegible]	[illegible]	[illegible]					
以上	一律	三个月					

[illegible]	[illegible]	[illegible]	[illegible]	[illegible]	[illegible]	[illegible]	[illegible]	[illegible]	[illegible]
一	军首领	军卒	等	官马	甲胄	杂物	武器	应	令

[illegible]	[illegible]	[illegible]	[illegible]	[illegible]	[illegible]	[illegible]	[illegible]	[illegible]	[illegible]	[illegible]	[illegible]	[illegible]	[illegible]
依	数	足	全	使	全	备令	官	依	校	者	已	登记	时

[illegible][1]	[illegible]	[illegible][2]	[illegible]	[illegible][3]	[illegible]	[illegible]	[illegible]	[illegible]	[illegible]	[illegible]	[illegible]
相	之	借索	等	允不	律违	借索	时	相	之	应	报

[illegible]	[illegible]	[illegible]	[illegible]	[illegible]	[illegible]	[illegible]	[illegible]	[illegible]	[illegible]	[illegible]	[illegible]
做	马甲	铠甲	马	三	种	悉	借索	一一	二	借索	一

注释：

［1］[illegible]，意“互相”。

[illegible]，意“者”，附在名词之后，加在动词之后，表示该动词所表现的那种动作或行为的主体；附在名词之后，表示与该名词根所表现的事物相关的人，“相助”、“邻”。《金明王经》卷六“[illegible]”对应汉文本“不相侵夺”；①《孟子》“[illegible]，[illegible]”对应汉文本“汤居亳，与葛国为邻”。②《类林》中“[illegible]”作“吴起与友人期共饮食”。③

［2］[illegible]，意“借索”、“求借”。

[illegible]，意“借”、“贷”、“租”、“权”、“代”。《十二国》中“[illegible]……[illegible]”译“以前的大王是因为继承人允年幼，才命我临时担当一国之主”。④《六韬》中“[illegible]”意“借人利器则为人所害”。⑤

[illegible]，意“索”、“乞”、“求”、“请”、“养”。《过去庄严劫千佛名经考释》“[illegible]

① 王静如：《金光明最胜王经卷六夏藏汉合璧考释》，《西夏研究》（第三辑），中研院史语所单刊甲种之十一，1933 年，第 10 页。

② 彭向前：《西夏文〈孟子〉整理研究》，上海古籍出版社，2012 年，第 174 页。

③ 史金波、黄振华、聂鸿音：《类林研究》，宁夏人民出版社，1993 年，第 34 页。

④ ［俄］索罗宁著、粟瑞雪译：《十二国》，宁夏人民出版社，2012 年，第 41 页。

⑤ 贾常业：《西夏文译本〈六韬〉解读》，《西夏研究》2011 年第 2 期，第 68 页。

[illegible][illegible][illegible][illegible][illegible][illegible][illegible][illegible]”对应汉文译本“恃势不还，或自贷还，或贷他人，或换或贷”。①

[3] [illegible][illegible]，意“不许”、“不允”。

[illegible]，意“允许”、“气”、“得”。《掌中珠》“[illegible][illegible][illegible][illegible]”作“不许留连”；“[illegible][illegible][illegible][illegible]”作“性气不同”。②

[illegible]，意“无”、“非”、“不”、“莫”、“亡”。《掌中珠》“[illegible][illegible][illegible][illegible]”作“财产无数”。③

汉译本：

有百种以上至千种中，二百五十种不备，不治罪；二百五十种以上至五百种不备，七杖；五百种以上至七百五十种不备，十杖；七百五十种以上至千种不备，十三杖；逾千种以上不备，一律徒三个月。一军首领、军卒等所有官马、坚甲、杂物、武器应依律令使数足、全备，官校者已行时，不允互为借索，违律借索时，应互相举发。披、甲、马三种悉借及借索一二种时，一

俄译本：

在短缺一百五十[件战具]，其[所部定员]过百达千人者，亦不论罪。[在短缺]过二百五十达五百件[者]，杖七；过五百件达七百五十件[者]，杖十；过七百五十件达千件者，杖十三。[缺件]过千[者]，处三个月苦役。

每个将卒按律都应有[其]战马、全付甲胄、兵杖和其他战具。所有这些都应由其个人保用。当需官派审验时，军中主司不准互相借用[某种战具]。若违律和[某人]求借或借出[某种战具]，则[军中主司]应互相举发。若[某人]求借，而[某人]借得三种战具指战马、甲胄或借出[上述战具中]一至二种者，

31－14右面：

[illegible]	[illegible] [illegible]	[illegible] [illegible] [illegible]	[illegible]	[illegible]	[illegible]	[illegible] [illegible] [illegible]	[illegible]	[illegible]	[illegible] [illegible][1]	[illegible]	[illegible]	[illegible]
律	借 者	索 借 者	等	同	罪	六 个 月	告	赏	各 自	十	五	缗

① 王静如：《〈过去庄严劫千佛名经〉考释》，《西夏研究》第一辑，中研院史语所，1932年，第138页。
② 《番汉合时掌中珠》(乙种本)，《俄藏黑水城文献》第一〇册，第29、33页。
③ 《番汉合时掌中珠》(乙种本)，《俄藏黑水城文献》第一〇册，第32页。

[illegible]	[illegible]	[illegible]	[illegible]	[illegible]	[illegible]	[illegible]	[illegible]	[illegible]	[illegible]	[illegible]	[illegible]	[illegible]
各	钱	应	折	当	给	之	杂物	武器	中	袋有囊	一	副

[illegible]	[illegible]	[illegible]	[illegible]	[illegible]	[illegible]	[illegible]	[illegible]	[illegible]	[illegible]	[illegible]	[illegible]	[illegible]	[illegible]	[illegible]	[illegible]
及	弓	箭	枪	剑	木橹	锹	槌	杖	等	八	种	中	者	之	借

[illegible]	[illegible]	[illegible]	[illegible]	[illegible]	[illegible]	[illegible]	[illegible]	[illegible]	[illegible]	[illegible]
者	借者	索借者	等	一律	三个月	举	告	赏	各	七

[illegible]	[illegible]	[illegible]	[illegible]	[illegible]	[illegible]	[illegible]	[illegible]	[illegible]	[illegible]	[illegible]
缗	各	钱	应	出	给	予	军首领小大	末驱	舍监	等

[illegible]	[illegible]	[illegible]	[illegible]	[illegible]	[illegible]	[illegible]	[illegible]	[illegible]	[illegible]	[illegible]
索借	知	者	十	三	杖	不	知	罪	莫	治

[illegible]	[illegible]	[illegible]	[illegible]	[illegible]	[illegible]	[illegible]	[illegible]	[illegible]	[illegible]	[illegible]	[illegible][2]	[illegible]
一	校口	马铠	铠甲	马	杂物	各	种	中	缺陷	有式	不及	官

[illegible]	[illegible][3]	[illegible]	[illegible]	[illegible]	[illegible]	[illegible][4]	[illegible]	[illegible]	[illegible]	[illegible]
马	膘弱	等	因	军	正辅主	本陈人	之	罪	者	校口

[illegible]	[illegible]	[illegible]	[illegible]	[illegible]	[illegible]	[illegible]	[illegible][5]	[illegible]	[illegible][6]	[illegible]	[illegible]
缺	罪状	高低	明	相	同	令	判断	其中	修整	当	有

注释：

[1] [illegible]，意“各自”。

[illegible]，意“自已”。《类林》中载“[illegible]□□[illegible]”译“一妇人生子有二头，各自有目”。①《六韬》中“[illegible]”意“三宝各安其处”。②

[2] [illegible]，直译“不及”，意译“不合格”。

① 史金波、黄振华、聂鸿音：《类林研究》，宁夏人民出版社，1993 年，第 236 页。

② 贾常业：《西夏文译本〈六韬〉解读》，《西夏研究》2011 年第 2 期，第 67 页。

𗧓,意“如”、“及”。《西夏谚语》第314条“𗰜𗰜𗴂𗗙𗅲𗋕 𗥃𗿼𗡶𗤶𘄒𗧓”译“爱美丽不会贵,作威仪莫如德”。[①]《金光明经》卷三“[illegible]”对应汉文本“如是功德不及如前随喜功德千分之一”;[②]《德行集》中“[illegible]”译“为人莫己若则亡也”。[③]《孟子》中“[illegible],[illegible]”译“天时不如地利,地利不如人和”。[④]

[3] [illegible],意“肥瘦”、“膘弱”。

[illegible],“肥胖”。《类林》中“[illegible],[illegible]”意“孝宗肥,请交杀我”。[⑤]

[illegible],意“瘦”、“羸”。《十二国》中“[illegible]”意“宛春是鲁国一个地位低下的人”。[⑥]《西夏谚语》第9条“[illegible]”译“马劣毛长食不甘”,[⑦]此处应该翻译为“膘弱”,汉译本在后文中皆用“膘弱”。宋诗人苏舜钦在《庆州败》中写到“马肥甲重士饱喘,虽有弓箭何所施”。

[4] [illegible],意“当事人”。

[illegible],意“名”、“本”、“称”,(汉语借词)。《掌中珠》“[illegible]”作“世间扬名”。[⑧]《六韬》中“[illegible],[illegible],[illegible]”意“夫攻守之具,各有科品,此兵之大威也”。[⑨]

[illegible],意“陈”、“计”、“接”。《掌中珠》“[illegible]”作“句陈”。[⑩]

[illegible],意“当事人”,俄译本为“陈报人”。

[5] [illegible],意“判断”。

[illegible],意“决断”。《掌中珠》“[illegible]”作“御史”。[⑪]《德行集》中“[illegible]”意“有功不赏,有罪不诛”。[⑫]

[illegible],意“判”、“断”。《掌中珠》“[illegible]”作“通判”;“[illegible]”作“案检判凭”。[⑬]

---

① 陈炳应:《西夏谚语——新集锦成对谚语》第314条,山西人民出版社,1993年,第24页。

② 王静如:《金光明最胜王经卷三夏藏汉合璧考释》,《西夏研究》第二辑,中研院史语所单刊甲种之十一,1933年,第96页。

③ 聂鸿音:《西夏文德行集研究》,甘肃文化出版社,2002年,第52页。

④ 彭向前:《西夏文〈孟子〉整理研究》,上海古籍出版社,2012年,第119页。

⑤ 史金波、黄振华、聂鸿音:《类林研究》,宁夏人民出版社,1993年,第62页。

⑥ 索罗宁著、粟瑞雪译:《十二国》,宁夏人民出版社,2012年,第63页。

⑦ 陈炳应:《西夏谚语——新集锦成对谚语》第9条,山西人民出版社1993年,第7页。

⑧《番汉合时掌中珠》(乙种本),俄藏黑水城文献第一〇册,第32页。

⑨ 贾常业:《西夏文译本〈六韬〉解读》,《西夏研究》2011年第2期,第73页。

⑩《番汉合时掌中珠》(甲种本),俄藏黑水城文献第一〇册,第4页。

⑪《番汉合时掌中珠》(甲种本),俄藏黑水城文献第一〇册,第4页。

⑫ 聂鸿音:《西夏文德行集研究》,甘肃文化出版社,2002年,第120、121页。

⑬《番汉合时掌中珠》(乙种本),俄藏黑水城文献第一〇册,第33页。

[illegible]一词，意“决断”、“判断”。《金光明经》卷八“[illegible]”对应汉文本“如法当判断”；[①]《聂Ⅰ》“[illegible]”译“诸王统理庶民不以节度”；[②]《过去庄严劫千佛名经》“[illegible]”对应汉文本“不应断决”。[③]

［6］[illegible]，意“修造”。

[illegible]，意“修造”、“制造”。《六韬》中“[illegible]，[illegible]”意“春棘草钹者，车马过于利”。[④]

[illegible]，意“修造”、“医治”。《掌中珠》“[illegible]”作“修盖寺舍”、“[illegible]”作“修造舍屋”。[⑤]

[illegible]，二字连用意为“修造”。

汉译本：

律借者、索借者同罪，徒六个月，举告赏各自当出十五缗钱给予。其杂物、武器中箭袋一副及弓、箭、枪、剑、木橹、锹、矛杖等八种有互借者，则借者、索借者一律徒三个月，举告赏当各自出七缗钱给予。大小军首领、末驱、舍监等知索借者十三杖，不知者不治罪。

一校验各种披、甲、马及种种杂物时，如有损毁、式样不合，及官马肥瘦等因，正军、辅主、当事人之罪，使与校验短缺罪状高低相同判断。其中有当修整者，

俄译本：

则该借出者和该求借者获同罪，处六个月苦役。对举发者之奖赏应由［罪犯］本人付钱每人次奖十五缗并交［举发者］。若借用下列八种战具：箭囊、弓、箭、矛、剑、木盔、锹、长槌杖某种者，则该借出者和求借者均获处三个月苦役。奖赏举发每人次七缗，应由［罪犯］本人付钱并交［举发者］。若长官指大小头领、殿后和布阵知道［某人从其部下］求借或借出［某些战具］，则［对罪犯］杖十三。若不知，则不论。

因配发给正军和辅正军使用之官马过肥或过瘦，或是在审验［它们］时发现有缺

① 王静如：《金光明最胜王经卷八夏藏汉合璧考释》，《西夏研究》第三辑，中研院史语所单刊甲种之十一，1933年，第214页。

② 聂历山：《西夏语文学》，李范文主编《西夏研究》第六辑，中国社会科学出版社，1989年，第233页。

③ 王静如：《〈过去庄严劫千佛名经〉考释》，《西夏研究》第一辑，中研院史语所，1932年，第176页。

④ 贾常业：《西夏文译本〈六韬〉解读》，《西夏研究》2011年第2期，第71页。

⑤ 《番汉合时掌中珠》（乙种本），《俄藏黑水城文献》第一〇册，第29页。

陷，甲胄、马匹等战具不标准，则对罪犯处罪应一律依审验中缺少[战具]断例。若某些装备需要修缮，

31－14 左面：

[illegible]	[illegible]	[illegible]	[illegible]	[illegible][1]	[illegible]	[illegible]	[illegible]	[illegible]	[illegible]	[illegible]	[illegible]
属	〈〉	本陈人	之	再	期限	当	给	其	上	已	修整

[illegible]	[illegible]	[illegible]	[illegible]	[illegible][2]	[illegible]	[illegible]	[illegible]	[illegible]	[illegible]	[illegible]
式样	不及	又	全	未	修整	者	一律	季校	乃	量

[illegible]	[illegible]	[illegible]	[illegible]	[illegible]	[illegible][3]	[illegible]			
高下	按	杖	罪	应	折	做			

[illegible]	[illegible]	[illegible]	[illegible]	[illegible]	[illegible]	[illegible]	[illegible]	[illegible]	[illegible]	[illegible]	[illegible]	[illegible]
一	军首领	自	有	及	属下	军卒	等	有	马铠	铠甲	马	杂物

[illegible]	[illegible]	[illegible]	[illegible]	[illegible]	[illegible]	[illegible]	[illegible]	[illegible]	[illegible]	[illegible]	[illegible]	[illegible]
武器	则	无	偿	有	偿	得	不	偿	令	校口	缺	者

[illegible]	[illegible]	[illegible]	[illegible]	[illegible]	[illegible]	[illegible]	[illegible]	[illegible]	[illegible]	[illegible]	[illegible]
先	期限	给	未	其	则	缺	罪	法依	应	承	期限

[illegible]	[illegible]	[illegible]	[illegible]	[illegible]	[illegible]	[illegible]	[illegible]	[illegible][4]	[illegible]	[illegible]	[illegible]	[illegible]
当	给	应	偿	令	若	不	偿	后续	季校	做	时	无

[illegible][5]	[illegible]	[illegible]	[illegible]	[illegible]	[illegible]	[illegible]	[illegible]	[illegible]	[illegible]	[illegible]
住滞	时	属	者	之	罪	校验	缺	法依	判断	不

[illegible]	[illegible]	[illegible]	[illegible]	[illegible][6]	[illegible]	[illegible]	[illegible]	[illegible]	[illegible]	[illegible]	[illegible]	[illegible]
有	连	〈〉	首领	贿	未	以	贿	少	等	马铠	铠甲	马

注释：

［1］ 㪕，意“再给”。

㪕，意“重”、“更”、“再”、“还”、“复”、“亦”、“又”；二字重叠具有“重叠”、“重复”、“频频”、“屡屡”、“不已”之意。《金光明最胜王经》卷七“㪕𗼻𘂤𗪘”对应汉文本“不复退转”。①《德行集》中“㪕𗦫：𗨁𗗙𗣼𗑠𗗚𗢳𗘺𗐱𗍫”译“又曰：天子修心之要有三”。②

［2］ 𗼻𗧓，意“全未”。

𗧓，意“未”、“将”。“𗧓”可与动词、形容词、部分能愿动词结合，结成否定词组。如《德行集》中“𗂧𗥤𗌮𗼻𗆫𗕑𗍫𗧓𗗚”译“则不遇过者，未尝有也”。③

［3］ 𗤋，意“折”。

𗤋，意“截”、“割”、“折”、“剜”、“蚀”、“劓”、“伐”、“却”、“斩”、“刖”。《掌中珠》“𗢳𗤋𗢳𗼻”作“折花戴花”。④《六韬》“𗂧𗤋𗥤𗆫”对应汉文本“伐木斧头”。⑤

［4］ 𗗙𗩾，意“后面”、“后续”。

𗗙，意“后”。《德行集》中“𗍫𗢳𗣼𗗚𗘺𗐱𗗚𗼻𗧓，𗗙𗦫𗕑𗆫”译“知众人之不可先，故后之”。⑥

𗩾，意“续”、“补”、“遍”、“举”、“换”、“免”、“罢”、“系”、“帮”、“守”。《类林》载“𗗙𗩾𗤶𗗚𗍫 罢郡之日”。⑦

［5］ 𗼻𗆫，意“注滞”、“延搁”、“停滞”。

𗼻，意“停止”、“停滞”。𗆫，意“停滞”、“遗留”、“剩余”。《掌中珠》“𗢳𗦫𗼻𗆫”作“莫要注滞”。⑧

［6］ 𗕑，意“贿赂”。

𗕑，意“希”、“求”、“望”、“约”、“贿”、“为”。“𗕑𗍫”文中为“贿无”即“没有受贿”的意思，在其他文献中还有“绝望”、“无约”⑨等意思，如《孙子兵法》“𗕑𗍫𗥤𗤋𗢳𗗚𗣼”对应汉文本“无约而求和者谋也”。⑩ 西夏文《碎金》中记载：“点集速予贿，注册重分别。成色虽

① 王静如：《金光明最胜王经卷七夏藏汉合璧考释》，《西夏研究》第三辑，中研院史语所单刊甲种之十一，1933 年，第 80 页。

② 聂鸿音：《西夏文德行集研究》，甘肃文化出版社，2002 年，第 120、121 页。

③ 聂鸿音：《西夏文德行集研究》，甘肃文化出版社，2002 年，第 82、83 页。

④《番汉合时掌中珠》（乙种本），《俄藏黑水城文献》第一〇册，第 35 页。

⑤ 贾常业：《西夏文译本〈六韬〉解读》，《西夏研究》2011 年第 2 期，第 73 页。

⑥ 聂鸿音：《西夏文德行集研究》，甘肃文化出版社，2002 年，第 60、61 页。

⑦ 史金波、黄振华、聂鸿音：《类林研究》卷四《清吏篇·侯霸》，宁夏人民出版社，1993 年，第 84 页。

⑧《番汉合时掌中珠》（乙种本），《俄藏黑水城文献》第一〇册，第 33 页。

⑨ 聂历山：《西夏语文学》，李范文主编《西夏研究》（第六辑），中国社会科学出版社，1989 年 9 月，第 238 页。

⑩《俄藏黑水城文献》，第十一册，第 167 页。

迷惑，价钱参差明。官吏亦搜求，官册本当置。倘若有住滞，敬相守护之。”①可以说将西夏军事季校时贿赂的情景鲜活地展现在人们面前。

汉译本：

按所属再给当事人期限。如其所修整式样不合，及全未修整者，一律当于季校时计量，按高下当承杖罪。

一军首领自有及属下军卒所有披、甲、马、杂物、武器现无有，应补偿，其力能补偿而未补，致校验短缺者，先未曾限期，则按短缺罪法承罪，当给期限命补偿。若不补偿，后季校时无有而住滞时，属者之罪应依校验短缺法判断。此外，其首领未受贿及受贿少，依披、甲、马

俄译本：

则应对[这些装备]责任者规定[修理]期限。若这些装备经修理后仍不合规定标准，或是在规定期限内未修好，则还需对[战具]全面大审，而对[罪犯]则视其罪行轻重处以杖刑。

若头领和军卒未配发甲胄、战马、兵杖及其他战具者，则应补配。应配未配者，而在审验中一经发现，原该在限期内[配齐]仍未配者，则[罪犯]按律应以缺少[战具]论罪，并限令其定期配齐[各种战具]。若仍不配齐使例行季度审验，纵容渎职不能进行者，则对[战具]占有者按律不处因审验时发现短缺之罪。若该员主司虽未得该员之贿，既使小贿，

31－15 右面：

[illegible]	[illegible]	[illegible]	[illegible]	[illegible]	[illegible]	[illegible]	[illegible]	[illegible]	[illegible][1]	[illegible]
杂物	各	种	等	两	等	罪状	高低	已	明	使

[illegible]	[illegible]	[illegible]	[illegible]	[illegible]	[illegible]	[illegible]	[illegible]	[illegible]	[illegible]	[illegible]	[illegible][2]
条	下	连	其	两	种	俱二	住滞	则	何	所	重

① 聂鸿音：《西夏文本〈碎金〉研究》，宁夏大学学报1998年第2期，第15页。

[illegible]	[illegible][3]	[illegible]	[illegible]	[illegible]	[illegible]	[illegible][3]	[illegible]	[illegible]	[illegible]
于	判断	若	贿	多	则	法斜	贿	应	算

[illegible]	[illegible]	[illegible]	[illegible]	[illegible]	[illegible]	[illegible]	[illegible]	[illegible]	[illegible]	[illegible]	[illegible]	[illegible]	[illegible]
一	等	马铠	铠甲	马	三	种	补	得	不	补	使	时	一共

[illegible]	[illegible][4]	[illegible]	[illegible]	[illegible]	[illegible]	[illegible]	[illegible]	[illegible]	[illegible]
赔	何有	数	总共	首领	之	罪	受	〈〉	及

[illegible]	[illegible]	[illegible]	[illegible]	[illegible]	[illegible]	[illegible]					
举	者	功	得	〈〉	等	中					

[illegible]	[illegible]	[illegible]	[illegible]	[illegible]	[illegible]	[illegible]	[illegible]	[illegible]	[illegible]	[illegible]	[illegible]	[illegible]
治	罪	马甲	铠甲	马	一共	十	分	为	一	二	分	未

[illegible]	[illegible]	[illegible]	[illegible]	[illegible]	[illegible]	[illegible]	[illegible]	[illegible]	[illegible]	[illegible]
补	六个月	三	四	分	一	年	五	六	分	二

[illegible]	[illegible]	[illegible]	[illegible]	[illegible]	[illegible]	[illegible]	[illegible]	[illegible]	[illegible]	[illegible]
年	七	八	分	三	年	八	分	以上	一律	官

注释:

[1] [illegible],意“已明”。

[illegible],意“已”、“所”,趋向助词,通常只跟特定的动词相结合,表示离开说话者的方向;亦能附加在各种动词之前,表示“已……”之意。如“[illegible] 被割,[illegible] 问我,[illegible] 而去,[illegible]而死”。

[2] [illegible],意“重”。

[illegible],意“重”、“大”、“厚”。《掌中珠》“[illegible]”作“轻重”①《类林》“[illegible]”对应汉文本

① 《番汉合时掌中珠》(甲种本),《俄藏黑水城文献》第一〇册,第14页。

"峻律酷法"。①

[3] 𗍊𗏁，直译为"法斜"，意译为"违法"。

𗏁，意"斜"、"屈"。《掌中珠》"𗍊𘉐𗏁𗤋"作"委屈弄文"。②

[4] 𗫡𗗙，意"何况"。

𗗙，意"有"，主要表示"附带地有"，有时也作为动作动词表示"悬"、"垂"等意。若"𗫡𗗙"组成(何况)的意思，在句中表示反问。如《佛说金轮佛顶大威德炽盛光如来陀罗尼经》"𗅋𗓱𗹙𗏹𗔇𗧓𗸯𗾞𗦷𗫸𘟣𗾞𘈷𗺉𗖵𗣼𗷅𗯨𗕑𗫡𗗙"对应汉文本"何况清净诵持真言，焚香持花供养尊像"。

汉译本：

各种杂物两等罪状高低使明白，见条下。其两种皆有住滞，则依其重者判断。受贿多则当以贪赃枉法论。

一等披、甲、马三种力能补偿而未使补偿时，全部赔偿多少总合，首领之罪法及举发者得功法：

治罪：披、甲、马十分中一二分未补偿者，徒六个月；三四分未补偿者，徒一年；五六分未补偿者，徒二年；七八分未补偿者，徒三年；八分以上未补偿者，一律当革官、

俄译本：

对[罪犯]应缺甲胄、战马等战具处以某种轻罪，并将其留队，但若是二人共同渎职，则[对罪犯]应严处。若[头领]收受大量贿赂，则应视为"贪赃枉法"。

一、若三种[战具]战马、人、马用甲胄均未配齐、则应规定对主司议罪和奖厉举发者及付奖办法。作为对罪犯惩罚，战马及甲胄之总值按十分法执行。若欠配十分之一、二者，[对罪犯]处六个月苦役；若欠配十分之三、四者，处一年苦役；十分之五、六者，处二年苦役；十分之七、八者，处三年苦役。若欠配过八成者，应夺[罪犯]全部官品，

31－15 左面：

𗌭	𗒹	𗰔	𗦻	𗓁	𗖻[1]	𗂸	𗅋	𗖵	𗍫	𗏁
职	军	皆	当	革	失	官	无	有	三	年

① 史金波、黄振华、聂鸿音：《类林研究》，宁夏人民出版社，1993年，第91页。

② 聂历山：《西夏语文学》，李范文主编《西夏研究》(第六辑)，中国社会科学出版社，1989年，第878页。

[illegible]	[illegible]	[illegible]	[illegible]	[illegible]	[illegible]	[illegible]	[illegible]	[illegible]	[illegible]	[illegible]	[illegible]	[illegible]
举	功	得	〈〉	马甲	铠甲	马	三	种	及	杂物	种	诸

[illegible]	[illegible]	[illegible]	[illegible]	[illegible]	[illegible]	[illegible]	[illegible]	[illegible]	[illegible]	[illegible]	[illegible]
等	补	得	未	补	令	所	属	首领	官	职	军

[illegible]	[illegible]	[illegible]	[illegible]	[illegible]	[illegible]	[illegible]	[illegible]	[illegible]	[illegible][2]	[illegible]
革	失	应	属下	人	报	时	其	人	勇健	刚

[illegible][3]	[illegible][4]	[illegible]	[illegible]	[illegible]	[illegible]	[illegible][5]	[illegible]	[illegible]	[illegible]	[illegible]
劲	善战	称	功	等	有	知识	者	有	诸	司

[illegible]	[illegible][6]	[illegible]	[illegible]	[illegible]	[illegible]	[illegible]	[illegible]	[illegible]	[illegible]	[illegible]
典	载	则	告	人	首领	应	为	战斗	不	善

[illegible]	[illegible][7]	[illegible]	[illegible]	[illegible]	[illegible]	[illegible]	[illegible]	[illegible]	[illegible]	[illegible]	[illegible]	[illegible]
人	弱	是	院	转	求	则	司	院	同	中	院	当

[illegible]	[illegible][8]	[illegible]	[illegible]	[illegible]	[illegible]	[illegible]	[illegible]	[illegible]	[illegible]	[illegible]
转	他人	举	及	院	转	不	求	等	军	属

[illegible]	[illegible]	[illegible][9]	[illegible]	[illegible]	[illegible]	[illegible]	[illegible]	[illegible]	[illegible]	[illegible]
首领	月月	获	之	十	缗	一	年	获	之	二

注释：

[1] [illegible]，本意是“折失”，引申意为“革去”。

[illegible]，意“失”、“丧”、“亡”、“衰”、“蹶”、“过”、“挫”、“殆”、“放”。《德行集》中“[illegible]，[illegible]”意“能自得师者为王，谓人莫己若则亡也”。① 《六韬》中“[illegible]”意“君国主民者，其所以失之者”。②

① 聂鸿音：《西夏文德行集研究》，甘肃文化出版社，2002 年，第 52、53 页。

② 贾常业：《西夏文译本〈六韬〉解读》，《西夏研究》，2011 年第 2 期，第 66 页。

［2］[illegible]，意“勇健”。

[illegible]，意“勇”、“刚”、“猛”、“暴”。《德行集》中“[illegible]”译“武者，非杀伐勇健之谓”。[①]《六韬》中“[illegible]，[illegible]，[illegible]”意“柔而静，恭而敬，强而弱，忍而刚”。[②]

[illegible]，意“健”、“悍”、“猛”、“敢”、“暴”。《金光明经》卷八“[illegible]”对应汉文本“威仪勇健”、[③]“[illegible]”对应汉文本“心意勇健”；[④]《孙子兵法》“[illegible]”对应汉文本“先暴而后畏其众者不精之至也”。[⑤]《金光明最胜王经》“[illegible]”对应汉文本“我等亦能令其国中所有军兵悉皆勇健”。[⑥]

［3］[illegible]，意“刚劲”。

[illegible]，意“刚强”、“刚健”。《德行集》中“[illegible]”译“武者，非杀伐勇健之谓”。[⑦]《类林》中“[illegible]”意“遂名为‘性刚臣’，乃故之”。[⑧]

［4］[illegible]，本意“争斗”、“战斗”，引申意“善战”。

[illegible]，意“斗争”。《掌中珠》“[illegible]”作“与人斗争”。[⑨]《金光明经》卷六“[illegible]”译“战斗”。[⑩]《将苑》“[illegible]，[illegible]”对应汉文本“古之善斗者，必先探敌情而后图之”。[⑪]

［5］[illegible]，意“知觉”、“知识”。

[illegible]，意“知”。《掌中珠》“[illegible]”作“知证分白”；“[illegible]”作“令追知证”。[⑫]《德行集》中“[illegible]”译“知其人，则须进”。[⑬]

[illegible]，意“情”、“知”、“识”、“虞人”。《德行集》中“[illegible]、[illegible]”译“知道义、识安危”。[⑭]

---

① 聂鸿音：《西夏文德行集研究》，甘肃文化出版社，2002 年，第 123 页。
② 贾常业：《西夏文译本〈六韬〉解读》，《西夏研究》，2011 年第 2 期，第 67 页。
③ 王静如：《金光明最胜王经卷八夏藏汉合璧考释》，《西夏研究》第三辑，中研院史语所单刊甲种之十一，1933 年，第 184 页。
④ 王静如：《金光明最胜王经卷八夏藏汉合璧考释》，《西夏研究》第三辑，中研院史语所单刊甲种之十一，1933 年，第 182 页。
⑤《孙子兵法三注》甲种本卷中，《俄藏黑水城文献》第十一册，第 168 页。
⑥《金光明最胜王经》，《中国藏西夏文献》第三册，第 122 页。
⑦ 聂鸿音：《西夏文德行集研究》，甘肃文化出版社，2002 年，第 123 页。
⑧ 史金波、黄振华、聂鸿音：《类林研究》，宁夏人民出版社，1993 年，第 42 页。
⑨《番汉合时掌中珠》（乙种本），《俄藏黑水城文献》第一〇册，第 24 页。
⑩ 王静如：《金光明最胜王经卷六夏藏汉合璧考释》，《西夏研究》第三辑，中研院史语所单刊甲种之十一，1933 年，第 10 页。
⑪《将苑》，《英藏黑水城文献》第二册，第 218 页。
⑫《番汉合时掌中珠》（乙种本），《俄藏黑水城文献》第一〇册，第 34 页。
⑬ 聂鸿音：《西夏文德行集研究》，甘肃文化出版社，2002 年，第 40、41 页。
⑭ 聂鸿音：《西夏文德行集研究》，甘肃文化出版社，2002 年，第 122、123 页。

[6] 𗉔𗂧,“典载”。

𗉔,意“根”、“本”、“典”;音[尺]、[齿]、[滞]、[痴]、[治]、[持]、[池]、[直]。《类林》“𗂸𗗙𗉔𗉔𗗙”对应汉文本“无所读书”;[①]《掌中珠》“𗂸𗉔𗗙𗗙”作“学习圣典”。[②]

[7] 𗗙,意“弱”。

𗗙,意“怯”、“弱”、“衰”、“憊”、“卑”、“劣”。《掌中珠》“𗗙𗗙𗗙𗗙”作“恃强凌弱”;[③]《西夏谚语》第75条“𗗙𗗙𗗙𗗙𗗙𗗙”译“所行顽劣损他人”。[④]

[8] 𗗙𗗙,意“他人”。

𗗙,意“其”、“他”、“各”、“共”。《金光明经》卷十“𗗙𗗙𗗙𗗙𗗙”对应汉文本“勿生异人念”。[⑤]《德行集》中“𗗙𗗙𗗙𗗙𗗙𗗙𗗙𗗙𗗙𗗙”译“故天子心不行于他职”。[⑥]

[9] 𗗙,意“获得”。

𗗙,意“获得”、“及”、“逮”。《掌中珠》“𗗙𗗙𗗙𗗙”作“得达圣道”;“𗗙𗗙𗗙𗗙”作“令交获则”。[⑦]

汉译本:

职、军,无官者徒三年。

得举告功法:披、甲、马三种及各种杂物等力能补偿而未使补偿,其所属首领应革官、军、职,下属人举报时,其人勇健刚劲,善战有战功,有知识,为诸司载于典籍,则举告人应为首领。若其人不善战斗,体弱,求转院,当在本司院内调转。其他人举发者及不求转院者,所告军首领应获月徒刑,当赏告者十缗;应徒一年时,当赏二十

俄译本:

免军职;对无官品者,处三年苦役。

关于奖赏举发,则若部下举发,主司因未配[欠配]战马、甲胄及其他战具而被夺

① 史金波、黄振华、聂鸿音:《类林研究》,宁夏人民出版社,1993年,第95页。
② 《番汉合时掌中珠》(乙种本),《俄藏黑水城文献》第一〇册,第32页。
③ 《番汉合时掌中珠》(乙种本),《俄藏黑水城文献》第一〇册,第33页。
④ 陈炳应:《西夏谚语——新集锦成对谚语》第75条,山西人民出版社,1993年,第10页。
⑤ 王静如:《金光明最胜王经卷十夏藏汉合璧考释》,《西夏研究》第三辑,中研院史语所单刊甲种之十一,1933年,第362页。
⑥ 聂鸿音:《西夏文德行集研究》,甘肃文化出版社,2002年,第108、109页。
⑦ 《番汉合时掌中珠》(甲种本),《俄藏黑水城文献》第一〇册,第19页。

官品或免军职，若[举发者]是勇敢无畏之名将，或是能对此证明者并能对此向某衙署提出书面申报之人，对举发者可委以主司。若[举发者]是善战军卒，但身份卑微，若希望换分队，则可将其派到本司另一更适合分队。若举发人不愿换队，则若他所部头领已被议处[数]月苦役。[对举发者]可奖赏十缗；若头领被议处一年苦役，可赏二十缗；

31－16右面：

[illegible]	[illegible]	[illegible]	[illegible]	[illegible]	[illegible]	[illegible]	[illegible]	[illegible]	[illegible]	[illegible]	[illegible]	[illegible]
十	缗	二	年	获	时	三	十	缗	三	年	获	时

[illegible]	[illegible]	[illegible]	[illegible]	[illegible]	[illegible]	[illegible]	[illegible]	[illegible]	[illegible]	[illegible]	[illegible]
五	十	缗	职	军	革	时	七	十	缗	等	下高

[illegible]	[illegible]	[illegible][1]	[illegible]	[illegible]	[illegible]	[illegible]	[illegible]
依	罪	犯	者	行监	溜首领小大	舍监	末

[illegible]	[illegible]	[illegible]	[illegible]	[illegible]	[illegible]	[illegible]					
驱	等	中	应	割	当	给					

[illegible]	[illegible]	[illegible]	[illegible]	[illegible]	[illegible]	[illegible]	[illegible]	[illegible]	[illegible]	[illegible]	[illegible]	[illegible]	[illegible]	[illegible]
一	等	杂物	武器	八	种	则	无	补	有	补	得	不	补	令

[illegible]	[illegible]	[illegible]	[illegible]	[illegible]	[illegible]	[illegible]	[illegible]	[illegible]	[illegible]	[illegible]
时	一	首领	全	补	寻	有	数	乃	集合	十

[illegible]	[illegible]	[illegible]														
分	愿	为														

[illegible]	[illegible]	[illegible]	[illegible]	[illegible]	[illegible]	[illegible]	[illegible]	[illegible]	[illegible]	[illegible]	[illegible]	[illegible]
百	种	以下	者	一律	十	分	中	二	分	未	补	罪

[illegible]	[illegible]	[illegible]	[illegible]	[illegible]	[illegible]	[illegible]	[illegible]	[illegible]	[illegible]	[illegible]	[illegible]	[illegible]
不	治	三	四	分	未	补	七	杖	五	六	分	未

注释：

[1] [illegible][illegible]，意“犯罪”。

[illegible]，意“击”、“触”、“侵”、“攻”、“犯”、“撞”、“筑”、“篡”、“激“。《类林》“[illegible][illegible][illegible][illegible][illegible][illegible]”对应汉文本“因犯罪而入狱”。[①] 还有词组：[illegible][illegible] 侵损、[illegible][illegible] 犯堕、[illegible][illegible] 犯罪、[illegible][illegible] 毁犯。

汉译本：

缗；应徒二年时，当赏三十缗；应徒三年时，当赏五十缗；应革职、军时，当赏七十缗。其赏金应按高低由获罪行监、大小溜首领、舍监、末驱等出给。

一等杂物、武器八种实无者，当补偿，力能补偿而未使补偿时，其首领按应补数总计分为十分：

百种以内者：一律十分中有二分未补偿者不治罪；三四分未补偿者，七杖；五六分未

俄译本：

若二年苦役，奖赏三十缗；若三年苦役，奖赏五十缗；或若[头领]被议革军职，则可奖七十缗。[该项]赏金应由已行罪犯、行军头领、队列头领、大小差遣、布阵、殿后头领支付。

二、某主司应配未配八种兵杖等战具中之某几种给其所部者，其总数计算亦要按十成法。若[未配足者]少于百件，则未配占二成者时，[罪犯]不获罪。未配三、四成者，[对罪犯]杖七；占五、六成者，杖十；

31－16 左面：

[illegible]	[illegible]	[illegible]	[illegible]	[illegible]	[illegible]	[illegible]	[illegible]	[illegible]	[illegible]	[illegible]	[illegible]	[illegible]
补	十	杖	七	八	分	未	补	十	三	杖	八	分

① 史金波、黄振华、聂鸿音：《类林研究》，宁夏人民出版社，1993年，第160页。

[illegible]	[illegible]	[illegible]	[illegible]	[illegible]	[illegible]	[illegible]	
以上	全	未	补	者	一律	三个月	

[illegible]	[illegible]	[illegible]	[illegible]	[illegible]	[illegible]	[illegible]	[illegible]	[illegible]	[illegible]	[illegible]	[illegible]	[illegible]	[illegible]	[illegible]
百	种	补	有	者	十	分	中	二	分	未	补	罪	不	治

[illegible]	[illegible]	[illegible]	[illegible]	[illegible]	[illegible]	[illegible]	[illegible]	[illegible]	[illegible]	[illegible]	[illegible]	[illegible]
三	四	分	未	补	十	三	杖	五	六	分	未	补

[illegible]	[illegible]	[illegible]	[illegible]	[illegible]	[illegible]	[illegible]	[illegible]	[illegible]
三个月	七	八	分	未	补	六个月	八	分

[illegible]	[illegible]	[illegible]	[illegible]	[illegible]	[illegible]	[illegible]	[illegible]		
以上	全	未	补	者	一律	一	年		

[illegible]	[illegible]	[illegible]	[illegible]	[illegible]	[illegible]	[illegible]	[illegible]	[illegible]	[illegible]	[illegible]	[illegible]	[illegible]	[illegible]
百	种	以上	二	百	种	至	补	当	者	十	分	中	二

[illegible]	[illegible]	[illegible]	[illegible]	[illegible]	[illegible]	[illegible]	[illegible]	[illegible]	[illegible]	[illegible]	[illegible]	[illegible]
分	未	补	罪	不	治	三	四	分	未	补	三	月

[illegible]	[illegible]	[illegible]	[illegible]	[illegible]	[illegible]	[illegible]	[illegible]	[illegible]	[illegible]	[illegible]
月	五	六	分	未	补	六个月	七	八	分	未

汉译本：

补偿者，十杖；七八分未补偿者，十三杖；八分以上未补偿者，一律徒三个月。

百种当补偿者：十分中有二分未补偿者，不治罪；三四分未补偿者，十三杖；五六分未补偿者，徒三个月；七八分未补偿者，徒六个月；逾八分以上未补偿者，一律徒一年。

百种以上至二百种当补偿者：十分中有二分未补偿者，不治罪；三四分未补偿者，徒三个月；五六分未补偿者，徒六个月；七八分未补

俄译本：

占七、八成者，杖十三。未配占八成以上或全部未配者，[对罪犯]处三个月苦役。

若应配一百件，未配数占十分之二，[罪犯]不获罪。未配数占十分之三、四者，[对罪犯]杖十三；占十分之五、六，处三个月苦役；占七、八成时，处六个月苦役；过八成或全未配时，处一年苦役。

若应配[战具]在百件以上至二百件时，则未配数占十分之二，[罪犯]不获罪。未配数占十分之三、四时，[对罪犯]处三个月苦役；占十分之五、六时，处六个月苦役；占十分之七、八时，

31－17 右面：

[illegible]	[illegible]	[illegible]	[illegible]	[illegible]	[illegible]	[illegible]	[illegible]	[illegible]	[illegible]	[illegible]
补	一	年	八	分	以 上	未	补	偿	者	一

[illegible]	[illegible]	[illegible]								
律	二	年								

[illegible]	[illegible]	[illegible]	[illegible]	[illegible]	[illegible]	[illegible]	[illegible]	[illegible]	[illegible]	[illegible]	[illegible]	[illegible]
二	百	种	以 上	三	百	种	〈〉	至	补	连	者	十

[illegible]	[illegible]	[illegible]	[illegible]	[illegible]	[illegible]	[illegible]	[illegible]	[illegible]	[illegible]	[illegible]	[illegible]
分	中	二	分	未	补	罪	不	治	三	四	分

[illegible]	[illegible]	[illegible]	[illegible]	[illegible]	[illegible]	[illegible]	[illegible]	[illegible]	[illegible]
未	补	六 个 月	五	六	分	未	补	一	年

[illegible]	[illegible]	[illegible]	[illegible]	[illegible]	[illegible]	[illegible]	[illegible]	[illegible]	[illegible]	[illegible]
七	八	分	未	补	二	年	八	分	以 上	全

[illegible]	[illegible]	[illegible]	[illegible]	[illegible]	[illegible]					
未	补	者	一 律	三	年					

[illegible]	[illegible]	[illegible]	[illegible]	[illegible]	[illegible]	[illegible]	[illegible]	[illegible]	[illegible]
三	百	种	以上	一律	杂物	武器	补	连	者

[illegible]	[illegible]	[illegible]	[illegible]	[illegible]	[illegible]	[illegible]	[illegible]	[illegible]	[illegible]	[illegible]	[illegible]
十	分	中	二	分	未	偿	罪	不	治	三	四

汉译本：

偿者，徒一年；八分以上未补偿者，一律徒二年。

二百种以上至三百种当补偿者：十分中有二分未补偿者，不治罪；三四分未补偿，徒六个月；五六分未补偿，徒一年；七八分未补偿，徒二年；八分以上未补偿者，一律徒三年。

三百种以上杂物、武器当补偿者：十分中有二分未补偿，不治罪；三四

俄译本：

处一年苦役；未配占八成以上或全未配时，[对罪犯]处二年苦役。

若应配战具及其他战具在二百件以上至三百[件]时，在未配占十分之二者，[对罪犯]不获罪。未配占十分之三、四者，[对罪犯]处六个月苦役；占十分之五、六者，处一年苦役；占十分之七、八，处二年苦役；过八成或全未配时，处三年苦役。

若应配兵杖及其他战具达三百[件]以上时，在未配占十分之二者，[罪犯]不获罪。未配占十分之三、四者，

31－17 左面：

[illegible]	[illegible]	[illegible]	[illegible]	[illegible]	[illegible]	[illegible]	[illegible]	[illegible]	[illegible]	[illegible]	[illegible]
分	未	补	一	年	五	六	分	未	补	二	年

[illegible]	[illegible]	[illegible]	[illegible]	[illegible]	[illegible]	[illegible]	[illegible]	[illegible]	[illegible]	[illegible]
七	八	分	未	补	三	年	八	分	以上	全

[illegible]	[illegible]	[illegible]	[illegible]	[illegible]	[illegible]	[illegible]	[illegible]	[illegible]	[illegible]	[illegible]
未	补	者	官	多少	不	论	职	军	当	失

[illegible]	[illegible]	[illegible]	[illegible]	[illegible]	[illegible]	[illegible]	[illegible]	[illegible][1]	[illegible]	[illegible]	[illegible]	[illegible]	[illegible]	[illegible]	[illegible]
一	马甲	铠甲	马	三	种	补	应	修补	期限	给	其	者	一	种	之

[illegible]	[illegible]	[illegible]	[illegible]	[illegible]	[illegible]	[illegible]	[illegible]	[illegible]	[illegible]	[illegible]	[illegible]	[illegible]	[illegible]	[illegible]
五	十	日	二	种	之	七	十	日	三	种	起	以上	一律	一

[illegible]	[illegible]	[illegible]	[illegible]	[illegible]	[illegible]	[illegible]	[illegible]	[illegible]	[illegible]	[illegible]
百	日	者	以下	应	当	给	应	补修	齐	备令

[illegible]	[illegible]	[illegible]	[illegible]	[illegible]	[illegible]	[illegible]	[illegible]	[illegible]	[illegible]	[illegible]	[illegible]	[illegible]	[illegible]	[illegible]
一	前连	马甲	铠甲	马	杂物	各	种	补	当	补	得	未	补	令

[illegible]	[illegible]	[illegible]	[illegible]	[illegible]	[illegible]	[illegible][2]	[illegible]	[illegible][3]	[illegible]	[illegible]	[illegible]	[illegible]
首领	之	罪	状	分别	已	牢固	做	明显	中	若	份	做

[illegible]	[illegible]	[illegible]	[illegible]	[illegible]	[illegible]	[illegible]	[illegible]	[illegible]	[illegible]	[illegible]	[illegible]	[illegible]	[illegible]	[illegible]
当	不	满	半	份	时	已	赔	一	整	不及	者	一	整	未

注释：

[1] [illegible]，意“补修”。

[illegible]，意“修造”。《掌中珠》“[illegible]”作“行道求修”。①《德行集》中“[illegible]，[illegible]”意“欲修身时，先正心也”。②

[2] [illegible]，意“牢固”。

[illegible]，意“牢固”，(汉语借词)。通常与“[illegible]”组合。《金光明经》卷八“[illegible]”对应汉文本“心常坚固”。③

[3] [illegible]，意“明显”。

[illegible]，意“显”、“宣”、“明”、“远”、“匾”。《掌中珠》“[illegible]”作“知证分白”。④《金光明

① 《番汉合时掌中珠》(乙种本)，《俄藏黑水城文献》第一〇册，第29页。
② 聂鸿音：《西夏文德行集研究》，甘肃文化出版社，2002年，第52、53页。
③ 王静如：《金光明最胜王经卷八夏藏汉合璧考释》，《西夏研究》第三辑，中研院史语所单刊甲种之十一，1933年，第188页。
④ 《番汉合时掌中珠》(乙种本)，《俄藏黑水城文献》第一〇册，第34页。

经》卷九“[illegible]”对应汉文本“验其虚实”。[1]《德行集》中“[illegible]”意“三公固明孝仁礼义以习之也”。[2]

汉译本：

分未补偿者，徒一年；五六分未补偿者，徒二年；七八分未补偿者，徒三年；八分以上未补偿者，不论官多寡，一律当革职、军。

一披、甲、马三种应偿修，给偿修期限法，按高下：一种当给五十日，二种当给七十日，三种以上一律当给百日。务使偿修齐备。

一上述披、甲、马及各种杂物应补偿，力能补偿而未使补偿，其首领之罪状分别已示明。若所分不足，已补偿半份，不足一整份，当按未补

俄译本：

[对罪犯]处一年苦役；占十分之五、六者，处二年苦役；占十分之七、八，处三年苦役；未配过十分之八或全未配者，[对罪犯]不依官品，除军籍。

需补修三种[战具]（马和甲胄）之期限确定如下：补修一种[装备]，需时五十日；二种，需时七十日；[补修]全部三种和其他[战具]，则需时百日。在上述期限内，应按要求全部补修完毕。

在处断因应而未配战马、甲胄及其他战具之主司按[本法]所定比例计算错误时，可能就每单种件数已配足，或非全部种类件数都未配足，但就已配比例计算为不足时，[罪犯]按律即应获罪。

31－18 右面：

[illegible]	[illegible]	[illegible]	[illegible]	[illegible]						
偿	依法	罪	当	承						

[illegible]	[illegible]	[illegible]	[illegible]	[illegible]	[illegible]	[illegible]	[illegible]	[illegible]	[illegible]	[illegible]	[illegible]
一	前连	马甲	铠甲	马	杂物	兵器	中	肥瘦	式样	不	未

① 王静如：《金光明最胜王经卷九夏藏汉合璧考释》，《西夏研究》第三辑，中研院史语所单刊甲种之十一，1933年，第310页。

② 聂鸿音：《西夏文德行集研究》，甘肃文化出版社，2002年，第46、47页。

[illegible]	[illegible]	[illegible]	[illegible]	[illegible]	[illegible]	[illegible]	[illegible]	[illegible]	[illegible]	[illegible]	[illegible]
校口	缺	则	无	偿	得	未	偿	使	等	首领	小舍监

[illegible]	[illegible]	[illegible]	[illegible]	[illegible]	[illegible]	[illegible]	[illegible]	[illegible]	[illegible]	[illegible]	[illegible]
末驱	等	自身	于	军	有	中	何	住滞	罪	正	首

[illegible]	[illegible]	[illegible]	[illegible]	[illegible]						
领	之	从	法	判断						

[illegible]	[illegible]	[illegible]	[illegible]	[illegible]	[illegible]	[illegible]	[illegible]	[illegible]	[illegible]	[illegible]	[illegible]
一	前述	马甲	铠甲	马	杂物	中	住滞	有	时	溜行监	等

[illegible]	[illegible]	[illegible]	[illegible]	[illegible]	[illegible]	[illegible]	[illegible]	[illegible]	[illegible]	[illegible]	[illegible]	[illegible]
治	罪	受	〈〉	者	属下	首领	中	甚	多	已	住滞	罪

[illegible]	[illegible]	[illegible]	[illegible]	[illegible]	[illegible]	[illegible]	[illegible]	[illegible]	[illegible]	[illegible]	[illegible]	[illegible]	[illegible]	[illegible]
重	连	一	人	之	溜	者	一	等	应	行监	者	后	一	等

[illegible]	[illegible]	[illegible][1]	[illegible]	[illegible][2]	[illegible]	[illegible]	[illegible]	[illegible]	[illegible]	[illegible]	[illegible]	[illegible]
各	等	次依	应	退	为	若	自身	于	军	有	中	住滞

注释：

[1] [illegible]，意"依次"。

[illegible]，意"次"、"序"、"绩"、"绪"、"至"。《金光明经》卷一"[illegible]"对译"复次"。① 《德行集》中"[illegible]"意"依次皇帝承天"。②

[2] [illegible]，意"减"。

[illegible]，意"悔改"、"退"。《金光明经》卷四"[illegible]"对应汉文本"不退菩提心"；③《孙

① 王静如：《金光明最胜王经》卷一《夏藏汉合璧考释》，《西夏研究》（第二辑），中研院史语所单刊甲种之十一，1933年，第60页。

② 聂鸿音：《西夏文德行集研究》，甘肃文化出版社，2002年，第32、33页。

③ 王静如：《金光明最胜王经卷四夏藏汉合璧考释》，《西夏研究》（第二辑），中研院史语所单刊甲种之十一，1933年，第200页。

子兵法》“[illegible]”对应汉文本“三军可夺气”。[1]

汉译本：

偿一整份法承罪。

一前述披、甲、马、杂物、武器中若膘弱，式样不合，校验短缺实无，力能补偿而未使补偿等，小首领、舍监、末驱等，按自身军中有何住滞之罪，依正首领之从犯判断。

一前述披、甲、马、杂物中有住滞时，其溜、行监等连坐承罪法：属下首领甚多，已住滞犯重罪，一人，溜者应减一等，行监当依次再减一等。若为彼等自身军中有住滞，

俄译本：

上述在审验战马、甲胄、兵杖及其他战具中，发现战马过肥或过瘦，[包括装备和兵杖]不合标准时，若查出[装备]短缺或没有，而按律应配未配者，则在对那些渎职之下级布阵、殿后头领议处时，与对都统之副将处罪相同。

上述在使用战马、甲胄和其他战具时有渎职行为，为此对队列和行军头领不追罪，对那些所部诸多军首渎职者，则要对[其中]一人给以特殊处罪，则对队列头领处罪应减一等，对行军头领相应再减一等。

31－18 左面：

[illegible]	[illegible]	[illegible]	[illegible]	[illegible]	[illegible]	[illegible]				
有	则	依	其	重	上	判断				

[illegible]	[illegible]	[illegible]	[illegible]	[illegible]	[illegible]	[illegible]	[illegible]	[illegible]	[illegible]	[illegible]	[illegible]	[illegible]	[illegible]
一	前述	族	各种	属	箭	数	明	中	校口	则	无	时	缺

[illegible]	[illegible]	[illegible]	[illegible]	[illegible]	[illegible]	[illegible]					
十	枝	一	种	各	人	算					

[illegible]	[illegible]	[illegible]	[illegible]	[illegible]	[illegible]	[illegible]	[illegible]	[illegible]	[illegible]
一	诸	首领	下属	马甲	铠甲	马	杂物	武器	校验

[1] 《孙子兵法三注》甲种本卷中，《俄藏黑水城文献》第十一册，第160页。

[illegible]	[illegible]	[illegible]	[illegible]	[illegible]	[illegible]	[illegible]	[illegible][1]	[illegible]	[illegible]	[illegible]	[illegible]	[illegible]	[illegible]
缺	因	官	军	已	革	无	劳役	服	中	人	之	换	各

[illegible]	[illegible]	[illegible]	[illegible]	[illegible]	[illegible]	[illegible]	[illegible]	[illegible]	[illegible]	[illegible]	[illegible]	[illegible]
属下	军	上	人	派	去	者	军	一	种	司院	同	中

[illegible][2]	[illegible][3]	[illegible][4]	[illegible]	[illegible]	[illegible]	[illegible]	[illegible]	[illegible]	[illegible]	[illegible]	[illegible]
城头	先越	军口	斩	功	大	有	军	罪	本	有	之

[illegible]	[illegible]	[illegible]	[illegible]	[illegible]	[illegible][5]	[illegible]	[illegible]	[illegible]	[illegible]	[illegible]	[illegible]
当	为	若	其	如	无	则	属下	人	中	首领	小舍

[illegible]	[illegible]	[illegible]	[illegible]	[illegible]	[illegible]	[illegible]	[illegible][6]	[illegible]	[illegible]
监	末驱	中	七	种	至	以上	功有	属下	舍卒

注释：

［1］[illegible]，意“劳役”。

[illegible]，意“劳苦”。《六韬》中“[illegible]，[illegible]”意“见其劳苦，则为之悲”。①

[illegible]，意“役”、“劳役”。在《贞观玉镜将》中“[illegible] 发配、劳役、黥面、屠杀”。所谓苦役，即将各类罪犯及其家属强迫劳动的刑事处罚，西夏律法中几乎涉及到所有国有生产部门与土木工程。②

［2］[illegible]，意“城头”。

[illegible]，意“城”、“州”、“墙”、“宇”、“埠”、“焰”。《贞观玉镜将》在第二篇中详细规定了战斗中正将、副将、行将、佐将、正首领、小首领、帐将、尾驱、卒人等率先登上城头的奖赏。如“[illegible]”译“正将城头先登”。③ 关于“[illegible]”常见的词组：[illegible] 城墙、[illegible] 州主、[illegible] 墙圈。

［3］[illegible]，意“先登”。

① 贾常业：《西夏文译本〈六韬〉解读》，《西夏研究》2011年第2期，第65页。
② 杜建录：《西夏经济史》，中国社会科学出版社，2002年，第288页。
③ 陈炳应：《贞观玉镜将研究》，宁夏人民出版社，1995年，第70页。

[illegible]，意“穿透”、“破”，（汉语借词）。《德行集》中“[illegible]，[illegible]”意“三年后，远方十六国来归附”。[1]

［4］[illegible]，直译为“军唇”，意译“军锋”。

[illegible]，意“嘴唇”。《掌中珠》“[illegible]”作“口唇”；[2]《类林》中“[illegible]”意“欲斩，衔发于口”。[3]《贞观玉镜将》中多处有记载斩敌奖赏的条文，如“[illegible]”译“一正副将军一起战斗，若挫敌军锋”。[4] 与汉文本翻译的一样，都将“[illegible]”翻译为“敌军”，同时“[illegible]”在与其他词语组合的过程中，同常会发生变化，如“[illegible]”，应对译为“事物”。

［5］[illegible]，意“如无”。

[illegible]，意“如无”、“莫如”、“不如”。《孟子》“[illegible]、[illegible]、[illegible]”译“莫如王、莫如齿、莫如德”。[5]《德行集》中“[illegible]”意“犹如生长于齐国，不能不言齐语也”。[6]

［6］[illegible]，意“有功”。

[illegible]，意“功”。《德行集》“[illegible]，[illegible]”意“存者以为民之功，亡者归于己之过”。[7]《凉州碑》“[illegible]”译“广大功用有”，用“[illegible]”来表示美好的抽象事物。

汉译本：

则按其重者判断。

一前述各种部类所属箭数，校验实无有，短缺时，应以十枝算一种论。

一诸首领下属人披、甲、马、杂物、武器因校验短缺而已革官、军、职，服劳役时，其代替人自其属军中派。其法：军一种，以同司院中有先越敌城头、斩杀敌军、有大功，有记录者任之。若无如此者，则以属下小首领、舍监、末驱中有七种以上功及属下舍□[8]

---

① 聂鸿音：《西夏文德行集研究》，甘肃文化出版社，2002 年，第 76、77 页。
② 《番汉合时掌中珠》（甲种本），《俄藏黑水城文献》第一〇册，第 10 页。
③ 史金波、黄振华、聂鸿音：《类林研究》，宁夏人民出版社，1993 年，第 38 页。
④ 陈炳应：《贞观玉镜将研究》，宁夏人民出版社，1995 年，第 76 页。
⑤ 彭向前：《西夏文〈孟子〉整理研究》，上海古籍出版社，2012 年，第 124 页。
⑥ 聂鸿音：《西夏文德行集研究》，甘肃文化出版社，2002 年，第 48、49 页。
⑦ 聂鸿音：《西夏文德行集研究》，甘肃文化出版社，2002 年，第 80、81 页。
⑧ 西夏文“[illegible]”，汉译本第二字没有识别出，当译为“舍卒”。

俄译本：

但若他们领兵中放任渎职者，则应严惩。

上述在审验应配各类人员箭头数量中，查处出应配数不足时，以配每类人十枚箭折算一件战具议处。

因在审验中查出被审者及其部下短缺战马、甲胄、兵杖等战具而被议处苦役、夺官革职者，其空缺应由被委到各军分队服役者代替。［对此］应由军械主司提名职位高者、曾在州城供过职者，或各军种之旧将(?)，或在军署中供职者，若没有相应之人，则可委派七级官品或更高所部［命官］之现职人员担任，如小头领，布阵、殿后或本部相当于布阵头领之现职军官，

31－19 右面：

[illegible]	[illegible]	[illegible]	[illegible]	[illegible]	[illegible][1]	[illegible]	[illegible]	[illegible]	[illegible]	[illegible]	[illegible]
十	次	至	以 上	功	有 有	者	何	所	功 阶	高	之

[illegible]	[illegible]	[illegible]	[illegible]	[illegible]	[illegible]	[illegible]	[illegible]	[illegible]	[illegible]	[illegible]	[illegible]	[illegible]	[illegible]
无	军	数	皆	其	之	当	成	首 领	当	遣	若	其	二

[illegible]	[illegible]	[illegible][2]	[illegible]	[illegible]	[illegible]	[illegible]	[illegible]	[illegible]	[illegible]
等	人	互 相	功 阶	等	有	则	何	人	勇 健 强 劲

[illegible]	[illegible][3]	[illegible]	[illegible]	[illegible]	[illegible]	[illegible]	[illegible]	[illegible]	[illegible]	[illegible]	[illegible]
族 父	乐 意	之	当	成	其	若	无	则	城 溜	同	首

[illegible]	[illegible][4]	[illegible]	[illegible]	[illegible]	[illegible]	[illegible]	[illegible]	[illegible]	[illegible]	[illegible]	[illegible]	[illegible]	[illegible]
首	旧	中	五	次	至	以 上	功	有	下	军	数	皆	其

[illegible]	[illegible]	[illegible]	[illegible]	[illegible]	[illegible]	[illegible]	[illegible]	[illegible]	[illegible]	[illegible]	[illegible]
之	当	任	若	功	同	则	何	人	勇 健	族 父	乐 意

[illegible]	[illegible]	[illegible]	[illegible]	[illegible]	[illegible]	[illegible]	[illegible]	[illegible]	[illegible]	[illegible]	[illegible]	[illegible]	[illegible]	[illegible]
下	当	成	此	外	其	他	应	类	各	部	军	革	代各	属

[illegible]	[illegible]	[illegible]	[illegible]	[illegible][5]	[illegible]	[illegible]	[illegible]	[illegible]	[illegible]	[illegible]	[illegible]	[illegible]
下	人	中	自己	本职	相	同	依	何	人	功	有	勇

[illegible]	[illegible]	[illegible][6]	[illegible]	[illegible]	[illegible]	[illegible]
健强劲	又	匠巧	艺有	人强	首领	堪任

注释：

［1］[illegible]，直译为“有有”，意译为“所有”。

[illegible]，意“所有”，以重叠形式表示周全的，有应用范围较宽的动词[illegible]，以及表示贵重事物存在的动词[illegible]，《华严经》卷第十一“[illegible]”对应汉文本“共集所有人”。《金光明经》卷三“[illegible]”对应汉文本“一切众生所有功德”。①

［2］[illegible]，意“互相”。

[illegible]，代词词根修饰名词词根时，代词词根在前，名词词根在后，其中“[illegible]”直译为“自共”，意译当为“相互”，史金波先生在《西夏文教程》中将其译为“彼此”。②《金光明经》卷五“[illegible]”对应汉文本“互不相似亦如此”；③卷八“[illegible]”对应汉文本“更互相争夺”、④卷六“[illegible]”对应汉文本“互相资助”。⑤《类林》中“[illegible]”译“属民自共作歌”。⑥

［3］[illegible]，直译为“乐意”，意译为“同意”。

[illegible]，意“乐意”、“愿”。[illegible]，意“乐”。

［4］[illegible]，“旧”。

① 《金光明最胜王经》，《中国藏西夏文献》第三册，第116页。

② 史金波：《西夏文教程》，社会科学文献出版社，2013年，第137页。

③ 王静如：《金光明最胜王经卷五夏藏汉合璧考释》，《西夏研究》(第二辑)，中研院史语所单刊甲种之十一，1933年，第234页。

④ 王静如：《金光明最胜王经卷八夏藏汉合璧考释》，《西夏研究》(第三辑)，中研院史语所单刊甲种之十一，1933年，第216页。

⑤ 王静如：《金光明最胜王经卷六夏藏汉合璧考释》，《西夏研究》(第三辑)，中研院史语所单刊甲种之十一，1933年，第60页。

⑥ 史金波、黄振华、聂鸿音：《类林研究》，宁夏人民出版社，1993年，第91页。

[illegible]，意“旧”、“臼”。《西夏谚语》第 63 条“[illegible]”译“亲旧已老朋邻稀”。[①]

［5］[illegible]，意“本职”。

[illegible]，意“根本”、“根源”、“宗”、“祖”。《掌中珠》“[illegible]”作“回归本家”。[②]《德行集》中有“[illegible]”，意“古时帝王皆以学习奉师为本也”。[③]

［6］[illegible]，意“工巧”。

[illegible]，意“工”、“匠”。《德行集·用人篇》中提到“[illegible]”译“巧匠不为斫木，在于运斧”。[④]

[illegible]，意“做”、“作”、“造作”、“巧”。西夏把具有某种技术的手工业生产者统称为匠，《掌中珠》中也记载了西夏的工匠：“[illegible]”作“木匠”、“[illegible]”作“泥匠”；[⑤]“[illegible]”作“陶匠”、“[illegible]”作“工院”。[⑥]《六韬》中“[illegible]”意“尽力工造者，则器足”。[⑦] 杜建录先生在《西夏经济史》中详细考证了西夏的各种匠有 40 余种，根据手工业生产者的人身依附程度，将西夏的匠分为依附匠和自由匠两大类，[⑧]文中有技能之匠应为自由匠。

汉译本：

十次以上功者，何人功阶高当任之。若其二种人彼此功阶相等，则由何人勇健强劲族父乐意者任之。若无如此者，则在同城溜旧首领中有五次以上功者任之。若其功阶相同，亦应选其何人勇健族父乐意者任之。此外，其他各部类革军职代替者，当派其属下按自己本职相同顺序，何人有功、勇健强劲及有匠作工巧堪任之首领。

俄译本：

有十级官品或更高和原曾有较高官品［因故］丢官之军职人员。［所有上述人员］均可被委派。若这两类人具有相等职务时，则被委派者应是那些更为稳妥、更为坚定、出身更优越者。若没有这类合适人选，则可任命那些在州城衙署任职之军首，或曾任五级以上官品者。若［这类人］现居不同职位，则可委任那些更为坚强、出身优越

① 陈炳应：《西夏谚语——新集锦成对谚语》第 63 条，山西人民出版社，1993 年，第 10 页。
②《番汉合时掌中珠》(乙种本)，《俄藏黑水城文献》第一〇册，第 36 页。
③ 聂鸿音：《西夏文德行集研究》，甘肃文化出版社，2002 年，第 102、103 页。
④ 聂鸿音：《西夏文德行集研究》，甘肃文化出版社，2002 年，第 52、53 页。
⑤《番汉合时掌中珠》(乙种本)，《俄藏黑水城文献》第一〇册，第 30 页。
⑥《番汉合时掌中珠》(乙种本)，《俄藏黑水城文献》第一〇册，第 33 页。
⑦ 贾常业：《西夏文译本〈六韬〉解读》，《西夏研究》2011 年第 2 期，第 67 页。
⑧ 杜建录：《西夏经济史》，中国社会科学出版社，2002 年，第 218—224 页。

之人。除军内被革职主司外，[该职务]还可委派不属上类人任何下属，则他应具有相似职务或有重要战功者、坚定者、或具有[某种]技艺能人。

31－19 左面：

[illegible]	[illegible]	[illegible]		[illegible]	[illegible]	[illegible]	[illegible][1]	[illegible]	[illegible]	[illegible][2]	[illegible]
一	军头监	中		公	因	别	事执	及	或	溜更口	不

[illegible]	[illegible]	[illegible]	[illegible]	[illegible]	[illegible]	[illegible]	[illegible]	[illegible]	[illegible][3]	[illegible]	[illegible]	[illegible]	[illegible]
同	处	在	等	替	处	军	上	代	检校	在	则	罪	其

[illegible]	[illegible]	[illegible]	[illegible]	[illegible]	[illegible]	[illegible]	[illegible]				
人	应	承	代	属	者	不	治				

[illegible]	[illegible]	[illegible]	[illegible]	[illegible]	[illegible]	[illegible]	[illegible]	[illegible]	[illegible]	[illegible]	[illegible]	[illegible]	[illegible][4]	[illegible]	[illegible]
一	诸	甲胄	马甲	马	无	属	有	者	五	十	羊	五	牛	量	实有

[illegible]	[illegible]	[illegible]	[illegible]	[illegible]	[illegible]	[illegible]	[illegible]	[illegible]	[illegible]	[illegible]	[illegible]	[illegible]	[illegible]	[illegible]	[illegible]
则	马	一	使	烙印	百	羊	十	牛	有	则	马	一	及	马甲	铠甲

[illegible]	[illegible]	[illegible]	[illegible]	[illegible]	[illegible]	[illegible]	[illegible]	[illegible]	[illegible]	[illegible]	[illegible]	[illegible]	[illegible]	[illegible]
一	者	一一	等	当	寻	二	百	羊	二	十	牛	有	者	马甲

[illegible]	[illegible]	[illegible]	[illegible]	[illegible]	[illegible]	[illegible]	[illegible]	[illegible]	[illegible]	[illegible]	[illegible]	[illegible]	[illegible]	[illegible]
铠甲	马	三	种	皆	私	由	当	寻	薄	上	乃	注册	若	律

[illegible]	[illegible]	[illegible]	[illegible]	[illegible]	[illegible]	[illegible]	[illegible]	[illegible]	[illegible]
违	畜品级	以	不	搜寻	一	种	之	六个月	二

[illegible]	[illegible]	[illegible]	[illegible]	[illegible]	[illegible]	[illegible]	[illegible]	[illegible][5]	[illegible]	[illegible]	[illegible]
种	一	年	三	种	二	年	首领	知觉	则	属下	畜品

注释：

［1］□□，意“执事”。

□□，意“执事”。《德行集》中“□□□□□□□□”意“因执事多受贿者”。①

［2］□□，意“缺口”、“隘口”。

□，意“缺”、“残”、“差”等。□□，汉译本译为“更口”，俄译本为“边陲开放点”，指收税或军事警备在交通要道设立的检查站、岗哨之类的关卡。

［3］□□，意“权检校”。

□，意“使”、“令”、“用”、“检校”。《孙子兵法》中“□□□□□□□”译“军马中未得行令”。《金光明经》卷九“□□□□”对应汉文本“奴婢仆使”。②《德行集》中“□□□□□”译“吾使人往视之”。③

［4］□□，意“羊牛”。

□，意“羊”。《西夏谚语》第166条“□□□□□□□□□，□□□□□□□□□”译“千羊中生疮又引蛆虫，万牛中有桩为留行踪”。④《孟子》中“□□□□□”译“今有人之牛羊而牧者”。⑤

□，意“牛”、“财产”。《十二国》“□□□□□□□□”对应汉文本“田单暗中收集了四五百头牛”。⑥《金光明经》卷一“□□□□□□□”对应汉文本“多有财产珍宝丰满”。⑦

□□二字连用，是指牛羊。在西夏文中有时也用“□□”翻译“牛羊”。西夏是由游牧民族建立，牛羊的数量就成为衡量西夏家庭财产多少的重要标准，也成为配备武器装备的依据。

［5］□□，意“知觉”。

□，意“知觉”、“闻嗅”。《过去庄严劫千佛名经》“□□□□”对应汉文本“不知不觉”。⑧

---

① 聂鸿音：《西夏文德行集研究》，甘肃文化出版社，2002年，第89—90页。

② 王静如：《金光明最胜王经卷九夏藏汉合璧考释》，《西夏研究》（第三辑），中研院史语所单刊甲种之十一，1933年，第266—267页。

③ 聂鸿音：《西夏文德行集研究》，甘肃文化出版社，2002年，第89页。

④ 陈炳应：《西夏谚语——新集锦成对谚语》第166条，山西人民出版社，1993年，第14页。

⑤ 彭向前：《西夏文〈孟子〉整理研究》，上海古籍出版社，2012年，第128页。

⑥ 索罗宁著、粟瑞雪译：《十二国》，宁夏人民出版社，2012年，第34页。

⑦ 王静如：《金光明最胜王经》卷一《夏藏汉合璧考释》，《西夏研究》（第二辑），第34页，中研院史语所单刊甲种之十一，1933年，第34页。

⑧ 王静如：《〈过去庄严劫千佛名经〉考释》，《西夏研究》（第一辑），中研院史语所，1932年，第174页。

汉译本：

一军头监中因公命主其他事或在溜更口不同处，代替军上权检校在，则所当罪当由其人承受，被代替者不治罪。

一诸无有坚甲、马者，应以五十只羊、五条牛计量，实有则当烙印一马。有百只羊、十条牛则当寻马一及披、甲之一种，有二百只羊、十条牛者则当由私寻披、甲、马三种，当在册上注册。若违律不以畜品级搜寻，一种徒六个月，二种徒一年，三种徒二年。首领知觉，则属下不以畜品

俄译本：

根据特别御旨，某些将领同时又是军中特使，以代替边陲(?)其他开放点之军首者，则[短缺战具时]获罪者是他，而不是此军职占有者。

未[从官库]领到战马、甲胄之人，若拥有价值五十只羊和五头牛财富者，则[他们]应[为军]献一匹烙印战马。若[这种人]拥有[价值]百只羊和十头牛[财富]，则应[向他们]索捐一匹马和一套标准甲胄。若[这种人]拥有[价值]二百只羊和二十头牛[财富]，则应向其本人索捐三种[主要战具][一匹马和甲胄]并入册，若违此律不向财产，指"牲畜"所有者索要[法定战具]，则对不提供一种[战具之罪犯]处六个月苦役；不供二种者，处一年苦役；不供三种者，处二年苦役。若主司知此情，

31－20右面：

[illegible]	[illegible]	[illegible]	[illegible]	[illegible]	[illegible]	[illegible]	[illegible]	[illegible]	[illegible]	[illegible]	[illegible]
级	依	马甲	铠甲	马	不	搜寻	何	有	集合	一共	十

[illegible]	[illegible]	[illegible]	[illegible][1]	[illegible]	[illegible]	[illegible]	[illegible]	[illegible]	[illegible]	[illegible]	[illegible]	[illegible]	[illegible]
分	应	为	边等	属下	马甲	铠甲	马	赔	能	不	赔	使	首

[illegible]	[illegible]	[illegible]	[illegible]	[illegible]	[illegible]	[illegible]	[illegible]	[illegible]	[illegible]	[illegible]	[illegible]	[illegible]	[illegible]	[illegible]	[illegible][2]
领	之	分	等	罪	承	之	一	一	明	于	一	等	各	乃	举

[illegible]	[illegible]	[illegible]	[illegible]	[illegible]	[illegible]	[illegible]	[illegible]	[illegible]	[illegible]	[illegible]	[illegible]	[illegible]
做	贿	受	则	法枉	贪	应	算	前述	罪	同	何为	重

[illegible]	[illegible]	[illegible]	[illegible]	[illegible]	[illegible]	[illegible]	[illegible]	[illegible]	[illegible]
上	判断	其中	畜品级	按	坚甲	搜寻	名	无	有

[illegible]	[illegible]	[illegible]	[illegible]	[illegible]	[illegible]	[illegible]	[illegible]	[illegible]
者	诸院军正	布㲪甲	一	样	各	一	当	准备

[illegible]										
校验										

[illegible]	[illegible]	[illegible]	[illegible]	[illegible]	[illegible]	[illegible]	[illegible]	[illegible]	[illegible]	[illegible]	[illegible]	[illegible]
一	诸	父子	马	赔	有	及	畜等级	按	马	烙印	应	等

[illegible]	[illegible][3]	[illegible]	[illegible]	[illegible]	[illegible]	[illegible]	[illegible]	[illegible]	[illegible]	[illegible][4]
一律	驹	从	齿	有	至	马	当	经	烙	膘弱脊塌

注释：

［1］[illegible]，意“边等”。

[illegible]，意“边”、“近”、“岸”、“侧”。《德行集》中“[illegible]”译“犹如生长于楚国，不能不言齐语也”。① 《孟子》中“[illegible]”译“子哙无端与人燕”。②

[illegible]，意“平”、“等”、“齐”、“俱”、“齐”、“并”、“谊”、“均”、“伦”。

［2］[illegible]，意“升”、“加”。

[illegible]，意“高”、“升”、“举”、“骄慢”。《掌中珠》“[illegible]”作“因此加官”。③ 《德行集》中“[illegible]”译“尚书裴矩谏曰‘局分受贿，虽罪实当杀’”。④

［3］[illegible]，意“驹”。

[illegible]，意“骡驹”、“马驹”。

［4］[illegible]，意“脊塌”。

① 聂鸿音：《西夏文德行集研究》，甘肃文化出版社，2002 年，第 48、49 页。
② 彭向前：《西夏文〈孟子〉整理研究》，上海古籍出版社，2012 年，第 128 页。
③ 《番汉合时掌中珠》（乙种本），《俄藏黑水城文献》第一〇册，第 32 页。
④ 聂鸿音：《西夏文德行集研究》，甘肃文化出版社，2002 年，第 90、91 页。

[illegible]，意“脊”、“梁”。《西夏谚语》第 223 条“[illegible]”译“骏马十价，骑着劣，脊折断绝，名未出”。①

汉译本：

搜寻披、甲、马，总计多少，当全分为十分，按边等其属下力能补偿披、甲、马而不使补偿、首领承分等罪法当加一等。受贿则以枉法贪赃罪论，与前述罪比，依其重者判断。

其中按畜品级搜寻坚甲，无有名者，诸院正军可备布、毡甲一种，当供给备校验。

一诸父子有补偿马及应按畜等级烙印马等，一律当印从驹至有齿之良马。膘弱、塌脊

俄译本：

而未向拥有此类财富之部下索收战马和甲胄者，处罪以十分法计算。[主司]若未向其部属索要应索要之战马和甲胄者，应加一等处罪。若有贿赂，则[这类人]应被视为“贪赃枉法”，[对罪犯]应依上述[因贿赂罪]予以严惩。不论何人，若其[财产价值]以牲畜总头数论，未向其索要人用铠甲时，则[他]应为驻扎在任何寓处之正军提供一付标准毡质铠甲，并要经审验。

全部从征者(文定“父与子”)应根据其财产状况缴纳战马，并需烙印[为军]马，烙印马必须牙蹄健壮。严禁以过肥、过瘦之马以及背不平或不剩二齿老马烙印(为军)。

31－20 左面：

[illegible][1]	[illegible]	[illegible][2]	[illegible]	[illegible]	[illegible]	[illegible]	[illegible]	[illegible]	[illegible]	[illegible]
齿样	不及	老老	等	烙印	做	不	若	律违	时	官

[illegible]	[illegible]	[illegible][3]	[illegible]	[illegible]	[illegible]	[illegible]	[illegible]			
有	罚	马	一	庶人	十	三	杖			

[illegible]	[illegible]	[illegible]	[illegible]	[illegible]	[illegible][4]	[illegible]	[illegible]	[illegible]	[illegible]	[illegible]
一	校验	中	官马	换各	私马	验	者	私马	当	罚

① 陈炳应：《西夏谚语——新集锦成对谚语》第 223 条，山西人民出版社，1993 年，第 19 页。

[illegible]	[illegible]	[illegible]	[illegible]	[illegible]	[illegible]	[illegible]	[illegible]	[illegible]	[illegible]	[illegible]	[illegible]	[illegible]
马	当	成	其	官马	故	验	者	前	马	赔	有	则

[illegible]	[illegible]	[illegible]	[illegible]	[illegible]	[illegible]	[illegible]	[illegible]	[illegible][5]	[illegible]	[illegible]	[illegible]
补	换	各	当	成	三个月	前	本	计	官马	则	留

[illegible]	[illegible]	[illegible]	[illegible]	[illegible]	[illegible]	[illegible]	[illegible]	[illegible]	[illegible]	[illegible]	[illegible]	[illegible]	[illegible]	[illegible]	[illegible]
弱	换	各	验	则	所	验	马	另	换	卒	马	无	有	各	当

[illegible]	[illegible]	[illegible]	[illegible]	[illegible]	[illegible]	[illegible]	[illegible]	[illegible]	[illegible]	[illegible]	[illegible]	[illegible]	[illegible]
请	校	状	上	经	连	注册	当	授	其	马	属	者	官

[illegible]	[illegible][6]	[illegible]	[illegible][7]	[illegible]	[illegible]	[illegible]	[illegible]	[illegible]	[illegible]	[illegible]	[illegible]
马	好好	不	养	因	依法	杖	应	受	其中	借	者

[illegible]	[illegible]	[illegible]	[illegible]	[illegible]	[illegible]	[illegible]	[illegible]	[illegible]	[illegible]	[illegible]	[illegible]	[illegible]
官马	代替	焉	校	验	知	则	借	者	马	当	罚	借

注释：

[1] [illegible]，意“齿状”。

[illegible]，意“齿”、“刃”。《金光明经》卷十“[illegible]”对应汉文本“牙齿皆坠落”。① 一般根据齿状来判断马匹的年龄。

[2] [illegible]，意“老”、“同老”。

[illegible]，意“老”。《类林》“[illegible]”对应汉文本“管仲曰：‘老马之智可用’”。②

[illegible]，意“老”、“耆”。《西夏谚语》第 63 条“[illegible]”译“亲旧已老朋邻稀”。③《孟子》中“[illegible]”译“凶年饥岁，子之民，老羸转于沟壑”。④

① 王静如：《金光明最胜王经卷十夏藏汉合璧考释》，《西夏研究》(第三辑)，中研院史语所单刊甲种之十一，1933 年，第 346 页。

② 史金波、黄振华、聂鸿音：《类林研究》，宁夏人民出版社，1993 年，第 71 页。

③ 陈炳应：《西夏谚语——新集锦成对谚语》第 63 条，山西人民出版社，1993 年，第 10 页。

④ 彭向前：《西夏文〈孟子〉整理研究》，上海古籍出版社，2012 年，第 127 页。

[3] [illegible]，意“罚马”。

[illegible]，意“罚”。《西夏谚语》第 256 条“[illegible]”释“犊岁乃苦，羔岁乃罚”；[1]《金光明经》卷八“[illegible]”对应汉文本“畏苦而治罚”。[2]

罚马是西夏赎刑之一，以马赎罪，是西夏法律制度的一个特色。《唐律疏议》中载“笞以上、死以下，皆有赎法……今古赎刑，轻重异制，品自区别，备有章程，不假胜条，无烦缕说”。[3]

[4] [illegible]，意“私马”。

[illegible]，意“私”。《过去庄严劫千佛名经》“[illegible]”对应汉文本“侵公益私”。[4]《孟子》中“[illegible]，[illegible]”译“夫士亦无王命而私受之于子”。[5]

[5] [illegible]，直译为“本陈、本计”；汉译本译为“著籍”，李文译为“已配给定主”；该词在第五卷，(图版 126，31－14 右面)中“[illegible]”汉译本译为“当事人”。存在前后翻译不一的现象。

[6] [illegible]，意“好好”、“甚好”。

[illegible]，意“善”、“好”、“良”、“美”、“妙”。[illegible](好)重复后，意为“甚好”，在西夏文献中有时会看到“[illegible]”字重复并不是在说“好”意思方面加深。如《类林》中“[illegible]”译“好好〈〉劝”[6]即有“苦谏”之意，这里对“好”的重复意在表明“谏”的程度之深。“[illegible]”对应汉文本“景公好好〈〉惭”，这里对于“好”的重复也在表明“惭愧”之甚。《类林》中“[illegible]”译“深深不乐思刘君”。[7]

[7] [illegible]，意“养”。

[illegible]，意“畜养”。《文海》“[illegible]”释“[illegible]”(畜养者畜养也，喂食草之谓)。[8]《西夏谚语》第 154 条“[illegible]”译“马劣毛长食不甘”。[9]

汉译本：

合格及老马等不得印验。若违律者，有官罚马一，庶人十三杖。

① 陈炳应：《西夏谚语——新集锦成对谚语》第 256 条，山西人民出版社，1993 年，第 21 页。

② 王静如：《金光明最胜王经卷八夏藏汉合璧考释》，《西夏研究》(第三辑)，中研院史语所单刊甲种之十一，1933 年，第 218 页。

③ [唐] 长孙无忌等撰、刘俊文点校：《唐律疏议》，中华书局，1983 年，第 4—5 页。

④ 王静如：《〈过去庄严劫千佛名经〉考释》，《西夏研究》(第一辑)，中研院史语所，1932 年，第 176 页。

⑤ 彭向前：《西夏文〈孟子〉整理研究》，上海古籍出版社，2012 年，第 133 页。

⑥ 史金波、黄振华、聂鸿音：《类林研究》，宁夏人民出版社，1993 年，第 47 页。

⑦ 史金波、黄振华、聂鸿音：《类林研究》，宁夏人民出版社，1993 年，第 88 页。

⑧ 史金波、白滨、黄振华：《文海研究》，中国社会科学出版社，1983 年，第 251、488 页。

⑨ 陈炳应：《西夏谚语——新集锦成对谚语》第 9 条，山西人民出版社，1993 年，第 7 页。

一校验时官马以私马代验者，当罚私马为官马。其交验官马者前需补偿马、则当以此私马代补偿，徒三个月。前者籍官马现有而以弱代替验校，则所验马当由另外无马军卒请领，当于校状上注册给予。其马属者因不好好调①官马，应依法受杖。其中出借私马知代替官马往校验者，则当罚出借者马，举发

俄译本：

若违律，[罪犯应获罪]：有官品者罚一马，庶民杖十三。

审验中若发现用官马作为私马代替缴马，则[此]私马将被剥夺没官，若某用已审验过并配给某人之马，则此[送]官之马可作为赔偿。若在审验中提出，[私马]就地用瘦官马兑换，并且前三个月已配给定主，则[在审验中]被查出之[私马]，应配给另无马军卒，[就此]并应立下审验和交接文书。该[私]马主人因未能很好喂养官马，按律应处以杖刑。若某将马借出，并明知[该马]将作为审验官马替身，则对借出马者罚一马，而对求[借马]者罚以与他借得相同官马和甲胄，用以奖赏举发者。

31－21 右面：

[illegible]	[illegible]	[illegible]	[illegible][1]	[illegible]	[illegible]	[illegible]	[illegible]	[illegible]	[illegible]
索	者	同	罪过	告	赏	等	前述	官马	甲胄

[illegible]	[illegible]	[illegible]	[illegible]	[illegible]	[illegible]	[illegible]	[illegible]	[illegible]	[illegible]	[illegible]	[illegible]
三	种	索借	法依	罪	同	判断	及	借	者	不	知

[illegible]	[illegible]	[illegible]	[illegible]	[illegible]	[illegible]	[illegible]	[illegible]		
者	罪	不	治	索借者	当	偿	为		

[illegible]	[illegible]	[illegible]	[illegible]	[illegible]	[illegible]	[illegible]	[illegible]	[illegible]	[illegible]	[illegible]	[illegible]	[illegible]
一	军卒	季校	为	时	校	当	军头监	聚	日	给	上	不

① 西夏字“[illegible]”，该字因图版模糊，史本应识别为“[illegible]”，翻译为“调”；李本翻译为“喂养”。

慌	刭	靴	祇	僫	靴	繖	𦄂[2]	殺	散	蘼	僫	靴	戚尾	贏
来	一	日	起	五	日	至	迟	十	三	杖	五	日	以上	十

靴	繖	散絨絨	贏	靴	戚尾	贏	僫	靴	繖	綏絨絨
日	至	三个月	十	日	以上	十	五	日	至	六个月

贏	僫	靴	戚尾	𦄂	磃	靴	祇	慨	䄟[3]	𣽈	綴	慌	䖟	捣
十	五	日	以上	迟	校	期	皆	未	毕	此	愿	来	徒	一

級	磃	靴	捣	䄟	慨	綴	慌	䊹	朘	㡘[4]	䖟	捣㮣	㲚	霰
年	校	日	已	毕	后	愿	来	正	未	来	等	一律	职	军

𢀗	䄈	楄	級	䌑䊸	䏏	絨	[illegible]	纖	芚䌚	䏏[illegible]	䕠	䍘
当	革	二	年	其中	官	有	在	者	劳役	官品	与	乃

注释：

[1] 𦈢𥫗，意“罪过”。

𥫗，意“罪过”。《西夏谚语》第140条“𦈢𥫗蘸𦈲䏑𦄂𢏟𦄂”译“过恶已大，亲难相助”。①

[2] 𦄂，意“缓慢”。

𦄂，意“慢”、“缓”、“停”、“怠”。《掌中珠》“𦄂𢒉𢒉𦆰”作“不许留连”。②

[3] 䄟，意“了毕”。

䄟，意“终”、“竟”、“毕”、“极”、“了”、“已”、“讫”。《掌中珠》“𪄆𢒉捣䄟”作“设宴已毕”，“祇𧥻𢏟䄟”作“尽皆了毕”。③《德行集》“𦈔𦈕𥫗　䄟”意“德行集终”。④

[4] 䊹朘㡘，意“始终不至”、“完全没来”。

䊹朘㡘，意“始终不至”、“完全没来”。《华严经》卷四十“𦅼𦅻𦈲𦈌朘㡘𣏄𦈢𦈲𦈲”对应汉文本（过去、现在、未来诸菩萨众）。《孟子》“𢀗𦈲𦈲𦈢𦈲𦈲，𦈲𦈲𦈲𦈲𦈲𦈲，朘㡘，𦈲𦈲

① 陈炳应：《西夏谚语——新集锦成对谚语》第140条，山西人民出版社，1993年，第13页。
② 《番汉合时掌中珠》（乙种本），《俄藏黑水城文献》第一〇册，第33页。
③ 《番汉合时掌中珠》（乙种本），《俄藏黑水城文献》第一〇册，第32页。
④ 聂鸿音：《西夏文德行集研究》，甘肃文化出版社，2002年，第128、129页。

[illegible]”对应汉文本“昔齐景公往猎，招虞人以旌，不至，将杀之”。[1]《德行集》中“[illegible] [illegible]”译“三年后，远方十六国来归附”。[2]

汉译本：

借者与索者罪过者偿，按前述索借官马、坚甲三种之法相同判断。又借者不知情，则不治罪，索借者当补偿马。

一军卒季校时，所校军头监不依所给聚集日限前来，则迟一日至五日，十三杖；五日至十日，徒三个月；十日至十五日，徒六个月；十五日以上至校期未毕前来，徒一年。校日已毕来及完全未来者，一律当革职、军，徒二年。其中有官者当与官品同

俄译本：

若借出马者不知[他借出之马将作为审验替身]，则[他]不获罪。求借马者按律也应赔一[官]马。

若在季度审验[战具]期间，主司手下执审人没有按[其]规定期限审验，则误一至五日者，杖十三；误六至十日者，处三个月苦役；十一至十五日者，处六个月苦役。误十五日以上者，即审验结束前报到者，处一年苦役；而对那些审验结束后报到或始终未到者，处二年苦役，同时免其军职。

31－21 左面：

[illegible][1]	[illegible]									
当	为									

[illegible]	[illegible]	[illegible]	[illegible]	[illegible]	[illegible]	[illegible]	[illegible]	[illegible]	[illegible]	[illegible]	[illegible]	[illegible]
一	军首领正	公	因	他	事	执	军	上	代口	检	在	校

[illegible]	[illegible]	[illegible]	[illegible]	[illegible]	[illegible]	[illegible]	[illegible]	[illegible]	[illegible]	[illegible]	[illegible]	[illegible]	[illegible]
集	日	上	迟	正	将	来	等	者	其	代口	检	中	末驱

① 彭向前：《西夏文〈孟子〉整理研究》，上海古籍出版社，2012年，第167页。
② 聂鸿音：《西夏文德行集研究》，甘肃文化出版社，2002年，第76、77页。

[illegible]	[illegible]	[illegible]	[illegible]	[illegible]	[illegible]	[illegible]	[illegible]	[illegible]	[illegible]	[illegible]
首领	小舍监	等	有	者	官	有	无	者	正首领	集

[illegible]	[illegible]	[illegible]	[illegible]	[illegible]	[illegible]	[illegible]	[illegible]	[illegible]	[illegible]	[illegible]	[illegible]	[illegible]	[illegible]	[illegible]
日	上	迟	及	正	将	来	等	与	罪	同	判断	若	军	无

[illegible]	[illegible]	[illegible]	[illegible]	[illegible]	[illegible]	[illegible]	[illegible]	[illegible]	[illegible]	[illegible]	[illegible]	[illegible]	[illegible]	[illegible]	[illegible]
有	者	军	革	当	军	各	一	年	者	劳役	当	增	为	三	年

[illegible]	[illegible]										
得	获										

[illegible]	[illegible]	[illegible]	[illegible]	[illegible]	[illegible]	[illegible]	[illegible]	[illegible]	[illegible]	[illegible]	[illegible]	[illegible]
一	首领	小舍监	末驱	等	校	集	日	上	迟	者	一	日

[illegible]	[illegible]	[illegible]	[illegible]	[illegible]	[illegible]	[illegible]	[illegible]	[illegible]	[illegible]	[illegible]	[illegible]	[illegible]	[illegible]
起	十	日	至	十	杖	十	日	以上	二	十	日	至	十

注释：

[1] [illegible]：直译为"敌"、"争"，意译为"当"、"抵"。

[illegible]，意"敌"、"击"、"争"、"交"、"角"、"背"。《文海》"[illegible]"释"[illegible] 敌者敌也，使斗也"。① 《六韬》中"[illegible]"意"与纣王之百万兵相击"。②

汉译本：

当。

一军正首领因公任其他职，军上权检校在，校集日迟至及完全不至时，其权检校中为末驱小首领、舍监者，不论有官无官，与正首领校集日迟至及完全不至罪相同判断。无军职者，代替革军职，当增一年劳役为三年。

① 史金波、白滨、黄振华：《文海研究》，中国社会科学出版社，1983 年，第 301、523 页。

② 贾常业：《西夏文译本〈六韬〉解读》，《西夏研究》2011 年第 2 期，第 78 页。

一小首领、舍监、末驱等校集日迟至者，迟一至十日，十杖；十日以上至二十日，十

俄译本：

对有官品[罪犯]，可依其官品议定苦役期限。

若在集中审验期内迟到或从未到场之正军首领，临时在军中执行谕旨之特使，或若临时代行特使职务之殿后、小头领和布阵头领等，不论其有无官品，他们均应获与正军首领在集中审验中迟到或未到者同罪。若贻误者不在军中服役，则代之以免军职为加处一年苦役，即他应获处三年苦役。

若在集中审验[战具]中专司布陈和殿后之小头领如期未到，则误期一至二十日者，杖十三。

31－22右面

[illegible]	[illegible]	[illegible]	[illegible]	[illegible]	[illegible]	[illegible]	[illegible]	[illegible]	[illegible]	[illegible]	[illegible]	[illegible]	[illegible]
三	杖	二	十	日	以 上	迟	校	不	毕	至	来	等	六

[illegible]	[illegible]	[illegible]	[illegible]	[illegible]	[illegible]	[illegible]	[illegible]	[illegible]	[illegible]	[illegible]	[illegible]	[illegible]	[illegible]
个 月	校	日	皆	一	毕	后	愿	及	正	要	来	等	一

[illegible]	[illegible]	[illegible]	[illegible]	[illegible]	[illegible]	[illegible]	[illegible]	[illegible]	[illegible]	[illegible]	[illegible]	[illegible]	[illegible]	[illegible]
律	职	军	当	革	一	年	军	无	则	徒	二	年	官	有

[illegible]	[illegible]	[illegible]	[illegible]	[illegible]	[illegible]	[illegible]					
者	官	品	与	乃	当	为					

[illegible]	[illegible]	[illegible]	[illegible]	[illegible]	[illegible]	[illegible]	[illegible]	[illegible]	[illegible]	[illegible]
一	季 校	上	诸	正 军	辅 主	官 马	甲 胄	等	检 校	正

[illegible]	[illegible]	[illegible]	[illegible]	[illegible]	[illegible]	[illegible]	[illegible]	[illegible]	[illegible]	[illegible]	[illegible]	[illegible]
未	来	者	庶 人	徒	六 个 月	则	不	校	何	派	时	何

[illegible]	[illegible]	[illegible]	[illegible]	[illegible]	[illegible]	[illegible]	[illegible]	[illegible]	[illegible]	[illegible]
三个月	首领	军正	等	知情	则	十	三	杖	不	知

[illegible]	[illegible]	[illegible]									
罪	不	治									

[illegible]	[illegible]	[illegible]	[illegible]	[illegible]	[illegible]	[illegible]	[illegible]	[illegible]	[illegible][1]
一	军正	辅主	负担	官马	甲胄	等	籍	上	名乃点

注释：

[1] [illegible]，意“点名”。

[illegible]，意“召唤”、“邀请”。《孙子兵法》“[illegible]”对应汉文本“不求而得”；①《金光明经》卷六“[illegible]”对应汉文本“请唤我父”、②卷九“[illegible]”对应汉文本“唤其一子”；③《掌中珠》“[illegible]”作“追干连人”。④

汉译本：

三杖；二十日以上迟至校期未毕方到来，徒六个月；检校日已毕后来及完全不至者，一律当革职、军，徒一年，无军职则徒二年，有官者许以官品当。

一季校时诸正军、辅主之官马、坚甲检校完全不至者，庶人徒六个月。本人不来校，派别人时，何人徒三个月。首领、正军等知情者十三杖，不知者不治罪。

一正军、辅主、负担之著籍官马、坚甲应依籍点名、

俄译本：

[误期]二十日以上和直到审验结束前尚未到卯者，处六个月苦役；审验已结束始终未到者，处一年苦役并免其军职。若[罪犯]无军中职务，则处二年苦役。若[罪犯]

① 《孙子兵法三注》甲种本卷下，《俄藏黑水城文献》第十一册，第173页。

② 王静如：《金光明最胜王经卷六夏藏汉合璧考释》，《西夏研究》（第三辑），中研院史语所单刊甲种之十一，1933年，第56—57页。

③ 王静如：《金光明最胜王经卷九夏藏汉合璧考释》，《西夏研究》（第三辑），中研院史语所单刊甲种之十一，1933年，第310—311页。

④ 《番汉合时掌中珠》（乙种本），《俄藏黑水城文献》第一〇册，第34页。

有官品，则依其官品[对其议]处。

在正军或辅正军任何[分队]季度审验时期，官马和甲胄不送审验者，则对[有罪]军卒处六个月苦役。若不参审者是因有人将其放走某处，则对[将其放走]者，处三个月苦役。对正军头领，若[其]知[此情]，杖十三；不知者，不论。

在正军、辅正军和副军(供职者)之官马和甲胄都应按册有[使用者]进行审验。

31－22 左面

[illegible]	[illegible]	[illegible]	[illegible]	[illegible]	[illegible]	[illegible]	[illegible]	[illegible][1]
为	检验	其中	官马	甲胄	正军	辅主	新	请

[illegible]	[illegible]	[illegible]	[illegible]	[illegible]	[illegible]	[illegible]	[illegible]	[illegible]	[illegible]	[illegible]	[illegible]	[illegible]	[illegible]
注册	应	等	籍	上	未	注	有	者	数	按	注册	有	则

[illegible]	[illegible]	[illegible]	[illegible]	[illegible]	[illegible]	[illegible][2]	[illegible][3]	[illegible]	[illegible]
注册	上	检校	注册	无	则	分析	状上	校验	不

[illegible]	[illegible][4]	[illegible]	[illegible]	[illegible]	[illegible][5]	[illegible]	[illegible]	[illegible]	[illegible]	[illegible]	[illegible]	[illegible][6]
校	隐瞒	时	军正	辅主	局分	处	已	告	备	免	其	减

[illegible]	[illegible]	[illegible]	[illegible]	[illegible]	[illegible]	[illegible]	[illegible]	[illegible]	[illegible]	[illegible]	[illegible]	[illegible]	[illegible]
瞒	者	瞒	者	及	不	校	者	等	一律	一	年	注册	未

[illegible]	[illegible]	[illegible][7]	[illegible]	[illegible]	[illegible]	[illegible]	[illegible]	[illegible]	[illegible]	[illegible]	[illegible]	[illegible]	[illegible]	[illegible]
减	除	其	瞒	者	第	六	中	未	及	籍	上	不	注册	之

[illegible]	[illegible]	[illegible]	[illegible]	[illegible]	[illegible]	[illegible]	[illegible]	[illegible]	[illegible]	[illegible]	[illegible]
罪状	明	依法	判断	马甲	铠甲	马	三	种	者	注册	已

[illegible]	[illegible]	[illegible]	[illegible]	[illegible]	[illegible]	[illegible]	[illegible]	[illegible]	[illegible]	[illegible]
减	未	减	一律	一	种	三个月	二	种	六个月	三

[illegible]	[illegible]	[illegible]									
种	一	年									

注释：

［1］[illegible]，意“新招纳”。

[illegible]，意“新”《掌中珠》“[illegible]”作“更新添十句”。[①]

[illegible]，意“请”、“召唤”。本句汉译本译为“其中正军、辅主新请领取官马、坚甲”，俄译本译为“被征用给正军、辅正军新军卒使用之官马和甲胄”，应该“[illegible]”的主体是人，而非官马、坚甲，所以应采用俄译本翻译。

［2］[illegible]，意“分析”。

[illegible]，意“行列”、“分析”，《掌中珠》“[illegible]”作“彼人分析，我乃愚人”。[②]

［3］[illegible]，意“状上”。

[illegible]，意“状”。《掌中珠》“[illegible]”作“伏罪入状”。[③]

［4］[illegible]，意“隐瞒”。

[illegible]，意“隐藏”、“匿”。《贞观玉镜将》“[illegible]”译“正军等当同分，不许藏匿”。[④]

［5］[illegible]，意“局分”。

[illegible]，意“侍奉”、“局务”。《掌中珠》“[illegible]”译“局分大小”、“[illegible]”译“指挥局分”；[⑤]《贞观玉镜将》“[illegible] 各自局分所属”。[⑥]《德行集》中“[illegible]”译“尚书裴矩谏曰‘局分受贿，虽罪实当杀’”。[⑦]

［6］[illegible]，意“减免”、“消除”。

[illegible]，意“灭”、“除”。《佛母大孔雀明王经夏梵藏汉合璧校译》“[illegible]”对应汉文本“不善者乃除去”。[⑧]

[illegible]，意“拔”、“救”、“拉”、“牵”、“拽”、“挖”、“掘”、“伏”、“消除”、“招”、“抽”。《掌中珠》

① 《番汉合时掌中珠》(甲种本)，《俄藏黑水城文献》第一〇册，第4页。
② 《番汉合时掌中珠》(乙种本)，《俄藏黑水城文献》第一〇册，第34页。
③ 《番汉合时掌中珠》(乙种本)，《俄藏黑水城文献》第一〇册，第35页。
④ 陈炳应：《贞观玉镜将研究》，宁夏人民出版社，1995年，第90页。
⑤ 《番汉合时掌中珠》(乙种本)，《俄藏黑水城文献》第一〇册，第29、34页。
⑥ 陈炳应：《贞观玉镜将研究》，宁夏人民出版社，1995年，第84页。
⑦ 聂鸿音：《西夏文德行集研究》，甘肃文化出版社，2002年，第90、91页。
⑧ 王静如：《佛母大孔雀明王经夏梵藏汉合璧校译》，《西夏研究》(第一辑)，中研院史语所，1932年，第258—259页。

“緶豯𗨻𗏁”作“伏罪入状”。①

[7] 𗧓𗫂，意“可是”。

𗧓𗫂，直译为“彼顺”，根据上下文，可以有多种意思。如可译为“或者”、“还是”，表示选择；可以，也可译为“可是”、“不过”，表示轻微的转折。《孟子》“𗧓𗫂𗦻𗤶𗣼𗤋”对应汉文本“抑亦立而视与”；②《掌中珠·序言》“𗐱𗂧𗓁𗈪𗅲𗘂𗠁 𗧓𗫂𗋕𗒀𗖻 𗗙𗋽𗖯𗤁𗜐”作“愚稍学番汉文字，何敢默而弗言以避惭作”。③

汉译本：

检验。其中正军、辅主新请领取官马、坚甲，有应注籍而未注籍者，按数有注册则依注册校，无注册则当分析按状上校验。不校而隐瞒者，正军、辅主之已向局分处告，且已减除，隐瞒者及不校者一律徒一年。未行注册而隐瞒者，应依第六卷未著籍罪不入注册之罪状判断，其披、甲、马三种未行已行注册，一律一种徒三个月，二种徒六个月，三种徒一年。

俄译本：

被征用给正军、辅正军新军卒使用之官马和甲胄以及未登记之战具，则若[该战具]一部份属在册者，应该是已经审验，而另一部分未在册者应对与其有关之全部文书进行审验。若尚未审验而[战具]被盗，则确定事实后，抄录被盗物（清单）并就此向正军或辅正军头领禀报，对未履行审验者，处一年苦役。若[装备]是属不在册被盗，则对罪犯可依[本法]第六章非计数装备有关条款处罪。因隐匿三种[战具]（马、胄甲）之[犯罪]，不论其为在册与否，隐匿一种者，处三个月苦役；二种者，处六个月苦役；隐匿三种者，处一年苦役。

31－23 右面：

𗍫	𗕣	𗒹	𗓱𗗟	𗥃[1]	𗂸𗨁[2]	𗆤𗡶[3]	𗖵	𗋕	𗥑	𗟻	𗆮	𗒘	𗽀	𗤋
一	诸	院	军卒	哨	长短	烽火台	换	等	中	有	不	实	属	者

① 《番汉合时掌中珠》（乙种本），《俄藏黑水城文献》第一〇册，第 35 页。

② 彭向前：《西夏文〈孟子〉整理研究》，上海古籍出版社，2012 年，第 128 页。

③ 《番汉合时掌中珠》（乙种本），《俄藏黑水城文献》第一〇册，第 20 页。

[illegible]	[illegible]	[illegible]	[illegible]	[illegible]	[illegible][4]	[illegible]	[illegible]	[illegible]	[illegible]	[illegible]
则	由	所	首 领	检	嘱 关	应	分 析	官 马	坚 甲	杂

[illegible]	[illegible]	[illegible]	[illegible]	[illegible]	[illegible]			
物	武 器	辅 主	各	校 验	为			

[illegible]	[illegible]	[illegible]	[illegible]	[illegible]	[illegible]	[illegible]	[illegible]	[illegible]	[illegible]	[illegible]
一	诸	军 卒	季 校	起	等	时	坚 甲	马	武 器	杂 物

[illegible]	[illegible]	[illegible]	[illegible]	[illegible]	[illegible]	[illegible]	[illegible]	[illegible]	[illegible][5]	[illegible]	[illegible]
各	种	等	校 验	缺	之	罪 状	高 下	依	大 杖	一	杖

[illegible]	[illegible]	[illegible]	[illegible]	[illegible]	[illegible][6]	[illegible]	[illegible]			
换	各	五	笞	一	杖 小	检	中			

[illegible]	[illegible]	[illegible]	[illegible]	[illegible]	[illegible]	[illegible]	[illegible]	[illegible][7]	[illegible]	[illegible]	[illegible]	[illegible]	[illegible]	[illegible]
一	季 校	为	者	往	时	人	马	粮 食	他	所	需	等	于	别

[illegible]	[illegible]	[illegible]	[illegible]	[illegible]	[illegible]	[illegible]	[illegible]	[illegible]	[illegible]	[illegible]	[illegible]	[illegible]
其	二	十	第	中	明 确	不	在	检	所	军	好 好	校 验

[illegible]	[illegible][8]	[illegible]	[illegible]	[illegible]	[illegible]	[illegible][9]	[illegible]	[illegible]	[illegible]
为	饮 食	物	取	校	时	虚 杂	为	及	军 首 领 小 大

注释：

［1］[illegible]，意“侦察”、“巡逻”。

[illegible]，意“哨”、“检查”。《同音文海宝韵合编》“[illegible]”解释为“检查：敌人地上检查、视查”。① 《西夏谚语》第 84 条“[illegible]”译“哨卡口上莫放牧”。②

① 韩小忙：《〈同音文海宝韵合编〉整理与研究》，中国社会科学院出版社，2008 年，第 174 页。
② 陈炳应：《西夏谚语——新集锦成对谚语》第 84 条，山西人民出版社，1993 年，第 10 页。

［2］[illegible]，意“远近”。

[illegible]，本意指“长短”，在此指远近。《孟子》中“[illegible]，[illegible]，[illegible]”译“今滕，绝长补短，将五十里也”。[1] 在西夏文翻译中习惯将“大小”、“轻重”等词颠倒翻译，但是本句中“长短”却没有被颠倒翻译。

［3］[illegible]，意“烽火台”。

[illegible]，意“山峰”、“烽火台”。《同音文海宝韵合编》“[illegible]”释“[illegible]”为“烽火台，烽火所放处及骆驼峰之谓”。[2]《同音背注》“[illegible]”解释为“烽火台：火炬所设处”。《类林》“[illegible]”译“幽王举烽火，打大鼓”。[3] 对于“[illegible]”，汉译本译为大小巡检人，俄译本译为远近哨卡，应译为远近烽火台。其中，俄译本和汉译本在《天盛律令》卷四《敌动门》中均将“[illegible]”译为烽火。

［4］[illegible]，意“至关”。

[illegible]，意“嘱咐”、“吩咐”、“授予”、“赠予”。[illegible]，意“关”，（汉语借词）。《掌中珠》“[illegible]”作“接状只关”。[4]

［5］[illegible]，意“大杖”。

大杖，为西夏杖刑的刑具，该刑罚高于笞刑，低于徒刑，即用大竹板、大荆条或棍杖，击打犯人的脊背或臀部、腿部等。西夏由于所处自然环境，一般采用棍杖。《天盛律令》卷九《行狱杖门》中详细规定：“一诸木枷、大杖斤两、厚薄当依以下所定而为之：木枷大杖等上当置有官字烙印。杖以柏、柳桑木为之，长三尺一寸。头宽一寸九分，头厚薄八分，杆粗细皆为八分，自杖腰至头表面应置皮筋若干，一共实为十两，当写新年日。”[5]大杖与细杖相对，在西夏刑法中可以转换，文中反映出“一大杖可换为五笞一细杖”。《唐律疏议》记载“舜之事父，小杖则受，大杖则走”。[6]

［6］[illegible]，意“细杖”。

细杖，为西夏杖刑的刑具。

［7］[illegible]，意“粮食”。

[illegible]，意“军粮”。《掌中珠》“[illegible]”作“资粮加行”。[7]《将苑》“[illegible]，[illegible]，

① 彭向前：《西夏文〈孟子〉整理研究》，上海古籍出版社，2012 年，第 145 页。
② 韩小忙：《〈同音文海宝韵合编〉整理与研究》，中国社会科学院出版社，2008 年，第 39 页。
③ 史金波、黄振华、聂鸿音：《类林研究》，宁夏人民出版社，1993 年，第 226 页。
④《番汉合时掌中珠》（乙种本），《俄藏黑水城文献》第一〇册，第 34 页。
⑤ 史金波、聂鸿音、白滨译注：《天盛改旧新定律令》卷九《行狱杖门》，法律出版社，2000 年，第 324 页。
⑥［唐］长孙无忌等撰、刘俊文点校：《唐律疏议》，中华书局，1983 年，第 4 页。
⑦《番汉合时掌中珠》（甲种本），《俄藏黑水城文献》第一〇册，第 19 页。

□□□□”对应汉文本“粮食羡余，四邻和睦，大国应援”。[①]

［8］□□，意“饮食”。

□，意“食”、“厨”。《孙子兵法》“□□□□□”对应汉文本“饵兵勿食”。[②]《孟子》中“□□□□□，□□□□□□”译“治于人者食人，治人者受食于人”。[③]

□，意“饮”、“服”、“喝”。《掌中珠》“□□□□”作“取乐饮酒”。[④]《德行集》“□□□□□□□□□”译“使饮食毕时谏者臣遣”；[⑤]《金光明经》卷九“□□□”对应汉文本“啖饮食”。[⑥]《类林》“□□ □□□□□□”译“吴王一人为辍食”。[⑦]

关于“吃”的动词有不同形式：“□”是表示使动词（令食），与专门表示自动词的“□”相对。“□”可能来自“□”，两词同音，皆音［底］。有趣的是“□”也是“□”+“□”各自的一部分组合而成。[⑧]

［9］□□：虚杂。

□，意“虚”（汉语借词）。《掌中珠》，标［虚］、［许］音，如□□［虚宿］、□□［虚空］、□□□□［不许留恋］。[⑨]

汉译本：

一诸院军卒、大小巡检人于旁监巡者，因不在，属实，则由所在首领只关分析，其官马、坚甲、杂物、武器可由辅主校验。

一诸军卒季校及行军时，其各种坚甲、马、武器、杂物等校验短缺，按罪状高下，所承大杖一杖可代以笞五，以小杖行之。

一往为季校者，其人马、食馔及其他所须领等，分别依第二十卷规定明确以外，所校阅军当认真校验。不允取饮食物，校阅时为虚杂，以及于大小军首领、

① 《将苑》，《英藏黑水城文献》第二册，第218页。

② 《孙子兵法三注》甲种本卷下，《俄藏黑水城文献》第一一册，第161页。

③ 彭向前：《西夏文〈孟子〉整理研究》，上海古籍出版社，2012年，第122页。

④ 《番汉合时掌中珠》（乙种本），《俄藏黑水城文献》第一〇册，第35页。

⑤ 聂鸿音：《西夏文德行集研究》，甘肃文化出版社，2002年，第50页。

⑥ 王静如：《金光明最胜王经卷九夏藏汉合璧考释》，《西夏研究》（第三辑），中研院史语所单刊甲种之十一，1933年，第274页。

⑦ 史金波、黄振华、聂鸿音：《类林研究》，宁夏人民出版社，1993年，第106页。

⑧ 史金波：《西夏文教程》，社会科学文献出版社，2013年，第235页。

⑨ 《番汉合时掌中珠》（乙种本），《俄藏黑水城文献》第一〇册，第21、22、33页。

俄译本：

若远近哨卡正常值岗之哨卒[在审验战具期间]未到场，则[有关其战具]情报应交给到场者，[代其]承担后果。辅正军服役者应有之官马、甲胄、兵杖及其他战具，应参加审验。

若在季度审验[战具]期间军旅出征上路，若因在审验中缺战马、甲胄、兵杖及其他战具，则[罪犯]应依上述断例获处笞刑：笞五，折杖一。

[战具]季度审验官到职时，要[尽量]拨给[其]所需人口粮和喂马草料等，这一类在[本法]第二十章中没有确定，是因为有司验官非法勒索被验者之口粮和财物，以及向军卒及大小头领摊派某种杂捐，

31-23左面：

[illegible]	[illegible][1]	[illegible]	[illegible]	[illegible]	[illegible]	[illegible]	[illegible]	[illegible]
军 卒	上 税 有 伸	总 计	等	许	不	若	律 违	季 校

[illegible]	[illegible]	[illegible]	[illegible]	[illegible]	[illegible]	[illegible]	[illegible]	[illegible]	[illegible]	[illegible]	[illegible]
后	引	局 分 人	等	校	所	军	中	贿 受	时	何	总 计

[illegible]	[illegible]	[illegible]	[illegible]	[illegible]	[illegible]	[illegible][2]	[illegible]
数	总 计	法 枉	贿 受	法 依	判 断	巡 检 者	贿 受

[illegible][3]	[illegible]	[illegible]	[illegible]	[illegible]	[illegible]	[illegible]	[illegible]	[illegible]	[illegible]	[illegible]	[illegible]
情 徇	为	以	他	之	罪	瞒	者	及	自	则	虚 杂 入 令

[illegible]	[illegible]	[illegible]	[illegible]	[illegible]	[illegible]	[illegible]	[illegible]	[illegible]	[illegible]	[illegible]	[illegible]	[illegible]	[illegible]	[illegible]
等	时	贿	兴	受	他	之	罪	更	瞒	为	弄 虚	已	入	罪

[illegible]	[illegible]	[illegible]	[illegible]	[illegible]	[illegible]	[illegible]	[illegible]	[illegible]	[illegible]	[illegible]	[illegible]	[illegible]	[illegible]	[illegible]
等	何	已	重	上	后	一	等	乃	加	为	若	贿	徇 情	未

[illegible]	[illegible]	[illegible]	[illegible]	[illegible]	[illegible]	[illegible]	[illegible]	[illegible]	[illegible]	[illegible]	[illegible]	[illegible]	[illegible]	[illegible]
巡 检	失	误	不	知	则	官	有	罚	马	一	庶 人	十	三	杖

[illegible]	[illegible]	[illegible]	[illegible]	[illegible]	[illegible]	[illegible]	[illegible]
一	军首领大小	校验	时	军卒	上税伸有	总计	自

[illegible]	[illegible]	[illegible]	[illegible]	[illegible]	[illegible]	[illegible]	[illegible]	[illegible]	[illegible]	[illegible]	[illegible][4]
各	吞	食	者	枉法	贿受	依法	判断	若	自	不	吞

注释：

[1] [illegible]，直译为“税上有伸”，意译为“摊派”。

[illegible]，意“上”、“在”、“披”、“於”。《六韬》中“[illegible]，[illegible]”意“以小击大，则必日暮”。①

[illegible]，意“赋税”。《六韬》中“[illegible]，[illegible]”意“其自奉也甚薄，其赋役也甚寡”。②

[2] [illegible]，意“巡检者”。

[illegible]，意“观察”。《六韬》中“[illegible]，[illegible]”意“鸡犬者，其伺候也”。③

[illegible]，二字连用，有观察、侦察、间谍等意思。《将苑》“[illegible]”对应汉文本“必先探敌情而后图之”。④

[3] [illegible]，意“徇情”。

[illegible]，意“情面”、“羞愧”。[illegible]，意“面”、“维”。《掌中珠》“[illegible]”作“面额”；⑤“[illegible]”作“休做人情”。⑥《六韬》中“[illegible]”作“北面再拜而问之”。⑦

[4] [illegible]：直译为“自不持”、“自不吞”，意译为“不独吞”。

[illegible]，意“持”、“执”、“拿”、“吞”、“吸”、“载”，(汉语借词)。《掌中珠》该字标，[程]音。如[[illegible]]地程。⑧

① 贾常业：《西夏文译本〈六韬〉解读》，《西夏研究》2011 年第 2 期，第 78 页。
② 贾常业：《西夏文译本〈六韬〉解读》，《西夏研究》2011 年第 2 期，第 63 页。
③ 贾常业：《西夏文译本〈六韬〉解读》，《西夏研究》2011 年第 2 期，第 71 页。
④《将苑》，《英藏黑水城文献》第二册，第 218 页。
⑤《番汉合时掌中珠》(甲种本)，《俄藏黑水城文献》第一〇册，第 10 页。
⑥《番汉合时掌中珠》(乙种本)，《俄藏黑水城文献》第一〇册，第 33 页。
⑦ 贾常业：《西夏文译本〈六韬〉解读》，《西夏研究》2011 年第 2 期，第 69 页。
⑧《番汉合时掌中珠》(乙种本)，《俄藏黑水城文献》第一〇册，第 25 页。

汉译本：

军卒总计当出摊派。若违律大校毕局分人于所校军中受贿时，总计受多少，按枉法贪赃判断。巡检者受贿徇情，隐瞒他人之罪者，及本人弄虚作假时所受贿，与隐瞒他人之罪及弄虚作假罪比较，依其重者加一等。若受贿未徇情，巡检失误不知，则有官罚马一，庶人十三杖。

一大小军首领校验时，对军卒总计摊派，自取食者，以枉法贪赃罪判断。若自□□①

俄译本：

若违此律，那些司验官以及随行司职从受验军卒索贿者，则其全部所得应汇记总账，对[罪犯]应以"贪赃枉法"断律议罪。若司验官因受贿而有偏袒，隐瞒别人之违法行为者，则[对罪犯]应予严惩：因贿赂和隐瞒旁人行为或参与非法索求者，处罪时应加罪一等。若既无贿赂行为，又无偏袒，而是司审验人员工作马虎或不知[有舞弊情]者，则[对罪犯]有官品者罚一马，庶民杖十三。

若在审验[战具]时，大小头领盘剥军卒者，即使只取一份，也应按"贪赃枉法"处律议罪。

31－24 右面：

[illegible]	[illegible]	[illegible]	[illegible]	[illegible]	[illegible]	[illegible]	[illegible][1]	[illegible]
季校	局分	人	等	之	给	者	从犯	判断

[illegible]	[illegible]	[illegible]	[illegible]	[illegible]	[illegible]	[illegible]	[illegible]	[illegible]	[illegible]	[illegible]	[illegible]	[illegible]
一	校	时	军卒	上税伸	举告者	告	人	官	职	军	求	言

[illegible]	[illegible]	[illegible]	[illegible]	[illegible]	[illegible]	[illegible]	[illegible]	[illegible]	[illegible]	[illegible]	[illegible]	[illegible]	[illegible]
所	告	语	已	实	为	时	杂	罪	告	赏	〈 〉	明	法

[illegible]	[illegible]	[illegible]	[illegible]	[illegible]	[illegible]	[illegible]	[illegible]	[illegible]	[illegible]	[illegible]	[illegible]	[illegible]	[illegible]	[illegible]
依	当	获	告	虚	则	十	三	第	上	杂	罪	判	罪	承

① 西夏文"[illegible]"二字汉译本没有识别出，应译为"不独吞"。

[illegible]	[illegible]	[illegible]	[illegible]	[illegible]							
其	知	相	检	同							

[illegible]	[illegible]	[illegible]	[illegible]	[illegible]	[illegible]	[illegible]	[illegible]	[illegible]	[illegible]	[illegible]
一	军	校	时	校	大	案头	司吏	军首领大小	等	局分

[illegible]	[illegible]	[illegible]	[illegible]		[illegible]	[illegible]	[illegible]	[illegible]
军卒	中	军正	辅主		官马	坚甲	杂物	武

[illegible]	[illegible]	[illegible]	[illegible]	[illegible]	[illegible]	[illegible]	[illegible]	[illegible]	[illegible]	[illegible]	[illegible]	[illegible]
器	等	则	无	及	则	有	弱劣	式样	不	及	告	贿

[illegible]	[illegible]	[illegible]	[illegible]	[illegible]	[illegible]	[illegible]	[illegible]	[illegible]	[illegible]	[illegible]	[illegible]	[illegible]
取	虚杂	入	则	有	式样	及	中	入	等	时	罪	已

注释：

[1] [illegible]：直译为“从法”，意译为“从犯”。

[illegible]，意“助”、“副”、“从”、“嫔”。《掌中珠》“[illegible]”作“诸天佑助”。[①]《德行集》中“[illegible]”译“有指教辅翼之正人故也”。[②]

汉译本：

大校局分人等者，则以从犯判断。

一举告校军时对军卒摊派者，举告人求官、职、军，所告言实，当依举告杂罪得赏法获赏，所举告言虚，则与第十三卷举告杂罪是虚承罪法相同。

一校军时大校之案头、司吏、大小军首领等局分中，军卒中正军、辅主之官马、坚甲、杂物、武器等实无，及虽有但弱劣，式样不合，而行贿，放过虚杂，使入于实有合于式校中时，罪依所

① 《番汉合时掌中珠》(乙种本)，《俄藏黑水城文献》第一〇册，第35页。
② 聂鸿音：《西夏文德行集研究》，甘肃文化出版社，2002年，第50、51页。

俄译本：

若其所取未单给自己，而是全交给审验人员共分，则应依共谋律议罪。

在审验[战具]期间，有举发盘剥受验军卒者，若全部所举属实，举发者并未表示其欲升官晋职，则应按举发各种犯罪受奖断律，[其]应[因举发而受]奖。若举发是假，则应依[本法]第十三章对各种伪举行为处罪律，[举发者]应获罪。

正军或辅正军某军卒不送验官马、甲胄、兵杖和其他战具，或者尽管战具都在，但大都不能用或不合格时，军队司验官及参与季度审验司职人员(执事、文薄、大小头领)因受贿，伪造作弊[没有或不合格战具]，以无充有，以次充好者，则[罪犯]应依下例获罪。

31－24 左面：

[illegible]	[illegible]	[illegible]	[illegible]	[illegible]	[illegible]	[illegible]	[illegible]	[illegible]	[illegible][1]	[illegible]
定	依	判断	若	贿	收	则	枉法	贿	换算	虚杂

[illegible]	[illegible]	[illegible]	[illegible]	[illegible]	[illegible]	[illegible]	[illegible]			
入	罪	同	依	已	重	于	判断			

[illegible]	[illegible]	[illegible]	[illegible]	[illegible]	[illegible]	[illegible]	[illegible]	[illegible]	[illegible]	[illegible]	[illegible]	[illegible]
一	马甲	铠甲	马	实	无	有	换算	虚杂	入	之	罪	法

[illegible]	[illegible]	[illegible]	[illegible]	[illegible]	[illegible]	[illegible]	[illegible]	[illegible]	[illegible]	[illegible]	[illegible]	[illegible]	[illegible]
一	等	官马	马甲	铠甲	等	三	种	无	中	有	说	数	换

[illegible]	[illegible]	[illegible]	[illegible]	[illegible]	[illegible]	[illegible]	[illegible]	[illegible]	[illegible]	[illegible]	[illegible]
未	著	时	一	二	种	之	六个月	三	四	种	徒

[illegible]	[illegible]	[illegible]	[illegible]	[illegible]	[illegible]	[illegible]	[illegible]	[illegible]	[illegible]	[illegible]	[illegible]	[illegible]	[illegible]
一	年	五	六	种	之	二	年	七	八	种	之	职	军

[illegible]	[illegible]	[illegible]	[illegible]	[illegible]	[illegible]	[illegible]	[illegible]	[illegible]	[illegible]	[illegible]	[illegible]	[illegible]	[illegible]
有	者	职	军	缺	二	年	军	无	者	则	三	年	九

[illegible]	[illegible]	[illegible]	[illegible]	[illegible]	[illegible]	[illegible]	[illegible]	[illegible]	[illegible]	[illegible]	[illegible]	[illegible]	[illegible]
种	十	种	四	年	十	一	十	二	种	则	五	年	十

[illegible]	[illegible]	[illegible]	[illegible]	[illegible]	[illegible]	[illegible]	[illegible]	[illegible]	[illegible]	[illegible]	[illegible]	[illegible]
三	种	起	十	五	种	至	六	年	十	五	种	以上

注释：

[1] [illegible]，意“以为”。

[illegible]，直译为换算，两词根联合后，词义发生了根本变化，对译为“以为”。①

汉译本：

定判断。若收贿，则当算枉法贪赃，与放虚杂罪比较，依其重者判断。

一披、甲、马实无，而假冒有，入虚杂之罪则：

一等官马、披、甲等三种实无，而假冒有其数著籍者，虚报一二种，徒六个月；三四种，徒一年；五六种，徒二年；七八种则有职、军者革职、军，徒二年，无军职者则徒三年；九种至十种，徒四年；十一种至十二种，徒五年；十三种至十五种，徒六年，十五种以上

俄译本：

若受贿，则按“贪赃枉法”论，[对罪犯]应予严惩：因[诈骗和“贪赃枉法”]治罪。

甲、诈骗罪断例——包括实无战马和甲胄而诈称有者。

在军册中似有实无三种[为一套][战具]官马、甲胄者，则因造[注册有之假册]，一至二套者，处六个月苦役；三至四套者，处一年苦役；五至六套者，处二年苦役。[伪造册]达七至八[套]者，[罪犯]若有军职者，则处免军职并罚二年苦役；若[这类人]无军职者，则处三年苦役。[造伪册]达九至十套者，则[对罪犯]处四年苦役；十一至十二套者，处五年苦役；十二至十五套者，处六年苦役；过十五套至二十套者，

① 史金波：《西夏文教程》，社会科学文献出版社，2013年，第135页。

31－25 右面：

[illegible]	[illegible]	[illegible]	[illegible]	[illegible]	[illegible]	[illegible]	[illegible]	[illegible]	[illegible]	[illegible]	[illegible]
二	十	种	至	十	二	年	二	十	种	以上	一

[illegible]	[illegible][1]	[illegible]	[illegible]	[illegible]	[illegible]	[illegible]	[illegible]	[illegible]	[illegible]	[illegible]
律	绞杀	为	以	当	入	其中	不	知	罪	不

[illegible]	[illegible]	[illegible]	[illegible]	[illegible]	[illegible]	[illegible]	[illegible]	[illegible]	[illegible]	[illegible]	
治	官	有	有	者	官	品	同	乃	当	为	

[illegible]	[illegible]	[illegible]	[illegible]	[illegible]	[illegible]	[illegible]	[illegible]	[illegible]
一	等	袋置囊	弓	箭	枪	剑	木橹	揉付囊

[illegible]	[illegible]	[illegible]	[illegible]	[illegible]	[illegible]	[illegible]
弓弦	槌杖	凿斧头	铁蒺藜	锹	镢	马甲

[illegible]	[illegible]	[illegible]	[illegible]	[illegible]	[illegible]	[illegible]	[illegible]	[illegible]	[illegible]	[illegible]
马甲	缚袋	等	杂物	各	种	一	种	自	十	种

[illegible]	[illegible]	[illegible]	[illegible]	[illegible]	[illegible]	[illegible]	[illegible]	[illegible]	[illegible]	[illegible]	[illegible]
至	十	杖	十	种	以上	二	十	种	至	十	三

[illegible]	[illegible]	[illegible]	[illegible]	[illegible]	[illegible]	[illegible]	[illegible]	[illegible]	[illegible]
杖	二	十	种	以上	三	十	种	至	三个月

[illegible]	[illegible]	[illegible]	[illegible]	[illegible]	[illegible]	[illegible]	[illegible]	[illegible]	[illegible]
三	十	种	以上	四	十	种	至	六个月	四

注释：

［1］[illegible]，直译为颈缚，意译为绞刑、绞首。

[illegible]，意“颈”、“项”。《掌中珠》“[illegible][illegible]”作“项胸”。[①]《类林》中“[illegible][illegible][illegible][illegible]”译“乃骑项上曰”。[②]

[illegible]，意“系”、“缚”。《掌中珠》“[illegible][illegible]”作“腰绳”。[③]《六韬》中“[illegible][illegible][illegible][illegible]，[illegible][illegible][illegible][illegible][illegible][illegible][illegible]”作“圣人配之，以为天地经纪”。[④]

[illegible][illegible]二字连用，意为绞首。绞刑为西夏刑罚之一，用绳子把犯人勒死，西夏死刑有绞刑和斩首两种。《魏书·刑罚志》记载：“分大辟为二科死：斩、绞。”

汉译本：

至二十种，徒十二年，二十种以上一律绞杀。其中不知情者不治罪，有官者可以官当。

一等箭袋、弓、箭、枪、剑、木橹、革、囊、弓弦、矛杖、砍斧、铁蒺藜、锹镢、披、甲、缚袋等各种杂物，虚报一种至十种，十杖；十种以上至二十种，十三杖；二十种以上至三十种，徒三个月；三十种以上至四十种，徒六个月；四

俄译本：

处十二年苦役。[造伪册]达二十套以上者，对[罪犯]应处绞刑。审验者不知是伪者，不论。对有官品者，应根据其品级议处。

二、因[虚报]下列战具：箭囊、弓、箭、矛、剑、木盔、铠、袋(?)、弦、槌杖、双刃斧(钺)、铁棘藜、锹镢、连接甲胄备件一至十件者，[对罪犯]杖十；过十件达二十件者，[⑤]处三个月苦役；过三十件达四十件者，处六个月苦役；

31－25 左面：

[illegible]	[illegible]	[illegible] [illegible]	[illegible]	[illegible]	[illegible]	[illegible]	[illegible]	[illegible]	[illegible]	[illegible]	[illegible]
十	种	以 上	五	十	种	至	一	年	五	十	种

① 《番汉合时掌中珠》(甲种本)，《俄藏黑水城文献》第一〇册，第10页。
② 史金波、黄振华、聂鸿音：《类林研究》，宁夏人民出版社，1993年，第39页。
③ 《番汉合时掌中珠》(乙种本)，《俄藏黑水城文献》第一〇册，第31页。
④ 贾常业：《西夏文译本〈六韬〉解读》，《西夏研究》2011年第2期，第70页。
⑤ 此处克恰诺夫漏译，李仲三补：“杖十三；过二十件达三十件者，处三个月苦役。”

[illegible]	[illegible]	[illegible]	[illegible]	[illegible]	[illegible]	[illegible]	[illegible]	[illegible]	
以上	一律	二	年	不	知	罪	不	治	

[illegible]	[illegible]	[illegible]	[illegible]	[illegible]	[illegible]	[illegible]	[illegible]	[illegible]	[illegible]	[illegible]	[illegible]
一	现	有	军正	辅主	校验	不	来	及	马甲	铠甲	武器

[illegible]	[illegible]	[illegible]	[illegible][1]	[illegible]	[illegible]	[illegible]
样式	不	合	污影连	官马	脊塌	膘弱

[illegible]	[illegible]	[illegible]	[illegible]	[illegible]	[illegible]	[illegible]	[illegible]	[illegible]	[illegible]
等	则	来	式样	及	好	换算	虚杂	入	之

[illegible]	[illegible]										
罪	则										

[illegible]	[illegible]	[illegible]	[illegible]	[illegible]	[illegible]	[illegible]	[illegible]	[illegible]	[illegible]
一	等	军正	辅主	校口	未	至	及	官马	马甲

[illegible]	[illegible]	[illegible]	[illegible]	[illegible]	[illegible]	[illegible]	[illegible]	[illegible]	[illegible]	[illegible]
铠甲	等	缺	一	种	自	五	种	至	六个月	六

[illegible]	[illegible]	[illegible]	[illegible]	[illegible]	[illegible]	[illegible]	[illegible]	[illegible]	[illegible]	[illegible]	[illegible]	[illegible]
种	起	十	种	至	一	年	十	一	种	至	十	五

注释：

[1] [illegible]，意“有污迹”、“有锈斑”。

[illegible]，意“污”、“锈”。《文海》“[illegible]”释“[illegible]”（污者染也，薰也，结污垢，有影斑之谓也）。①

[illegible]，意“影”、“庙”、“祠”、“画”、“形”。《德行集》中“[illegible]”译“独处时不

① 史金波、白滨、黄振华：《文海研究》，中国社会科学出版社，1983 年，第 269、501 页。

愧于影”，“[illegible]”译“宗庙中”。①

汉译本：

十种以上至五十种，徒一年；五十种以上一律徒二年。不知者不治罪。

一现有正军、辅主校验不至及披、甲、武器样式不合、有污，官马塌脊、膘弱等送来，假冒式样好，虚杂之罪则：

一等正军、辅主校验不至及官马、披、甲等短缺者，一种至五种，徒六个月；六种至十种徒一年，十一种至十五种

俄译本：

过四十件达五十件者，处一年苦役；过五十件者，处二年苦役。若司验者不知[作弊]，则不论。

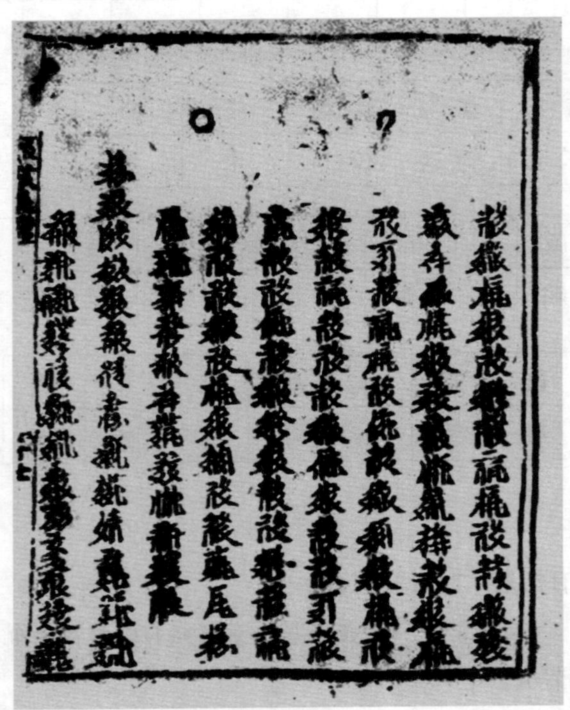

俄 Инв.No.158 天盛律令(甲本)第五(图版 132,31－26 右面)

① 聂鸿音：《西夏文德行集研究》，甘肃文化出版社，2002 年，第 58、59 页。

乙、在审验[战具]中正军和辅正军军卒未发现战具短缺，而是[司验者]允许互换，以能用合格[战具]代替不合格之又笨又脏甲胄、兵杖、驼背官马，或非肥即瘦者，断例如下。

一、若非短缺，但在审验战具中，正军或辅正军冒充参验战马和甲胄一至五[套不合格]者，则[对罪犯]处六个月苦役；六至十套者，处一年苦役；十一至十五

[illegible]	[illegible]	[illegible]	[illegible]	[illegible]	[illegible]	[illegible]	[illegible]	[illegible]	[illegible]	[illegible]	[illegible]	[illegible]
种	至	二	年	十	六	种	起	二	十	种	至	职

[illegible]	[illegible]	[illegible]	[illegible]	[illegible]	[illegible]	[illegible]	[illegible]	[illegible]	[illegible]	[illegible]	[illegible]	[illegible]
军	当	缺	二	年	职	军	无	有	则	三	年	二

[illegible]	[illegible]	[illegible]	[illegible]	[illegible]	[illegible]	[illegible]	[illegible]	[illegible]	[illegible]	[illegible]	[illegible]	[illegible]
十	一	种	起	二	十	五	种	至	四	年	二	十

[illegible]	[illegible]	[illegible]	[illegible]	[illegible]	[illegible]	[illegible]	[illegible]	[illegible]	[illegible]	[illegible]	[illegible]	[illegible]
六	种	起	三	十	种	至	五	年	三	十	一	种

[illegible]	[illegible]	[illegible]	[illegible]	[illegible]	[illegible]	[illegible]	[illegible]	[illegible]	[illegible]	[illegible]	[illegible]	[illegible]
起	三	十	五	种	至	六	年	三	十	六	种	起

[illegible]	[illegible]	[illegible]	[illegible]	[illegible]	[illegible]	[illegible]	[illegible]	[illegible]	[illegible]	[illegible]	[illegible]
四	十	种	至	十	二	年	四	十	种	以 上	一

[illegible]	[illegible]	[illegible]	[illegible]	[illegible]	[illegible]	[illegible]	[illegible]	[illegible]	[illegible]	[illegible]
律	颈 缚	为	以	当	入	不	知	罪	不	治

[illegible]	[illegible]	[illegible]	[illegible]	[illegible]	[illegible]	[illegible]	[illegible]	[illegible]
一	等	箭 置 袋	弓	箭	枪	剑	木 橹	熟 付 囊

[illegible]	[illegible]	[illegible]	[illegible]	[illegible]	[illegible]	[illegible]	[illegible]
弓	弦	槌杖	凿斧头	铁笊篱	锹	镢	马甲

俄译本缺

意译：

种徒二年；十六种至二十种，则有者革职、军，徒二年，无职、军者则徒三年；二十一种至二十五种，徒四年；二十六种至三十种，徒五年；三十一种至三十五种，徒六年；三十六种至四十种，徒十二年；四十种以上一律绞杀。其中不知情者不治罪。

一等箭袋、弓、箭、枪、剑、木橹、浑脱、弓弦、槌杖、凿头斧、铁笊篱、锹镢、马铠、铠甲

俄 Инв.No.158 天盛律令(甲本)第五(图版 132,31－26 左面)也缺；克本无此页。

但根据上文，可以推断前几个字仍然为：[illegible]……

《俄藏黑水城文献》第八册，第 132－138 页中有五个图版，收录在《天盛律令》第五卷后。但为第十五卷内容，且收录图版比第十五卷中相同部分更加清晰，可以作为补充材料。

5.53 俄 Инв.No.158 天盛律令(甲本)第五(图版 132,31－27)为俄 Инв.No.196 8084a 天盛律令(甲本)第十五(图版 316,39－33)；

5.54 俄 Инв.No.158 天盛律令(甲本)第五(图版 133,31－28)为俄 Инв.No.196 8084a 天盛律令(甲本)第十五(图版 317,39－34)；

5.55 俄 Инв.No.158 天盛律令(甲本)第五(图版 133,31－29)为俄 Инв.No.196 8084a 天盛律令(甲本)第十五(图版 317,39－35)；

5.56 俄 Инв.No.158 天盛律令(甲本)第五(图版 134,31－30)为俄 ИнвNo.196 8084a 天盛律令(甲本)第十五(图版 318,39－36)；

5.57 俄 Инв.No.158 天盛律令(甲本)第五(图版 134,31－31)为俄 Инв.No.196 8084a 天盛律令(甲本)第十五(图版 318,39－37)。

下篇　专 题 研 究

第一章 《天盛律令》中的西夏武器装备考释

第一节 《天盛律令》中的西夏武器装备概述

西夏是由党项族建立的民族政权，自称大夏，或白高大夏国，又因其地处宋朝的西部，被称为西夏。党项建立夏州政权，就是依靠武力才割据一方，到西夏建国，更是以武立国。西夏前期与北宋、辽朝对峙，后期又与南宋、金朝鼎立，在中国中古时期形成复杂而微妙的新“三国”局面。[①] 在西夏建国的190多年历史长河中，西夏发生过无数次的战争，可谓“点集不逾岁，征战不虚月”。与宋辽金的战斗中，西夏多次挫败强大的对手，即使在王朝末期，最终被成吉思汗所灭，仍与强大的蒙古进行了六次会战，使蒙古付出沉重代价之后才被消灭。这其中一个重要的原因就在于西夏拥有一支战斗力非常强的军队，配备了十分先进和完备的武器装备。武器装备作为战争的主要工具，是决定战争胜负的重要因素，是军队战斗力的一个最基本标志，也是研究我国古代科技史、军事装备史的重要组成部分。

党项族作为一个游牧民族，最初过着“不知稼穑”、“无法令”、“无徭赋”的原始游牧生活。虽尚武力，善骑射，终因不事产业，弓弱矢短，平时“各为生业，有战阵则相屯聚”。至唐代内迁以后，吸收了中原地区先进的生产技术，党项族的生产力得以不断提高，但其武器装备的生产能力仍然很低。《太白阴经》载：“工欲善其事，必先利其器。器之于事，如影之随形，响之应声。其相须如左右手，故曰：器械不精，不可言兵；五兵不利，不可举事。”[②] 当李继迁在反对李继捧入朝献地，诈称乳母死，出葬于郊，挈其家族数十人仓皇出逃距夏州三百余里的地斤泽之际，仍想尽一切办法，悉以兵甲置丧车。因他深知武器装备的重要

① 史金波：《西夏社会》，上海人民出版社，2007年，第1页。

② ［唐］李筌：《神机制敌太白阴经》卷四《器械类》，中华书局，1985年，第96—97页。

性，没有精良兵器，是无法取得胜利的。对于严重匮乏武器装备的党项族来说，武器装备不仅是安身立命、建立政权的工具，也成为他招诱蕃部的重要筹码。“元昊将反，为金银冠珮隐饰甲骑遗属羌，振潜以金帛诱取之，以破其势，得冠佩银鞍三千，甲骑数百，告邻部俾以环为法，不听。于是东葼、金明、万刘诸族胜兵数万，悉为贼所有。”。[①]

西夏建国后，生产能力迅速提高，开始大规模生产武器装备，使军事实力大幅提升。宋陕西经略安抚判官田况上的兵策十四事中，便提到西夏的武器制造。“工作器用，中国之所长，非外蕃可及。今贼甲皆冷锻而成，坚滑光莹，非劲弩可入。自京赍去衣甲皆软，不足当矢石。以朝廷之事力，中国之伎巧，乃不如一小羌乎？”[②]缘何党项族能从一个“不事产业，好为盗窃，互相凌劫……不知稼穑，土无五谷”的高原游牧民族一跃成为在许多武器装备的生产技术方面达到、甚至超越中原水平的大国，仅仅是因为田况所分析的“由彼专而精，我漫而略”的缘故，还是有其他深层次的原因？这些都值得我们进一步探讨和分析。

长期以来，西夏军事一直都是一个重要而薄弱的学科，武器装备研究更是如此。因为西夏实行严格的武器装备保护政策和特殊的丧葬习俗，目前西夏武器装备出土的实物数量极少，即便在临羌寨、好水川等西夏战场遗址中出土了一些实物，也因腐蚀不堪，缺乏标识，难以辨认这些兵器到底是应该属于西夏，还是属于宋朝。既然缺乏出土文物这些最直接的材料，我们只能通过历史典籍和西夏壁画、佛经插图等艺术作品去还原西夏武器装备的大致原貌。

西夏艺术作品尽管有一定的艺术加工成分，不能完全真实、准确地反映出西夏武器装备的全貌，在一定程度上存有西夏武器装备的缩影，能够帮助我们在研究西夏武器装备等问题时做出分析判断和对照参考。西夏武器装备在汉文典籍《宋史・夏国传》、《辽史・西夏外纪》中有较为详细的记载：“凡正军给长生马、驼各一。团练使以上，帐一、弓一、箭五百、马一、橐驼五，旗、鼓、枪、剑、棍棓、粆袋、披毡、浑脱、背索、锹镢、斤斧、箭牌、铁爪篱各一。刺史以下，无帐无旗鼓，人各橐驼一、箭三百、幕梁一。兵三人同一幕梁。幕梁，织毛为幕，而以木架。”[③]同时，《辽史・西夏外纪》中亦有西夏武器装备的相关记载“团练使上，帐、弓、矢各一，马五百匹，橐驼一，旗鼓五，枪、剑、棍棓、粆袋、雨毡、浑脱、锹、镢、箭牌、铁笊篱各一”。[④] 但终因西夏无史，只能从其他典籍中爬疏整理，造成西夏武器装备缺乏系

① [元] 脱脱：《宋史》卷三二三《赵振传》，中华书局，1977 年。
② [宋] 李焘撰：《续资治通鉴长编》卷一三二，中华书局，1990 年，第 3137 页。
③ [元] 脱脱：《宋史》卷四八六《夏国传》，中华书局，1977 年。
④ [元] 脱脱：《辽史》卷一一五《西夏外纪》，中华书局，2004 年。

统研究的遗憾。

西夏文献《圣立义海》对于武器部分的记载在卷十一中存有条目“战御、防攻器”，只可惜内容缺佚。[①] 弥足珍贵的是西夏法典《天盛律令》中有关于西夏武器装备的条文规定，特别是卷五《军持兵器供给门》和《季校门》中记载得尤为详细，该卷内容相对保存完整，成为我们系统研究西夏武器装备的一把钥匙。《天盛律令》中包括的西夏武器装备有：官马、披甲、箭袋、弓、箭、枪、剑、银剑、叉、木橹、囊、革、弓弦、槌杖、砍斧、铁笊篱、铁蒺藜、锹镢等等。在查阅这些西夏文武器装备两种译本时，发现二者的翻译还是有一定的差别，经过认真考释和统计对照《宋史·夏国传》、《辽史·西夏外纪》中记载的西夏武器装备，发现如下问题：

表 1-1 西夏武器装备统计表

序号	西夏文	汉译本	俄译本	考 证	宋 史	辽 史
1	[illegible]	官马	官马	官马	长生马	马
2	无	无	无	无	驼	驼
3	[illegible]	枪	矛	枪矛	枪	枪
4	[illegible]	长矛杖	长[槌]杖	长槌杖	棍棒	棍棓
5	[illegible]	枪	矛	旗枪	旗	旗
6	[illegible]	剑	剑	剑	剑	剑
7	[illegible]	银剑	银剑	银剑	无	无
8	[illegible]	弓	弓	弓	弓	弓
9	[illegible]	箭	箭	箭	矢	矢
10	[illegible]	弦	弦	弦	无	无
11	[illegible]	箭袋	簇囊(?)	弓矢鞴	无	无
12	[illegible]	没识别出	没翻译	箭筒	无	无
13	[illegible]	拨子手扣全	全护腿和护腕	臂鞲和扳指	无	无
14	[illegible]	甲	甲胄(人用)	铠甲	无	无
15	[illegible]	披	甲胄(马用)	马甲	无	无
16	[illegible]	后氈木橹	带毡帘木盔	后氈木橹	箭牌	箭牌

① 克恰诺夫、李范文、罗矛昆：《〈圣立义海〉研究》，宁夏人民出版社，1995 年，第 49 页。

续 表

序号	西夏文	汉译本	俄译本	考 证	宋 史	辽 史
17	[illegible]	圆头木橹	木头盔	圆头木橹	无	无
18	[illegible]	袋	没翻译	缚袋	无	无
19	[illegible]	叉/革	甲	革	无	无
20	[illegible]	囊	镢/锹	浑脱	浑脱	浑脱
21	[illegible]	铁笊篱 铁蒺藜	铁蒺藜(?)	铁笊篱	铁笊篱	铁笊篱
22	[illegible]	木牌	帐篷	木牌	无	无
23	[illegible]	锹	锹	锹	锹	锹
24	[illegible]	镢	镢	镢	镢	镢
25	[illegible]	凿斧头	大斧(?) 双刃斧	凿斧头	斤斧	无
26	无	无	无	无	鼓	鼓
27	无	无	无	无	粆袋	粆袋
28	无	无	无	无	披毡	雨毡
29	无	无	无	无	背索	无
30	无	无	无	无	幕梁	无

通过以上统计表,我们可以看出《天盛律令》所规定的武器装备与汉文典籍中的武器装备在种类上颇为相似,但仍然存在一定差异。如《天盛律令》中有的,在《宋史·夏国传》、《辽史·西夏外纪》中完全没有记载,比如铠甲、马甲、拨子手扣全、箭囊、木牌等;在《天盛律令》中没有,在《宋史·夏国传》、《辽史·西夏外纪》中有记载,如橐驼、鼓、粆袋、披毡等;还有就是在《天盛律令》中有的,在《宋史·夏国传》、《辽史·西夏外纪》中以不同形式记载,如后毡木橹、圆头木橹、凿斧头等。但不管怎么,三者可以相互补充,相互印证。

《宋史·夏国传》、《辽史·西夏外纪》在对武器装备的种类及以"团练使"和"刺史"为划分标准等方面的记载差异不大,但在部分武器装备配备的数量上相差甚远。《天盛律令》对各个基层、各种武器配备的数量有非常明确的记载,《辽史》对于西夏武器装备数量的记载有悖常理,聂鸿音先生亦认为:《辽史》所记矢数与马数互舛,橐驼数与旗鼓数互舛,团练使下又脱“以”字。[1]

从《天盛律令》来看,西夏的武器装备种类十分齐全,依然使用冷兵器,没有将火器列入常规武器中来。西夏处于中国古代兵器发展史上的冷兵器时代,尽管宋、辽、夏、金时期,已经有了不同的火器出现,但占据主导地位的仍然是冷兵器。如果按照作战性能来划分的话,西夏武器装备可以分为格斗兵器、远射兵器、防护装具等。格斗兵器是指通过搏斗用以直接杀伤敌人之兵器,西夏格斗兵器有枪矛、棍棒、剑、斧等;抛射兵器则主要是依靠投掷或弹射等方式发射兵器,造成杀伤,《天盛律令》中的抛射兵器有弓弩;其他铠甲、马铠、盾牌属于防护性装备,减少敌人伤害;还有就是浑脱、锹、镢等辅助性装备。

从《天盛律令》来看,西夏的武器装备战争体系十分完备,不仅有远距离抛射武器,有近距离格斗长兵器枪矛、棍棒和短兵器剑等,还有防御型装备铠甲、马铠、盾牌。这些武器有远有近,有上有下,有攻有守,构成了一个立体式作战体系,充分发挥武器装备的特性,极大地扩展了战争空间,提高了作战效率。尤其是大量战马的配备,大大提高了西夏军队的战争机动性和主动性。

第二节　《天盛律令》中的西夏武器考

武器是军队作战使用的具有杀伤破坏或防御功能的器械和工具,是战争的重要因素。尽管随着生产力的发展,兵器的质地和质量在不断提升,但始终未能超出近体格斗的范围。西夏格斗兵器主要有枪矛、棍棓、斧钺、刀、剑等。抛射兵器主要有弓弩、旋风炮、瓷蒺藜等。

一、枪矛

枪矛,是西夏军队装备的常规兵器之一,属于直刺或扎挑类,有“百兵之王”之美誉。《天盛律令》中规定枪只有农主、牧主、使军、诸臣僚、内宿后卫、神策内外侍几个类属的正军才有资格配备,独诱、帐门后宿的正军,及其所有类属的辅主和负担均没有配备枪。如:“[illegible]”译“牧主正军有:官马、弓一张、箭六十枝、箭袋、枪一枝、剑一柄、囊一、弦一根、长矛杖一枝”。[2] 该句中的西夏文为“[illegible]”,其意思就是“枪”。

① 聂鸿音:《〈辽史·西夏外纪〉中的“团练使”和“刺史”》,《东北史地》2011年第2期,第71页。
② 史金波、聂鸿音、白滨译:《天盛改旧新定律令》卷五《军持兵器供给门》,法律出版社,2000年,第225页。

矛在我国出现较早，有着非常悠久的历史，亦有非常多的名称，被称为矟、槊、鏦、鍦、鍛、鋋，唐以后，矛逐渐为枪所替代，通常被合称为枪矛，被列为“五兵”之一。① 原始社会时期，已作为一种重要的狩猎工具，先将经过打磨的石器或是坚硬锋利的骨头安装木棍上，大大提高了狩猎的杀伤效果。至春秋战国时期，青铜矛、铁矛等金属矛成为战争的主要兵器。其代表是出土于湖北江陵马山 5 号楚墓的吴王夫差青铜矛，该矛通长 29.5 厘米，最宽处 5.5 厘米，矛正面近骹处有错金铭文：“吴王夫差自作用矛。”在河北易县境内发现的燕下都遗址 44 号墓穴中出土了大量铁矛，这些铁矛绝大多数长 36—38 厘米，均为扁体窄叶长骹的形制。② 秦汉后，铁矛逐渐增多，根据长短分为丈八长矛、手矛、两头矛。其中丈八长矛又名“矟”，大约到了晋代，“矟”又名“槊”，即长矛的意思，因多用于马上使用，又曰“马槊”、“马枪”。

至唐宋时期，由于枪比矛轻便而锋利，首先是步兵用的矛被枪所替代，后骑兵用的马槊也改为枪，后来亦统称为枪矛。宋朝可以说中国武器的集大成者，在《武经总要》中详细记载了双钩枪、单钩枪、环子枪、素木枪、鸦颈枪、锥枪、梭枪、槌枪和大宁枪等九种枪制，称为“枪九色”，并配有插图。③ 通常在枪上装有红缨等装饰，又称为血挡。在枪头上装有红缨，不仅可以起到装饰的作用，使队伍更加显得威武壮观；又可以起到实战的作用，在战争中枪矛刺入敌方身体时，会有鲜血喷出，装上红缨可以用于挡血，阻碍血顺着枪杆流下，以免枪杆湿滑，造成失误或者不便。

《天盛律令》中规定枪式样、长短必须统一，杆部“一共长十一尺，务求一律”。④ 在宁夏银川市西夏区西夏陵区八号陵甬道口内出土，一枝铁矛，一端有圆形銎，径 2.5 厘米，另一端尖锐，通长 57 厘米，今藏宁夏回族自治区博物馆，⑤该矛也可以被称为西夏铁枪。可以说，西夏枪头加上枪杆，其长度约为 3.9 米。⑥

宋代浙江淳安出土的长矛“刺扁平，断面作菱形，刺尖分为三股，稍残。椭圆形空心銎，与刺连接处包有铜饰。全长 72、刺长 43、阔 4.6、中间厚 1、銎长 29 厘米”。⑦ 在《辽墓出土兵器探索》一文中详细罗列了出土于内蒙古、辽宁、黑龙江、河北等 24 处辽代墓葬的

① 杨泓：《中国古代兵器通论》，紫禁城出版社，2005 年，第 111 页。
②《河北易县燕下都 44 号墓发掘报告》，《考古》1975 年 4 期，第 232 页。
③ ［宋］曾公亮：《武经总要前集》，《器图》，解放军出版社、辽沈书社，1988 年 8 月。
④ 史金波、聂鸿音、白滨译：《天盛改旧新定律令》卷五《军持兵器供给门》，法律出版社，2000 年，第 229 页。
⑤ 史金波、白滨、吴峰云：《西夏文物》，文物出版社，1988 年 3 月，第 307 页。
⑥ 史金波：《西夏度量衡刍议》，《固原师专学报》2002 年第 2 期，第 10 页。史金波先生推算西夏一寸约为 3.12 厘米，接近唐制。
⑦ 鲍艺敏：《浙江淳安出土的宋代兵器与方腊起义的关系》，《南方文物》2004 年第 4 期，第 50 页。

27 件矛。其形制主要是“矛身横截面呈菱形，整体呈长叶形，中部起脊，两侧形成边刃，矛尖处形成尖锋，矛身近尾部下折，后接圆銎，銎下端一般出现圆箍，有的矛身上有血槽”。这些矛通长主要有 21—25 厘米和 12—14 厘米两种。① 金代铁矛出土数量也比较多，在形制上无多大变化，只有宽窄、长短之分，横截面均为菱形，尾部有銎，全长 30 厘米左右。在沙伊金古城址还发现了一种复合性矛。②

西夏枪矛同宋、辽、金代的枪矛相比，现有出土的西夏矛头要比同期宋代枪矛稍短，但要比辽、金矛头长接近一倍。由于西夏枪比较好，宋朝曾下令“在京府界、诸路马军枪手并改充弓箭手，兼习蕃枪”。③ 在军事训练中亦要求“步射执弓、发矢、运手、举足、移步，及马射、马使蕃枪、马上野战格斗，步用标排，皆有法象，凡千余言，使军士诵习焉”。④

枪除了起到格斗杀伤的作用外，还可以在行军打仗时，起到扎营和渡河的作用。《太白阴经·济水具篇》中记载了几种济渡器具，其中包括枪筏，“枪十根为一束，力胜一人。四千一百六十六根四分枪为一筏，皆去锋刃，束为鱼鳞，以横栝而缚之，可渡四百一十六人半……”就是将多枝长枪捆缚而成的筏子。⑤

二、旌旗

旗帜，军队之标识和指挥信号，自古“用兵之法，当先有部分。部分进退，权于大将旗鼓，旗鼓常在中军”。⑥ 在没有现代通讯设备的古代战争中，军旗主要起身份权力象征、指挥军队、传布号令、传递战争进程的讯息及其传递行军路况、指挥调度物资、区分军队、预测战争结果、迷惑敌军、振奋军心、鼓舞士气的作用。

据《宋史·夏国传》中记载：“凡正军给长生马、驼各一。团练使以上，帐一、弓一、箭五百、马一、橐驼五、旗、鼓、枪、剑、棍棓、粆袋、披毡、浑脱、背索、锹镢、斤斧、箭牌、铁爪篱各一。刺史以下，无帐无旗鼓，人各橐驼一，箭三百、幕梁一。”⑦通过以上材料，我们可以知道旌旗是有着非常特殊意义的西夏武器，刺史级别以下的军官是没有权利使用的。《天盛律令》卷五《军持兵器供给门》西夏武器配备的法律条文规定中并没有旌旗的记载。经过仔细核对西夏文《天盛律令》图版后我们发现，汉译本中对“枪”一词的翻译有待于商榷，如“[illegible]

① 崔跃忠：《辽墓出土兵器探索》，吉林大学 2009 年硕士毕业论文，第 4 页。
② 史凡：《金代兵器初步研究》，《内蒙古社会科学》1996 年第 3 期，第 4—5 页。
③ ［元］脱脱：《宋史》卷一九〇《兵志四》，中华书局，1977 年，第 4716 页。
④ ［元］脱脱：《宋史》卷一九五《兵志九》，中华书局，1977 年，第 4859 页。
⑤ ［唐］李筌：《神机制敌太白阴经》卷四《济水具》，中华书局，1985 年，第 93 页。
⑥ ［宋］李焘撰：《续资治通鉴长编》卷一三二，中华书局，1990 年 1 月，第 3132 页。
⑦ ［元］脱脱：《宋史》卷四八六《夏国传》，中华书局，2004 年。

[illegible]”一条中译“一等各种独诱类属 战具 正军有：官马、甲、披、弓一张、箭三十枝、枪一枝、剑一把、长矛杖一枝、全套拨子手扣”。[①] 该句中西夏文“[illegible]”，汉译本将其译为“枪一枝”，经过前文整理考释，该词应该是“旗一枝”的意思，而非“枪一枝”之意。尽管在西夏壁画中我们可以看见，西夏有许多“旗枪”，但是不能将二者混同。在具体的正军武器装备规定中出现“旌旗”，也说明“独诱”的级别比较高，应与刺史等级相同或是更高一些。

对于军旗的种类，因为缺乏史料，我们无法详细地了解西夏旗帜的原样和规定，只能从汉籍史料中窥其大概。在内蒙古敖汉旗发现的辽代壁画中我们可以清晰地发现辽代旌旗的原貌，该墓棺画（如图21）中“第一人双手握一大旗，旗上绘一展翅飞翔的雄鹰，鹰的翅和尾形似扇面，身向前回首，双腿下伸，爪张开下扑作抓取猎物状。……第二排三人各执一较小的旗帜，其中外侧的那面旗帜绘有日、月图案，日在上方，月在下方，为一轮新月。四面旗帜上下有飘带，边镶牙子，呈弧边。旗杆顶端加铁矛，矛下有缨”。[②] 壁画中旗帜招展，更加突显出军队整齐的军容和墓主人高贵的身份。

（一）旌旗起到象征权力身份、归属的作用

旌旗是身份和等级的象征。西夏大军将寇环庆，途经环州时，正值宋将折可适潜师洪德城“伏兵识其母梁氏旗帜，鼓噪而出，斩获甚众”。[③] 正因为旌旗成为身份的象征，也成为对方集中攻击的标识。绥州刺史李克宪拒命，谓通事舍人袁继忠谕降之。李克宪问：“李氏何负于朝廷，不能以一州相假乎？”袁继忠谓：“天子以夏州归顺，锡以车旗，予以银币，将擢其诸父、昆弟并居方面，宠荣极矣。”[④]太平兴国八年（983）春三月，继迁入贡，太宗使秦翰赍敕谕曰：“尔河西李氏，世分旄钺，久任边疆，忠节著于前朝，丰功彰于昭代。属兹家庭多难，几化参商；幸逢恩诏曲全，无亏棣萼。”[⑤]对于是否接受旄钺、旌旗，就意味着党项政权是否接受宋朝中央政府的统治，服从其管理。到了西夏建国以后，西夏也学习宋朝政府的统治方式，对属下的部落首领授予绣旗，任命官职，来招揽缘边部族投诚。

（二）旌旗在战争中起到指挥军队的作用

《孙子兵法·军争篇》曰：“‘言不相闻，故为之金鼓；视不相见，故为之旌旗。’夫金鼓旌旗者，所以一人之耳目也。人既专一，则勇者不得独进，怯者不得独退，此用众之法也。故

---

① 史金波、聂鸿音、白滨译：《天盛改旧新定律令》卷五《军持兵器供给门》，法律出版社，2000年，第223页。
② 昭国田：《辽代鹰军考——兼述敖汉旗发现的“鹰军图”》，《昭乌达蒙族师专学报》1998年第3期，第40页。
③ ［元］脱脱：《宋史》卷三二八《章楶传》，中华书局，2004年。
④ ［清］吴广成著、龚世俊校注：《西夏书事校证》卷三，甘肃文化出版社，1995年，第38页。
⑤ ［清］吴广成著、龚世俊校注：《西夏书事校证》卷三，甘肃文化出版社，1995年，第39页。

夜战多金鼓，昼战多旌旗，所以变人之耳目也。”[①]旗帜和鼓在军事行动中成为军队的指挥信号。

庆历元年二月，宋夏好水川之战，元昊率领精兵十万，驻扎于好水川口。仁福与桑怿沿着好水川向西去，未至羊牧隆城五里，与夏军遭遇。桑怿为先锋，看见道路旁放着一些密封的银泥盒，盒子中有动跃声，桑怿怀疑有诈，等到仁福来后打开，有悬哨家鸽百余，自合中起，盘飞军上。于是夏兵四合，桑怿先犯，中军继之，自辰至午酣战。“阵中忽树鲍老旗，长二丈余，怿等莫测。既而鲍老挥右则右伏出，挥左则左伏出，翼而袭之，宋师大败。”[②]西夏的鲍老旗在此次战役中，很好地发挥了指挥军队行动的作用，在战斗中收到奇效。

因为旗、鼓、金为军队进攻之指挥，古代战争非常重视对于旗、鼓、金的演练和防范。《翠微先生北征录》根据古代行军打仗之经验，关于旗鼓总结了行军之“反泄”与“暗认”之法：反泄“一曰号召，谓昔以青旗而招将佐，今以青旗而招士卒；昔以白旗而招统制官，今以白旗而招队、部将。二曰旗帜，谓昔以青为左、白为右，今则以青为白，使敌人不得以知吾左右之名；昔以青为直、黑为曲，今则以黑为青，使敌人不得以知吾曲直之势”。暗认“一曰旗号，谓恐敌军诈作吾军，合于相遇之际，先逐将队旗帜三伏三起，尽行卷轴；复将旗杆三伏三起，尽行舒展。若彼军起伏皆如吾法，然后合阵；否则番军，即时掩杀……”[③]而宋朝军队在《武经总要·教旗·旗例》中对旗语做了专门规定：

> 凡掉而招旗，则众皆集。一点卓旗，则队头集；二点卓旗，则百人将集；三点卓旗，则五百人将集；一点一招，则千人将集；一招而掉则澉籤则整齐，掉而指则合。左再挥则左，右再摆则右；偃旗则止，摆而指则开；再掉而指则聚，再掉则散。卷旗则衔枚，卧旗则俯伏，举旗则起。三掉则见敌，左右掉则布阵，再睒则进，招而掩则跪，再招则退。再招、再掉，则素救援。再招、再睒，则发军归。[④]

（三）旗帜是军队番号的标识

每个政权、每个部队、每个将领有着各自的番号，也会有不同的旗帜。宋至道二年，宋太宗命洛苑使白守荣护送刍粮40万与灵州，被李继迁邀击。会州观察使田绍斌率兵应援，建议继迁来攻时，不要离辎重迎敌。继迁初见绍斌旌旗，不敢击。后白守荣不听劝告，

① 刘庆评注：《孙子兵法》，中国少年儿童出版社，2002年，第133页。
② ［元］脱脱：《宋史》卷四八五《夏国传》，中华书局，2004年，第13997页。
③ ［宋］华岳撰、马君骅点校：《翠微南征录北征录合集》，黄山书社，1993年。
④ ［宋］曾公亮：《武经总要前集》卷二《教旗》，解放军出版社、辽沈书社，1988年8月，第62页。

终至战斗失败。[①]

在宋夏战争中,不乏利用旌旗诱敌取胜的经典战役。李继迁时期,李继迁在诱降杀死宋将曹光实后,"假其旗帜,袭破银州",结果"获军资器械无算。于是,蕃族附者日众"。同样宋军为了贯通麟、府路修筑建宁等砦时,西夏派兵侵扰,双方战于兔毛川。宋将张亢"以万胜军皆京师新募市井无赖子弟,罢耎不能战,敌目曰'东军',素易之,而怯虎翼军勇悍"。[②] 在这场战役中,张亢用英勇强悍的虎翼军执万胜军旗帜去挑战夏军,结果西夏军队素知万胜军军纪涣散,战斗力弱,轻敌进犯,最终战败溃逃。

(四) 旌旗是战争中的有效武器之一

除了作为军队的标识外,西夏旌旗还是一种战斗武器。西夏辞书《文海》在解释"刃"时"[illegible]"(刃者刀剑枪旗等有尖齿能锯穿则名刃),其中就包括旗,说明西夏的旗应是带刃的武器。在西夏壁画中我们可以看见一些"旗枪",如西夏绢本彩绘《水月观音菩萨》(图6)中(X2439)。[③] 恰好敦煌文书S.1898《甲仗簿》记载了部分归义军时期兵士武器装备:如张庆郎"大枪一根,弘(红)旗一面,并钻刃全,官甲一领",[④]说明归义军时期军旗也是要求有钻刃的兵器。俄藏黑水城所出土的《宋西北边境军政文书》中有一条文书记载:

> 鄜延路第七副将:准 第七将牒:候到请详前项……统制、团练牒内事理,除策应人马将带随军所须之物外,安排减轻独身炮五七座,事件全,准备将带随军使用。仍命所管科定马军枪上各要一样绯牌祺子一个,长壹尺贰寸,阔捌寸。[⑤]

在西夏攻三川寨、镇戎军时"泾州驻泊都监王珪将三千骑来援,自瓦亭寨至师子堡,贼围之数重,珪奋击,贼披靡,获首级为多,叩镇戎城请益兵,不得……复驰入。有贼将持皁帜植枪以詈曰:'谁敢与吾敌者!'枪直珪胸而伤右臂,珪左手以杵碎其脑。继又一将复以枪进,珪挟其枪以铁鞭击杀之"。[⑥] 由上述材料可知西夏不仅将旌旗作为一种常规武器用于战斗,同时,执旗者也绝非一般小兵,而是一员大将。用旗枪作战的也绝非西夏独有,我们在敦煌莫高窟第285窟壁画中,亦发现有使用长旗枪作战的士兵,(如图2)壁画中的该名战士身着铠甲,马亦全身马甲,手执一杆长柄旗枪与手持盾牌的另一名敌军作战。

① [元]脱脱:《宋史》卷二八〇《田绍斌传》,中华书局,1977年,第9497页。
② [元]脱脱:《宋史》卷三二四《张亢传》,中华书局,1977年。
③ [宋]李焘撰:《续资治通鉴长编》卷一一七,中华书局,1990年,第2765页。
④ 《英藏敦煌文献》第三册《甲仗簿》,四川人民出版社,1990年,第172页。
⑤ 孙继民:《俄藏黑水城所出〈宋西北边境军政文书〉整理与研究》,中华书局,2009年,第144页。
⑥ [宋]李焘撰:《续资治通鉴长编》卷一二八,中华书局,1990年1月,第3042页。

图1　俄藏黑水城出土水月观音唐卡局部图

图2　敦煌285窟西魏用槊骑兵图

对于执旗者的选择也有相应的条件,《宋史》中记载:"又选壮勇善枪者一人为旗头,令自择如己艺、心相得者二人为左右傔。"①《武经总要》中载:"凡步队,队五十人,其职仪则队头一人,副一人,执旗一人,傔旗二人。"②《大唐卫公李靖兵法》中记:"凡五十人为队,……押官一人,队头执旗一人,副队头一人,左右傔旗二人,即充五十。"也就是说唐宋等朝军队配备军旗,是在最基层军事单位队一级,而西夏对军旗的配备级别要求更高一些,必须是刺史以上。刺史为从五品官员,如果在西夏军队中发现有旌旗的存在,应该属于较大规模的军事行动。如党项政权时候,元昊攻打青唐、阿尔、总噶尔、带星岭诸城,后又尝侵扰嘉勒斯赉。元昊已渡河,插旗帜识其浅,嘉勒斯赉潜使人移植深处,以误元昊。

① [元] 脱脱:《宋史》卷一九五《兵志》,中华书局,2004年,第4864页。
② [宋] 曾公亮:《武经总要前集》卷二《教旗》,解放军出版社、辽沈书社,1988年8月,第62页。

及大战，元昊溃而归，士视帜渡，溺死十八九，所虏获甚众。[①]

(五) 旌旗成为战争奖惩的重要条件之一

在战争中，旌旗作为将领和部队的标识，获得或者失去旌旗也就意味着战争的胜败。宋界古邈川部族叛，熙河将王愍率兵掩击，翌日，夏人马数万围攻王愍等，力战败之。生擒西夏钤辖嵬名乞遇，并获绣旗等。[②] 西夏对于旌旗的保护和防范规定也是十分严格，将旗、鼓和“披、马、甲、金”等一起列入战争奖惩考察的重要标准之一，在军律《贞观玉镜将》中对军队中丢失旌旗的各种情况进行了明确规定。对于正副佐将之主执旗鼓者失去旌旗的惩罚，倘若执旗者“战场阵亡，旗鼓俱失”，那么“各自所部护卫杖十五，四年苦役”；如果主旗鼓者自回，又丢失旗鼓，“则彼主者杖十七，六年苦役；彼之护卫十五杖，五年苦役”。如果主旗鼓者，“失旗鼓自归，旗鼓为我军其他人所得送来”，则“主者杖十七，五年苦役；彼之护卫杖十五，四年苦役”。其中如果主旗者战场阵亡，“旗鼓未失，且落入所部护卫之手，送来者，勿量罪”。若主旗鼓者阵亡，“旗鼓未失，落入我军其他人之手送来，所部护卫杖十五，四年苦役”。

战场丢失旗鼓，不仅仅只惩罚主执旗和护卫，对于将领也有连带责任，如“旗鼓失一种及落入我军其他人之手送来等，罚马一匹。若二种俱失及落入我军其他人之手送来等，减一官，罚马一匹。主旗、鼓者阵亡，旗鼓未失，落入所部护卫之手送来者，勿量佐将之罪”。当丢失旌旗时，如果旌旗没有完全丢失，旌旗的旗幅、旗杆等部分只是失去其中一种，则减去全失罪的一半。[③]

西夏《天盛律令》也明确规定了，偷盗旗鼓金与偷取印、上谕等同罪，违者诸人及门下人等相恨，盗窃官敕、上谕、印、旗、金鼓等时，已亡失，未亡失一律徒一年。其中与盗印、旗、金鼓等物量盗法比较，依其重者判断。[④] 也就是说西夏丢失旌旗，其罪要和丢失、损坏印信等重要物品一样。

三、棍棒

棍棒，古称殳、梃、棒、杆等，亦有棓、杖、杵、槌等异名，后因其多用白蜡杆等有韧性木制材料，又名“棍棓”、“白梃”、“白棓”、“白棒”。棍棒因无刃，多为木制、铁制或铁木合制类砸击型兵器。棍棒制作简单，砍木即成，取材方便，又因材成形，没有固定的形制要求。

---

① [宋] 李焘：《续资治通鉴长编》卷一一七，中华书局，1990 年 1 月。
② [宋] 李焘：《续资治通鉴长编》卷五一六，中华书局，1990 年。
③ 陈炳应：《贞观玉镜将研究》，宁夏人民出版社，1995 年 7 月，第 70—89 页。
④ 史金波、聂鸿音、白滨译：《天盛改旧新定律令》卷三《杂盗门》，法律出版社，2000 年，第 167 页。

棍棒是中国古代军队的常备武器之一，在唐宋也在军队中有配备棍棒的相关记载，敦煌文书 S.4504《行人转帖》中有“已上行[人]，次着[上]真(直)三日，并弓箭、枪排、白棒，不得欠少一色”的记载。[①] 另一件敦煌文书北图殷字四十一号也记载了《行人转帖》“已上行人，官有处分，今缘上音(直)，并弓箭抢(枪)排白捧(棒)，不得欠少一包(色)，帖至限今(月)廿六日卯时，于西门取齐，如有后到，□(决)丈(杖)七下……”。[②] 宋元祐八年(1093)十一月十一日，苏轼知定州，乞增修弓箭社条约：“逐社各人，置弓一张、箭三十只、刀一口。内单丁及贫不及办者，许置枪及杆棒一条。内一件不足者，罚钱五百。弓箭不堪驰放，器械虽有而不精，并罚钱二百。若全然不置，即申送所属，乞行堪断。”[③]随着社会的不断发展和战争的需要，宋代棍棒的使用更加多样，《武经总要》中就有记载：“取坚木重木为之，长四、五尺，异名有四：曰棒、曰轮、曰杵、曰杆”，并记载有杆棒、狼牙棒、钩棒、大棍、齐眉棍、三节棍、大梢子棍、手梢子棍等类。[④]

在《宋史·夏国传》和《辽史·西夏外纪》中均记载西夏正军装备，凡团练使以上装备就包括“棍棒”、“棍棓”。可以确定西夏军队配备的那种棍棒，在榆林窟第 29 窟南壁门东侧上层有《西夏男供养人侍从像》，其中第三个男供养人身后有三个侍从，“穿窄袖短胯衫，裤腿束在行縢(绑腿)中，秃发；右一侧身者穿长袖上衣，着小口窄裤，头扎巾，肩负长竿”。[⑤] 但是在《天盛律令》卷五关于武器装备条文中并没有西夏正军、辅主，负担配备棍棒的规定。对于《天盛律令》和汉文典籍关于棍棒记载的出入，经过前面的整理考释，我们发现《天盛律令》中规定的“长矛杖”和汉文典籍中的“棍棒”存在如下关联：

第一，《天盛律令》中规定的牧主正军配备的武器装备有“官马、弓一张、箭六十枝、箭袋、枪一枝、剑一柄、囊一、弦一根、长矛杖一枝、拨子手扣全”。将“枪”和“矛”同时规定为牧主正军配备的武器，是否值得怀疑。纵观中国古代兵器发展史，唐代以后矛逐渐为枪所代替，枪和矛也基本上是被混称为枪矛，而不加以严格区分，这种混合称谓的情况与弓弩十分相似。那么将两种区别不大，形制、功能十分相似的兵器同时配备，在一定程度上存在重复和浪费资源之嫌。

第二，我们从武器装备的规定等级看，《天盛律令》卷五《军持兵器供给门》中对枪的配备主要包括牧主、农主、诸臣僚、帐门后宿、内宿后卫、神策内外侍等类属的正军才配备枪

① 《英藏敦煌文献》第六册《行人转帖》，四川人民出版社，1990 年，第 114—115 页。
② 唐耕耦、陆宏基：《敦煌社会经济文献真迹释录》(一)书目文献出版社 1986 年，第 414 页。
③ 祁承烨纂、杨志高校证：《宋西事案》，宁夏人民出版社，2004 年 12 月，第 181 页。
④ [宋] 曾公亮：《武经总要前集》,《器图》，解放军出版社、辽沈书社，1988 年 8 月，第 687 页。
⑤ 汤晓芳：《西夏艺术》，宁夏人民出版社，2003 年 8 月，第 16 页。

一枝，但其正辅主与负担皆无资格配备枪等武器。也就是说明，枪作为一种消耗铁资源的兵器，是不能在正辅主与负担中配备的。但是《天盛律令》对于"长矛杖"的配备范围，则囊括了正军、正辅主、负担，同样是消耗铁资源的兵器，为何要将"枪"和"长矛杖"使用的等级区分得如此明显，也让我们产生了怀疑。

第三，从西夏文考证方面考虑。还是核对《天盛律令》西夏文原图版，汉译本是将"[illegible]"翻译为"长矛杖"。西夏辞书《文海》在解释"刃"时"[illegible]"（刃者刀剑枪旌等有尖齿能锯穿则名刃）。[①] 可见，"[illegible]"并不在常用带刃的武器之列，推测该是一件没有刃的兵器。在夏译汉籍《六韬》中，西夏人用"[illegible]"来对译"天棓"，那么"天棓"又为何物？《六韬》中记载"方首铁棓维肦，重十二斤，柄长五尺以上，千二百枚，一名天棓"[②]所以将"[illegible]"翻译为"长矛杖"是不准确的，应该将其译为"长棓杖"。如果用长棓杖来理解《天盛律令》的条文就比较通顺，也符合《宋史》、《辽史》中对西夏武器装备的描述"棍棒"、"棍棓"。

棍棒与枪矛等扎刺类兵器不同，属于砸击类兵器，中国武术中自古就有"枪挑一条线，棍扫一大片"的说法，将二者类属形象地区分开来。棍棓制作简单，杀伤力自然会大大减弱。在敌人盔甲十分坚固、射之不入、戳之不伤的情况下，使用棍棒重击，则不管甲胄之坚皆靡。同时大量使用棍棒也符合西夏的经济实力和作战要求。制作简单，节省资源，又能节省时间。军队可以最快的速度冲散敌人阵型，达到战胜的目的，同时不去斩首邀功，尽量俘虏敌人为我所用。如《魏书》记载尔朱荣以精骑七千大败葛荣的经典战役，是役尔朱荣以人马逼战，刀不如棒，密勒军士马上各赍神棒一枚，置于马侧，战时不听斩级，以棒棒之而已，虑费腾逐也。

棍棒在军事训练中亦发挥重要的作用。因为棍棒无刃，不易造成较重伤害，棍棒又成为部队中实战训练的基础兵器。俞大猷说："用棍如读《四书》，钩、刀、枪、钯，如各习一经。《四书》既明，六经之理亦明矣。若能棍，则各利器之法从此得矣。"[③]何良臣提出"学艺先学拳，次学棍。拳、棍法明，则刀、枪诸技特易耳，所以拳、棍为诸艺之本源也"。[④] 能将棍棒练习好，自然可以在战斗中熟练使用枪矛等锋利武器，这样既减少训练伤害，又达到训练效果。

---

① 史金波、白滨、黄振华译：《文海研究》，中国社会科学出版社，1983年，第439页。
② 曹胜高、安娜注：《六韬》，中华书局，1985年，第111页。
③ 俞大猷：《剑经注解》，江西科技技术出版社，2002年，第23页。
④ 杨详全：《论传统武术"打练合一"风格的历史形成》，《安阳师范学院学报》2009年第5期，第11页。

我们就将西夏文献记载的几种常见棍棒类型进行简单介绍：

（一）铁链夹棒，又名“连挺”、“连枷”、“连耞”，初为农具，后发展为击打兵器。《释名》曰：“枷，加也。加杖于柄头，以挝穗而出其谷也。”①该器具是以革条编索或铁链连接两节坚木棒而成，手持的一节木棒较长，另一节木棒相对较短，这样长短相差以免在劳动和攻击的时候伤到自己的手或身体。

铁连枷早在东周时期就已经被运用于军事上，《墨子》卷十四《备城门》：“城上二步一渠，渠立程丈三尺，冠长十尺，辟长六尺。二步一荅，荅广九尺，袤十二尺。二步置连梃，长斧、长椎各一物。”②连枷主要是作为守城御敌的常用器械，用来遥击匿藏于墙壁之外的入侵者。铁连枷亦用于战阵防守一方，可以躲避在己方防护盾牌之后，攻击前方敌人。《宋史·兵志》载：“庆历元年，知并州杨偕遣阳曲县主簿杨拯献《龙虎八阵图》及所制神盾、劈阵刀、手刀、铁连槌、铁简，且言《龙虎八阵图》有奇有正，有进有止，远则射，近则击以刀盾。”③

该兵器后逐渐用于战场之上，主要是为了冲击敌阵，击破兵甲盾牌等，当敌人使用盾牌的时候，进攻的士兵就可以击打到盾牌后面隐藏的敌人。宋将中狄青可谓使用铁连枷的代表人物，宋《曾巩集》记载：“［狄］青已纵蕃落马二千出贼后，至是，前后合击。贼之标牌军为马军所冲突，皆不能驻。军士又纵马上铁连枷击之，遂皆披靡，相枕藉死，贼遂大败。”④

西夏对于使用铁连枷的使用，《天盛律令》中亦有记载“战具：弓箭、枪剑、刀、铁连枷、马鞍、装箭袋、金、银、种种铁柄、披、甲、编连碎段。”⑤西夏虽有铁连枷，但没有作为常规兵器在部队配备，也没有大规模使用的相关记载。对于铁连枷的形制，我们可参考宋曾公亮《武经总要前集·器图》：“铁链夹棒。本出西戎，马上用之，以敌汉之步兵。其状如农家打麦之枷，以铁饰之，利用自上击下。”⑥

（二）骨朵，亦名“槌”、“椎”。始于先秦，《六韬·军用》中记载：“方首铁槌，重八斤，柄长五尺以上……又名天槌，败步骑群寇。”⑦槌有长柄、短柄、飞锤之分。唐以后发展为骨朵，又叫“胍肫”、“金瓜”。是砸击类兵器，以铜铁或坚木制成首部粗大的棍棒，首部呈蒜头或蒺藜等形，有装长木柄及不装柄两种。

---

① ［汉］刘熙：《释名》卷七《释用器》，中华书局，1985年，第104页。
② 朱越利校点：《墨子》卷十四《备城门》，辽宁教育出版社，1997年。
③ ［元］脱脱：《宋史》卷一九七《兵志十一》，中华书局，1977年，第4911页。
④ 朱国富、谢若水整理：《曾巩集》卷五二《杂识二首》，国际文化出版公司，1977年，第580页。
⑤ 史金波、聂鸿音、白滨译：《天盛改旧新定律令》卷七《敕禁门》，法律出版社，2000年，第284页。
⑥ ［宋］曾公亮：《武经总要前集》卷一二《守城》，解放军出版社、辽沈书社，1988年8月，第683页。
⑦ 贾常业：《西夏文译本〈六韬〉解读》，《西夏研究》2011年第2期，第74页。

图3 《武经总要》中的铁链夹棒

骨朵作为一种常规作战武器，在宋、辽、金代墓葬中出土了很多。宋代《武经总要前集》中对骨朵种类、用途有详细记载："蒺莉、蒜头二色，以铁或木为大首。迹其意，本为胍肫，大腹也，谓其形胍而大。后人语讹，以胍为骨，以肫为朵。其形制不常，或为蒺莉，或为羔首，俗以随宜呼之。"①《辽史·兵卫志》"每正军一名……弓四、箭四百、长短枪、骨朵、斧钺、小旗"等，②将骨朵明确规定为战斗装备之一。陈永志先生在《骨朵形制及相关诸问题》一文中认为西夏党项民丁的备品中也有骨朵，如"凡民十五为丁……旗鼓五、枪、剑、棍棓、粆袋、雨毡、浑脱、铁镢、箭牌、铁笊篱各一"。但是陈先生在注释中认为"'浑脱'一词应为'骨朵'之译音"，③此推断是完全错误的。本人认为西夏的骨朵没有单独列出，应该就涵盖在棍棓大类中，浑脱另为其他物品，本人在后文中将对其简单考释。

西夏绢本彩绘《骑白马的多闻天》(X2462)一图中，在多闻天王前面开道的两名小侍卫，头戴黑色幞头，身着绿色铠甲，外披红色长袍，下身穿白色长裤，足蹬黑色长靴，二人作奔跑状，长袍随之飘起，突显出侍者轻盈的动作。二人肩上各扛有一长骨朵，骨朵杆部为赤色，骨朵头呈金黄色，形制非常清晰。④在库仑辽代二号墓壁画中有几名侍卫手中都持有骨朵，"驭者之前画两个年长卫士。须发式样，耳前垂发，鬓角蓄发处剥成圆形。……两人左右各持骨朵，右手平置胸前。相对而立，屈指作手势，互相交谈。"⑤有趣的是左边的一位侍者将骨朵拄于腋窝下面，身体向右微微倾斜作休息状，表情十分轻松。这为我们研究古代兵器提供了一份生动鲜活的画面。

到了唐宋以后，骨朵逐渐用于仪仗，为了使其更加壮观、威严，通常在骨朵上面涂以金银色，所以称为"金瓜"、"立瓜"、"卧瓜"。西夏的骨朵在形制、功能方面承袭唐宋之制，将骨朵用于仪卫制度中，在敦煌莫高窟第409库西夏壁画《西夏皇帝供养像》中，皇帝身后有八个侍从，身材与皇帝相比皆比例缩小，分别为皇帝张伞盖、执扇、捧弓箭、举宝剑、执金

① [宋]曾公亮：《武经总要前集》卷一三《器图》，解放军出版社、辽沈书社，1988年8月，第684页。
② [元]脱脱：《辽史》卷三四《兵卫志》，中华书局，1974年，第397页。
③ 陈永志：《骨朵形制及相关诸问题》，《内蒙古文物考古》1992年第1期，第57、62页。
④《俄藏黑水城艺术品》(一)，上海古籍出版社，2008年，第60页。
⑤ 王建群、陈相伟：《库伦辽代壁画墓》，文物出版社，1989年，第42页。

图 4　黑水城出土骑白马的多闻天图

图 5　库仑辽代壁画二号墓侍卫图

瓜、背盾牌。着圆领窄袖袍，腰束带，有护髀。① 以及在俄罗斯艾尔米塔什博物馆中藏着一幅黑水城出土的《西夏皇帝和众侍从》图，该画的线描图我们可以清晰地看到，西夏皇帝后面站着一位身穿鱼鳞甲、外穿布袍的侍从，他的手中就持有一柄短骨朵。②

辽、金时期在壁画中描绘骨朵更是屡见不鲜。如赤峰市敖汉旗辽代 3 号墓墓门两侧，各画有一契丹门吏，“均半侧身相对而立，其服饰、所执兵器均相同。门吏髡发，只留鬓上两绺发结成辫从耳后下飘。身着蓝色圆领窄袖长袍，黄色中单，腰系黄色带，足蹬黑靴。……双手执瓜状骨朵，柄上有竹节式纹饰。腰佩长刀，刀有黑色鞘，鞘上画勾云状纹饰，刀有栏，柄端呈三瓣花形，并系一绳套”。③ 哈尔滨新香坊金墓出土了一件银骨朵 1 件，其“外似权杖，杖头为陀螺形，空心，以两个半圆形银片相铆焊，接缝处有 8 个铆钉，脱落 3 个。杖柄以银片铆焊，有 61 个铆钉，底端的柲以铁皮包住，锥形，似铁矛的矛尖，通长 132 厘米”。④ 当然，骨朵除了当作战争兵器和仪仗用武器之外，辽代还将其用于杖击类刑具。西夏将杖分为大杖和小杖，是否用骨朵做刑具还有待于进一步研究证明。

① 汤晓芳：《西夏艺术》，宁夏人民出版社，2003 年 8 月，第 8 页。
② 《俄藏黑水城艺术品》(一)，上海古籍出版社，2008 年，第 17 页。
③ 张文静：《赤峰市敖汉旗羊山辽墓壁画研究》，中央民族大学 2011 年硕士论文，第 28—29 页。
④ 安路：《哈尔滨新香坊金墓发掘综述》，《黑龙江史志》1984 年第 2 期，第 51 页。

图 6　西夏皇帝和众侍从图

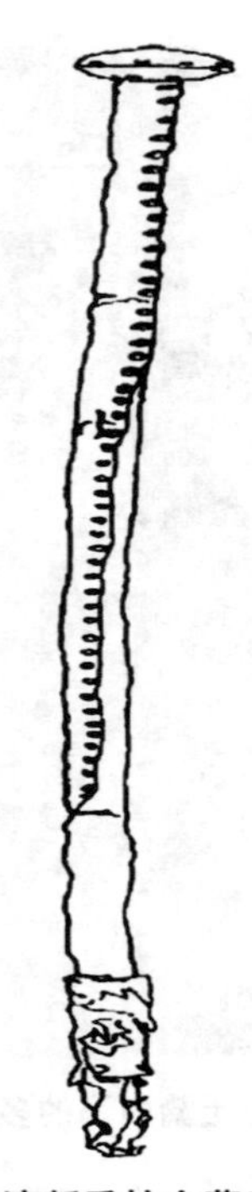

图 7　哈尔滨新香坊金墓出土银骨朵图

四、剑

剑是西夏短兵器之一，素有"百兵之君"的美称。《释名·释兵》记载："剑，检也，所以防检非常也，又敛也，以其在身，拱时敛在臂内也。其旁鼻曰镡。镡，寻也，带所贯寻也。其末曰锋，锋末之言也。"[①]由于古代战争首先在较远距离互射，之后是用长武器进行格斗，只有单兵作战，或双方混战在一起时才使用短剑，因此，《释名》解释其为"防检非常"。

（一）剑的战斗作用

剑作为短兵，主要用于近距离作战时搏刺对方的武器，因其轻便锋利而备受重视。剑在汉代以前的战争中发挥着重要作用，但是自魏晋南北朝以后，钢刀逐渐取代了剑的地位，至宋代已基本不在军队作为实战武器进行配备。[②] 对于刀在战斗中逐渐替代剑的论述比较多，其中代表性的有杨泓的《剑和刀——中国古代兵器丛谈》、杜杰《关于剑的衰退和刀的兴盛之研究》等。尽管到了隋、唐、五代以后，在军队中标准装备，惟有刀制而无剑制，但是并不意味着剑在此时已经退出历史舞台。还有部分军队和将领使用，但也只是个

① ［汉］刘熙：《释名》卷七《释兵》，中华书局，1985 年。
② 杨泓：《中国古代兵器论丛》，文物出版社，1980 年，第 115—130 页。

人偏好。元符二年冬十月，西夏进攻青唐，统制苗履、姚雄至青唐峗，“羌列阵以待，势甚盛。履叱军士纳弓于鞬，拔刀而入。羌怙巢穴殊死斗。枭将陈迪、王亨辈皆反走。履独驻马不动。有酋青袍白马突而前，手剑击履，帐下王拱以弓格之，仅免”。[①] 宋将尹洙见军队中枪手、旗头、弓箭手等虽各有剑，但不认真训练，特上书《奏阅习短兵状》：

臣窃见诸处马军每一都枪手、旗头共十三人，其八十余人并系弓箭手；步军每一都刀手八人、枪手一十六人，其七十余人并系弩手。其弓弩手更不学枪刀，虽各带剑一口，即元不系教习。又弓弩每至夏月，更不教阅，当战阵之时，或遇险隘，弓弩施为不得，须要短兵相持，其弓弩手既不会短兵，束手受害，遂多败覆。臣今往边上，遂处使一面指挥马步军，除弓弩外，更须精学刀剑及铁鞭、短枪之类，所贵施为弓弩不得处，便有短兵之利，可以取胜；又免至夏月废却教阅。更乞早降宣命指挥，下逐路部署司依禀。仍乞于试中武器使臣中选十人，下部署司，分擘边上监教，贵得早见精熟。[②]

西夏在用剑方面可谓标新立异，既与游牧民族的战斗习性不符，又与当时武器装备发展史相悖。游牧民族除了骑马射箭，更多对中原地区有威胁的武器就是弯刀，这点从匈奴到蒙古均有记载，此处无须赘言，中原地区的环首刀就是受到游牧民族的启发产生的。但西夏却更喜欢用剑，在军队中规定各个阶层使用的短兵都是剑，这一点在《宋史》、《辽史》对于西夏兵器的描述中皆有，在《天盛律令》中更是规定详细，西夏这种特殊的现象值得我们仔细探讨。

首先，从古代军事格斗效果来看，剑属于刺击类短兵，刀属于劈砍类短兵，古语有“刺死、砍伤”的说法，也就简单形象地说明了刀、剑在战斗中的格斗效果。直刺比砍击更能给敌人带来严重的伤害，也更容易穿过敌人的铠甲，如果击中要害部位，直刺可以使敌人在瞬间失去生命力，或者丧失战斗力。同时西夏剑主要还是骑兵配备，可以刺中卧倒在地的步兵，因为战马不愿意践踏人体。如果是执大刀的骑兵，就需要冒着极大风险探身劈砍，用剑就方便一些，动作幅度也不需要太大。

将剑作为主要短兵，这就对剑本身的改进提出要求：其一，其长度要适当，剑身不宜过长，长则不灵动，难以发挥其短兵相接的特点；同时剑身不易过短，短则难以达到伤害对手的效果。在俄国西夏学家 A.Л.捷连吉耶夫·卡坦斯基所著的《西夏物质文化》一书中就记载西夏剑：“其身佩长而直的剑，剑尖收起缩小，圆形护手盘，手柄上缠有饰带。”[③]

① ［元］脱脱：《宋史》卷三五〇《苗履传》，中华书局，1977 年，第 11069 页。
② ［宋］尹洙：《河南先生文集》，卷二〇，上海书店，1926 年，第 3 页上。
③ ［俄］A.Л.捷连吉耶夫·卡坦斯基著、崔红芬、文志勇译：《西夏物质文化》，民族出版社，2006 年，第 141 页。

1975年在银川市西夏陵区六号陵墓室中出土了一把铁剑，其剑身长约88厘米，刃部最宽处约为5厘米，厚约1.5厘米，剑柄成管状的椭圆形状，剑柄有銎，径2.8厘米、长3.6厘米。[①] 1993年，在宁夏海原县的临羌寨古城遗址中，出土了一把铁剑，剑已严重锈腐，剑鞘、剑柄、圆形护手盘已失，剑身为直剑，剑尖收起缩小，手柄上有缠饰带的痕迹，剑长73.6厘米，剑刃长70厘米，刃宽4.2厘米。[②]

图8　西夏铁剑

除了长剑之外，西夏还有一种又短又弯的宽剑。在西夏出土文献的插图中还保存了一些关于西夏剑的描绘，这些珍贵而写实的材料为我们研究西夏兵器提供了宝贵的素材。如《西夏书籍业》中提到"素描画中西夏军人（战士）的武器是枪（矛）和剑。剑有两种类型：(1) 又宽又长，双刃，顶端稍窄，剑柄附有平衡饼，显然是当地制造的。（西夏特藏，第71、941、2203、2314号；艾尔米塔什博物馆陈列品，第67－70号）；(2) 又短又弯的宽剑。（艾尔米塔什博物馆陈列品，第47号）。[③] 这种又短又弯的宽剑，或为西夏匕首，或为西夏短刀。西夏曾派遣刺客刺杀宋朝边将韩琦，"元昊行兵每以厚赏用间谍哨探，至数百里外必得其实，又阴养死士，专备劫刺。……是时韩琦驻泾源，夜有人携匕首入寝门，遽褰帐。"最终因刺者不忍，只是取走了金带，并没有刺杀韩琦。[④]

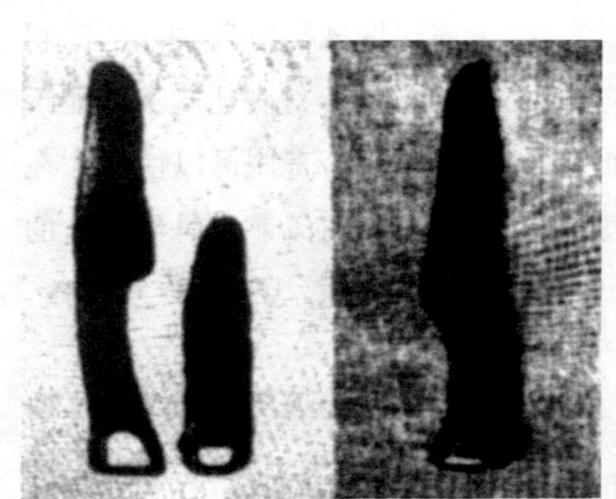

图9　西夏短刀

党项民族狩猎放牧，短刀是其随身携带之物，既能刺敌防身，又能割肉食鲜。西夏武将佩带的蹀躞带中，短刀就是一个不可或缺的工具，"金涂银束带，垂蹀躞，佩解结锥、短刀、弓矢韣，马乘鲵皮鞍，垂红缨，打跨钹拂……每举兵，必率部长与猎，有获，则下马环坐饮，割鲜而食，各问所见，择取其长。"[⑤]西夏的短刀在史金波、白滨、吴峰云先生编著的《西夏文物》一书中就收录了3把西夏短刀。"图125中的西夏文铜小刀：铜质，

① 《大夏寻踪：西夏文物辑萃》，中国社会科学出版社，2004年12月，第120页。
② 李进增：《两件西夏兵器考略》，《西夏研究》2010年第1期，第126页。
③ ［俄］A.Л.捷连吉耶夫·卡坦斯基著、王克孝，景永时译：《西夏书籍业》，宁夏人民出版社，2000年，第148页。
④ ［清］吴广成撰，龚世俊、胡玉冰等校证：《西夏书事校证》卷十五，甘肃文化出版社，1995年，第176页
⑤ ［元］脱脱：《宋史》卷四八五《夏国传》，中华书局，2004年。

共两把，一把长18.6，刃宽处1.7厘米，刀柄一侧刻划西夏文四字，汉译'口阿口人'，柄尾穿孔。另一把长11. 8，刃宽处1.5厘米，无柄，尾部穿孔，一侧刻划西夏文4字，汉译'此经典说。'"。"图126中西夏文铜小刀，铜质，长19. 5，柄宽1.8厘米。有穿，刀柄一侧刻西夏文三字，汉译'夏长苟(夏奴年)'。今藏中国历史博物馆"。[①]

其次，西夏剑因本身的质量很高，获得极高的声誉。古代"国之大事，在祀与戎"，战争就国家最重要的事情，对于武器的要求必须是"好钢用在刀刃上"。因受到中原先进生产技术的影响较为深远，西夏铸剑技术发展得非常迅速，很早就已经掌握了很高的铸剑技术，后来甚至在某些方面超越了宋朝。西夏武器的代表性之一就是"西夏剑"，西夏剑在宋朝有着很高的声誉，宋钦宗本人就非常喜爱"夏国剑"，并且随身佩带。《宋史・王伦传》记载："汴京失守，钦宗御宣德门，都人喧呼不已，伦乘势径造御前曰：'臣能弹压之。'钦宗解所佩夏国宝剑以赐……"[②]宋朝太平老人在其著作《袖中锦》专门列举了享誉境内外的事物，其中就包括夏国剑。

> 监书、内酒、端砚、洛阳花、建州茶、蜀锦、定磁、浙漆、吴纸、晋铜、西马、东绢、契丹鞍、夏国剑、高丽秘色、兴化军子鱼、福州荔眼、温州挂、临江黄雀、江阴县河豚、金山咸豉、简寂观苦笋、东华门把鲊、京兵，福建出秀才、大江以南士大夫、江西湖外长老、京师妇人，皆为天下第一，他处虽效之，终不及。[③]

宋代文学家苏轼在广陵曾见到宋将缴获的西夏剑，给予了很高的评价，并请好友晁补之为其作诗《赠戴嗣良歌时罢洪府监兵过广陵为东坡出所》。

> 往年身夺五刀剑，名玉所摞犀札同。晨朝携来一府看，窃指私语惊庭中。红妆拥坐花照酒，青萍拔鞘堂生风，螺旋铓锷波起脊，白蛟双挟三苍龙。试人一缕立褫魄，戏客三招森动容。东坡喜为出好砺，洮鸭绿石如坚铜。收藏入匣人意定，峨眉稍进琉璃钟。太平君子尚小毙，戒惧邾小毋并蜂。舞干两阶庶可观，跳空七剑今何庸。[④]

（二）剑的文化内涵

在中国古代所有的兵器中，剑被赋予了最多的内涵。在中国古代，无论是武将文臣，还是王公贵族，都有佩剑的习俗。对于统治阶级来说，剑很少用于实战，而逐渐成为身份

① 史金波、白滨、吴峰云：《西夏文物》，文物出版社，1988年，第300页。
② [元] 脱脱：《宋史》卷三七一《王伦传》，中华书局，2004年，第11522页。
③ [宋] 太平老人：《袖中锦・天下第一》，中华书局，1985年，第1页。
④ [宋] 晁补之：《鸡肋集》卷一〇，《四部丛刊》，1985年，第113页。

和地位的象征，只有身份较高的人才会佩剑，并且装饰得极为华丽。隋唐时期，佩剑之风尤为盛行，《隋书·礼仪志》载："一品，玉具剑，佩山玄玉。二品，金装剑，佩水苍玉。三品及开国子男、五等散品名号侯虽四、五品，并银装剑，佩水苍玉。侍中已下，通直郎已上，陪位则像剑。带真剑者，入宗庙及升殿，若在仗内，皆解剑。"①

西夏也十分讲究佩剑的级别。在《天盛律令》中"一等帐门后宿属：正军有：官马、披、甲、弓一张、箭百枝、箭袋、银剑一柄、圆头木橹一、拨子手扣全、五寸叉一柄、囊一、弦一根、凿头斧二、长矛杖一枝"。② 根据研究我们知道，"帐门末宿"是西夏宫城中负责寝宫宿卫的人员，③他们所佩戴的银剑，更多的是一种身份和地位的象征。"一诸大小官员、僧人、道士诸人等敕禁：不允有金刀、金剑、金枪，以金骑鞍全盖全□，并以真玉为骑鞍。其中节亲、宰相及经略、内宫骑马、驸马，及往边地为军将等人允许镶金，停止为军将则不允再持用。"④熙宁元年，及李崇贵至，云杨定奉使谅祚，常拜称臣，且许以归沿边熟户，谅祚遗之宝剑、宝鉴及金银物。初，定之归，上其剑、鉴而匿其金银，言谅祚可刺，帝喜，遂擢知保安。既而夏人失绥州，以为定卖己，故杀之。⑤

1977年甘肃武威西郊林场西夏墓出土的木版画《五男侍》中，五位成年男子前后站立一行，脸一致侧向墓主人一边，分别拱手佩剑、拱手背包袱、双手捧脸盆、双手捧唾盂、拱手肩披长巾，是分别侍候男主人洗漱、更衣的侍者。⑥ 可见墓主人平时非常喜欢佩剑，佩剑已和洗漱、披巾一样，成为日常生活的一部分。

第二，剑成为一种法器。在西夏佛教和道教人物壁画中，总是不乏佩剑的图像。在西夏人眼中，剑俨然成为驱魔辟邪的常用法器。《玄武大帝图》1990年维修宁夏贺兰县宏佛塔时出土，画中主尊玄武大帝披发搭肩，身穿黑色铠甲，腰束宽带，右手持剑。两侧侍卫持黑旗、执剑鞘的文臣与侍女共十二人。或持黑色大旗，或握剑，或执金瓜。⑦《护法力士图》1990年维修宁夏贺兰县宏佛塔时出土，画中力士，身青色，持宝剑，右手握长把三股叉法器。⑧

第三，西夏剑还是一种刑具。在西夏刑罚中，死刑规定除了用绞刑之外，还有斩首。

① [唐] 魏徵：《隋书》，卷十一《礼仪志》，中华书局，1982年，第242页。
② 史金波、聂鸿音、白滨译：《天盛改旧新定律令》卷五《军持兵器供给门》，法律出版社，2000年，第227页。
③ 许伟伟：《〈天盛改旧新定律令·内宫待命等头项门〉研究》，宁夏大学2013年博士学位论文，第110页。
④ 史金波、聂鸿音、白滨译：《天盛改旧新定律令》卷七《敕禁门》，法律出版社，2000年，第282页。
⑤ [元] 脱脱：《宋史》卷四八五《夏国传》，中华书局，1977年。
⑥ 汤晓芳：《西夏艺术》，宁夏人民出版社，2003年8月，第43页。
⑦ 汤晓芳：《西夏艺术》，宁夏人民出版社，2003年8月，第34页。
⑧ 汤晓芳：《西夏艺术》，宁夏人民出版社，2003年8月，第35页。

但是西夏法律中规定，不同于中原刑法制度的是，斩首用剑，而非传统意义的刀。尽管西夏缺少人口，法律中多采用杖、笞、流放等形式惩罚，然一旦国人违反了"十恶"等重罪，还是会采用斩刑，只不过是用剑斩。如《天盛律令》中对故意杀人，规定"故意杀人罪法：一等庶人自互相杀时，杀一人、二人，一律造意、杀人者等以剑斩，有怨出力相助者等无期徒刑，而从犯徒十二年"。西夏文辞书《文海》69.242 对剑的解释为"剑：铁全从土；剑者武斗也，敌对有之兵器，为砍斗之谓"。[①] 西夏将剑作为劈砍类刀的替代品使用，其使用对蒙古马刀的形成或许产生一定影响。

五、弓弩

恩格斯曾在《家庭、私有制和国家的起源》中说道："弓矢对于蒙昧时期，正如铁剑对于野蛮时期和枪炮对于文明时期一样，乃是决定性的武器。"[②]西夏是由党项族建立起来的国家，游牧民族长于骑射，尚武好斗的民族性格在西夏军事方面体现得更加明显，因此弓箭对于西夏来说，不仅仅是战争的工具，更是他们生活的一个重要组成部分。

唐代，党项首领拓跋思恭曾出师勤王，剿灭黄巢起义，党项大军与黄巢军在渭桥之上相持不下时，拓跋思忠一箭射去，箭镞竟没于桥面上的铁鹤之中。黄巢军大将尚让、朱温骇然，率队退走，[③]可见拓跋思忠之惊人的臂力和射术。乾顺时期，御史大夫谋宁克任指出："吾朝立国西陲，射猎为务。"[④]依然强调在西夏国家中应当保持和提倡党项族射猎传统习俗的尚武民族精神。

党项政权时，宋太宗召见李继迁的使者张浦，"上令卫士数百辈射于崇政殿庭，召张浦观之。先是李延信还，上赐李继迁劲弓三，皆力及一石六斗，继迁意上欲威示戎狄，非有人能挽也。至是，士皆引满平射，有余力，浦大骇。上笑问浦：'戎人敢敌否？'浦曰：'蕃部弓弱矢短，但见此长大，人固已逃遁，况敢拒敌乎！'上因谓浦曰：'戎人皆贫窭，饮食被服粗恶，无可恋者。继迁何不束身自归，永保富贵？"[⑤]

虽然宋太宗意在昭示自己的弓强人状，要令李继迁不战自降，但是令张浦骇然的不仅是宋军兵力，还有其劲弓。此时，西夏非常注意学习宋朝的兵器制造技术，在李德明时期，宋大中祥符二年（1009）德明曾派使臣专门向宋朝上书请求购买弓矢以及弩等物品，希望

① 史金波、聂鸿音、白滨译：《天盛改旧新定律令》卷一《为不道门》，法律出版社，2000 年，第 122 页。
② 恩格斯：《家庭、私有制和国家的起源》，《马克思、恩格斯选集》第 4 卷，人民出版社，1972 年，第 19 页。
③ [元] 脱脱：《宋史》卷四八五《夏国传》，中华书局，2004 年，第 13985 页。
④ [清] 吴广成编、龚世俊等校正：《西夏书事校证》卷三二，甘肃文化出版社，1995 年，第 371 页。
⑤ [宋] 李焘撰：《续资治通鉴长编》卷三七，中华书局，2004 年，第 810 页。

通过购买宋朝的武器来装备自己，可是宋朝以"弩在禁科"①为由，拒绝了西夏的要求，于是西夏利用派遣使臣入京的时候，偷偷地在宋京师仿造宋朝军器携归，于是宋真宗于大中祥符五年(1012)下诏禁止"夏州进奉使造军器归本道"。②

随着生产力和生产水平的不断发展，西夏的兵器制造水平也在不断提高，尤其是弓弩的制造更是发展到一定水平，可以生产出处于当时领先水平的劲弓。"西夏兴州出良弓，中国购得，云每张数百千，时边将有以十数献童贯者。"③西夏在选六班殿直的时候，射箭也成为其中的重要考察条件之一，"而苦战倚山讹，山讹者，横山羌，平夏兵不及也。选豪族善弓马五千人迭直，号六班直，月给米二石"，④田况奏议"人民繁庶，每来入寇，则科率粮糗，多出其间。山界之民，引弓甚劲，与贼为战，所谓步奚，此皆去贼地遥，向汉甚迩"。⑤

西夏善于制造良弓的传统一直延续至西夏后期，对元朝都有一定的影响。当成吉思汗征讨西夏时，"括诸色人匠，小丑以业弓进，赐名怯延兀兰，命为怯怜口行营弓匠百户"。⑥ 小丑是党项人，不仅他本人善于良弓，其孙阔阔出也从事制弓行业，曾将自己所制的弓献给皇帝，并受到称赞。元初，有"夏人常八斤，以善造弓，见知于帝，因每自矜曰：'国家方用武，耶律儒者何用？'楚材曰：'治弓尚须用工匠，为天下者岂可不用治天下匠耶？'帝闻之甚喜，日见亲用"。⑦

（一）西夏弓弩及其配套装备

在弓弩的制造方面，要想制造精良的劲弓，选材和上胶是其中非常重要的环节。根据史书记载，西夏生产竹牛，用它的角制作出来的弓性能极佳。"西夏有竹牛重数百斤，角甚长，而黄黑相间，用以制弓，极佳，尤且健劲……索价甚高，人皆不能辨，惟辛太尉道宗知此竹牛也。为弓则贵，为他则不足道尔。"⑧1993年，宁夏海原县贾埫乡马营村南临羌寨遗址中发现很多弩机和铁制的箭头。弩机的廓长均在11.4厘米左右。弩机的悬刀上錾刻有铭文，其中一件弩机上是四个字的西夏铭文。⑨ 该弩机内铁质的部件已经严重锈腐，将弩机的廓、刀、牙等铜质的部件粘在一起。铁杆箭头，残长分别在4.9—13.6厘米之间，箭杆

① [宋] 李焘撰：《续资治通鉴长编》卷七二，中华书局，2004年。
② [宋] 李焘撰：《续资治通鉴长编》卷七九，中华书局，2004年。
③ [宋] 庄绰：《鸡肋篇》卷上，中华书局，1983年，第33页。
④ [元] 脱脱：《宋史》卷四八五《夏国传》，中华书局，2004年。
⑤ [宋] 李焘撰：《续资治通鉴长编》卷一三二，中华书局，2004年。
⑥ [明] 宋濂：《元史》卷一三四《朵罗台传》，中华书局，2005年。
⑦ [明] 宋濂：《元史》卷一四六《耶律楚材传》，中华书局，2005年点校本。
⑧ [宋] 康与之撰：《昨梦录》，《丛书集成初编》，中华书局，1991年，第3页。
⑨ 李范文：《西夏通史》，人民出版社，2005年，第162页。

多已经锈腐，从箭头上的痕迹看属于冷锻工艺。[①] 1965 年 5 月和 1966 年，由宁夏博物馆对石嘴山市庙台公社南约 1 公里的西夏遗址省嵬城进行二次考古挖掘，共开探沟、探方面积 330 多平方米，并对南城门址进行了清理。清理出大量的宋朝钱币、铁门钉、铁片、铁斧、刀、弩机牙等物，其中弩机牙长 4 厘米。[②] 下面我们按照西夏文献中规定和涉及的西夏弓弩的组成部件进行简单介绍：

1. 箭(𢦼)：弓箭亦称“矢”、“镝”。以弓弩发射，以锋刃杀伤敌人的兵器。箭由镞、羽、杆、栝组成，箭镞是用来杀伤敌人的，箭羽是用来保证箭飞行的稳定性和方向性，箭杆是连接箭镞和箭羽的部分，栝是用来瞄准的。箭的材质比较简单，有木质、铜质、铁质，到了汉代以后，军队基本就使用铁镞之箭作为重要战争装备了。

《考工记・矢人》载：“凡相笴，欲生而抟，同抟，欲重。同重，节欲疏。同疏，欲栗……凡取干之道七：柘为上，檍次之，檿桑次之，橘次之，木瓜次之，荆次之，竹为下……凡相干，欲赤黑而阳声，赤黑则乡心，阳声则远根。”[③]是说在制作箭矢的时候，凡选择箭干材时，它的形状要生长得自然浑圆。同样是自然浑圆的，又以较重的为佳。如果箭杆后部柔弱，发出去的箭轨道会比正常的要高；如果箭杆中部柔弱，箭射出后偏侧纡曲；如果箭杆中部刚强，箭将会倾斜飞出。《宋史・夏国传》中记载了西夏弓箭的常用材料，“弓，皮弦；矢，沙柳干”，[④]这种柳干箭的效果非常接近宋代大量使用的木羽箭，《武经总要》：“木羽箭。木羽者，以木为干羽。咸平初，军校石归宋上之。箭中人，虽干去，镞留，牢不可拔，戎人最畏之。”[⑤]

西夏对箭非常重视，并且有专门藏储武器的地方。元丰四年(1081)宋将李宪率兵攻打西夏：“大军过龛谷川，秉常僭号‘御庄’之地，极有窖积，及贼垒一所，城甚坚完，无人戍守，惟有弓箭、铁杵极多，已遣逐军副将分兵发窖取谷及防城弓箭之类。”[⑥]1993 年在宁夏海原县贾埫乡马营村南临羌寨遗址中发现很多弩机的同时还发现了许多铁制的箭头。在宋夏缘边榷场中，还有“鹿射箭”可以合理公开地进行交易，有《確场使兼拘確西凉府签判呈状》中就有“鹿射箭参班半计……。”[⑦]一般讲，武器装备是严禁在榷场中交易的，“鹿射箭”或许因其特殊材质才被允许交易。

① 李进兴：《两件西夏兵器考略》，《西夏研究》2010 年第 1 期，第 126 页。
② 宁夏回族自治区展览馆：《宁夏石咀山市西夏城址试掘》，《考古》1981 年第 1 期，第 91—92 页。
③ [清] 戴震著：《考工记图》，商务印书馆，1955 年，第 80 页。
④ [元] 脱脱：《宋史》卷四八六《夏国传》，中华书局，2004 年。
⑤ [宋] 曾公亮：《武经总要前集》卷十三《器图》，解放军出版社、辽沈书社，1988 年 8 月，第 673 页。
⑥ [宋] 李焘撰：《续资治通鉴长编》，卷三一六，中华书局，2004 年，第 7641 页。
⑦ 杜建录、史金波：《西夏社会文书研究》，上海古籍出版社，2012 年，第 264 页。

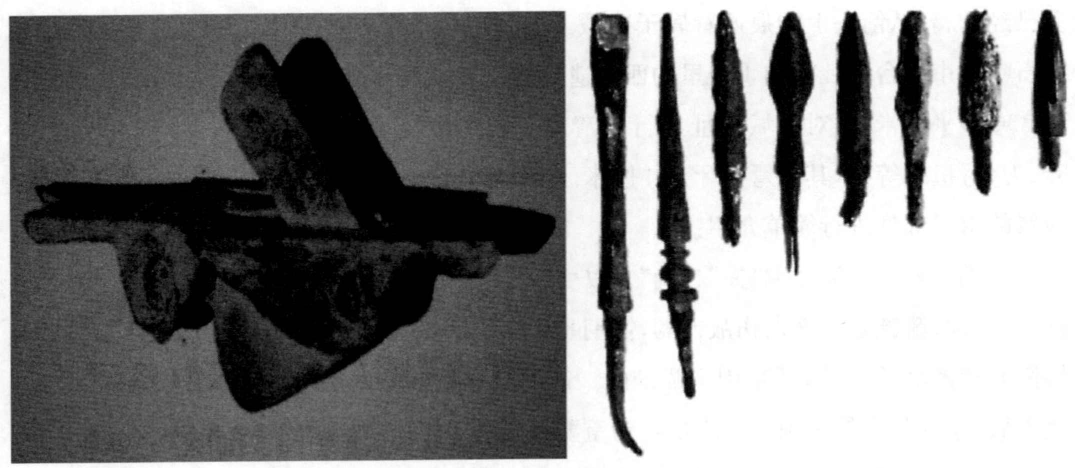

图 10　海原县出土的西夏弩机和箭头

2. 弓矢囊（[illegible]）：亦称弓矢韣、弓箭葫芦，是专门用来盛放弓和箭的工具。《天盛律令》中将该词翻译为"箭袋"，如"牧主正军有：官马、弓一张、箭六十枝、箭袋、枪一枝、剑一柄、囊一、弦一根、长矛杖一枝、拨子手扣全"。[①]《西夏谚语》第 342 条中有"下雨，风云突变；作弓，作袋相连"。[②] 西夏文《天盛律令》中在提到善射者配箭数量时专门规定：一队间善步射连连获一等者，所持武器按各部类如前述。其中箭旧有一百枝数足者，以外，不足数者须增足箭一百枝，务使全备。并应与箭筒一副[③]一齐准备。该条规定中就用来"[illegible]"来专门表示"箭筒一副"。所以可以看出"弓箭袋"与"箭袋"还是存在一定区别的。《宋史·夏国传》载"武职则冠金帖起云镂冠、银帖间金镂冠、黑漆冠，衣紫旋襕，金涂银束带，垂蹀躞，配解结锥、短刀、弓矢韣。"[④]因此汉译本将"[illegible]"译为"箭袋"有失全面，应译为"弓箭袋"、"弓箭囊"或"弓矢韣"。

通常情况下盛放弓矢的工具一般有两种形状：第一种上面口宽，下面袋比较小，呈浅袋状，这种弓囊一般称为箙；第二种为直筒形则被称为椟丸。在古代文献中多将椟丸称之为箙，不加以严格区分，在《武经总要》中将袋状工具称为"弓袋"，将直筒工具称为"弓箭葫芦"。根据《释名·释兵》解释"受矢之器以皮曰箙，谓柔服用之也。织竹曰笮，相迫笮之名也。亦曰步叉，人所带以箭叉其中也。马上曰鞬。鞬，建也。弓矢并建立于其中也"。[⑤]

① 史金波、聂鸿音、白滨译：《天盛改旧新定律令》卷五《军持兵器供给门》，法律出版社，2000 年，第 225 页。
② 陈炳应：《西夏谚语——新集锦成对谚语》，陕西人民出版社，1993 年 4 月，第 342 条，第 25 页。
③ 汉译本"劈息钵"三字没有识别出，补"筒一副"。
④ ［元］脱脱：《宋史》卷四八五《夏国传》，中华书局，1977 年。
⑤ ［汉］刘熙：《释名》卷七《释兵》，中华书局，1985 年。

它的起源非常早，在殷墟小屯 C 区 M20 号车马坑中就已经有此物了。在出土两筒箭镞中，铜质和石质的箭镞各占一筒，每筒各装箭十枝。[①] 乐浪古墓出土的汉代椟丸，是在外部贴有银箔的漆筒，在里面还有箭镞。[②] 一般箭镞向下置内，箭羽向上露在外，以免箭羽磨损或弄折，影响弓箭的正常使用。

盛放弓和箭的囊，有时在一起，有时分开，依照个人爱好和习惯。如杜甫《兵车行》中描述："行人弓箭各在腰。"《新唐书·兵志》载："凡府三等……人具弓一，矢三十，胡禄、横刀、砺石、大觿、毡帽、毡装、行縢皆一，麦饭九斗，米二斗，皆自备，并其介胄、戎具藏于库。"[③]该文记载只是笼统地用"胡禄"一词，即可以理解为弓箭分开盛放，亦可理解为合在一起盛放。在辽代陈国公主墓内出土的文物中，就有弓、木弓囊、箭、鸣镝，还有佩挂弓、箭的银、铜银蹀躞腰带，此带出土时前部第一条小带穿于木弓囊上的带扣内，由此可推断这条带是佩挂弓箭的专用腰带。陈国公主身上佩挂有琥珀柄铁刀、铜阳燧，驸马身上佩挂有琥珀柄银刀，玉柄银刀、银锥，左臂上套有玉臂鞲。这些游猎用具随葬于墓内，佩带于死者身上，表现出契丹贵族的游猎生活习尚，而且也可看出契丹贵族妇女也参与畋猎之事。[④]

弓箭袋除了用于盛放弓箭外，还可以做行军打仗时宿营地枕头，又可作为听筒，来侦

图 11　武经总要中的弓袋、箭囊、弓箭葫芦

① 石璋如：《殷墟最近之重要发现——附论小屯地层》，《中国考古学报》第二册，1947 年。
② （日）林巳奈夫：《漢代の文物》，京都大学人文科学研究所，1976 年，第 342 条，第 467—468 页。
③ ［宋］欧阳修：《新唐书》卷五十《兵志》，中华书局，1975 年。
④ 孙建华：《契丹族的马具与围猎——从陈国公主墓出土文物谈起》，《内蒙古文物考古》2001 年第 2 期，第 24 页。

查敌军的远近。沈括《梦溪笔谈》中记载了“古法以牛革为矢服，卧则以为枕，取其中虚，附地枕之，数里内有人马声，则皆闻之。盖虚能纳声也”。[①]

3. 弦([illegible])，即弓弦。用于发射弓矢的重要材料，对于弓弦的选择《考工记・弓人》中：“凡相筋，欲小简而长，大结而泽。……漆欲测，丝欲沈”，[②]就是指凡选择弹筋，小的要长而成条，大的要圆溜润泽。漆要干净，丝要色泽如水。

关于西夏弓弩弦，朱弁《曲洧旧闻》中有“神臂弓，盖熙宁初百姓李宏造，中贵张若水以献，其实弩也。以檿为身，檀为弰，铁为枪，镫铜为机，麻索系札，丝为弦”的记载。弩机的弦要求比较高，对于一般弓弦需要皮弦即可。《隆平集》“其人能寒暑饥渴，长于骑射而不能枪刀，出战用双日，避晦日，赍粮不过一旬。弓弩用柳杆皮弦，雨雪则不能施。”[③]可知，西夏的弓应该使用的是皮弦，但具体为何种动物的皮就不得而知了。因西夏弓为柳弓、皮弦，其“遇雨雪则不能施”，故西夏占卜有弹弓矢定军事行动的方法，是有一定科学道理的。

4. 拨子手扣全([illegible])，对于该词的准确定义，目前学术界还没有人对此进行专门的论述，下面我们根据《天盛律令》法律条文及其中国武器发展演变的历史来推测一下。

首先，根据西夏文献资料的判断，汉译本《天盛律令》对“[illegible]”注释为：“拨子手扣全，西夏文六字，义为‘拨子手扣置全’，其中第一、四字音译。据下文推断，可能为射箭用指拨一类，暂译如此。”[④]《天盛律令》中规定：一等各种独诱类属的战具，其中“正军有：官马、甲、披、弓一张、箭三十枝、枪一枝、剑一把、长矛杖一枝、全套拨子手扣……负担有：弓一张、箭二十枝、剑一把、长矛杖一枝等当发给，一样，若发弓箭，则拨子手扣亦当供给”。[⑤] 可以确定的是“拨子手扣全”是弓箭的配套装备，如果西夏的战士没有配备弓箭，也就不用配备拨子手扣了。

其次，根据西夏文字义翻译，“[illegible]”汉译本采用了音译，但是如果不采用音译，根据字面意思可以直接翻译为“绑在手口的全套护手”或“绑在臂口的全套护手”。这样我们也可以基本理解为绑在手、臂上的用于射箭全套工具。2003 年，新疆吐鲁番学研究院、新疆文物考古研究所在鄯善县吐峪沟乡洋海夏村的古代墓葬群中，曾发现 4 件时代

① [宋] 沈括：施适校点：《梦溪笔谈》卷一九《器用》，上海古籍出版社，2015 年，第 124 页。
② [清] 戴震著：《考工记图》，商务印书馆，1955 年，第 125 页。
③ [宋] 曾巩撰、王瑞来校证：《隆平集校证》卷二〇《夷狄・夏国》，中华书局，2012 年，第 603 页。
④ 史金波、聂鸿音、白滨译：《天盛改旧新定律令》卷五《军持兵器供给门》，法律出版社，2000 年，第 242 页。
⑤ 史金波、聂鸿音、白滨译：《天盛改旧新定律令》卷五《军持兵器供给门》，法律出版社，2000 年，第 223—224 页。

相当于商代的古代臂鞲实物。在编号为ⅠM90 的 B 型墓葬中,还发现有一件以整块羊皮仿人手指制作而成的皮质扳指(如图 12)。板指的背面缀有麻绳和皮条,以便于扎系。长 5.3 厘米、宽 3 厘米。如将这件扳指译为绑指,则十分形象。

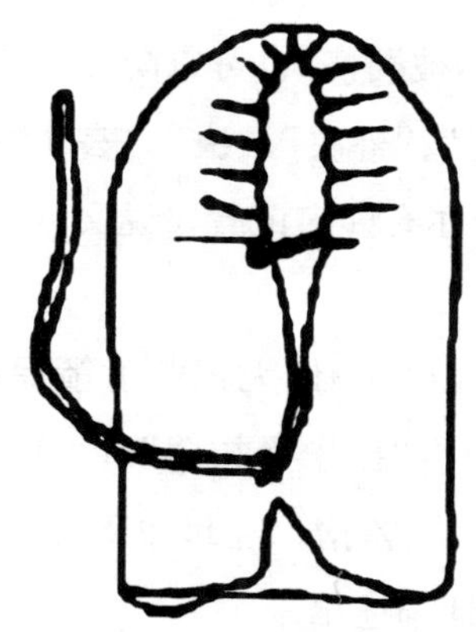

图 12　新疆洋海ⅠM90 号墓出土的护指

图 13　河南安阳市殷墟妇好墓出土的玉扳指

最后,该物品并非单一的一件,应该是套装。西夏文《天盛律令》有"[illegible]"(拨子手扣置全)和"[illegible]"(拨子手扣置)的记载。只是汉译本没有完全严格区别。根据中国古代弓箭发展的研究资料来推测,此物应该指射箭时保护手臂、手指的全套工具。纵观中国古代射箭工具发展历史,这样的全套工具无非臂鞲和扳指两种。其中护手工具,即扳指,或者是包括扳指在内的全套工具。而护臂的工具,包括持弓手的护手,也就是臂鞲。

关于射箭的护具,我国有很多记载。如《周礼·大射仪》"司射适次,袒决遂。执弓。挟乘矢于弓外,见镞于弣,右巨指钩弦。[①]《朱子全书》载:"司射,射人也。次,若今时更衣处,张帏席为之。耦次在洗东南。袒,左免衣也。决,犹闿也,以象骨为之著右巨指,所以钩弦而闿之。遂,射鞲也。以朱韦为之著左臂,所以遂弦也。"[②]同时《周礼注疏》载"缮人掌王之用弓、弩、矢、箙、矰、弋、抉、拾。"郑玄《注》曰:"郑司农云:'抉者,所以纵弦也。拾者,所以引弦也。'《诗》云:'抉拾既次。'……拾谓鞲扞也。玄谓抉,挟矢时所以持弦饰也,著右手巨指。"[③]尽管《礼记》、《周礼》成书于春秋之际,其所记载的也是当时上层社会射礼时的过程,但是详细记载了射礼时所用的保护工具有保护"巨指"的"决"和保护左

① [清] 孙诒让、汪少华整理:《周礼正义》卷六一《夏官》,中华书局,2015 年,第 3097 页。
② [宋] 朱熹撰,朱杰人、严佐之、刘永翔主编:《朱子全书》(2 册),上海古籍出版社,2002 年,第 684 页。
③ [东汉] 郑玄注、[唐] 贾公彦疏:《周礼注疏》卷三二,中华书局(聚珍仿宋版),第 1156 页。

臂的"遂"。后来随着文物考古工作者的不断发掘,各个朝代、各种材质的射箭工具展示于世人面前,但《天盛律令》却将其准确地记录下来。下面我们简单将其部件"扳指"和"臂鞲"进行介绍:

(1)扳指。扳指是射箭时常用于保护手指的一种工具,主要是佩戴在勾弦的手指之上,一般为右手大拇指。保护手指在拉动,扣住弓弦时不被勒伤,也可以防止手指在放箭时被急速回抽的弓弦擦伤。扳指,亦称"搬指"、"机"、"韘"、"摧决"、"决"、"玄"、"抉"。扳指初见于商代,在春秋战国时期已经十分流行,对于扳指亦有许多记载,《说文》曰:"韘,射决也,所以拘弦。以象骨,韦系,着右巨指。"

古代兵书很少记载扳指的,虽然《武经总要》中有《教弓法》但无记载射箭保护工具。在西夏综合法典《天盛律令》中明确要求,配备弓箭时,要有"拨子手扣全",可见西夏对弓骑的重视。明初王彝有诗云:"忆昔少年曾任侠,身轻欲飞衣䘿褶。晓起冲寒行且猎,强箭如雨脱鞲韘。"[①]将狩猎射箭时用扳指和臂鞲的情景生动地描述出来。

(2)臂鞲。射箭时常用于保护手臂的一种工具,主要是佩戴在持弓的手臂之上,一般为左臂。用以束缚衣袖以便于射箭及其他动作时,保护手臂不被放出的弓箭擦伤,或因为衣服袖口的松散,影响弓箭的放射。臂鞲又作"臂鞲"、"遂"、"捍"、"拾"。《说文·韦部》:"鞲,射臂决也。"

《宋史·仪卫志》载宋朝皇帝大驾卤簿巾服之制规定:"金吾押纛,服幞头、皂绣衫、大口袴、银带、乌皮靴。执金吾㸌矟,服锦袍帽、臂鞲、银带、乌皮靴。……清游队、佽飞、执副仗矟、服甲骑具装、锦臂鞲,横刀,执弓箭,白袴。"[②]在内蒙古、辽宁等地,出土了多件辽代臂鞲,其中辽宁阜新彰武县朝阳沟二号辽墓出土于一件银鎏金臂鞲,现藏于辽宁博物馆。银鎏金质地,表面以双凤纹为饰,孔眼处扣以十分方便扣合的环状扣带。据推测,此件臂鞲的年代应属辽朝早期。[③] 西夏虽然在史料中没有记载"臂鞲"的文字,但是在西夏壁画中却有其描绘。

当然,臂鞲除了运用射箭等军事用途外,还逐渐为居民日常生活所用,起到保护和束缚衣袖、方便劳作的作用。同时,古代臂鞲还用于架鹰,以免鹰爪划破衣袖。我们在此就不赘言。

---

① [明] 王彝:《王常宗集》卷四《已酉练圻寓舍咏雪》,《景印文渊阁四库全书》第1229册,台北商务印书馆,1986年,第430页。

② [元] 脱脱:《宋史》卷一四八《仪卫志》,中华书局,2004年。

③ 李宇峰:《辽宁彰武朝阳沟辽墓发掘概况》,《阜新辽金史研究》第五辑,第87—88页。

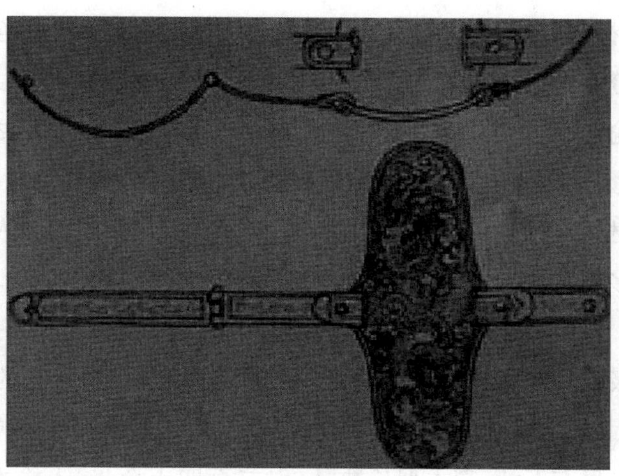

图 14　彰武朝阳沟辽墓出土银鎏金臂

（二）西夏“神臂弓”研究

华岳在《翠微北征录》中提到“军器三十有六，而弓为称首；武艺一十有八，而弓为第一”，①这是当时对兵器的一种共识，也反映了冷兵器时代弓箭对于双方军队的影响。西夏弓弩的代表就是被宋人誉为“最为利器”的神臂弓。对于西夏神臂弓，彭向前先生《神臂弓创制人考》、陈广恩先生《西夏兵器及其在中国兵器史上的地位》、拓万亮先生《西夏特色兵器的研究》、崔凤祥先生《西夏党项族骑射文化考》等论著均有考证论述，本文将从神臂弓之作战特点和对中原王朝弓弩的影响等方面做一点补充。

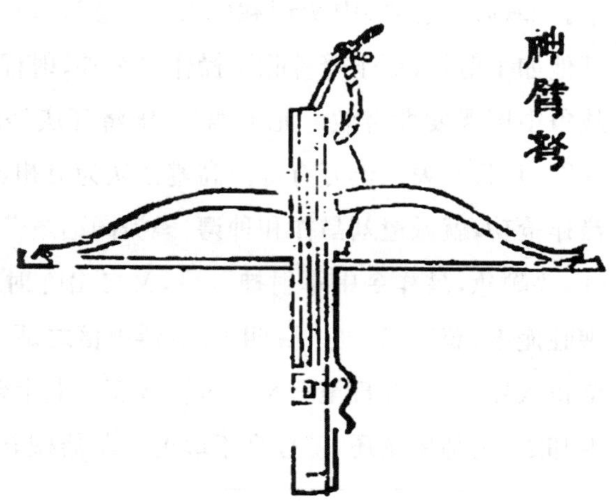

图 15　《武备志》中记载的神臂弓

神臂弓实际上是一种弩机，宋朝对于神臂弓的记载颇多，在沈括《梦溪笔谈》卷一九《器用》中有记载，“熙宁中，李定献偏架弩似弓，而施干镫。以镫距地而张之，射三百步，能洞重札，谓之‘神臂弓’，最为利器。李定本党项羌[酋]，自投归朝廷，官至防团而死。”②朱弁《曲洧旧闻》卷九：

① [宋] 华岳、兰书成、吴子勇：《翠微北征录浅说》卷七《弓制》，解放军出版社，1992 年，第 233 页。
② [宋] 沈括、施适校点：《梦溪笔谈》卷一九《器用》，上海古籍出版社，2015 年，第 124 页。

"神臂弓，盖熙宁初百姓李宏造，中贵张若水以献，其实弩也。以檿为身，檀为弰，铁为枪，镫铜为机，麻索系扎，丝为弦。上命于玉津园试之，射二百四十步有畸，入榆半簳。有司锯榆，张呈。上曰：'此利器也'。诏依样制造，至今用之。"[①]《翠微北征录浅说》亦载："神臂弩：桩牙里一尺八寸，葫芦头四寸，镫二尺，桩长二尺三寸，角檐长四尺五寸。"[②]根据上述材料，我们可知神臂弓的形制，至于神臂弓到底为何人所献，学术界还无定论，本人在此不多赘言。

西夏在军事方面的创造力，不在于发明了多少新武器，而在于对周边政权武器的不断吸收和跨越式改进方面。与传统弓弩相比，神臂弓的射程远，力道大，对敌造成很大的伤亡，屡屡在战争中取得奇效。宋代洪迈《容斋三笔·神臂弓》载："弓之身三尺有二寸，弦长二尺有五寸，箭木羽长数寸，射二百四十余步，入榆木半笴。神宗阅试，甚善之。于是行用，而他弓矢弗能及。绍兴五年，韩世忠又侈大其制，更名'克敌弓'，以与金虏战，大获胜捷。"[③]也就是说，神臂弓的射程非常远，能达二百四十余步，约合 372 米以上，仍能"入榆木半笴"。到南宋初，经过韩世忠等众人的改进，神臂弓逐渐演变成克敌弓，可以"一人挽之，而射可及三百六十步"，使其射程得以大幅度地提高，而且效果也得到了明显改善，可以贯穿重甲，对铁骑兵有很大的杀伤力，"每射铁马，一发应弦而倒，金人震骇若有鬼神"。[④]

与大型弓弩相比，神臂弓又非常机动灵活，操作简便，一人就可以发射，非常适合于战争。如《武经总要》中所记载的"二弓弩"，"以七十人张，发一枪三剑箭，射及三百步"。[⑤]其他如手射弩、豆子弩等除了操作复杂外，射程更不及神臂弓。因此神臂弓传入宋朝后在战争中屡屡发挥奇效。元丰四年，宋将环庆经略使高遵裕至灵州城下，鄜延、环庆两路合一军，凡兵及夫三十万有奇。高遵裕认为灵州城很快就能够攻打下来，又不想泾源总管刘昌祚抢功，就派遣刘昌祚和种谔、桑湜同巡逻营寨，行二日皆遇贼，战却之。"初，贼数万奔冲，势颇急，昌祚令中军射神臂弓，又自出阵射之，凡数百发，射中首领仁多唓丁，贼稍北。乘胜掩击，获印二、马一百四十匹，器甲倍之。"[⑥]绍圣四年七月，吕惠卿遣副总管王愍统制诸将入界，二十九日至宥州……转战而南七十余里，壁于秦王井，贼复来攻，愍使以神臂弓射却之，全师振旅还，贼登高不敢追。获器械五十余件，牛羊万五千余头。[⑦]

---

① [宋] 朱弁：《曲洧旧闻》卷九《神臂弓》，中华书局，2002 年 8 月，第 209 页。
② [宋] 华岳、兰书臣、吴子勇：《翠微北征录浅说》卷七《弩制》，解放军出版社，1992 年，第 234 页。
③ [宋] 洪迈：《容斋三笔》卷十六《神臂弓》，北京燕山出版社，2008 年 1 月，第 40 页。
④ [宋] 徐梦莘：《三朝北盟会编》卷二一八，上海古籍出版社，1987 年，第 1569 页。
⑤ [宋] 曾公亮：《武经总要前集》卷一三《器图》，解放军出版社、辽沈书社，1988 年 8 月，第 680 页。
⑥ [宋] 李焘撰：《续资治通鉴长编》卷三一九，中华书局，2004 年，第 7704 页。
⑦ [宋] 李焘撰：《续资治通鉴长编》卷四九〇，中华书局，2004 年，第 11623—11624 页。

因此，宋朝政府对于神臂弓的重视到了极其严格的程度，远远超过了对其他武器装备的管理范围。故在《庆元条法事类》中有许多条文涉及神臂弓，“诸神臂弓若官司置藏不密，致私传习并私习学，制造者以违制论并许人告”①等不准私自营造、私习以及军士毁弃，战阵亡失的专门规定。若发现私自毁弃神臂弓的，“罪轻者，流二千里，许人告。将校、节级不觉察，杖一百”。② 就是对于神臂弓军每次作战完毕，都要专门“计所部亡失，亡失人随身不到者非。一分以下，徒两年，一分加一等，四分以上奏裁”。③

第三节　《天盛律令》中的西夏防具和辅助装备考

为了有效防御剑、矛、弓矢等兵器的攻击，保护有生力量在战斗中不为敌人兵器杀伤，最大限度地减少战斗伤亡，降低杀伤效能，提高军队的战斗力，防护装备作为冷兵器时代战争中单兵装备的重要组成部分，一直扮演非常重要的角色。防护装备包括护首之胄、护躯干之甲、护体之盾、护战马之具装等。到了宋夏时期，防护装备，尤其是铠甲和马具的形制已经趋于稳定，种类发展也已日臻完善的境地。西夏的重甲骑兵在宋夏战争中占据了巨大的优势，成为西夏军事之重要特色。西夏防护装备是西夏武器装备的重要组成部分，对于研究西夏军事制度、科技水平等都有非常重要的作用。但是目前学术界对于西夏防护装备的研究还十分薄弱。本文拟对几种西夏防具的种类、形制、工序等做简单考证说明。

一、西夏铠甲

甲又名铠，《释名・释兵》载：“铠，犹垲也。坚重之言也，或谓之甲，似物孚甲以自御也。”④铠甲作为一种重要的防御性装备，在我国有着非常悠久的历史。在原始社会，人们受到动物“孚甲以自御”的启示，制作简易装备用于保护自己。发展至秦汉时期铁质铠甲已经开始大量装备军队，西夏时期承袭唐宋甲制也将铠甲作为军事战争中的重要装备。《天盛律令》中详细地规定了除牧农主外，从各种独诱到神策内外侍等各级社会所属正军均必须配备铠甲和马甲。由于铠甲是西夏军事战争中的重要组成部分，使其成为研究西

① 戴建国点校：《庆元条法事类》卷八《漏泄传报》，黑龙江人民出版社，2002 年，第 148 页。
② 戴建国点校：《庆元条法事类》卷八〇《毁失官私物・杂敕》，黑龙江人民出版社，2002 年，第 909 页。
③ 戴建国点校：《庆元条法事类》卷八〇《毁失官私物・杂敕》，黑龙江人民出版社，2002 年，第 909 页。
④ ［汉］刘熙：《释名・释兵》，中华书局，1985 年，第 113 页。

夏政治、经济、军事、科技乃至艺术和文化领域的一把钥匙。

（一）西夏铠甲的形制

虽然铠甲的材料和构成部件形式多样，但是其主要形制无非有两种。一类叫作"札甲"，即使用大型甲片编缀而成，这种甲简单实用，《天盛律令》中规定的蕃甲就是札甲；另一类叫作"鱼鳞甲"，就是使用中小型甲片扎排而成，整个甲片似鱼鳞状排列，此类甲美观牢固，但制作成本较高，一般为将领或重要部队装备。以上两种甲型在西夏均有使用。总体来看，西夏甲胄虽然在材料和样式有别于中原地区甲胄，但是形制依然效仿唐宋。我们结合西夏文物考古发掘、《天盛律令》法条中记载的铠甲条文，以及史金波先生翻译的《西夏文军籍文书考略》中有关铠甲的部分，参考西夏壁画中武将的着装，依稀看到美观大方、制作精良的西夏铠甲原型。

图 16－1　黑水城出土阿弥陀佛净土世界武士

图 16－2 武士图木版画

1977 年在甘肃武威西郊林场西夏墓出土。共有四幅武士图版，画中武士形象无须，戴头盔，穿甲胄，两幅武士手中没有武器，而是做拱手作揖的姿态，另外两幅武士，手中分别拿着宝剑、月牙铲等武器。[①] 可以看得出，图中武士（图 16）所穿铠甲，皆色彩艳丽，甲片

① 汤晓芳：《西夏艺术》，宁夏人民出版社，2003 年 8 月，第 44—45 页。

排列整齐，错落有致，制作精美，看起来十分威武。在这几幅木版画中我们没有发现护臂、甲裙的样子。

《天盛律令》中对于蕃札甲的大小和构造有详细的规定，为我们研究西夏铠甲提供了宝贵的一手资料。同时将铠甲分为“精蕃甲”和“蕃旧铠甲”两种类型：

“获甲[①]披、甲：

甲者，胸五，头宽八寸，长一尺七寸；背七，头宽一尺一寸半，长一尺九寸；尾三，长一尺，下宽一尺四寸；头宽一尺一寸；胁四，宽八寸。裾[②]六，长一尺五寸，下宽二尺四寸半，头宽一尺七寸；臂十四，前手口宽八寸，头宽一尺二寸，长二尺四寸；□目下[③]四，长八寸，口宽一尺三寸；腰带约长三尺七寸。

军卒旧番披、甲：

甲：胸五，头宽七寸，长一尺二寸；背七，头宽一尺一寸，长一尺五寸；腰带约长三尺二寸；胁二，宽七寸；末尾三，宽一尺四寸，长九寸，头宽一尺；裙六，长一尺七寸，下宽一尺九寸，头宽一尺四寸；臂十七，前手口宽七寸半，长二尺，头宽一尺二寸，Δ目下四，长五寸，口宽一尺一寸。”[④]

对于“瓬袚”一词在前文中已考释，应为音译词，可以翻译为“副加铠甲”，即与“旧蕃铠甲”相对应的一种新式铠甲，即“精蕃铠甲”。如《天盛律令》规定：“一守卫所属□甲以外，军卒等之披、甲者，其长宽尺度应依副甲法而增续，当按簿上所记点名校阅。此后披、甲若有损失及应重新搜寻时，当依律令所载搜寻精[⑤]番甲、番披供给，其有缺者，应令增补。”[⑥]敦煌文书 S.1898《甲仗簿》记载了部分归义军时期兵士武器装备：如张灰子“官甲一领并头牟”，王怀建“官甲一领，楪一面”，十将王骨儿“私甲一领”等。说明归义军时期铠甲分为官甲和私甲，同时归义军时期战士并不能达到每人均有铠甲装备，有时就只有“楪一面”，如押衙翟弘庆“楪一面”。[⑦]

对于铠甲的记录，除《天盛律令》等综合法典之外，《俄藏黑水城文献》、《英藏黑水城文献》中亦有一大批西夏社会文书，其中有关军事的文书多达 300 件。这些文书中以军籍文

① 西夏文“瓬袚”，汉译本中前后有两种译法，前译为“副甲”，后译为“获甲”，前后翻译不一。
② 西夏文“乖”，汉译本译为“裙”，史金波先生在《西夏文军籍文书考略》中译为“襟”，当译为“襟”。
③ 西夏文“眦兹祓”，汉译本第一字没有识别出，译为“□目下”，俄译本译为“肩目下”，史金波先生在《西夏文军籍文书考略》中译为“独目下”，当译为“肩目下”，即“护肩”的意思。
④ 史金波、聂鸿音、白滨译：《天盛改旧新定律令》卷五《军持兵器供给门》，法律出版社，2000 年，第 229—230 页。
⑤ 西夏文“乖”，汉译本译为“真”，当译为“精”。
⑥ 史金波、聂鸿音、白滨译：《天盛改旧新定律令》卷五《军持兵器供给门》，法律出版社，2000 年，第 229 页。
⑦《英藏敦煌文献》第三册《甲仗簿》，四川人民出版社，1990 年，第 172—173 页。

书最多，它们是“依照西夏政府的相关规定，对西夏社会基层以首领为单位各军抄详细登记的簿籍，记载着西夏黑水城地区下层军事组织真实而具体的情况，包括西夏军事组织细胞——军抄的人员、马匹、装备等详细内容，是了解西夏军事组织及其作用的宝贵资料”。① 史金波先生对其中一些军籍文书进行了系统的翻译和考证，为我们研究西夏防护装备提供了详实的参考资料。

下面我们就按照《天盛律令》和西夏军籍文书中记载的内容对西夏札甲构成部分进行介绍。

“胸”为护胸，又名掩心，用以遮护心胸的甲片，也是所有铠甲最为主要的组成部分。通常以金属片、或者坚固的东西做成。《资治通鉴》“从荣大惊，命取铁掩心环之，坐调弓矢”。该句胡三省注：“甲在胸前者谓之掩心。”

“背”为护背，是保护后背的甲片。

“肋”([illegible])，应译为“胁”，是为护腰胯之“护髀”，护髀始见于唐代后期，初施于军士战服，用以减少兵器与铠甲之间的摩擦，后加于袍衫之外。圣彼得堡东方研究所藏西夏版画《梁皇宝忏录》插图下方绘有一名西夏男子背身而立，其护髀与榆林窟壁画中西夏武官所着十分相似。该图清晰地显示出，武官所戴护髀款式结构为两侧各一片半椭圆形护片，后身以宽带缝合连接，可作为护髀形制研究参考。

“末尾”应该指“鹘尾”，即古代甲衣腿裙边缘的叶片，同腿裙一起保护腿部和裆部。《宋史·兵志十一》记载：“绍兴四年，军器所言：‘得旨，依御降式造甲。缘甲之式有四等，甲叶千八百二十五，表里磨锃……又腿裙鹘尾叶六百七十九，每叶重四钱五分。’”。

“[illegible]”，应翻译为“裙”，②是指铠甲的前幅，又指前后甲相交接的部分。作为铠甲，一般采用侧襟，以免正面留有缝隙造成战斗伤亡。《天盛律令》中没有区分衣襟和衣裙，只是将其合在一起统一规定“裙([illegible])六，长一尺七寸，下宽一尺九寸，头宽一尺四寸”。同时，因为兵种的不同，对于衣襟的开口方向还有一定的影响，如《翠微先生北征录》中记载：“步人则两足循行，左掩则背安结项而穿扣不顺；马军则缓急上马，右掩则搐定左足而跨蹬不及。马军甲身所以独用左掩。”③

《金史·郭虾蟆传》：元光二年，夏人步骑数十万攻凤翔甚急，元帅赤盏合喜以虾蟆总

① 史金波：《英国国家图书馆藏西夏文军籍文书考释》，《文献》2013 年第 3 期，第 3 页。

② 史金波：《西夏文军籍文书考略》，《中国史研究》2012 年第 4 期，第 147 页。文中衣襟和衣裙同时存在，“[illegible]”译为“衣襟”，“[illegible]”译为“衣裙”。

③ [宋] 华岳、兰书成、吴子勇：《翠微北征录浅说》卷七《马军甲制》，解放军出版社，1992 年，第 231 页。

领军事。从巡城，壕外一人坐胡床，以箭力不及，气貌若蔑视城守者。合喜指似蝦蟆云："汝能射此人否?"蝦蟆测量远近，曰："可。"蝦蟆平时发矢，伺腋下甲不掩处射之无不中，即持弓矢伺坐者举肘，一发而毙。[①]

"臂"[②]指护臂，又名"臂缚式"，亦称"臂手"，指缚臂之铁甲片。明茅元仪《武备志・器械四》："臂缚式，一名臂手。每一副用净铁十二三斤，钢一斤，折打钻锃重五六斤者，以熟狗皮钉叶，皮绳作带，以紬布缝袖肚，务要随体宛转活便。"[③]护臂一定要随体婉转灵活，不能影响双臂的活动和战斗。

"肩木下"([illegible][illegible][illegible])，[④]应该为护肩，又名披膊，指铠甲中遮护肩膀胳膊的部分。宋范成大《桂海虞衡志・志器》："蛮甲，惟大理国最工，甲胄皆用象皮，胸背各一大片如龟壳，坚厚与铁等；又联缀小皮片为披膊护项之属，制如中国铁甲。"[⑤]一些铠甲护肩上有许多精美的纹饰和图案，有的护肩多达数层。

"腰带"，[⑥]即指束带。西夏腰带有许多种，其中一种为"蹀躞带"，该带有一条主带和数条小皮带构成。主带是用于固定铠甲、衣服的，数条小带从胯处垂下，用于配挂各种小的物品。这种蹀躞带，在唐代初期非常流行，民族服饰和官服都在使用，上面配挂有佩刀、小刀、砺石、算袋等七件物品，俗称"蹀躞七事"。到了唐开元以后，朝廷逐渐废除配挂制，蹀躞带就逐渐从中原地区消失。但是边疆地区一些民族仍然沿用这种腰带，西夏和辽代一种保留使用。《宋史・夏国传》："武职则冠金帖起云镂冠、银帖间金镂冠、黑漆冠，衣紫旋襕，金涂银束带，垂蹀躞，配解结锥、短刀、弓矢韣……便服则紫皂地绣盘球子花旋襕，束带。"[⑦]蹀躞带不仅成为固定衣甲的用品，也是区别贵贱、等级、文武官员的身份象征。在敦煌莫高窟第409窟的《西夏皇帝供养像》中，描绘了"皇帝面形浑圆、柳叶形眼，头戴高冠，可见额头秃发，冠后垂带，身着圆领窄袖团龙袍，袍上可见11团龙图案，腰束带，带上垂解结锥、短刀、火镰、荷包等物件，足穿白色毡靴"。[⑧] 另外一种腰带，即官员便服所束，

---

① [元]脱脱：《金史》卷一二四《郭蝦蟆传》，中华书局，2005年，第2709页。

② 在《天盛律令》中只记载为"[illegible]"(臂)；在《西夏文军籍文书考略》中记载为"[illegible][illegible][illegible]"(臂膊套)；在《西夏文教程》中译为"臂普护"。

③ [明]茅元仪：《武备志》第十册《军资乘・器械》，华世出版社，1984年，第4247页。

④ 该词史金波先生在《天盛律令》中没有明确译出"□目下"，在《西夏文军籍文书考略》中译为"都木下"，在《西夏文教程》中译为"独目下"；李仲三据克恰诺夫本译文为"肩木(木取音译词)，即为护肩"。其中第1字"[illegible]"意思是肩，发[独]的音，此处应该取其义；第2字"[illegible]"发[木、目]音，此处取其音；第3字"[illegible]"，音[饶]，是下的意思，此处可取其义。

⑤ [宋]范大成撰、严沛校注：《桂海虞衡志校注》《志器》，广西人民出版社，1986年，第39—40页。

⑥ 在《西夏文军籍文书考略》中我们没有发现对腰带的规定，只是笼统地将其归为"裹节袋绳索等全"类。

⑦ [元]脱脱：《宋史》卷四八五《夏国传》，中华书局，2004年。

⑧ 汤晓芳：《西夏艺术》，宁夏人民出版社，2003年8月，第8页。

或者普通民众所束之带。只有主带，没有其他小的皮带。通常腰带长三尺左右，《天盛律令》中规定：新蕃甲用三尺七寸，旧蕃甲为三尺二寸。腰带一般为皮带，当然也有用布带的，带用带扣等系接。这种普通腰带，在西夏壁画中比较常见，尤其是仆役、侍从的腰带，均为此种。

图 17　西夏陵 3 号陵出土鎏金铜带扣

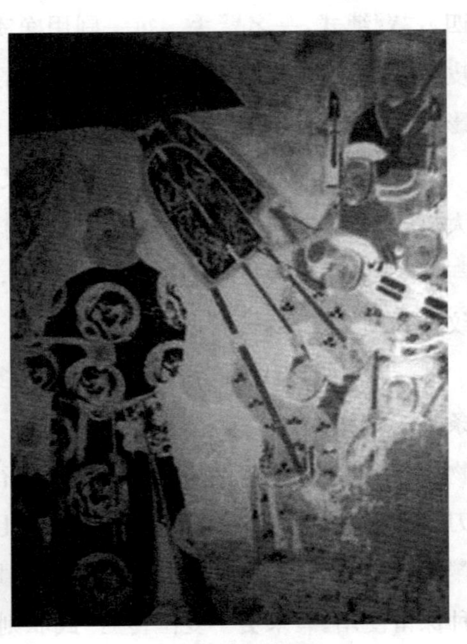

图 18　西夏皇帝供养像

（二）西夏铠甲的种类

中国先秦时，主要材料为皮革，因此又称甲、介、函等；战国后期，逐渐出现了铁制材料，因此将特甲称为铠，皮质的仍称甲；唐宋以后，不分质料，或称甲，或称铠，或铠甲连称。由此可知材料是影响铠甲制造的首要因素，《考工记·函人》中就提到"函人为甲，犀甲七属，兕甲六属，合甲五属。犀甲寿百年，兕甲寿二百年，合甲寿三百年"。[①] 根据材料的不同，西夏在甲胄材料的选择上有布、毡、皮革、铁质和铜质等。由于布、毡、皮革等材料容易腐烂，无法长时间保存，现在已经很难了解这些甲胄的具体状况，加之西夏汉文史料材料缺失，因此存世的西夏文资料和西夏壁画等资料，就显得更加弥足珍贵了。现分别叙述如下。

1. 铁甲

铁质铠甲在春秋战国时期已经开始出现，随着生产力水平的发展和冶铁技术的提高，

① ［清］戴震著：《考工记图》，商务印书馆，1955 年，第 55 页。

到了西汉时期，铁质防护装备才处于主要地位。一直到明清以后，随着火器时代的到来，铁甲胄才逐渐退出历史舞台。宋夏时期，尽管已经有了火器的出现，但还没有发展成熟，这时双方都将铁甲装备的生产推向高峰。

西夏统治者非常重视对铁甲的生产，近年在宁夏永宁闽宁村7号墓出土了大小不同类型的9件铁甲片。有圆角长方形和圭形两种，呈片状，微向外鼓，上有穿孔，有大、小、中型三种：大者分别长8.5厘米、宽4厘米；长8.2厘米、宽4.2厘米；长7.5厘米、宽4厘米；长6.2厘米、宽3.2厘米；长5厘米、宽5厘米。中等的长6.8厘米、宽3厘米；长6.6厘米，宽3.2厘米。小者长5.2厘米、宽2.3厘米；长5.4厘米、宽2.3厘米。[①] 这些形状、大小不同的铁甲片应该是铠甲的不同部位。西夏的"善马重甲"在宋夏战场中发挥了非常重要的作用，其代表就是"瘊子甲"、"锁子甲"等。

瘊子甲，是西夏冷锻法制造的优良铁甲，在甲平片末端留有筋头小笋，像人体的瘊子，因此得名。宋人沈括在《梦溪笔谈·器用》里专门记载了瘊子甲："青堂羌善锻甲，铁色青黑，莹彻可鉴毛发，以麝皮为綇旅之，柔薄而韧……凡锻甲之法，其始甚厚，不用火，冷锻之，比元厚三分减二乃成。其末留筯头许不锻，隐然如瘊子，欲以验未锻时厚薄，如浚河留土笋也，谓之瘊子甲。"[②]宋朝名将韩琦在任泾源路经略安抚使时，为了测试西夏瘊子甲的强度，让士兵站在五十步之外，用强弩连续射击，结果无一箭能射穿它。其中有一支箭射了进去，穿透铁甲，原来是射中甲上的钻孔，但射入的箭头反而被甲的钻孔刮起以一层铁皮，可见该甲有多么坚硬。尽管宋朝也曾尝试铸造一些瘊子甲，但是无法掌握高温冷锻的工艺。

图19　锁子甲

锁子甲，又称为"锁甲"，以金属环联缀甲片或完全由金属环套扣而成之铁甲。其甲五环相互，其中一环受镞，诸环共护，故箭不能入。《唐六典·两京武库》记载："甲之制十有三：一曰明光甲、二曰光要甲……十有二曰锁子甲，十有

① 宁夏文物考古研究所编著：《闽宁村西夏墓地》，科学出版社，2004年，第60—61页。

② [宋]沈括、施适校点：《梦溪笔谈》卷一九《器用》，上海古籍出版社，2015年，第126页。

三曰马甲。”[①]该甲是由西域传入中国，三国时期已有明确记载，唐时制作精良，得到进一步发展。出土于内蒙古额济纳旗附近的西夏锁子甲，其制作工艺与唐黑漆锁子甲记载相同，整件甲都用小铁环缀合而成，胸背甲皆两层，阔 65 厘米，掩臂单层，长 32 厘米，宽 21 厘米，裙单层，长 32 厘米，高 6.5 厘米。[②] 该甲甲身较短，甲裙并无前缀，当为骑兵甲。该甲现陈列于西夏陵博物馆内，保存完整，制作精美，甲全身连在一起，使用轻便，结构简单，防护面积大，大大提高了西夏部队的防护性。

“铁鹞军”，又称“铁林”，是西夏最精锐最有战斗力的重甲骑兵之一。铁鹞子军是将人和战马都穿铠甲，使敌人“刺斫不入”，攻击不上，并且将人和马连在一起，“用钩索绞联，虽死马不坠”。即使是人战死沙场，仍然在马上不坠落，随战马前行，大大提高了部队的战斗力，同时对敌人产生很大的威慑作用。西夏军队在作战时，也采取灵活的作战方式，“以铁骑为前军，乘善马重甲，刺斫不入……遇战则先出铁骑突阵，阵乱则冲击之，步兵挟骑而进”。这种铁骑在对宋平原作战中，驰骋疆场，所向披靡，挫敌军锋，屡败宋军。如宋夏元丰五年永乐城之战中，西夏军先让骑兵由西岸抢渡无定河。宋将曲珍说：“此鹞子军也！当其半济击之，乃可以逞。得地则锋不可当也”，可是主将徐禧不听建议。结果，等到西夏铁鹞子军登岸后，宋朝派遣最为精锐的鄜延路先锋军，平时“银枪锦袄、光彩耀目”，都能以一当十，可是与西夏骑兵一战，立即溃败，造成“死者将校数百人，士卒、役夫二十余万”的惨痛结局。[③]

绍兴九年五月，李世辅闻金人降赦，归宋河南地，决心降宋，“是时，王枢具饮于帐中，夏国都统与世辅皆在坐，夏国军马，悉全装铁甲列寨下”。[④]

2. 铜甲

1974 年，在宁夏西夏王陵八号陵墓室中出土了大量甲片，共有 52 片，铜质，有的上面还有鎏金，甲片呈柳叶形。这些甲片共有两种类型：一种长 9.9 厘米，宽 2.1 厘米，一端圆，一端平，圆端有 3 组钻孔，每组二孔，平端上有一孔，两孔中有两组钻孔，每组二孔。另一种长为 5.8 厘米，宽 1.8 厘米，圆端钻孔与长片相同，中部有一孔，平端两孔。这些甲片制作精美，薄厚均匀，孔眼一致。[⑤] 这些甲片出土于西夏王陵的帝陵墓室，上面又有鎏金，据推测该铠甲应该是帝王的铠甲，十分珍贵，极具研究价值。西夏陵出土的这些甲片上面

---

① ［唐］李林甫等撰、陈仲夫点校：《唐六典》卷一六《两京武库》，中华书局，2008 年，第 462 页。

② 王志平、王昌丰、王爽：《西夏博物馆》，宁夏人民出版社，2006 年 7 月，第 110 页。

③ ［元］脱脱：《宋史》卷四八五《夏国传》，中华书局，2004 年，第 14012 页。

④ ［宋］徐梦莘：《三朝北盟会编》卷一九五《韩世忠墓志铭》，上海古籍出版社，1987 年，第 1404 页。

⑤ 史金波、白滨、吴峰云：《西夏文物》，文物出版社，1988 年 3 月（图版 220），第 309 页。

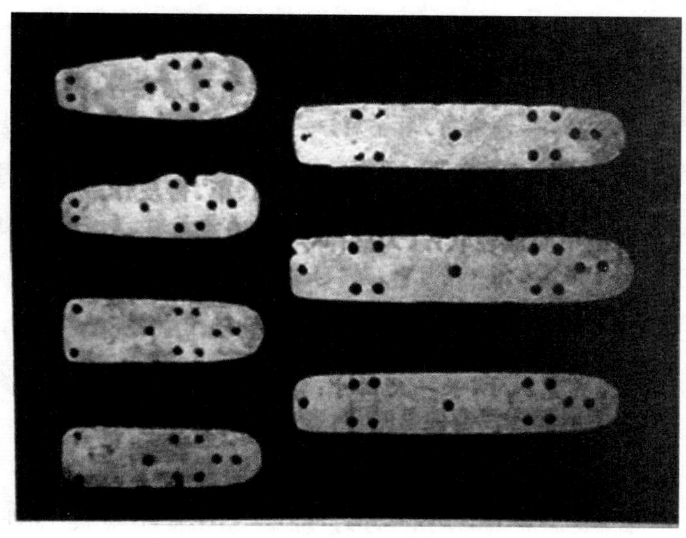

图 20　铠甲片

还有鎏金，更是鲜艳美观，成为一种身份和地位的象征。这里的鎏金同“镏金”，就是把溶解在水银里的金子涂刷在银胎或铜胎甲片上的一种镀金方法。

3. 皮甲

中国古代皮甲的材料有很多种，最好的是犀牛皮，象皮次之，牛皮和其他动物皮稍差。西夏地处内陆地区，属于温带荒漠半荒漠地带，是典型的大陆性气候，冬天气温低，伴有寒冷的西北风；夏天气温高，又缺乏有效的降雨。因此，西夏境内最好的皮质材料就是牛皮，同时，西夏是游牧民族，畜牧业非常发达。骆驼、马、羊等动物的数量大，取材方便，正如西夏开国皇帝元昊所说：“衣皮毛，事畜牧，蕃性所便。”①这里的皮质衣服，也应该包括了皮甲。

从《天盛律令》的规定来看，皮甲在西夏应该仍然处于主体地位。西夏的裘皮制品有皮衣、皮甲、皮帽、皮褥、皮靴等，其制作工艺是首先将动物的皮进行物理或化学加工，即将生板皮置入缸或者其他器皿中，灌上硝水，每日上下翻动，以使硝水浸泡均匀，大约 20 天左右，生皮乃硝熟。② 这就是古代熟皮子的过程，也使得熟过的动物皮更加有韧性，且不易腐烂。然后根据不同的需要，将皮革裁剪加工成各类制品。革，《说文解字》：“革，兽皮，治去其毛曰革。”在《孟子·公孙丑下》“固国不以山溪之险，威天下不以兵革之利”中即指

① ［元］脱脱：《宋史》，卷四八五《夏国传》，中华书局，2004 年，第 13993 页。
② 杜建录：《西夏经济史》，中国社会科学出版社，2002 年 8 月，第 188 页。

用革制造而成的甲胄。

4. 毡甲

党项族内迁以前，就掌握了皮毛加工技术。"织犛牛尾及羖攊毛以为屋，服裘褐，披毡以为上饰"，这时的毡和褐都还是稀缺之物。到了西夏建国后，党项族的手工业水平迅速提高，毡、褐等毛织品加工就变得比较普遍。其中，毡是用牛、羊、骆驼等动物的毛，经过弹化、浸湿、加热、挤压等工序制成的片状材料，具有良好的保湿、防潮性能。

毡在西夏军事方面的运用还比较多，如日常装备有毡帽、毡甲、毡靴、毡帐，还制成护城毡用于城防。宋将韩世忠"从刘延庆筑天降山寨，为敌所据，世忠夜登城斩二级，割护城毡以献"。①

5. 布甲

以纺织品为原材料制造而成的铠甲，称为"绵甲"，也称"绢甲"、"棉花战衣"。中原地区因为棉花种植面积大、价格低廉，所以绵甲主要采用棉花制造。西夏地区尽管也有棉花种植，但是种植面积和产量都很低，因此，用棉花来制造绵甲的可能性非常小。可是西夏仍然有大量的"绵甲"存在，其制作的主材料就是毛褐。

毛褐是用牲畜毛捻线织成的毛布，有粗毛褐和细毛褐之分，用绵羊毛线织成的布较细，称为绵毛褐，羖攊毛线织成的布为粗毛褐。② 在西夏境内，捻线织褐成为人们最为普通的家庭副业，北宋泾州织毛褐的手艺十分普遍，"虽小儿皆能捻茸毛为线，织方胜花。一匹重只十四两者，宣和间，一匹铁钱至四百千"。③ 可见，一匹褐布的重量非常轻，制作的褐布甲衣也要比铁甲等更加轻便，士兵穿上后，行动十分灵活，丝毫不影响行军和作战。西夏汉文《杂字》中也记载了"棉麻线袋细，毛毡褐囊粗"。④

西夏由毛褐所制之绵甲，一般需要多层叠加，或加上一些辅助材料，否则达不到防御的效果。一般要在甲表面上嵌入一些金属铁片，钉有大颗的铁甲泡、铜钉铆固或者毛毡等其他物品，以此增强绵甲的防护力，同时，也使得衣甲更加美观。《天盛律令》卷十七中有关"铁匠局打水磨事一斤耗减十一两……大小铁叶、金木护胸"⑤很可能与制造铠甲有关。由于毛褐制成的绵甲质地清软，且可以用来防寒，非常适合西北地区的士兵使用。到了明清时期，在绵甲上面沾上水，还可以抵御简单火器的射击，得到更加广泛的推广。

---

① [元] 脱脱：《宋史》卷三六四《韩世忠传》，中华书局，2004 年，第 11355 页。

② 杜建录：《西夏经济史》，中国社会科学出版社，2002 年 8 月，第 189 页。

③ 庄绰：《鸡肋编》(卷上)，中华书局，1997 年，第 33 页。

④ 聂鸿音：《西夏文〈碎金〉研究》，《宁夏大学学报》(社会科学版)，1995 年，第 2 期，第 15 页。

⑤ 史金波、聂鸿音、白滨译：《天盛改旧新定律令》卷十七《物离库门》，法律出版社，2000 年，第 556 页。

6. 其他衣甲

尽管毡甲和毛褐布甲为西夏独有的甲胄，但其制作工序仍然是借鉴了中原传统防御装备而成的，铁甲、铜甲、皮甲等其他材料的铠甲在中原地区都在使用。藤甲、玉甲、银甲、纸甲等在西夏文献记载和出土文物中都没有发现。尤其是纸甲坚固异常，连劲弩亦不能穿透。宋康定元年四月，宋仁宗曾经“诏江南、淮南州军造纸甲三万，给陕西防城弓手”，[①]一次性就能配发3万件到宋夏沿边地区，在宋夏战争中发挥了极为重要的作用。由于西夏非常重视掠夺、缴获宋朝的武器装备，因此我们也相信在西夏一定存有一定数量的纸甲存在，只是由于材料缺乏，西夏没有制造此类的铠甲。

西夏还有关于银甲的记载，只是只有身份尊贵者才能穿。治平三年九月，夏国主谅祚举兵寇大顺城，谅祚将步骑数万，攻大顺城三日，宋蕃官赵明与官军合击之。谅祚裹银甲毡帽以督战，环庆经略安抚使蔡挺先选强弩分列于壕外，注矢下射，重甲洞贯，谅祚中流矢遁去。[②]

（三）西夏铠甲的制作工艺

1. 采用合甲技术。《天盛律令》中规定“披、甲、袋，应以毡加褐布、革、兽皮等为之，有何用一种，务求坚牢做好”，[③]我们推测西夏铠甲制作采用了合甲技术，即由两重以上的材料相合而成的甲衣。钱玄，钱兴奇《三礼辞典》认为合甲是“用多层复叠制成之铠甲，最坚”。[④] 江永在解释《考工记·函人》中“合甲”时指出“犀甲、兕甲皆单而不合。合甲则一甲有两甲之力，费多工而价重”。[⑤] 通常，西夏是采用毡加上褐布、革、兽皮之一种合成铠甲，这样既增加铠甲的防护作用，又增加其使用期限。如《考工记》中记载“犀甲寿百年，兕甲寿二百年，合甲寿三百年”。当然，采用合甲技术后，铠甲的重量会大大增加，士兵行动的灵活性也会有所降低，因为见不到出土文物或者具体的文献记载，我们暂时还无法判断，西夏铠甲是在人体要害部位采用合甲技术，还是全部采用合甲技术。

西夏地处西北，四季气温变化大，夏季炎热难耐，冬季气候寒冷，如不使用合甲技术，对士兵伤害会很大。据《清波杂志》卷五“朔庭苦寒”条：“使虏者，冬月耳白即冻堕，急以衣袖摩之令热，以手摩即触破……同涂官属有至黄龙者，云燕山以北苦寒，耳冻宜然。凡冻

① ［宋］司马光撰，邓广铭、张希清点校：《涑水记闻》卷十二，中华书局，1997年，第240页。
② ［宋］李焘撰：《续资治通鉴长编》卷二〇八，中华书局，2004年，第5062页。
③ 史金波、聂鸿音、白滨译：《天盛改旧新定律令》卷五《军持兵器供给门》，法律出版社，2000年，第228页。
④ 钱玄、钱兴奇：《三礼辞典》，江苏古籍出版社，1998年，第341—342页。
⑤ 江永：《周礼疑义举要·考工记二》，江苏古籍出版社，1998年，第341—342页。

欲死者,未可即与热物,待其少定,渐渐苏醒。盖恐冷热相激。”[①]

2. 精密的钻孔技术。“钻孔”又叫“札孔”,是制造铠甲的一道重要工序,也是检验铠甲优劣的标准之一。甲片上面的钻孔越多,甲片连接得就越牢固;钻孔越小,材料的固定性越好;甲片之间的缝隙越小,上下排列越整齐,则做工越好,防御性也就越好;甲片面积约小,质量越轻,越容易装进袋囊中,携带方便。每个甲片上都有排列有序的针状小孔,以便于穿梭缀合铠甲,如果钻孔过大,造成甲片之间容易松动,造成札绳和甲片之间,甲片和甲片之间相互磨损严重,使得铠甲缝隙过大,非常不牢固,大大降低了铠甲的防御力。正如《汉书·晁错传》所说:“兵不完利,与空手同;甲不坚密,与袒裼同;弩不可以及远,与短兵同;射不能中,与亡矢同;中不能入,与亡镞同:此将不省兵之祸也,五不当一。”[②]

钱玄在《三礼辞典》中解释“(甲)一片谓之一札。札四周钻小孔,编缀成整领甲衣”。[③]这种由许多较小甲片上下整齐排列、上排的甲片正好在下排甲片之间组合而成的甲,又叫“鱼鳞甲”,因其外形酷似鱼鳞状而得名。这种甲片越小,质量越均匀,钻孔密度约大,制作难度也就越大,但是质量越高,防御性越强,铠甲越精美。西夏王陵出土的铜甲片为我们研究西夏铠甲的钻孔技术提供了文物资料。

3. 根据实际情况变化。铠甲的长短、大小、宽窄是否合身,是衡量一件铠甲的重要标准。贾公彦在谈到铠甲时曾说过“凡造衣甲,须称形大小、长短而为之,故为人之形容,乃制革也”。[④] 因此制造铠甲之前,一定要观察、测量穿甲人的身材,然后制作,使铠甲非常合身,穿甲之人伸缩自如,行动灵活。宋朝华岳认为制造铠甲“然造甲之法,步军欲其长,马军则欲其短;弩手欲其宽,枪手则欲其窄。其用不同,其制亦异。否则,拘于定式,昧于从变,肥者束身太紧,甲身则可周后背,而前胸不交;甲裙则可闭后臀,而前跨不掩。瘦者挂体太宽,挽弓发箭则甲不贴体,而胸臆絣扑,有断弦脱筈之忧;挥剑枪刺则甲不附身,而腰背松虚,有抵手碍足之患。长者不过膝腕而矢石可及,短者垂及脚面,而泥泞不前。小有不便,则拆去甲叶,而遗弃不收;大有所妨,则割去全段而抛掷不顾”,[⑤]能够及时地做出调整,并且在法典中详细规定了其大小、内容的变化,反映出西夏对铠甲制作的重视和灵活掌握。

南宋的华岳在《翠微北征录》卷七《甲制》、《马军甲制》中就说:“步人则直身行立,短则

① [宋]周煇撰:《清波杂志》,上海古籍出版社,2012 年,第 89 页。

② 班固:《汉书》,中华书局,2002 年,第 2280 页。

③ 钱玄、钱兴奇:《三礼辞典》,江苏古籍出版社,1998 年,第 313 页。

④ [清]孙诒让撰,王文锦、陈玉霞点校:《周礼正义》卷七九《冬官》,中华书局,2008 年,第 3287 页。

⑤ [宋]华岳、兰书臣、吴子勇:《翠微先生征录浅说》卷七《甲制》,解放军出版社,1992 年。

露足；马军则曲膝蹲坐，长则绾绊。马军甲裙所以独用过膝三寸。步人则甲身腰圈、吊腿连成一片，名曰全装，而易为披带；马军则吊腿、拖泥遮作二段，名曰摘吊，而便于去取。故截为两段，上安结项四枚。遇敌则挂上吊腿，而用避矢石；退师则解入搭袋，而免被牵制。"①

二、西夏马铠

马甲，亦称"马铠"、"马具装"，战马之防护装备。在战争中，骑士可以采用躲闪、挡开、身着护甲等方式减少来自敌人的攻击。尽管战马速度快，但是因为攻击面积比骑士要大，受伤的可能性比就比骑士要多。所以，"射人先射马"成为长期以来对付骑兵的最好办法之一。那么如何有效减少伤害，尽可能保障战马安全，就成为战争双方重要的研究内容。

图 21 内蒙古敖汉旗辽代鹰军线描图

对于战马的保护，由来已久。先秦战马多用于驾车，为了保护架战车的马，已披马甲。通常为麻、毛编织或用皮革裁剪，并髹以漆。在河南洛阳金村东周王室古墓出土的一面铜镜上刻有一骑士像（如图 22），骑士衣甲执剑，弁式的冠上左右两侧各插一貂尾，比较接近"赵惠文冠"的样式，更引人注意的是此时已经有了单骑具装战马，为我们展示了战国时期的马甲原型。② 秦汉以来，骑兵逐渐兴起，开始大量使用马甲对骑兵战马进行保护。晋代

① ［宋］华岳、兰书臣、吴子勇：《翠微先生北征录浅说》卷七《马军甲制》，解放军出版社，1992 年，第 231—232 页。
② 沈从文：《中国古代服饰研究》，上海书店出版社，2005 年 4 月，第 82 页。

图 22　战国鹖尾冠被练甲骑士

时期，重甲骑兵盛行，马甲也趋于完备，有皮甲和铁甲之分。主要由护首之“面帘”、护颈之“鸡颈”，护胸之“当胸”，护身之“马身甲”，护臀之“搭后”及树立之“寄生”等六个部分组成。

西夏尤其注重骑兵重甲，且装备数量很大，尽管留下许多史料记载。西夏很早就有具装马匹，虽然数量比较少，但已被党项首领所重视。咸平三年(999)李继迁与熟户李继福有隙，因缘内扰，张崇贵与张守恩击之，焚庐舍，获赀畜、器甲、生口甚众。之后“又与王荣御贼，获具装马数十匹，再诏褒饬”。[①] 环庆路经略使章楶奏“我师既回，果有追袭兵马，而所遣将豫于要害处暗设伏兵，前后合之，贼众大败，生擒首领二人、甲马一十二匹，斩首一十级，贼众远遁，更无一人一马敢追官军”。[②] 等到西夏建国前后，这种装甲骑兵已经有记载，《宋史·夏国传》称：“铁骑三千，分十部。”何常曾说“有平夏骑兵谓之‘铁鹞子’者，百里而走，千里而期，最能倏往忽来，若电击云飞”。[③] 此时的西夏铁骑兵已经在平夏地区很多部落皆有大规模的装备。

可惜由于缺乏出土文物，加之在西夏壁画中的许多马都没有全装马甲，因此我们无法形象直观地窥其原貌。只能借鉴同时期宋、辽等政权的马铠图像来推测西夏马铠的样式。在《武经总要》中有关于宋代马铠的描绘“马装则并以皮或如列铁，或如笏。头上者以银饰，次则朱漆二种而已”。[④]（如图 23）。《辽史》卷三四《兵卫志》：“人铁甲九事，马鞯辔，马甲皮铁，视其力。”[⑤]也就是说辽骑兵的铁甲一般分为九个部件，而马甲或为皮质，或为铁质。在内蒙古敖汉旗博物馆内收藏一件辽代棺板画(如图 21)，画中一队人马，“7 人骑马。马均披铠甲，扎鬃束尾，作奔跑状，马下脚较短。……乘马所披的铠甲保存比较完整，分马头的面帘、颈至胸前、马身、马臀下部等部分，其中的胸身、臀下部三部分的边缘均加流苏。铠甲部分的甲片均横排列，面帘分双目、额前、鼻等部分，每一部均组成花形图案。额上

① [元] 脱脱：《宋史》卷四六六《张崇贵传》，中华书局，1985 年。
② [宋] 李焘撰：《续资治通鉴长编》卷四七一，中华书局，1990 年 1 月，第 11244 页。
③ [元] 脱脱：《宋史》卷一九〇《兵志四》，中华书局，1977 年，第 4720 页。
④ [宋] 丁度：《武经总要前集》卷一三《图器》，解放军出版社、辽沈书社，1988 年 8 月，第 724 页。
⑤ [元] 脱脱：《辽史》卷三四《兵卫志》，中华书局，1974 年，第 397 页。

图 23　武经总要中的马甲图[①]

插有羽状花，这是后边 6 匹马所没有的。全鞍髻”。[②]

关于马具装，《天盛律令》和出土的西夏文军籍文书中都有非常明确的记载，但是汉译本将其翻译为“披”。在具体的条文中将两种装备“铠甲”和“马甲”笼统翻译为“披甲”，容易理解为“披戴铠甲”，造成不必要的误会。如《天盛律令》规定“正军属，披、甲、马三种有一种不备，十三杖；二种不备，十五杖，三种皆不备，十七杖”。[③]

“精番马铠披[④]者，‘河’六，长一尺八寸，下宽三尺九寸；颈五，长一尺五寸，头宽一尺七寸，下宽九寸；背三、长九寸，下宽一尺七寸；喉二，长宽同六寸；末尾十，长二尺八寸，下宽二尺九寸，头宽一尺七寸；盖二，长七寸，下宽一尺，头宽八寸。”

旧番马铠：“‘河’六，长一尺八寸，下宽三尺九寸；头六，长一尺五寸，头宽一尺七寸，下宽九寸，背三，长九寸，下宽一尺七寸；喉二，长宽同六寸；末尾十，长二尺八寸，下宽二尺九寸，上宽一尺七寸；盖二，长七寸，下宽一尺，上宽八寸。”[⑤]

在俄藏黑水城出土文献中，史金波先生在大量的西夏文草书社会文书中，发现整理出了 300 多件珍贵的西夏军籍文书，其中这些军籍文书中就记载了西夏晚期正军武器装备中的“甲”、“披”构成及数量。现根据史金波先生《西夏文军籍文书考略》翻译的内容将“披”的组成摘录如下：[⑥]

[illegible]

番杂披：红丹色麻六、颈五、肩护一、胸三、喉嗓二、末十、马头套等全。

① ［宋］丁度：《武经总要前集》卷一三《图器》，解放军出版社、辽沈书社，1988 年 8 月，第 715—717 页。
② 邵国田：《辽代鹰军考——兼述敖汉旗发现的鹰军图》，《昭乌达蒙族师专学报》1998 年第 3 期，第 40 页。
③ 史金波、聂鸿音、白滨译：《天盛改旧新定律令》卷五《季校门》，法律出版社，2000 年，第 231 页。
④ 史金波先生将西夏文“[illegible]”译为“披”，为了准确表达其意，我们翻译为“马具”。
⑤ 史金波、聂鸿音、白滨译：《天盛改旧新定律令》卷五《军持兵器供给门》，法律出版社，2000 年，第 229—230 页。
⑥ 史金波：《西夏文军籍文书考略》，《中国史研究》2012 年第 4 期，第 143—163 页。

从史先生的译文来看，西夏晚期黑水城军抄中正军装备的“披”的构成名称与《天盛律令》记载的有所不同，仔细分析比较，出土的军籍文书中的披不同的有“红丹色麻”、“肩护”、“胸”、“马头套”。实际上军籍文书中的“披”仅仅多出了马头套，其余的组成部分基本与《天盛律令》吻合，只是翻译名称稍有差异。如，“𗥃”在《天盛律令》中意译为“河”，而在军籍文书中音译为“麻”。同时，社会文书中该部件还注明了其颜色，是“红丹色”。下面我们就根据文献记载对西夏马铠中的其他构件进行简单考释。“𗅋”在《天盛律令》中意为“背”，而在军籍文书中史先生翻译成了“胸”。在夏汉对照字典《番汉合时掌中》中“𗅋”对应的汉语意思则是“背”。[①] 所以该名称应该是“背”而非“胸”。同时，从数量对照，《天盛律令》中的“披”的各构件数量也与出土军籍文书所记载的基本一致。所以只是同一物件名称翻译稍有不同。

图表 2-2 《天盛律令》与军籍文书中“披”的构件比较表

西夏文	汉译本	部位	作　用	《天盛律令》中披		军籍文书中的披
				精番马铠	旧番马铠	番杂披
𗥃	河(麻)	马身甲	保护马的身体躯干	六片	六片	红丹色麻六
[illegible]	颈	鸡颈	保护马颈	五片	六片	颈五
𗅋	背	当胸	保护马的前胸	三片	三片	胸(背)三
[illegible]	喉	护喉	保护马的喉咙	二片	二片	喉嗓二
[illegible]	尾(末)	搭后	保护尾部的搭后	十片	十片	末十
[illegible]	盖	面帘	保护马的头部	二片	二片	肩护一
[illegible]	马头套	马笼头	驾驭马的马首挽具			马头套全

由上述材料可知。西夏马铠与中原地区马铠部件不同的，也更加务实的是，西夏马铠中多了护喉，形成对战马咽喉等重要部位的有效保护。同时，西夏马铠中没保护骑乘者后背和装饰作用的“寄生”部分，这就对骑乘者自身的铠甲防御性有了更高的要求，但可以大大增强骑者在马背上活动的灵活性。同时在《番汉合时掌中珠》中记载了一些马的鞍具，有“辔”、“口衔铁”、“攀胸鞦”、“肚带鞔”、“镫”、“马鞭”、“马鞍”、“马毡”等名称。[②]

古人驯马，除了原始的简单绳套外，最先采用的正式马具当是络头。络头起初不包括衔、镳，即《急就篇》颜注所说“羁，络头也，勒之无衔者也”。络头，即文献中的“马头套”，主

① 《俄藏黑水城文献》第10册，第10页。
② [西夏]骨勒茂才，黄振华、聂鸿音、史金波整理：《番汉合时掌中珠》，宁夏人民出版社，1989年，第68页。

要由项带、额带、鼻带、咽带、颊带等主要部件构成，达到对马头的稳定控制。

三、盾牌

盾牌，亦作楯、干、牌、伐等。遮挡箭矢锋刃的防护性兵器。古代战争中早已不乏使盾的记载，盾牌一般不超过三尺长，多为长方形、梯形和圆形。宋夏时期，还有一种骑兵用的盾牌，体型较小，“施于马射，左臂系之，以扞飞矢”；车战用的盾较小，称为孑盾。盾后有把手，便于作战时士卒手执，因此盾不会太大或太重。大型的盾称为“彭盾”、“旁盾”，一般“高约八尺，牌长可蔽身，内施枪木，倚立于地”。用于守城、水战、布营、布阵的盾为大型盾叫橹，是防守的战具，非一两士卒可执。对于盾的划分，《释名·释兵》中也有记载：“大而平曰吴魁，本出于吴，为魁帅者所持也。隆者曰滇盾，本出于蜀，蜀滇所持也，或曰羌盾，言出于羌也。约胁而邹者曰陷虏，言可以陷破虏敌也，今谓之曰露见是也。狭而长者曰步盾，步兵所持，与刀相配者也。狭而短者曰孑盾，车上所持者也。”①

尽管西夏倡导进攻，又生产了许多铠甲、马甲，但根据史料记载，西夏还是在军事行动使用盾牌。宋夏时期盾多以木或金属制成，外面用皮革包起来，使之更加坚固。“以络编版谓之木络，以犀皮作之曰犀盾，以木作之曰木盾，皆因所用为名也。彭排。彭，旁也，在旁，排敌御攻也。”②可能西夏的盾牌多为木质，有的在上面还带有毡、皮，增强盾牌的防护效果和坚固性。而木质盾牌容易腐烂，这也可以解释为何没有发现西夏盾牌的原因。《天盛律令》中共记载了两种盾牌：一种是“后毡木橹”（[illegible]），③亦可叫毡盾。曾经西夏大举进攻宋震威城，久攻不下，其酋悟儿思齐介胄来，以毡盾自蔽，邀宋将朱昭计事……思齐却盾而前，数宋朝失信。④

另一种是“圆头木橹”（[illegible]），⑤敦煌莫高窟第 409 窟中西夏壁画《西夏皇帝供养像》，画中皇帝后有侍从 8 人，分别为皇帝张伞盖、执扇、捧弓箭、举宝剑、执金瓜、背盾牌。着圆领窄袖袍，腰束带。前后各有一个侍从背着圆形盾牌。⑥

在《宋史·夏国传》中记载士兵装备时还有一种盾牌：“箭牌”，只是不知该箭牌是骑兵、步兵或者城防使用。可见，箭牌为当时通用之防护装备。西夏除了有关于盾的记载外，还在战争中运用盾来抵御进攻。如康定元年(1004)元昊领兵攻破金明，围延安。范雍

---

① ［汉］刘熙：《释名》卷七《释兵》，中华书局，1985 年，第 122—123 页。
② ［汉］刘熙：《释名》卷七《释兵》，中华书局，1985 年，第 123 页。
③ 史金波、聂鸿音、白滨译：《天盛改旧新定律令》卷五《军持兵器供给门》，法律出版社，2000 年，第 223 页。
④ ［元］脱脱：《宋史》卷四四六《朱昭传》，中华书局，2004 年，第 13170 页。
⑤ 史金波、聂鸿音、白滨译：《天盛改旧新定律令》卷五《军持兵器供给门》，法律出版社，2000 年，第 227 页。
⑥ 汤晓芳：《西夏艺术》，宁夏人民出版社，2003 年 8 月，第 8 页。

召刘平与石元孙救延州。"时平地雪数寸,刘平与敌皆为偃月阵相向。有顷,敌兵涉水为横阵,郭遵及忠佐王信薄之,不能入。官军并进,杀数百人,乃退。敌复蔽盾为阵,官军复击却之,夺盾,杀获及溺水死者几千人。"①辽重熙十三年,夏国李元昊诱山南党项诸部,帝亲征。元昊惧,请降。萧惠曰:"元昊忘奕世恩,萌奸计,车驾亲临,不尽归所掠。天诱其衷,使彼来迎。天与不图,后悔何及?"帝从之。诘旦,进军,夏人列拒马于河西,蔽盾以立,惠击败之。② 西夏使用盾牌结阵,并且使用拒马等防守工具。

四、铁蒺藜

铁蒺藜,亦称"渠答",俗称扎马钉、冷角、铁菱角,因其形体如蒺藜(一种蔓生草本植物)而得名,是常用的防御性器具。其构造简单,一般有四根外伸的尖锐铁峰,每根约长四至五厘米,多数中央有孔,可以用绳索串联,便于携带、布设、收取。常在敌人通过的土质较硬的道路上或浅水底布设,对敌人马起扎、滞、阻的作用。布设时,其铁锋总有一锋朝天,以刺伤敌人马脚掌。大约在战国时期,我国军队就已经开始使用铁蒺藜作战,当时的野战、城市防守、坑道站等都布防有蒺藜。唐代把铁蒺藜叫"铁菱",由军器监统一制作生产。西夏文《六韬·虎韬》:"三军据守可用:木蒺藜,高低二尺五寸,百二十具。败步骑,要穷寇,遮走北。狭路微径,张黑铁蒺藜,芒四寸,广八寸,长六寸以上,千二百具,败步骑。突暝来前促战,白刃接,铺两镞蒺藜,地罗,参连织女,各间隔一尺二寸,一万二千枚。"③可见,中国古代战争中很早就使用铁蒺藜,且铁蒺藜在战争中使用数量非常大,种类也比较多。④

图 24 《武经总要》中的蒺藜图

西夏不仅出土了铁蒺藜,目前还有数枚瓷蒺藜传世,大量瓷蒺藜的使用成为西夏武器装备方面的又一创新。瓷蒺藜一般为偏球形,有平底,表面有乳钉,瓷质,蒺藜上有一小孔可以装上火药、引线、点燃后扔向敌人,火药爆炸后可以达到杀伤的效果。对于瓷蒺藜是否为抛射火器,目前史学界还存有一定的争议,根据《探秘榆林镇北台长城博物馆瓷蒺藜》一文介绍,当地考古挖掘时发现"瓷蒺藜里面装有黑火药,并有引线",可以说为瓷蒺藜的

① [元] 脱脱:《宋史》卷三二五《刘平传》,中华书局,2004 年。
② [元] 脱脱:《辽史》卷九三《萧惠传》,中华书局,2003 年。
③ 贾常业:《西夏文译本〈六韬〉解读》,《西夏研究》2011 年第 2 期,第 75 页。
④ 刘旭:《中国古代兵器图册》,北京图书馆出版社,1986 年 11 月,第 210 页。

使用提供了一项有力证明。[①] 1994年甘肃省武威市文管会在长城乡西湖村征集到一枚西夏瓷蒺藜，保存基本完好，为平底球形状，直径18厘米，高10厘米；上部弧形顶端开一小孔，直径12厘米，为装置火药及置引火线的小孔。外表为彩色绿釉。毬上有逆刺16个，分上中下三层，上下各4个，中间为8个，逆刺长约3厘米。中间为空心药室，内装有小铁块，重达2.5公斤。[②]

在《武经总要》中有"铁蒺藜"的记载，"铁菱角如铁蒺藜布水中刺人马足……铁蒺藜并以置贼来要路，使人马不得骋"。[③] 宋朝除了在防守中大量使用铁蒺藜，同时将其开发至其他攻击性武器中。宋朝还有"蒺藜火毬，以三枝六首铁刃，以火药团之，中贯麻绳，长一丈二尺，外以纸并杂药傅之。又施铁蒺藜八枚各有逆鬃放时烧铁锥烙透令焰出"。[④]

图25　宁夏西吉出土的铁蒺藜

宋朝大量使用铁蒺藜，西夏亦在使用铁蒺藜。在《天盛律令》卷五汉译本亦有"铁蒺藜"和"铁笊篱"的规定，通过核实图版，发现在《天盛律令》卷五中的"铁蒺藜"和"铁笊篱"均是对西夏文字"𗼇𘔼𗅋"的翻译，或许是译者疏忽，出现了前后翻译不一的情况。可是随之而来的问题出现在我们面前：西夏是否有铁蒺藜？文中的铁蒺藜和铁笊篱是否为一种器物？如果不是，那么铁笊篱在军事方面发挥什么作用呢？

《天盛律令》规定："箭袋、弓、箭、枪、剑、木橹、革、囊、弓弦、矛杖、砍斧、铁蒺藜、锹镢、披、甲、缚袋等各种杂物，虚报一种至十种，十杖；十种以上……[⑤]

一等内宿后卫等属：正军：官马、披、甲、弓一张、箭百枝、箭袋、枪一枝、剑一柄、圆头

① 《探秘榆林镇北台长城博物馆瓷蒺藜》，《榆林日报》2012年8月27日。
② 黎大祥：《武威文物研究文集》，《武威发现西夏瓷制火蒺藜》，甘肃文化出版社，2002年，第233页。
③ ［宋］丁度：《武经总要前集》卷一二《城防》，解放军出版社、辽沈书社，1988年8月，第630页。
④ ［宋］丁度：《武经总要前集》卷一二《城防》，解放军出版社、辽沈书社，1988年8月，第650页。
⑤ 史金波、聂鸿音、白滨译：《天盛改旧新定律令》卷五《季校门》，法律出版社，2000年，第241页。

木橹一、长矛杖一枝、拨子手扣全、五寸叉一柄、弦一根、囊一、凿斧头二、铁笊篱一。"①

首先，目前通过史料和考古发掘，已经证明西夏有铁蒺藜。谅祚时期，宋将蔡挺知庆州时，西夏大军入侵，于是蔡挺"尽敛边户入保，戒诸砦无出战。谅祚亲帅军数万攻大顺，挺料城坚不可破，而柔远城恶，亟遣总管张玉将锐师守之。先布铁蒺藜大顺城旁水中，骑渡水多蹶，惊言有神"。② 上述材料说明，此时西夏还对铁蒺藜的使用非常陌生，在受到宋军铁蒺藜的防御伤害时，才会"惊言有神"。但是出土的西夏文献《六韬》中，西夏准确地将文中的各种蒺藜进行翻译。如将张黑铁蒺藜译为"[illegible]"；两镞铁蒺藜译为"[illegible]"，指带有两个尖刺的铁蒺藜。③ 以至于后来通过考古发现，西夏出土了很多褐色彩釉瓷蒺藜，那么瓷蒺藜的原型应该就是铁蒺藜。西夏可能由于资源和战术的原因，或许没有广泛使用铁蒺藜，但是通过战争和不断接触，西夏应该是最后知道和掌握了铁蒺藜的用途，并为瓷蒺藜的生产奠定了基础。

其次，通过对其他西夏文文献的考释，可以确定《天盛律令》卷五中的规定西夏文"[illegible]"应翻译为"铁笊篱"，而非"铁蒺藜"。《合编甲 17.162》"[illegible] 笊篱：翻之减左；器名汉语笊篱"，④在《掌中珠》中也有"[illegible][无郎]杓笊篱"。⑤ 如果《天盛律令》中记载的是"铁蒺藜"，那么，应该译为"[illegible]"更为准确些。这也和《宋史・夏国传》中记载的"铁笊篱"相印证，"凡正军给长生马、驼各一。团练使以上，帐一、弓一、箭五百、马一、橐驼五，旗、鼓、枪、剑、棍棓、粆袋、披毡、浑脱、背索、锹镬、斤斧、箭牌、铁爪篱各一"。同时，《辽史・西夏外纪》中亦记载的是"团练使上，帐、弓、矢各一，马五百匹，橐驼一，旗鼓五，枪、剑、棍棓、粆袋、雨毡、浑脱、锹、镬、箭牌、铁笊篱各一"。⑥

第三，那么西夏的"铁笊篱"到底起到什么作用，为何会在武器装备中被明确规定。我们知道"笊篱"亦作"爪篱"，竹编勺形滤器，犹今之漏勺。用以淘米或捞取汤水中物。后亦以柳条、金属等制成，其名南北朝已见，至今沿用。中国的许多书籍中都对其有详细的记载，如《中国古代名物大典》将该词列入《日用类・饮食部・挹取具》类，⑦北齐贾思勰《齐民要术》："[麸面]须即汤煮，笊篱漉出，别作臛浇。甚滑美。"《五灯会元》："问：如何是有

① 史金波、聂鸿音、白滨译：《天盛改旧新定律令》卷五《军持兵器供给门》，法律出版社，2000 年，第 227 页。
② [元] 脱脱：《宋史》卷三二八《蔡挺传》，中华书局，2004 年。
③ 贾常业：《西夏文译本〈六韬〉解读》，《西夏研究》2011 年第 2 期，第 77 页。
④ 韩小忙：《〈同音文海宝韵合编〉整理与研究》，中国社会科学院出版社，2008 年 6 月，第 248 页。
⑤ [西夏] 骨勒茂才：《番汉合时掌中珠》，宁夏人民出版社，1989 年，第 47 页。
⑥ [元] 脱脱：《辽史》卷一一五《西夏外纪》，中华书局，2003 年。
⑦ 华夫主编：《中国古代名物大典》下册《日用部》，济南出版社，1993 年 10 月，第 67 页。

漏？师曰：笊篱。曰：如何是无漏？师曰：木杓。”明代宋应星《天工开物·甘嗜》：“逐匙滴下用火糖头之上，则浮沤、黑滓尽起水面，以笊篱捞去，其糖清白之甚。”即使西夏文《掌中珠》也将“笊篱”同“甑、筋、杓、盘”等饮食类日用品划分在一起。目前还没有文献记载，可以看出“铁笊篱”在军事方面的用途。

如果只有《宋史·夏国传》中记载，我们还可以推测，其是行军打仗时之后勤军需物品。但是《天盛律令》中有“内宿后卫等属”依然要求使用铁笊篱，我们就不能将其归入后勤军需类了。那么只能从笊篱的形制推测，笊篱是用于过滤水中之物的工具，如果将其材料更换，形状放大，其形状、功能是否与农具罗、筐相似。在《武经总要》卷一二《城防》工具中就有“沙罗”的记载。[①] 唐李筌《太白阴经》亦记载“游火铁筐，盛火加脂蜡，铁索悬坠城下，烧孔穴掘城之人”。[②] 这样似乎可以解释为何要在“内宿后卫等属”中配置铁笊篱了，主要用于城防。当然这仅仅是一些推测，还有待于进一步研究。

五、浑脱

浑脱，亦称“浮囊”、“皮囊”、“熟囊”，是北方地区流行的用整张剥下的动物的皮制成的革囊或皮袋。浑脱在北方地区使用范围较广，用途众多，即可用作渡河的浮囊，亦可作为盛放水浆的容器。关于浑脱的制作做法有几种，明叶子奇《草木子》记载“北人杀小牛。自脊上开一孔。遂旋取去内头骨肉，外皮皆完……谓之‘浑脱’”。[③] 西夏《文海·杂类》“[illegible]”释“[illegible]”为“浑脱者皮不割全剥则谓浑脱”。[④] 一种方法陈广恩先生在其《关于西夏兵器的几个问题》中提到：“其制作方法是：宰牛、羊后，割去头部或自脊上开一小孔，掏去骨肉，然后将其外皮浸入水中 3—4 日，至有异臭后在烈日下曝晒 4—5 日，待皮成红褐色即可。”[⑤]杜建录先生在《西夏经济史》中也提到制作浑脱的另外一种方法，“西夏的裘皮制品，其制作工艺是先熟皮，即将生板皮置入缸或其他器具中，灌上硝水，每日上下翻动，以使硝水浸泡均匀，大约 20 天左右，生皮乃硝熟。所谓‘老大羊皮，硝熟为裘’”。[⑥] 根据西夏文《文海》“[illegible]”释“[illegible]”为“揉者熟也，使为揉熟皮也”。[⑦] 我们也可以推测浑脱的制作工序，其实就是[illegible]，意“熟”（皮子）。

---

① [宋] 丁度：《武经总要前集》卷一二《城防》，解放军出版社、辽沈书社，1988 年 8 月，第 639 页。
② [唐] 李筌：《神机制敌太白阴经》卷四《守城具篇》，中华书局，1985 年，第 84 页。
③ [明] 叶子奇：《草木子》卷四下《杂俎篇》，中华书局，1997 年，第 85 页。
④ 史金波、白滨、黄振华：《文海研究》，中国社会科学出版社，1983 年，第 333、546 页。
⑤ 陈广恩：《关于西夏兵器的几个问题》，《青海民族学院学报》2001 年第 3 期，第 41 页。
⑥ 杜建录：《西夏经济史》，中国社会科学出版社，2002 年 8 月，第 188 页。
⑦ 史金波、白滨、黄振华：《文海研究》，中国社会科学出版社，1983 年，第 257、492 页。

《天盛律令》规定的牧主、农主、帐门后宿、内宿后卫、神策内外侍等所属正军皆配备“囊一”，如“农主正军有：官马、剑一柄、弓一张、箭三十枝、枪一枝、囊一、拨子手扣、弦一根、矛杖长一枝”。[①] 汉译本中将“𗉂𗀋”翻译为“囊”，虽然没有错误，但是为了和《宋史》“凡正军给长生马、驼各一。团练使以上，帐一、弓一、箭五百、马一、橐驼五，旗、鼓、枪、剑、棍棓、粆袋、披毡、浑脱、背索、锹䦆、斤斧、箭牌、铁爪篱各一”[②]中记载武器装备保持一致，并反映出西夏装备特色，本人认为应该将其译为“浑脱”。

西夏对于浑脱的使用比较广泛，其首先被人熟知的用途就是渡水。《武经总要》中有对浮囊的记载：“浮囊者，以浑脱羊皮吹气，令满系紧其空，束于腋下，人浮以渡。”[③]宋苏辙《请户部复三司诸案劄子》：“访闻河北道顷岁为羊浑脱，动以千计。浑脱之用，必军行乏水，过渡无船，然后须之。”[④]浑脱单兵作战可以作为浮囊，由几个浑脱连接在一起，可以作为筏子，可以承载更多的兵卒渡河作战。西夏就利用浑脱的机动灵活，浮到宋朝边境进行骚扰，据熙河兰岷路经略司言：“兰州沿边安抚司申，有西界水贼数十人浮渡过河，射伤伏路人，寻斗敌，生擒九人。”[⑤]

同时，参照《武经总要》中记载宋代“水囊”、“水袋”的式样和用法，将其列为城防的重要工具。“水袋以马牛杂畜皮浑脱为袋，贮水三四石，以大竹一丈，去节缚于袋口，若火焚楼棚，则以壮士三五持袋口，向火蹙水注入之，每门置两具。水囊以猪牛胞盛水，敌若积薪，城下顺风发火，则以囊掷火中。古军法作油囊亦便。”[⑥]可知，浑脱还在城堡防守中起到消防灭火的作用。

作为游牧民族，经常放牧、作战在外，身边总要携带足够的水。西夏有一种携带方便、可以悬挂于腰间的盛水皮囊——扁壶。在宁夏省海原县西夏遗址中出土了一些瓷制扁壶，该壶造型独特，形似甲鳖。大者可达40厘米左右，小的仅有10厘米大小。这种扁壶和党项人使用的皮囊壶极为相似。[⑦] 这种壶可以装水，也可以用来盛酒。西夏人出行游牧、狩猎、战争都会随身携带水壶。《辽史·兵卫志》记：“每正军一名，马三匹，……弓四，箭四百，长短枪、䤭𨱍、斧钺、小旗、锤锥、火刀石、马盂、粆一斗、粆袋、搭𣯴伞各一，縻马绳

① 史金波、聂鸿音、白滨译：《天盛改旧新定律令》卷五《军持兵器供给门》，法律出版社，2000年，第225页。
② [元] 脱脱：《宋史》卷四八六《夏国传》，中华书局，2004年。
③ [宋] 曾公亮：《武经总要前集》卷一一《水战》，解放军出版社、辽沈书社，1988年8月，第503页。
④ 曾枣庄、舒大刚主编：《三苏全书》(第十七册)，语文出版社，2001年，第355页。
⑤ [宋] 李焘撰：《续资治通鉴长编》卷四六四，中华书局，2004年。
⑥ [宋] 曾公亮：《武经总要前集》卷一二《城防》，解放军出版社、辽沈书社，1988年8月，第569页。
⑦ 李进兴：《西夏瓷器造型探析》，《兰州学刊》2009年第9期，第212页。

图 26　武经总要中的浮囊、水袋图

二百尺，皆自备。”[①]其中辽兵用的“马盂”就是用于盛水的水囊。

六、锹和镢

锹、镢，均为常用农器。锹亦称“削”、“梩”、“臬”、“铧”、“臿”等。主要用于翻挖沙土或铲东西的工具。镢，亦称镢、镢头、镐头。镢一般有单斜面和双斜面刃，即其形制为“一把镐”、“十字镐”等诸种。在镢的顶端有长方銎，銎中安装长把木柄。最初为石刃，但到了春秋战国时期已有金属镐头，后多为钢铁制成。主要有深刨土地，或者开山、劈木头等用途。《掌中珠》中记载有“镢枚”、“锹”等农器之中。[②] 在榆林窟第三窟内室东壁南端的壁画上，在《犁耕图》下端还散见一些农器，其中就有锹、镢、锄、犁耙等。这些农具的刃皆为铁制，形状与近代农具相似。可见西夏时期的农耕技术与工具，与中原十分接近。[③]

对于锹镢为何能列入西夏正军必备之武器装备，《六韬・农器》可以说给予了非常准确的解释：

太公曰：战攻守御之具，尽在于人事。耒耜者，其行马蒺藜也。马牛车舆者，其营垒蔽橹也。锄耰之具，其矛戟也。蓑苴簦笠，其甲胄干橹也。镢锸斧锯杵臼，其攻城器也。牛马，所以转输粮用也。鸡犬，其伺候也。妇人织衽，其旌旗也。丈夫平壤，其攻城也。春钹草棘，其战车骑也。夏耨田畴，其战步兵也。秋刈禾薪，其粮食储备也。冬实仓廪，其坚守也。田里相伍，其约束符信也。里有吏，官有长，其将帅也。里有周垣，不得相过，其队

① ［元］脱脱：《辽史》卷三四《兵卫志》，中华书局，2003 年，第 397 页。
② ［西夏］骨勒茂才：《番汉合时掌中珠》，宁夏人民出版社，1989 年，第 54 页。
③ 王静如：《敦煌莫高窟和安西榆林窟中的西夏壁画》，《文物》1980 年第 9 期，第 49 页。

分也。输粟收刍，其廪库也。春秋治城郭、修沟渠，其堑垒也。故用兵之具，尽于人事也。善为国者，取于人事。故必使遂其六畜，辟其田野，究其处所。丈夫治田有亩数，妇人织纴有尺度，是富国强兵之道也。①

同时，锹镢在宋夏战争中，尤其是城池的攻防中，发挥了比较重要的作用。锹镢的防守作用，《武经总要・守城》中有相关记载"常置城上锹镢铲斧牛皮以应缓急"。②"凡贼诸攻不利，必引水灌城……若水已入城，则于新筑墙外，作船二十支。选勇士，每船三十人，质其父母妻子，各授弓弩短兵锹镢。遣瞑夜从门衔枚并出，决贼堤。"③

我们更多的是看见西夏在进攻中使用锹镢的史料记载：后唐长兴四年(933)秋七月，从进乘胜进攻夏州，州城为赫连勃勃所凿，宋白曰：夏州城赫连勃勃蒸土所筑，在朔方之北，黑水之西。其城土白而坚，南有亢敌峻险，非人力所能攻。坚如铁石。官军穴地道至城下，铲凿不能入。④ 到了绍圣四年(1097)四月，宋令环庆总管王文振统熙河、秦凤、环庆诸路兵，以折可适为副，阴具版筑，筑城于石门峡好水川之阴，控扼韦州、灵、夏诸隘。梁氏集倾国兵驻没烟峡，设伏以待……一日得间，分头暴集，人各携草一束，锹镢一具，填濠而过，劚掘城身。左骐骥使姚雄奋勇迎击，流矢注肩，战益厉。夏兵引却，被斩三千余级，俘虏数万，城遂成，赐名平夏。⑤ 政和六年(1116)冬十一月，乾顺大举兵攻之，时久无雪，先使数万骑绕城践尘涨天，潜穿濠为地道入城，靖夏城城陷，尽屠之，以报仁多泉之役。⑥

① 贾常业译：《西夏文译本〈六韬〉译本》，《西夏研究》2011年第2期，第71—72页。
② [宋]曾公亮：《武经总要前集》卷一二《守城》，解放军出版社、辽沈书社，1988年8月，第647页。
③ [宋]曾公亮：《武经总要前集》卷一二《守城》，解放军出版社、辽沈书社，1988年8月，第653页。
④ [清]吴广成、龚世俊等校证：《西夏书事校证》卷二，甘肃文化出版社，1995年，第21页。
⑤ [清]吴广成、龚世俊等校正：《西夏书事校证》卷三〇，甘肃文化出版社，1995年，第343页。
⑥ [清]吴广成、龚世俊等校正：《西夏书事校证》卷三三，甘肃文化出版社，1995年，第376页。

第二章　《天盛律令》中的西夏武器装备配备及相关问题

武器的生产和装备，一直是军事领域的一个重要内容，西夏武器装备的发展伴随着党项民族发展壮大，经历了一个由少到多、由弱到强的过程。由最初李继迁出逃地斤泽时将兵器装入棺椁带出，发展至元昊继位伊始，在夏州“州东设铁冶务”，开始采矿冶铁，批量制造兵器装备军队。可见，党项族不仅建立民族政权，更是在兵器制造方面突飞猛进，生产工艺日臻完善，生产出许多精良的兵器，使其能在军事方面与宋、辽、金、蒙等政权正面抗衡，且互有胜负。西夏武器装备的配备情况不仅在《宋史·夏国传》等汉文典籍中有记载，在《天盛律令》卷五《军持兵器供给门》、卷六《官披甲马门》等许多门类中更是有着详细的规定，尽管其中的一些门类和法条有些残缺，但是其中保留下来的法律条文仍然成为研究西夏军事最为宝贵的材料之一，使我们得以了解西夏武器装备制度方面内容。

第一节　西夏武器装备的配备原则

一、品种多样、配备齐整的原则

《天盛律令》卷五《军持兵器供给门》中按照独诱、牧主、农主、使军、臣僚、帐门后宿、内宿后卫、神策内外侍等各类属，分别规定了其正军、辅助、负担的武器装备配备的各种类、具体数量等内容。其中因独诱类属之前的部分残缺，我们不得而知西夏还有哪些类属必须装备武器，造成对西夏政治制度研究材料的缺憾。为了便于分析，我们按照《天盛律令》卷五《军持兵器供给门》中规定的具体类属，进行统计：[①]

① 史金波、聂鸿音、白滨译：《天盛改旧新定律令》卷五《季校门》，法律出版社，2000 年，第 223—228 页。

1. 各种独诱类属：

正军：官马、甲、披、弓一张、箭三十枝、枪一枝、剑一把、长矛杖一枝，全套拨子手扣。

正辅：弓一张、箭二十枝，长矛杖一枝、拨子手扣全套。

负担：弓一张、箭二十枝、剑一把、长矛杖一枝等当发给，一样，若发弓箭，则拨子手扣亦当供给。

2. 牧主：

正军：官马、弓一张、箭六十枝、箭袋、枪一枝、剑一柄、囊一、弦一根、长矛杖一枝、拨子手扣全。

正辅主：弓一张、箭二十枝、长矛杖一枝、拨子手扣全。

负担：弓一张、箭二十枝、长矛杖一枝、拨子手扣全。

3. 农主：

正军：官马、剑一柄、弓一张、箭三十枝、枪一枝、囊一、拨子手扣全、弦一根、长矛杖一枝。

正辅主：弓一张、箭二十枝、拨子手扣全、长矛杖一枝。

负担：弓一张、箭二十枝、拨子手扣全、长矛杖一枝。

4. 使军：

正军：官马、弓一张、箭三十枝、枪一枝、剑一柄、长矛杖一枝、拨子手扣全。

正辅主、负担一样：箭二十枝、弓一张、剑一柄。一样点校一种。如校弓箭，则应供给拨子手扣全。

5. 诸臣僚属：

正军：官马、披、甲、弓一张、枪一枝、剑一柄、拨子手扣、宽五寸革一。

正辅主与独诱正辅主同；

负担与独诱负担同；

6. 帐门后宿属：

正军有：官马、披、甲、弓一张、箭百枝、箭袋、银剑一柄、圆头木橹一、拨子手扣全、五寸叉一柄、囊一、弦一根、凿斧头二、长矛杖一枝。

正辅主：弓一张、箭六十枝、有后氈木橹一、拨子手扣全、长矛杖一枝。

负担：弓一张、二十枝箭、拨子手扣全、长矛杖一枝。

7. 内宿后卫等属：

正军：官马、披、甲、弓一张、箭百枝、箭袋、枪一枝、剑一柄、圆头木橹一、长矛杖一枝、拨子手扣全、五寸叉一柄、弦一根、囊一、凿斧头二、铁笊篱一。

正辅主有：弓一张、箭六十枝、有后氈木橹一、长矛杖一枝、拨子手扣全。

负担：弓一张、二十枝箭、长矛杖一枝、拨子手扣全。

8. 神策内外侍等属：

正军：官马、披、甲、弓一张、箭五十枝、箭袋、枪一枝、剑一柄、圆头木橹一、拨子手扣、宽五寸革一、弦一根、囊一、凿斧头一、长矛杖一枝。

正辅主：弓一张、箭三十枝、有后氈木橹一、拨子手扣、长矛杖一枝。

负担：长矛杖一枝。

从上述条文规定的武器中我们可以统计出有：官马、铠甲、马铠、弓、箭、枪、剑、槌杖、全套拨子手扣、囊、弦、叉、凿头斧、后毡木橹、圆头木橹、铁笊篱等。这些武器装备和《宋史・夏国传》中的"凡正军给长生马、驼各一。团练使以上，帐一、弓一、箭五百、马一、骆驼五，旗、鼓、枪、剑、棍棓、粆袋、披毡、浑脱、背索、锹镢、斤斧、箭牌、铁爪篱各一。刺史以下，无帐无旗鼓，人各骆驼一、箭三百、幕梁一。兵三人同一幕梁"不完全重合，但是有很多地方可以互相补充。

同时，《天盛律令》没有笼统地将所有西夏类属的武器种类和数量完全规定一致，而是注重实用性，分别针对各个类属的职能、性质，将其一一分开规定，使各个类属的武器配置合理化、明确化，能最大限度地发挥武器搭配的实用性。

二、生产标准、规格统一的原则

中国古代一直对武器生产有很高的要求，特别是武器装备的大小、长短、宽度等必须相同，西夏对武器的生产和装备也务求整齐、标准。对许多武器装备的大小和长短等都作出了明确的规定。《天盛律令》中"一枪式者；杆部一共长十一尺，务求一律"就要求枪杆必须长短一致，为十一尺。同样，铠甲在古代战争中发挥了非常大的作用，但制造铠甲所花费的材料、经费、工时都很巨大。宋代甲胄已经定型，制作精良，规格完整，对于甲胄的尺寸、铁片数及重量(包括各个部分的铁片数)，耗费工时，制造过程都有明确规定。《宋史・兵志》中载："绍兴四年，军器所言："缘甲之式有四年，甲叶千八百二十五，表里磨锃……乞以新式甲叶分量轻重通融，全装共四十五斤至五十斤止。"同时不同的铠甲式样所耗费的时间也不同。宋提举制造军器所言："以七十工造全装甲。又长齐头甲每一甲用工百四十一，短齐头甲用工七十四。乞以本所全装甲为定式。"[①]。"西夏对新旧蕃甲的规定也非常

① ［元］脱脱：《宋史》卷一九七《兵志》，中华书局，2004 年，第 4922 页。

详细、具体：

获甲披、甲：

甲者，胸五，头宽八寸，长一尺四寸；背七，头宽一尺一寸半，长一尺九寸；尾三，长一尺，下宽一尺四寸；头宽一尺一寸；胁四，宽八寸；裙六，长一尺五寸，下宽二尺四寸半，头宽一尺七寸；臂十四，前手口宽八寸，头宽一尺二寸，长二尺四寸；□目下四，长八寸，口宽一尺三寸；腰带约长三尺七寸。

披者，“河六”，长一尺八寸，下宽三尺九寸；颈五，长一尺五寸，头宽一尺七寸，下宽九寸；背三、长九寸，下宽一尺七寸；喉二，长宽同六寸；末尾十，长二尺八寸，下宽二尺九寸，头宽一尺七寸；盖二，长七寸，下宽一尺，头宽八寸。

军卒旧番披、甲：

甲：胸五，头宽七寸，长一尺二寸；背七，头宽一尺一寸，长一尺五寸；腰带约长三尺二寸；胁二，宽七寸；末尾三，宽一尺四寸，长九寸，头宽一尺；裙六，长一尺七寸，下宽一尺九寸，头宽一尺四寸；臂十七，前手口宽七寸半，长二尺，头宽一尺二寸，△目下四，长五寸，口宽一尺一寸。

披：“河”六，长一尺八寸，下宽三尺九寸；头六，长一尺五寸，头宽一尺七寸，下宽九寸；背三、长九寸，下宽一尺七寸；喉二，长宽同六寸；末尾十，长二尺八寸，下宽二尺九寸，上宽一尺七寸；盖二，长七寸，下宽一尺，头宽八寸。[①]

三、战斗为务、讲求实用的原则

西夏崇尚实用，元昊时期就认为中国不足法，谓野利仁荣曰：“王者制礼作乐，道在宜民。蕃俗以忠实为先，战斗为务，若唐宋之缛节繁音，吾无取焉。”[②]西夏务实的精神在《天盛律令》武器装备的生产和配备方面也同样得以体现。如西夏要求正军配备铠甲的时候，规定“披、甲、袋，应以毡加褐布、革、兽皮等为之，有何用一种，务求坚牢做好”；[③]“其中按畜品级搜寻坚甲，无有名者，诸院正军可备布、毡甲一种，当供给备校验。”[④]西夏没有具体规定正军必须配备何种铠甲，只是强调一定要坚固、牢靠，体现了西夏军事方面讲求灵活、实用、合理的特点。

战斗是军队武器装备的第一要务，对于军队中射术精良的士卒，除了规定的弓箭数量

① 史金波、聂鸿音、白滨译：《天盛改旧新定律令》卷五《军持兵器供给门》，法律出版社，2000 年，第 229—230 页。
② ［清］吴广成、龚世俊等校正：《西夏书事校证》卷一二，甘肃文化出版社，1995 年，第 146 页。
③ 史金波、聂鸿音、白滨译：《天盛改旧新定律令》卷五《军持兵器供给门》，法律出版社，2000 年，第 228 页。
④ 史金波、聂鸿音、白滨译：《天盛改旧新定律令》卷五《季校门》，法律出版社，2000 年，第 237 页。

外，一定使其全备，保证弓箭数量的充足。“一队间善步射连连获一等者，所持武器按各部类别如前述，其中箭旧有一百枝数足者以外，不足数者须增足箭一百枝，务使全备。并应与箭□□□一齐准备。”对于锹、镢等辅助性战斗工具，正军不能配备，以免影响军队的战斗力。负担中也不能持有太多，其中“为独姓正军及正军、辅主住至三丁上，可不持锹、镢，但应依法持武器”在军抄中负担若持有锹镢的，就不再持有其他杂物，“一各杂部类军待命、独诱等每军抄中应有负担中当一人持锹、镢中一样，不持其他杂物”。[①]

四、等级明显、特色鲜明的原则

西夏武器装备配备也是上层建筑的反映，对于不同地位的人员装备亦不同。其中社会地位越高的阶级，配备的武器装备就越全，数量也越多。如同类属的正军与辅主、负担的不同，对于不同类属的正军武器也不一样。武器装备的阶级性尤其表现在弓箭的数量上。如《天盛律令》规定的臣僚属中“依官爵高低箭数”：[②]

“十乘”起至“胜监”，箭五十枝；“暗监”起至“戏监”，箭百枝；“头主”起至“柱趣”，箭百五十枝；“语抵”起至“真舍”，箭二百枝；“调伏”起至“拒邪”，箭三百枝；“涨围”起至“盛习”，箭四百枝；“茂寻”以上，一律箭五百枝。

在西夏武器中也充满了部落特色。党项族作为游牧民族，骑马射箭是其根本。因此，在各类属中正军首先要配备的就是战马、弓箭、拨子手扣全，尤其是战马的配备是中原王朝无法达到的程度。宋仁宗时，宋祁说：“今天下马军，大率十人无一、二人有马。”[③]宋神宗时，因“河北马军阙马，其令射弓一石者先给马，不及一石，令改习弩或枪刃”。[④] 足见宋朝的战马缺乏到了何种程度。在西夏的武器装备中还有浑脱、毡甲、披毡、毡盾、铁笊篱等充满民族特色的武器，也为中国古代兵器史增添了许多内容。

第二节 《天盛律令》中规定的西夏武器装备配备方式

正如《隆平集》记载：“其部族一家号一帐，男年十五以上为丁，有二家丁者，取正军一

① 史金波、聂鸿音、白滨译：《天盛改旧新定律令》卷五《军持兵器供给门》，法律出版社，2000 年，第 228 页。
② 史金波、聂鸿音、白滨译：《天盛改旧新定律令》卷五《军持兵器供给门》，法律出版社，2000 年，第 226 页。
③ ［明］黄淮、杨士奇撰：《历代名臣奏议》卷二四二，中华书局，1989 年，第 1640 页。
④ ［宋］李焘撰：《续资治通鉴长编》卷二六九“神宗熙宁八年十月庚寅条”，中华书局，2004 年，第 6584 页。

人，负担一人为一抄。负担者，随军杂役也。四丁为两抄，余号空丁。愿隶正军者，得射他丁为负担，无则许射正军之疲弱者为之。故壮者皆战斗，而得军为多。欲西用兵，则自东点集而西；欲东，则自西点集而东。年六十以下，十五以上皆自备介胄弓矢以行。"[①]《隆平集》中主要记载北宋太祖至英宗五朝之事，相对记载的也为西夏建国初军事制度。

王天顺先生在《西夏战史》中认为："从《天盛改旧新定律令》关于统一发放战具、统一甲胄、兵器制作规格及战具审验制度看来，西夏军队的战具由建国前和建国初期的各人自备，到后来变化成为统一配给。"其原因是"西夏经济的发展，尤其是手工业规模的扩大、技艺的增长和国家赋役制度的趋于完善都有直接关系"。[②] 那么到了西夏中后期，西夏的武器装备是如何配备的，仍然是西夏军事制度中值得研究的一个重要内容。

一、西夏官马、铠甲、马铠的配备情况

随着经济的不断发展，西夏官马、铠甲、马甲应以国家配给战具为主，个人自备战具为辅。《天盛律令》卷六《官披甲马门》中有明确的记载。"诸人领有官马、坚甲中，著籍本人及辅主、子男、兄弟，选拔不同军抄之他人等使穿著、骑者与骑者在战场确实为敌所俘而无者一样，当以同院不同院大小军首领等三人担保。在边境者，监军司及京师畿内军首领等当移换，自亡失日起一年以内当申报注销，披、甲、马当自官家请领。"[③]该条很明确地记载官马、铠甲、马铠应该是从官家领取，该门的另一条文中亦规定："诸人领有官马、坚甲中为无室贫男，无力养治者，应禀报所属首领处，与子嗣已断，披、甲、马有所遗，当一同于院中移换，畜品次不及，可请勇健刚强堪胜人能养治披、甲、马者。"[④]

对于国家统一配发的战具，法律规定严禁出卖、典当、随意转移，如有违律要依法惩治。但是对于那些国家还没有统一配发的人来说，如何装备自己，就依据不同情况而定。

西夏武器装备中，需要一部分个人自备。这一部分人是有一定财产，有能力补充装备的需要按照财产多少等级来自备，一般以"诸无有坚甲、马者，应以五十只羊、五条牛计量，实有则当烙印一马"为起征点，然后按照财产多少依次补充"有百只羊、十条牛，则当寻马一及披、甲之一种。有二百只羊、十条牛者，则当由私寻披、甲、马三种"。[⑤]

对于西夏国内那些无室贫男来说，仅仅依靠自己去配置装备是根本不可能的，只能通过其他途径补充装备。"无力养治坚甲、马，子嗣已断者，其各披甲、马本院无移换处，则不

① ［宋］曾巩撰、王瑞来校证：《隆平集校证》卷二十《夏国》，中华书局，2012 年，第 603 页。
② 王天顺：《西夏战史》，宁夏人民出版社，1993 年，第 82 页。
③ 史金波、聂鸿音、白滨译：《天盛改旧新定律令》卷六《官披甲马门》，法律出版社，2000 年，第 252 页。
④ 史金波、聂鸿音、白滨译：《天盛改旧新定律令》卷六《官披甲马门》，法律出版社，2000 年，第 250 页。
⑤ 史金波、聂鸿音、白滨译：《天盛改旧新定律令》卷五《季校门》，法律出版社，2000 年，第 237 页。

同院人坚甲、马无有而愿请领者并当令除籍。"[①]说明这些没有坚甲、官马的人可以申请领取那些无子嗣者的坚甲、官马。当然申请领取坚甲、官马的无室贫男也非随意领取，其中要选择那些勇敢堪用者"诸人领有官马、坚甲中为无室贫男，无力养治者，应禀报所属首领处，与子嗣已断，披、甲、马有所遗，当一同于院中移换，畜品次不及，可请勇健刚强堪胜人能养治披、甲、马者"。[②]

西夏还有一部分特殊人群，官马、铠甲、马铠的规定也有特殊的规定。其中牧农主"披甲二种搜寻法，可借于队溜，当接名不须永久注册。行军季校时，当在队溜上阅校。其中有损失不能偿则不偿。官马一种则应按边等法烙印，永久注册"。对于使军的官马、铠甲、马铠亦"畜当按等级搜寻，披、甲二种毋须注册。按牧、农主法当著于列队溜上，有损失无力偿修则不偿，但官马应作记号，永久注册"。[③]

牧、农主、使军之外的军马，主要来源于国有群牧，以及有官人犯罪时缴纳的罚马。"诸人有受罚马者，当交所属司，隶属于经略者当告经略处。经略使当行所属司，军卒无马者当令申领，于殿前司导送，册上当著为正编。若军卒无马者不申领，则当就近送于官之牧场，群牧司当行之，牧册上当著。"[④]

二、西夏兵器的配备情况

《宋史·夏国传》中对于西夏武器装备有非常详细的记载，"凡正军给长生马、驼各一。团练使以上，帐一、弓一、箭五百、马一、骆驼五，旗、鼓、枪、剑、棍棓、粆袋、披毡、浑脱、背索、锹、斤斧、箭牌、铁爪篱各一。刺史以下，无帐无旗鼓，人各骆驼一、箭三百、幕梁一。兵三人同一幕梁"。《天盛律令》中则对各个类属、阶层的武器有非常具体、准确的规定，可以说这些条文较为全面地反映了西夏武器供给的全貌。不管是史料记载，还是《天盛律令》规定，可以肯定的是，此时的西夏兵器已由国家统一供给。

对于兵器，西夏有明确的规定，禁止私藏、买卖、销毁兵器，违者将会受到严厉的惩罚。《天盛律令》卷七《敕禁门》"全国内不允诸人藏武器。若违律持时，持者徒十二年，打者匠人徒十年。"[⑤]"诸人不得毁损著籍及敌处所获披、甲。违律毁著籍披、甲时，依偷盗律论处。所得敌人中，允许依私毁而打制新好战具、坚甲，亦可卖于官私所当卖处，此外妄毁

① 史金波、聂鸿音、白滨译：《天盛改旧新定律令》卷六《官披甲马门》，法律出版社，2000年，第251页。
② 史金波、聂鸿音、白滨译：《天盛改旧新定律令》卷六《官披甲马门》，法律出版社，2000年，第250页。
③ 史金波、聂鸿音、白滨译：《天盛改旧新定律令》卷五《军持兵器供给门》，法律出版社，2000年，第225页。
④ 史金波、聂鸿音、白滨译：《天盛改旧新定律令》卷二十《罪则不同门》，法律出版社，2000年，第602页。
⑤ 史金波、聂鸿音、白滨译：《天盛改旧新定律令》卷七《敕禁门》，法律出版社，2000年，第281页。

者，依所毁处：值十缗以内有官罚马一，庶人十三杖，十缗以上一律徒二年。”[①]

第三节 《天盛律令》中反映的西夏武器装备配备范围

从《天盛律令》西夏武器装备配备的范围来看，不仅涵盖了西夏社会的社会上层，即各级官员、大小首领，又有农牧主、内宿后卫等阶层。所配备的武器装备有规定，还包括具体的部门和个人：臣僚、下臣、各种匠、主簿、使人、真独诱、艺人行童、前宫内侍、阁门、杂院子、刻字、掌御旗、测礼垒、帐下内侍、出车、医人、向导、渠主、商人、回鹘通译、黑检主、船主、井匠、朝殿侍卫、占算、更夫、官巫、织褐、驮御柴、宗庙监、烧炭、宫监、卷帘者、测城、主飞禽、系花鬘、御车主、牵骆驼、相君、修城黑汉人、钱监院、绢织院、马侍、御院子、殿使、厨师、主传桌、作陈设钉、驮御皮衣、帐侍卫者、门楼主、御仆役房勾管、案头司吏、大舍硬、采金、司监院子、种麻院子、养细狗、番汉乐人、内官、采药、马背戏、马院、归义军院黑汉人、种染青、主杂物库、□地节亲王。[②]

这些规定反映出西夏全民皆兵的部落兵制特点，党项部落宗族是西夏社会组织的基层单位，是西夏政权的社会基础，也是西夏的地方武装力量和西夏正规作战部队。西夏的许多军事机构实际上也既是军事单位，又是生产单位。那些职官既是军事将领又是畜牧业、农业管理人员，例如在官牧场中，大小部落首领又为牧首领，诸如末驱、牧监、盈能等。

（一）牧农主

《天盛律令》卷五《军持兵器供给门》、《季校门》以及卷六《官披甲马门》等有关西夏军事装备供给、检校的门类中，有一类特殊的人员，他们在从事畜牧业、农业生产的同时，政府还给他们配备有一定数额的武器装备。同时，这类人员还担负着为军队供给战马、骆驼、皮革、箭杆、粮食等军需物资的任务。这类人员就是在《天盛律令》多个门类中数次出现的“牧农主”、“牧主”、“农主”。那么，农牧主在西夏社会中究竟是一个什么样的阶层，在西夏的军事体系中有什么重要作用呢？

对于农牧主的研究有杜建录先生《〈天盛律令〉与西夏法制研究》、王天顺先生《西夏天盛律令研究》和《〈天盛律令〉与西夏社会形态》以及于业勋硕士论文《西夏文献〈法则〉卷

① 史金波、聂鸿音、白滨译：《天盛改旧新定律令》卷六《官披甲马门》，法律出版社，2000 年，第 250 页。
② 史金波、聂鸿音、白滨译：《天盛改旧新定律令》卷五《军持兵器供给门》，法律出版社，2000 年，第 224 页。

六释读与研究》中都有所论述。王天顺先生认为牧农主可能是另一种家主，他们多居于京师以外的重镇或边地，拥有大片的牧地和耕地，他们不领有“租户”，却替国家管制着服劳役的刑徒。他们不负担国家租赋，却负担军队的甲、马战具。牧农主可能是西夏王朝扩张疆土时，把新占领的土地和人民赏赐给作战有功的宗族首领，也可能是原来就在附近耕牧的党项宗族的首领。①

西夏的“牧农主”还有官私、大小之分。在《天盛律令》中还有“官私牧场”、“官牧人”、“官农主”、“官私农主”等规定。《天盛律令》规定官私牧场地界当分离，要划分明确，“诸牧场之官畜所至住处，昔未纳地册，官私交恶，此时官私地界当分离，当明其界划。官地之监标志者当与掌地记名，年年录于畜册之末，应纳地册，不许官私地相混。倘若违律时，徒一年”。② 同时禁止私家主于官牧场内居住、放牧和耕垦，对官牧场进行严格的保护。“官私农主依先自己所执顷亩数当执，不许于地边田垄之角落聚渠土而损之、于他人地处拓地、断取相邻地禾穗等。若违律断取禾穗者，计钱价以偷盗法论。于他人地拓地，损坏地边角时，计拓地何长宽、地钱价，当比偷盗罪减一等。举赏计价十分中当得一分，勿过百缗。”③ 杜建录先生在《〈天盛律令〉与西夏法制研究》中认为官牧场与官农场是国有性质的牧、农场。④

1. 牧农主在政治地位等许多地方是相似的。牧农主有权接受国家发配去服刑的犯罪人员。西夏律法中规定犯“十恶”等重罪的犯人及其连坐的家属要“易地而居”并“入牧农主中”。如“谋逆已发及未发等之儿子、妻子、子媳、孙及孙媳等，同居不同居一样，而父母、祖父母、兄弟、未嫁女姐妹、此等同居者应连坐，当易地居，使入牧农主中”。⑤ 西夏版图相对较小，“入牧农主中”就相当于施行流刑。这些罪犯及其连坐的家属就沦为农牧主的“牧奴”或“耕奴”，他们的劳动，或是被牧农主无偿占有，或是被牧农主和西夏国家无偿分成占有。有的犯人及其家属甚至成为牧农主的妻妾。“官私人外逃，逃窜于国境内时，当地附近举报人中，有因罪入为织褐、捆草、绣女子者，予牧农主为妻子等者，依法当得举赏，可迁住处，勿转院。”⑥

因犯罪被发配至牧农场的犯人，视情节严重要分为长期劳役或短期劳役。如《背叛

① 王天顺：《西夏天盛律令研究》，甘肃文化出版社，1998 年，第 40—41 页。
② 史金波、聂鸿音、白滨译：《天盛改旧新定律令》卷一九《牧场官地水井门》，法律出版社，2000 年，第 598 页。
③ 史金波、聂鸿音、白滨译：《天盛改旧新定律令》卷一五《租地门》，法律出版社，2000 年，第 495 页。
④ 杜建录：《〈天盛律令〉与西夏法制研究》，宁夏人民出版社，2005 年，第 104 页。
⑤ 史金波、聂鸿音、白滨译：《天盛改旧新定律令》卷一《谋逆门》，法律出版社，2000 年，第 111 页。
⑥ 史金波、聂鸿音、白滨译：《天盛改旧新定律令》卷一三《逃人门》，法律出版社，2000 年，第 461 页。

门》中规定犯了叛逃罪的犯人要"无期服役"，将终其一生服役于农牧主中，"诸人议逃，已行者造意以剑斩杀，各同谋者发往不同地守边城无期徒刑，做十三年苦役。主、从犯一样，自己妻子、儿女当连坐，当入牧农主中。其父母者，当视逃者总数，系百人以内，则不连坐；系百人以上，则同居不同居一样，当因子连坐，入牧农主中，应无期服役。载持畜物多少，追捕者当取，半路上丢弃及家中所遗物中，三分之二当交官，一分给告举者。其中地、院、人、铠甲、兵器种种物没收入官。使军、奴仆者，当入牧农主中，无期服役"。[①] 但有的罪则不用长期劳役，不仅是有期劳役，如"诸人伯叔及兄弟等被父母杀，已起意时兄弟、侄等知觉……若知觉未劝者，徒十年，当入牧农主中记名，本人做苦役，所去日完毕，牧农主中为何，当退归原地"。[②]

牧农主还有权安置西夏逃跑重归投诚者，"官家之牧、农主各种任重职者，按条下所示及诸使军等逃跑重归投诚来者，不允过重职使军等中。使军者当返归属者，任重职者不免重职，按同职转院，自愿则当转，不愿转则依旧当办理"。"军卒、待命、牧农主各种任重职使军等，在敌界强行夺重返投诚来者，因系原强行夺来，另外所愿往处当受理。"[③]同时牧农主对于管理处不明的"游离者"也可以进行接受，自说管处不明，有状告者，闻讯三次当使受杖。若管处明，则当委托管处。若管处不明属实，则当发往近处牧农主及相郡中乐意去处，并当注册。办理处明确以后，说管处明，有告状诉讼者时，按全隐法判断。[④]

2. 牧农主在军事义务方面的区别。

牧主的武器装备与农主不同。《天盛律令》规定：一等牧农主披甲二种搜寻法，可借于队溜，当接名不须永久注册。行军季校时，当在队溜上阅校。其中有损失不能偿则不偿。官马一种则应按边等法烙印，永久注册。

牧主

正军有：官马、弓一张、箭六十枝、箭袋、枪一枝、剑一柄、囊一、弦一根、长矛杖一枝、拨子手扣全。

正辅主有：弓一张、箭二十枝、长矛杖一枝、拨子手扣全。

负担：弓一张、箭二十枝、长矛杖一枝、拨子手扣全。

---

① 史金波、聂鸿音、白滨译：《天盛改旧新定律令》卷一《背叛门》，法律出版社，2000 年，第 115 页。
② 史金波、聂鸿音、白滨译：《天盛改旧新定律令》卷一《恶毒门》，法律出版社，2000 年，第 118 页。
③ 史金波、聂鸿音、白滨译：《天盛改旧新定律令》卷七《为投诚者安置门》，法律出版社，2000 年，第 270—271 页。
④ 史金波、聂鸿音、白滨译：《天盛改旧新定律令》卷六《抄分合除籍门》，法律出版社，2000 年，第 264 页。

农主

正军有：官马、剑一柄、弓一张、箭三十枝、枪一枝、囊一、拨子手扣全、弦一根、长矛杖一枝。

正辅主：弓一张、箭二十枝、拨子手扣全、长矛杖一枝。

负担有：弓一张、箭二十枝、拨子手扣全、长矛杖一枝。①

牧主的军事义务：牧主在军事方面的责任首先是供给军用马驼。西夏兵制，男子年十五为丁，二丁取正军一人，“凡正军给长生马、驼各一”。一般情况下，军用马、驼从官营牧场领取，有时也从罚马中领取。“诸人有受罚马者，当交所属司，隶属于经略者当告经略处。经略使当行所属司，军卒无马者当令申领，于殿前司导送，册上当著为正编。若军卒无马者不申领，则当就近送于官之牧场，群牧司当行之，牧册上当著。不隶属于经略，当交判断处有司，当送殿前司。”②

一诸父子所属官马当于各自属处养治，每年正月一日起，依四季由职管行监、大小溜首领等校阅。若官马膘弱未塌脊，一律笞二十；羸弱而塌脊，则笞三十。由首领等处罚罪，许其于官私有水草地牧放。若不允，马膘不足，首领等不校阅，懈怠时，则有官罚马一，庶人十三杖。③

《天盛律令》卷一九《减牧杂事门》条目中仅存“箭杆草等纳法”，是否牧主管辖的国营牧场还要上缴“箭杆”之类的兵器材料，还有待于资料补充。

农主在军事义务方面与牧主略有不同。西夏土地制度，大体上分为国家所有、党项贵族大土地占有、寺院土地占有和小土地占有等四种形式。官农主占有的就是国有土地的一种，“官私农主依先自己所执顷亩数当执，不许于地边田垄之角落聚渠土而损之、于他人地处拓地、断取相邻地禾穗等。若违律断取禾穗者，计钱价以偷盗法论。于他人地拓地，损坏地边角时，计拓地何长宽、地钱价，当比偷盗罪减一等。举赏计价十分中当得一分，勿过百缗。诸人地册上之租地边上，有自属树草、池地、泽地、生地等而开垦为地者，则可开垦为地而种之。开自一亩至一顷，勿为租佣草，当以为增旧地之工。有开地多于一顷者，除一顷外，所多开大小数当告转运司”。④

西夏建国后，“选豪族善弓马五千人迭直，号六班直，月给米二石。铁骑三千，分十部。

① 史金波、聂鸿音、白滨译：《天盛改旧新定律令》卷五《军持兵器供给门》，法律出版社，2000年，第225页。
② 史金波、聂鸿音、白滨译：《天盛改旧新定律令》卷二〇《罪则不同门》，法律出版社，2000年，第602页。
③ 史金波、聂鸿音、白滨译：《天盛改旧新定律令》卷六《军人使亲礼门》，法律出版社，2000年，第255页。
④ 史金波、聂鸿音、白滨译：《天盛改旧新定律令》卷一五《租地门》，法律出版社，2000年，第495页。

发兵以银牌召部长面受约束”，后随着国家的发展又“别副以兵七万为资赡，号御围内六班，分三番以宿卫”。尽管其他部落兵的口粮是自备的，但是这些护卫军队的口粮和军马草料开支就不是一个小数目。西夏时期在新占领的兰州龛谷川和鸣沙州都有“御庄”、“御仓”等设置。这些粮食是完全依靠税收，还是通过其他途径补充，因缺乏足够的史料记载，还无法了解其具体情况。但是根据《天盛律令》卷一六《名略》可以知道，西夏农主既然享受那么多特殊的权利，也必定会承担一定的义务。其中《农人利限门》中有几个都是要求农主和农人的，包括犁籽义分、纳皇家用米等利限中算、鸣沙京师农主伕事草承担、对农主摊派麦草等、皇家应用特增等。可以说这些残缺不全的《名略》为我们了解西夏农主提供了一丝宝贵的线索。

（二）盈能

《天盛律令》中规定“诸溜盈能、大小军头监、末驱、舍监、军卒等季校，披、甲、马、杂物等短缺不全罪法：正军属：披、甲、马三种有一种不备，十三杖；二种不备，十五杖；三种皆不备，十七杖。其另外杂物、武器多寡不备者，则当入其下。披、甲、缚袋二种有一种不备，当受十杖；二种不备，当受十三杖；此外种种杂物缺者，当入缺缚袋罪下。直接箭袋、弓、箭、枪、剑五种有一二种短缺，八杖，三种不备，十杖。此外杂物多少缺短罪，当入其下。上述坚甲、杂物等均检验合格，但弓、弦、皮囊、铁笊篱、砍斧等有一二种不备，则笞十，在其数以上不备，一律笞二十……”①那么，盈能又是何等职位，在西夏军事中处于何种地位，我们需要对盈能进行简单梳理。

其实盈能在西夏畜牧业管理中发挥非常重要的作用，其大约“军待命、独诱、牧农主等首领及以下小首领、舍监等，其小首领、舍监等未明确时，但如所属首领、族父等同意，自有二十抄者可设小首领一人，十抄可设舍监一人。彼勇健强悍堪任者亦可擢为首领、盈能等，由监军司何职管处迁盈能，当经殿前司，所言为实，则当奏请派遣”。② 可见，盈能是属于被选举出来的，且要求勇健强悍，有能力可以胜任者，他属于部落小首领一级的职位。盈能、副溜有应派遣时，监军司大人应亲自按所属同院溜顺序，于各首领处遴选。当派遣先后战斗有名、勇健有殊功、能行军规命令、人□□□折服、无非议者。入选者为谁确定后，当经刺史、司，一齐上告改，正副将、经略等依次当告奏枢密，方可派遣，则大小局分人等应告改而不告改，或不应告改派遣而告改派遣，则局分人徒二年，共事案头徒一年，都案徒六个月，诸大人罚马一。受贿则与贪赃枉法罪比较，依其重者判断。

---

① 史金波、聂鸿音、白滨译：《天盛改旧新定律令》卷五《季校门》，法律出版社，2000年，第230—231页。

② 史金波、聂鸿音、白滨译：《天盛改旧新定律令》卷六《行监溜首领舍监等派遣门》，法律出版社，2000年，第265页。

首要职位就是检校和审核官畜，"临近二百户至二百五十户牧首领中，遣胜任人一名为盈能，当领号令检校官畜"。[①]《畜利限门》中规定："四畜群之幼畜当依前所定计之，实数当注册，不足者当令偿之，所超数年年当予牧人。其幼畜死，不许注销。其中幼马勿予公，当予母。百大母骆驼一年内三十仔，四月一日当经盈能验之，使候校。大人到来时当印之，于册上新取项内以群产所有注册。"也就是说盈能在畜牧业中的职责是要按照典册，对官畜检校并要审计牧人等上缴的物品，"四种畜中，牛、骆驼、羖䍽等之年年应交毛、酥者，预先当由群牧司于畜册上算明，斤两总数、人名等当明之而入一册，预先引送皇城、三司、行宫司所管事处。各牧监本人处放置典册，当于盈能处计之，数目当足"。[②]

盈能的另外一个职责就是掌管号印，对于盈能的号印，西夏政府规定："大小臣僚请得官印者，当各自用册，未得请官印及无官等，本人中地边、地中境内就近结合，自三十抄起以上可遣，当予册，与案头、司吏、主簿、盈能等一同请印。其盈能中使他职、死，彼转弱时，可遣其子及境下人中勇健刚强堪独立主事者一人。"[③]盈能掌管号印首先要对"四种畜繁殖之仔、驹、犊、羔羊等，每年四月一日开始，则繁殖数于十月一日以内皆于盈能处置号印，盈能当面应于仔、驹等之耳上及羔羊之面颊上为号印"。对于四种畜新生的幼仔，盈能要处置号印，及时将号印到动物身上，并"应自四月一日开始，于盈能处置号印时，盈能面前置号印于骆驼、马、牛之耳上，及羖䍽、羊之面颊。十月一日大校之前当置号印毕"。在每年大校前对补偿的牲畜进行补印，要"有偿号记之畜当与畜齿册校而印之，不许不实齿偿还。先盈能处已置命，每人于大校当面应再好好问之"。[④]

盈能应为行使特殊的职权，在工作时应带牌。带牌在西夏有着特殊的意义和荣誉，可见对其工作的重视。"边中各行监、盈能行，使当置一种牌，行时当执符。有新为行监、盈能等，亦始使领一种牌。京师局分人应戴牌而不戴时，徒一年。发各行监、盈能有兵符一种，若安定时失牌者，依第十二卷上待命者失记名之刀牌法判断。若地边兵马已动，其间本局分有所发兵，则大意失发兵兵符者，与发兵者执符失牌时，所发之兵迟缓及未迟缓之罪情相同。"[⑤]作为行使特权阶层，在大校时，盈能还需"随大校行杖者、及枷索、大杖等，当于所属盈能处取，毕时当依旧还之"。

除了需要配备战具参加战斗外，盈能还有驻守边防、巡检边境的军事义务和责任。若

---

① 史金波、聂鸿音、白滨译：《天盛改旧新定律令》卷十九《管职事门》，法律出版社，2000年，第230—231页。
② 史金波、聂鸿音、白滨译：《天盛改旧新定律令》卷十九《畜利限门》，法律出版社，2000年，第576页。
③ 史金波、聂鸿音、白滨译：《天盛改旧新定律令》卷十《官军敕门》，法律出版社，2000年，第359页。
④ 史金波、聂鸿音、白滨译：《天盛改旧新定律令》卷十九《牧盈能职事管门》，法律出版社，2000年，第595页。
⑤ 史金波、聂鸿音、白滨译：《天盛改旧新定律令》卷十三《执符铁箭显贵言等失门》，法律出版社，2000年，第476页。

“敌人、盗寇者已出,失于监察,入内地,畜、人、物已入手,住滞出时,当视钱数,依以下所定判断。检人比检头监罪减一等,军溜、盈能减二等,边检校减三等。敌军、盗贼入寇者人数越过多寡,畜、人入未入手,不曾住滞,则在边境任职管事军溜等当按边检校、正副统等因大意,指挥、检校不当之罪所定判断……”①

(三) 末驱、舍监

《天盛律令》中“披、甲、马、杂物、武器中若膘弱,式样不合,校验短缺实无,力能补偿而未使补偿等,小首领、舍监、末驱等,按自身军中有何住滞之罪,依正首领之从犯判断”。②对于《天盛律令》中多处出现的末驱、舍监,在《贞观玉镜将》中也多次出现。但是如何理解该职位,西夏学界还没有系统论述。该词俄译本译为“殿后”,陈炳应先生将其翻译为尾驱、押队,并解释为:即在军队后面驱赶,应即“押队”,是将的重要助手。对于“舍监”,陈炳应先生将其翻译为“帐将”、“帐主”,并在注释中解释到:第一字意为“房”、“庖”,此处用“房”意,转译为军队营帐。

从字义上讲,汉译本、俄译本和陈炳应先生翻译得都不错,只是侧重点不同。我们查阅《天盛律令》可知,末驱、舍监与盈能一样,既是西夏畜牧业管理中的职官,又是西夏军事职官,都如实地反映了西夏部落军制的特点。所以末驱、舍监既要配备武器装备,还要驻守州城堡寨,又要对畜牧业进行管理。

第四节 西夏武器装备配备的生产

武器装备的发展并不是孤立的,它与许多学科,如冶金、机械、建筑、化学等均密切相关。中国古代许多先进的科学技术通常都最先被应用于战争,甚至是围绕着军事的需要而发明创造、生产发展的,可以说兵器生产能够比较集中、突出地反映出当时最先进的科技水平。依照《天盛律令》规定,西夏武器装备到了西夏建国后期,逐步实现了国家供给的分配方式,这些大量的兵器和装备需要有足够强大的经济实力和生产力水平才能够得以实现。那么,一个来自高原的游牧民族,是如何实现兵器制造突飞猛、生产工艺日臻完善,生产出如此多精良的兵器来装备军队的呢?我们需要从西夏武器装备生产状况来审视这个问题。

① 史金波、聂鸿音、白滨译:《天盛改旧新定律令》卷四《边地巡检门》,法律出版社,2000年,第200页。
② 史金波、聂鸿音、白滨译:《天盛改旧新定律令》卷五《季校门》,法律出版社,2000年,第236页。

首先,金属冶炼矿产资源是武器装备生产的最基础材料。西夏的金属武器装备主要是铁、铜质,因此矿产和原材料的储藏直接决定西夏武器装备的数量。西夏文辞书《文海》有关于“铁”、“矿”等词的诸多记载。“铁者矿也,使石熔为铁也。”“石也,神石也,铁种种宝出处也。”[①]《圣立义海》中有关于西夏冶金业的记载:“西边宝山,淘水有金,熔石炼银、铜”;“黑郁郁溪谷长,生诸种树,熔石炼铁,民庶制器。”[②]西夏境内有茶山、蔑芦山等许多山都出产铁矿,这些矿石成为西夏冶炼的原材料。

尽管西夏有大量的矿产,但是远远无法满足西夏生产和战争的需要。因此,西夏也是通过各种渠道收购原料,以期生产出更多的武器装备。首先,西夏法律中有许多罚铁的规定,如“一前述老幼者、重病等之罪已减以后,而须服多少劳役数,能赎则赎,按五日交一斤铁算”[③]等。用铁来抵罪,是西夏律法的一个特点,也反映出西夏铁资源匮乏的事实。其次,通过购买其他政权的矿产资源,或是通过交易获得大量的钱币熔币造器。宋太平兴国八年,宋朝盐铁使王明言:“沿边岁运铜钱五千贯于灵州市马,七百里沙碛无邮传,冬夏少水,负担者甚以为劳。戎人得铜钱,悉销铸为器,郡国岁铸钱不能充其用,望罢去。自今以布帛、茶及他物市马。”[④]针对这种情况,宋朝屡次下令禁止钱币流入西夏,对于携带钱币出塞者进行法律惩罚:“西北边内属戎人,多赍货帛于秦、阶州易铜钱出塞,销铸为器。乃诏吏民阑出铜钱百已上论罪,至五贯以上送阙下。”[⑤]西夏政府在不断获取宋朝钱币的同时,更是严禁国人将钱币带到敌界,而造成珍贵矿产资源的流失,“一诸人不允去敌界卖钱,及匠人铸钱、毁钱等”。[⑥]

第二,先进的生产技术是西夏武器准备的保证。兵器甲胄则主要由官府作坊锻造。元昊建国初年,西贼大将刚浪凌兵马最为强劲,在夏州东部弥陀洞居止。又次东七十里有“铁冶务,即贼界出铁制造兵器之处,去河东麟府阶黄河约七八十里”。[⑦] 宋仁宗明道元年(1032)遣郎官杨告为旌节官告使,前往兴州册元昊为西平王,杨告在会见元昊时,“闻屋后有数百人锻声”[⑧],说明此时的西夏不仅掌握了冶铁技术,而且具备了较大的生产规模,为西夏军事的强大奠定了一定的物质基础。

① 史金波、白滨、黄振华:《文海研究》,中国社会科学出版社,1983年,第626页。
② 克恰诺夫、李范文、罗矛昆:《〈圣立义海〉研究》,宁夏人民出版社,1995年,第59、60页。
③ 史金波、聂鸿音、白滨译:《天盛改旧新定律令》卷二《老幼重病减罪门》,法律出版社,2007年,第150页。
④ [宋] 李焘撰:《续资治通鉴长编》卷二四,中华书局,2004年。
⑤ [元] 脱脱:《宋史》卷一八十《食货志下》,中华书局,2004年,第4377页。
⑥ 史金波、聂鸿音、白滨译:《天盛改旧新定律令》卷七《敕禁门》,法律出版社,2007年4月,第287页。
⑦ [宋] 范仲淹:《范文正公年谱补遗》,四库存目丛书,卷五下。
⑧ [宋] 李焘撰:《续资治通鉴长编》卷一一一,中华书局,2004年。

西夏工匠已经熟练掌握了生熟铁的冶炼技术。根据工艺的要求，冶铁工作被分为四类：粗件锻打（打粗事）、细件锻打（打细事）、水磨打造（打水磨事）、生铁熔铸（熔生为熟）。[①] 可见，西夏的冶炼工艺已经十分精细，尤其是制作过程中已完成了“淬火”和“回火”两道重要的工序。淬火是将钢加热到临界点温度以上，保温后进行快速冷却的热处理方法。回火是将淬火后的钢重新加热到临界点温度以下，保温后冷却，目的是改善淬火后的钢的性能，消除其内应力。通过这两道工序的配合，大大增强了兵器的韧性。

西夏能有如此高超的锻造技术，和先进的鼓风设备有紧密关系。在甘肃安西榆林窟3窟的西夏壁画“千手观音变”中绘有一幅西夏锻铁图，反映了当时西夏锻铁铸造的生产场面。图中有一人在拉风箱，两人在锻铁。风箱为木制，约有一人多高，有两扇木门，门上各有拉杆，一人坐于风箱前，用双手交替推拉这两扇木门给冶铁炉连续鼓风。[②] 这种竖式双扇风箱比韦囊鼓风更进了一步，可以为冶铁提供持续的高温，是后世抽拉风箱的前身，在当时处于领先地位。因此，西夏兵器的制作在当时已达到了相当高的水平，其中“夏人剑”被宋太平老人誉为“天下第一”。在兵器冶炼过程中，西夏人也掌握了冷锻硬化的先进工艺，以此种工艺制作出来的铠甲“坚滑光莹，非劲弩可人”，不但在西夏，在军事水平较高的同时代的宋朝，也深受称赞。

第三，西夏的冶炼技术的传承过程。可以肯定的是，西夏锻造精良武器及其制作技术主要来自于中原地区。那么西夏的生产技术还能来源于何种渠道呢？我们通过对敦煌文书的对比研究发现，敦煌文书中记载了许多与生产兵器有关的工匠，且与西夏汉文《杂字》中所列的匠非常相似，只是西夏的匠更加具体，分工更加明确。我们不排除西夏手工业、尤其是敦煌地区的手工业，得到了唐、五代的工艺传承。

1. 铁匠，又名铁博士。敦煌文书 P.2641《丁未年宴设司破历并判凭》载“铁匠史奴奴等二十人早上饽”，反映出当时敦煌地区的铁匠从业人员比较多。西夏《杂字》中也有“铁匠”，《天盛律令》卷一七《物离库门》规定：“铁匠局分生熟铁为打粗细料、宾铁如药秤之，耗实数所定等级高低，可耗减：打粗事一斤耗八两：镢头、斧头、钉七寸、五寸、四寸、熟勿、铁凿、铁杙、奈杵、斩刀、屠刀。打细事一斤耗减十两：三寸、二寸、常留、灯柱、火炉、火锹、军州口、铁罐、火筋、熨斗、口叶、镰、城叉、锯、推耙、辔衔铁、镫、锁簧、钩细、铡刀、钥匙、锹头。打水磨事一斤耗减十一两：黑铁、锔、刀剑、剪刀、边条、耙叶、锡罐、大小铁叶、金木护胸、

① 陈炳应：《〈天盛鼎新律令·物离库门〉译释》，李范文编《首届西夏学国际学术会议论文集》，宁夏人民出版社，1995年。

② 徐庄：《西夏双木扇式风箱在古代鼓风器发展中的地位》，《宁夏社会科学》2008年第1期，第96页。

辔头钉子、枪下刃。熔生为熟，十斤耗减一斤。”[①]

2. 泻匠，又名写匠、泻博士，郑炳林先生考证其为用生铁铸造釜、钟、铧等器皿、农具、兵器的工匠。[②] 敦煌文书 P.3774《丑年（821）十二月沙州僧龙藏牒》：“齐周差使向柔远送粮却回，得生铁、熟铁二百斤已来，车钏七只，尽入家中使，内卅斤贴当家破釜嗷，写得八斗釜一口，手工麦十石，于裴俊处王菜。”西夏《杂字》中亦有“铸锷匠”的记载。

3. 弓匠、弩匠、箭匠，是唐五代敦煌官府制造弓、弩、箭等制造手工业者。敦煌文书 S.2474《庚辰——壬午年归义军衙内面油破历》“供衙内造作箭匠十人，早上面各升，午时各胡饼两枚，供四日食断，计用面八斗”。这些工匠应该为政府所控制。西夏《杂字》中有“弓箭匠、镞匠”。

4. 鞍匠，专门制造马鞍的工匠。P.2641《丁未年宴设司账目》“鞍匠张儿儿等拾人早上饽饦，午各为胡饼两枚，两日供食断”。其中归义军设宴司一次招待鞍匠十人，说明了鞍匠行业可能有自己的作坊。西夏《杂字》中记载得更加详细，分工也更加细化，有“鞍匠”，还有“鞧辔匠”、“鞘鞧匠”等马具的生产工匠。

当然敦煌文书中还记载了许多工匠种类，如索匠、褐袋匠、瓮匠、锢镥、毡匠、帽子匠、梁户、罗筋匠等，西夏政府则设有铁工院、木工院等专门的管理机构，负责兵器的制作。各种兵器的制作有专门的工匠，如弓箭匠、披铠匠、枪柄匠、箭袋匠、铁匠、砲工等。[③] 总之，敦煌的工匠有些与西夏时期的称呼一样；有些虽然行业相同，但是名称不一样，如锢镥，西夏叫扎抓；有的西夏时期要分工更细，种类更多——如敦煌文书中泥匠，西夏时期有泥匠外，还记有砌垒、结瓦匠、垩匠等等；有的是敦煌文书中有，但是西夏没有记载的，如桑匠。应该可以肯定的是，西夏的手工业生产技术，尤其是武器装备生产技术，应该有一部分是传承和学习了唐、五代时期的工艺。

李继迁占据灵武，则可“西取秦界之群蕃，北掠回鹘之健马，长驱南牧”[④]统一西北，与宋辽抗衡。回鹘土产，珠玉为最……其人善造镔铁刀、乌金银器。或为商贩，市于中国、契丹诸处。往来西夏界，夏国将吏率十中取一，择其上品，贾人苦之。后以物美恶，杂贮毛连中。洪皓《松漠纪闻》云：毛连以羊毛纬之，单其中所以为袋，以毛绳或线封之，有甚粗者；若间以杂色毛者，则又甚轻细。[⑤] 西夏占据了河西后，不可能仅仅是夺取了回鹘的健马，

① 史金波、聂鸿音、白滨译：《天盛改旧新定律令》卷五《季校门》，法律出版社，2000 年，第 555 页。
② 郑炳林主编：《唐五代敦煌手工业研究》，《敦煌归义军史专题研究》，兰州大学出版社，1997 年，第 252 页。
③ 史金波、聂鸿音、白滨译：《天盛改旧新定律令》卷五《季校门》，法律出版社，2007 年，第 616 页。
④ [宋] 李焘撰：《续资治通鉴长编》卷五十校证，中华书局，2004 年。
⑤ [清] 吴广成撰、龚世俊等校注：《西夏书事校证》卷十五，甘肃文化出版社，1990 年 1 月，第 175 页。

而对其镔铁生产技术视而不见。镔铁即钢的生产技术,原产于波斯、印度等地,西夏处于丝绸之路的咽喉要道上,也处于镔铁技术传入中原的要道之上,西夏的钢铁生产技术有可能是向回鹘学习的,因此西夏的刀、剑、铠甲经过冷锻硬化的工艺后,才能达到如此坚硬无比的程度。

第四,西夏非常重视对有工艺者的重用,在提拔下级官吏时,规定"何人有功、勇健强劲及有匠作工巧"[①]者,可以优先考虑。对于战场俘获的士兵或投靠西夏的汉人,西夏也要区别对待,如果没有技艺又怯懦的人会迁徙到河外进行耕种,但是有技艺的,将会收归到相关部门,让其从事手工制作行业,"得汉人勇者为前军,号'撞令郎'。若脆怯无他伎者,迁河外耕作,或以守肃州"。[②] 对这些招诱或者俘虏、掠夺过来有技术的人,尽管他们的生产技术比服苦役的"官作"要高,但人身地位却基本一致,他们一旦隶入匠户,世代不能脱籍。《天盛律令》中有具体规定:"官府织绢、纺线女所生子女,不论其父是否是'官人',都必须注册为'官人'。"[③]

在《西夏谚语》第11条"有物不贵有智贵,无畜不贱无艺贱",第75条"行艺粗弊人见厌,所行顽劣损他人",第86条"善作诗文恼无穷,善作活业瘦而亡",[④]反映出西夏社会对制造工艺重视的现状。

① 史金波、聂鸿音、白滨译:《天盛改旧新定律令》卷十七《物离库门》,法律出版社,2000年1月,第237页。
② [元]脱脱:《宋史》卷四八五《夏国传》,中华书局,2004年。
③ 史金波、聂鸿音、白滨译:《天盛改旧新定律令》卷八《为婚门》,法律出版社,2000年1月,第310页。
④ 陈炳应:《西夏谚语——新集锦成对谚语》,陕西人民出版社,1993年4月,第50条,第8—12页。

第三章　《天盛律令》中武器装备的季校管理及其相关问题

《汉书·晁错传》“兵不完利，与空手同；甲不坚密，与袒裼同；弩不可以及远，与短兵同；射不能中，与亡矢同；中不能入，与亡镞同：此将不省兵之祸也，五不当一”，[①]充分说明了武器装备检查的重要性。武器装备季度检查是西夏武器装备管理的基本制度，也是西夏军事制度的重要内容。为了加强武器装备的管理，防止武器的损坏和缺失等情况发生，以免影响军队的战斗力，西夏法典《天盛律令》在卷五中专设一门《季校门》，规定了西夏官马、武器装备审验等方面内容。该门反映了西夏政府主要通过季校的时间、校验官员的派遣、校验程序，以及针对各种违反法律规定的处罚、编制军籍账簿、上级官吏不定期的巡视等多种途径来实现对兵器的管理。

第一节　《天盛律令》中的武器装备季校管理

一、武器装备季校的机构

卷五《季校门》第一条就规定：“全国中诸父子官马、坚甲、杂物、武器季校之法：应于每年十月一日临近时，应不应季校，应由殿前司大人表示同意、报奏。”也就是说当年需不需要进行季度审查，要有殿前司大人同意并上报朝廷。可见殿前司对全国武器装备的季度审查有决定权。

虽然是否检查武器装备由殿前司决定，但具体的检查过程则由各类军队所属的经略司负责，由经略司派遣有能力者到基层军队点集后，进行季校。“则当行文经略司所属者，

① ［东汉］班固：《汉书》卷四九《晁错传》，中华书局，2002年。

当由经略大人按其处司所属次序，派遣堪胜任人使为季校队将，校毕时分别遣归，典册当送殿前司。”①不仅如此，就是政府配备武器装备的大小臣僚等移徙官员时，对其武器装备的管理亦需殿前司审批。“诸大小臣僚、行监、将、盈能等对首领等官马、坚甲应移徙时，当经边境监军司及京师殿前司，当给予注销。”②

西夏的军队管理体制较为复杂，既有地方经略司所辖军队，又有中央的殿前司直属管理者。因此，对各类军队武器装备的季校检查也是分类检查管理。不属于地方经略司管辖的军队之武器装备季校则直接由殿前司派遣有能力者负责检查。“非系属经略司者，当由殿前司自派遣能胜任人，一齐于十月一日进行季校。”③这是西夏军事法律规定的每年正常的季校检查。在没有全国性的季校时候，西夏也要进行小规模的武器装备检校。这类小校则由基层军队的“行监”、“溜首领”来负责执行。“若不应派季校，则当令暂止，代替大校，自己行监、溜首领当做小校。”④

总之，从《天盛律令》的规定来看，西夏军队武器装备的季校由中央殿前司总负责，具体的检校则由各军种各自所属的经略司、监军司逐级派员执行，不属经略司的军队直接由殿前司派员检校，平时的小型检查则由军队基层的军官自行检查。这种全国性的大型季校与日常的小校相结合的自上而下的武器装备检查模式，充分保证了西夏武器装备管理的有效性。

二、武器装备季校的时间

如前所述，关于武器装备季校的时间，根据《天盛律令》规定，一般在“应于每年十月一日临近时”。选择十月一日左右进行季度审查，在时间安排方面显得非常合理。九月是刚刚收获的季节，西北地区人民处于喜悦和农闲时间，此时进行季度检查，不用耽误部落人民的生产。九月又是部落人民收获的时间，如若士卒的武器装备有问题，也有能力去修补和补充，不至于为了修补武器装备而造成财产方面的巨大损失。九月更是游牧民族战斗力较为强盛的时期，可以说是兵强马壮，最容易在这个时间段进行狩猎或者发动战争，此时刚刚检查、补充完武器装备，可以保证在发动战争时有最精良、完备的武器和装备，最大程度保证部队的战斗力。

黑水城出土的西夏文《月月乐诗》记载了一年四季西夏社会的主要生产生活情况，其

① 史金波、聂鸿音、白滨译：《天盛改旧新定律令》卷五《季校门》，法律出版社，2000 年，第 230—231 页。
② 史金波、聂鸿音、白滨译：《天盛改旧新定律令》卷六《官披甲马门》，法律出版社，2000 年，第 252 页。
③ 史金波、聂鸿音、白滨译：《天盛改旧新定律令》卷五《季校门》，法律出版社，2000 年，第 230—231 页。
④ 史金波、聂鸿音、白滨译：《天盛改旧新定律令》卷五《季校门》，法律出版社，2000 年，第 230—231 页。

中九月正是农忙收获的时节。

田野上的收割已经结束,高的地方已降了霜。

一个个婚礼都按照应有的仪式在进行。

各种蔬菜都已成熟。

日常饮食中最需要的几种蔬菜,都以各种方法储存过冬。

浓妆艳抹,梳妆打扮,音乐声响彻入云,国内欢声阵阵。丰收了白花花的大麦,黄灿灿的小麦。

粮袋装满——肚子和内心都得到满足!

时光流逝,将近十月。屯满库足,聪明的人在休息。遍地在欢宴,人民康泰平安。国内开始捕鸟。

黑色的鸟迷失了群,叫着,飞着,不辨西东,

黑色的鸟群把城寨住户的白墙弄得污秽不堪,无法恢复,

强大的国家一片欢乐。出现了新的值得纪念的记录。[①]

当然,西夏进行全国性的季度审查也并非都要在每年十月一日临近时进行季校。一般来说,军队武器装备的季校也要视当年农牧业生产是否丰收而论。通常是"当视天丰国稔时,应派季校者"。[②] 只有风调雨顺,人民才有能力修补武器装备,在此时进行季度审查才不会劳民伤财,又不会激起民愤。如果遇到灾年或国有大事,殿前司或许就会放弃当年的武器装备检查。但西夏武器装备检查也不能无限期轮空,不能长期不检查,会造成民众麻痹的思想,导致武器装备更大程度损毁,而严重影响军队的战斗力。因此西夏法律规定"连续三年必行季校,校者依法不得不往者当往"。[③]

三、西夏武器装备季校的具体内容

1. 检查武器装备是否齐全

对于武器装备的检查,最基本的要求是要确保完备不得短缺。对于季校时发现有武器装备不全的情况要按规定对其进行惩罚。首先对部落溜盈能、大小军头监、末驱、舍监、军卒等进行季校,如发现其马甲、铠甲、官马、杂物等短缺不全的,则要依照法律受到处罚:

正军属:披、甲、马三种有一种不备,十三杖;二种不备,十五杖;三种皆不备,十七杖。

① 克恰诺夫、李范文、罗矛昆:《〈圣立义海〉研究》,宁夏人民出版社,1995年,第18页。
② 史金波、聂鸿音、白滨译:《天盛改旧新定律令》卷五《季校门》,法律出版社,2000年,第230页。
③ 史金波、聂鸿音、白滨译:《天盛改旧新定律令》卷五《季校门》,法律出版社,2000年,第231页。

其另外杂物、武器多寡不备者，则当入其下。披、甲、缚袋二种有一种不备，当受十杖；二种不备，当受十三杖；此外种种杂物缺者，当入缺缚袋罪下。直接箭袋、弓、箭、枪、剑五种有一二种短缺。八杖，三种不备，十杖。此外杂物多少缺短罪，当入其下。上述坚甲、杂物等均检验合格，但弓、弦、皮囊、铁笊篱、砍斧等有一二种不备，则笞十；在其数以上不备，一律笞二十。

辅主属：弓、箭、木橹一二种不备，八杖；全不备，则十杖。

负担：弓、箭、矛杖、锹镢一样有一二种不备，笞十五；三四种全不备则笞二十。[①]

而对诸军首领、末驱、小首领等责任范围就更大一些，不仅对其所属的铠甲、马甲、官马三种负责，在季校中如有发现有短缺现象存在，则与盈能、大小军头监等惩罚一样。同时还要对其属下军卒的武器装备是否完备负责。若其属下军卒的铠甲、马甲、官马三种在检查中发现有短缺，则“总共分为十分，缺三分以内者，不治罪；于此以上缺四五分，十三杖；缺六七分，徒六个月；缺八九分，徒一年；十分全缺则十三杖，官、职、军皆当革。无官则当徒二年，再令其于限期内偿修，务使全备”。[②]

对于大小军头监及所属军卒的季校规定也不同，其铠甲、马甲、官马三种在季校时被发现短缺，则“依所定承短缺罪，当入各种杂物短缺罪下”；若铠甲、马甲、官马三种皆完备不缺，而其中杂物、武器中箭袋一副、弓、箭、枪、剑、木橹、锹、矛杖、披、甲、缚袋等在季校时不全具备，则治罪如下：

> 有十至百种时，缺二十五种不治罪；二十五种以上至五十种不备，七杖；五十种以上至七十五种不备，十杖；七十五种以上至百种不备，十三杖。有百种以上至千种中，二百五十种不备，十杖；七十五种以上至百种不备，三杖。有百种以上至千种中，二百五十种不备，不治罪；二百五十种以上至五百种不备，七杖；五百种以上至七百五十种不备，十杖；七百五十种以上至千种不备，十三杖；逾千种以上不备，一律徒三个月。[③]

对于军卒武器装备的检查要区分季校和行军两种情况。若是季校时有短缺残损，惩处则和上述规定一样；若是在行军时发现其各种铠甲、马甲、官马、武器、杂物等短缺，则“按罪状高下，所承大杖一杖可代以笞五，以小杖行之”。这样区别对待，有利于保护士卒，尽量减少非战斗性受伤，提升军队的战斗力。[④]

---

① 史金波、聂鸿音、白滨译：《天盛改旧新定律令》卷五《季校门》，法律出版社，2000 年，第 231 页。
② 史金波、聂鸿音、白滨译：《天盛改旧新定律令》卷五《季校门》，法律出版社，2000 年，第 232 页。
③ 史金波、聂鸿音、白滨译：《天盛改旧新定律令》卷五《季校门》，法律出版社，2000 年，第 232—233 页。
④ 史金波、聂鸿音、白滨译：《天盛改旧新定律令》卷五《季校门》，法律出版社，2000 年，第 239 页。

2. 检查武器装备是否合格

除了要求武器装备种类完备以外，还要检查是否合格。武器损坏、式样不合格、铠甲有污锈、官马过于肥瘦饲养不当等情况，均视为不合格。若在检查中发现有上述情况出现者，则“校军时大校之案头、司吏、大小军首领等局分中，军卒中正军、辅主之官马、坚甲、杂物、武器等实无，及虽有但弱劣，式样不合，而行贿，放过虚杂，使入于实有合于式校中时，罪依所定判断。若收贿，则当算枉法贪赃，与放虚杂罪比较，依其重者判断”。[①]

尽管西夏律法规定，不知情者不治罪，但是既然在检查中发现有不合格情况出现，西夏政府规定要限期休整，如果逾期仍未休整的，则要处罚。“校验各种披、甲、马及种种杂物时，如有损毁、式样不合，及官马肥瘦等因，正军、辅主、当事人之罪，使与校验短缺罪状高低相同判断。其中有当休整者，按所属再给当事人限期。如其所休整式样不合，及全未休整等，一律当于季校时计量，按高下当承杖罪。”[②]

3. 检查武器装备是否有互为借索、交换的情况存在

为了应付检查，在检查的过程中会互相借索、交换武器装备，以无充有，或者以次充好，以达到蒙混过关的效果。这种情况是在检查中明令禁止的，其罪惩罚要比武器短缺及不合格之罪更重。《天盛律令》规定如下：

一军首领、军卒等所有官马、坚甲、杂物、武器应依律令使数足、全备，官校者已行时，不允互为借索，违律借索时，应互相举发。披、甲、马三种悉借及借索一二种时，一律借者，索借者同罪，徒六个月，举告赏各自当出十五缗钱给予。其杂物、武器中箭袋一副及弓、箭、枪、剑、木橹、锹、矛杖等八种有互借者，则借者、索借者一律徒三个月，举告赏各自当出七缗钱给予。大小军首领、末驱、舍监等知索借者十三杖，不知者不治罪。

一诸人与大小臣僚、行监、盈能、将、首领恃势将所属官马、坚甲三种以大小、优劣交换索取者，若均著籍为官有披、甲、马，等值者徒四年。有超利者，则所得超利依偷盗法则及前有罪，依其重者判断。其中以私畜物交易者，徒五年；有超官马、坚甲价，按偷盗法及徒五年，依其重者判断，官马、坚甲依旧互相还送。给者与注册人互有纠葛，他人虽有怨恨，不告诸司者，不治罪。一诸人互相无纠葛，无有恃势语，注册官马、坚甲乐意互相交换时，当计量。价值相等，徒六个月；价值不等，则所得超利依偷盗律论处。若以私畜物给换，则价值相等者徒一年；价值不等者，则所得超利当依偷盗律计算，与前述罪依其重者判断，索者为造意，给者依从犯判断。

---

① 史金波、聂鸿音、白滨译：《天盛改旧新定律令》卷五《季校门》，法律出版社，2000 年，第 240 页。
② 史金波、聂鸿音、白滨译：《天盛改旧新定律令》卷五《季校门》，法律出版社，2000 年，第 233 页。

4. 检查是否有买卖武器装备的情况存在

(1) 境内互相买卖

武器装备作为重要的军用物资，是严禁自由买卖的。西夏政府规定“军监、军卒等所属正军、辅主等不允出卖披、甲马”。如果有违律在境内互相买卖武器装备的“若违律出卖时，所得钱数以偷盗罪论处”、“诸人知正军、辅主等所卖官马、坚甲为官有而买者，则买者，助卖者依盗窃从犯论处，中人、书文契者等受贿，文书上有手迹则依知盗分财律论处。未受贿则有官罚马一，庶人十三杖。不知者不治罪”。

(2) 流入境外

由于西夏是少数民族建立的政权，其军用物资匮乏，兵器制造技术总体落后，便很有必要防止兵器或兵器制造技术外流，来保持自己在某些军事科技方面的领先地位。为此，西夏政府通过立法手段禁止兵器出边关，流入境外。《天盛律令》卷七《敕禁门》中对其有明确的规定：

一人、马、披、甲、牛、骆驼，其余种种物等，敕禁不允敌界卖。若违律时，按以下所定判断：

一等到敌界卖人者，敌界已过则按有意杀人□，未过敌界则按有意伤人法判断。若所卖人自乐意，则自愿者当与逃跑已起行、未起行之各种罪状相同，不愿者不治罪。

一等牛、骆驼、马不论大小及铠甲、军披等到敌人中去卖时，庶人造意斩，从犯当得无期、长期徒刑，有官当以官品当。一等前述人、骆驼、马、牛、披、甲等以外，将杂畜物、战具等出卖时，当按本国地方现卖法计价，视其钱量高低，是战具以强盗持武器法，此外杂畜物按不持武器法判断。从犯当依次减一等。战具：弓箭、枪剑、刀、铁连枷、马鞍、装箭袋、金、银、种种铁柄、披、甲、编连碎段。

一等卖敕禁已起意，他人出捕举告，则已起行当减一等，未起行当减二等。①

5. 检查武器装备时是否有迟到或不来的情况存在

西夏律法规定如果全国要进行武器装备的季校，当“一齐于十月一日进行季校”，并且规定了季校时所有军队必须参加检查，“校者依法不得不往者当往”。② 如果在季校时有迟到、季校完毕才赶来或直接不来的情况发生，则按照迟到的时间和性质来惩罚：

一军卒季校时，所校军头监不依所给聚集日限前来，则迟一日至五日，十三杖；五日至十日，徒三个月；十日至十五日，徒六个月；十五日以上至校期未毕前来，徒一年。

① 史金波、聂鸿音、白滨译：《天盛改旧新定律令》卷七《敕禁门》，法律出版社，2000 年，第 555 页。
② 史金波、聂鸿音、白滨译：《天盛改旧新定律令》卷五《季校门》，法律出版社，2000 年，第 230—231 页。

校日已毕来及完全未来者，一律当革职、军，徒二年。其中有官者当以官品当。

一小首领、舍监、末驱等校集日迟至者，迟一日至十日，十杖；十日以上至二十日，十三杖；二十日以上迟至校期未毕方到来，徒六个月；检校日已毕后来及完全不至者，一律当革职、军，徒一年，无军职则徒二年，有官者许以官品当。

一季校时诸正军、辅主之官马、坚甲检校完全不至者，庶人徒六个月。本人不来校，派别人时，何人徒三个月。首领、正军等知情者十三杖，不知者不治罪。[1]

在季校时，因有其他原因迟到或不来参加季校的，要视情况而定。如果"诸院军卒、大小巡检人于旁监巡者，因不在，属实，则由所在首领只关分析，其官马、坚甲、杂物、武器可由辅主校验"。[2] 这种情况就可以不参加季校检查，也没有罪。如果军正首领、军头监因公任其他职或在溜更口不同处，但是军上权检校在或代替军上权检校在，那么"校集日迟至及完全不至时，其权检校中为末驱小首领、舍监者，不论有官无官，与正首领校集日迟至及完全不至罪相同判断。无军职者，代替革军职，常增劳役为三年"。[3]

6. 检查完武器装备后是否及时修补或补偿

对武器装备的检查只是一种手段，为的是监督、督促士卒将武器装备配备齐全，以免影响战斗力。如果通过之前的检查，发现了士卒武器装备中有短缺不全、不合格、士卒中有互相借索、交换等情况出现，要及时督促其尽快修补、补偿。西夏对武器装备的修补和补偿有两种情况规定。

第一种，要求修补或补偿武器装备是在期限之前还是之后。如果"军首领自有及属下军卒所有铠甲、马甲、官马、杂物、武器现无有，应补偿，其力能补偿而未补，致校验短缺者，先未曾限期，则按短缺罪法承罪"，并且给予一定的限期使其补偿，"披、甲、马三种应偿修，给偿修期限法，按高下：一律当给五十日，二种当给七十日，三种以上一律当给百日。务使偿修齐备"。若逾期仍然没有补偿的，"后季校时无有而住滞时，属者之罪应依校验短缺法判断"。

第二种情况，武器装备有短缺者，是否有能力补偿。《隆平集》卷二〇《夏国传》记载："年六十以下、十五以上皆自备介胄弓矢以行。"据《续资治通鉴长编》中记载："泾源等路谍报：西贼集结，举国人马，七十以下、十五以上，取八月半入寇绥州及分兵犯甘谷城。"《天

① 史金波、聂鸿音、白滨译：《天盛改旧新定律令》卷五《季校门》，法律出版社，2000 年，第 238—239 页。
② 史金波、聂鸿音、白滨译：《天盛改旧新定律令》卷五《季校门》，法律出版社，2000 年，第 239 页。
③ 史金波、聂鸿音、白滨译：《天盛改旧新定律令》卷五《季校门》，法律出版社，2000 年，第 238 页。

盛律令》中规定："诸转院各独诱年十五当及丁，年至七十入老人中。"[①]如果西夏服兵役的年龄为十五至七十的话，对于其中很大一部分是没有能力补偿缺失的武器装备的，其缺失部分只能通过家人或首领来补偿。对于士卒中无能力补偿、武器装备检查不全者，由所属军首领、末驱、小首领等补偿。[②] 若有能力补偿但不补偿者，如果缺铠甲、马甲、官马三种，则："治罪：披、甲、马十分中一二分未补偿者，徒六个月；三四分未补偿者，徒一年；五六分未补偿者，徒二年；七八分未补偿者，徒三年；八分以上未补偿者，一律当革官、职、军，无官者徒三年。"[③]

若有能力补偿但不补偿者，如果缺杂物、武器等八种者，其首领按应补数总计分为十分：

> 百种以内者：一律十分中有二分未补偿者不治罪；三四分未补偿者，七杖；五六分未补偿者，十杖；七八分未补偿者，十三杖；八分以上未补偿者，一律徒三个月。百种当补偿者：十分中二分未补偿者，不治罪；三四分未补偿者，十三杖；五六分未补偿者，徒三个月；七八分未补偿者，徒六个月；逾八分以上未补偿者，一律徒一年；百种以上至二百种当补偿者：十分中二分未补偿者，不治罪；三四分未补偿者，徒三个月；五六分未补偿者，徒六个月；七八分未补偿者，徒一年；八分以上未补偿者，一律徒二年。二百种以上至三百种当补偿者：十分中二分未补偿者，不治罪；三四分未补偿者，徒六个月；五六分未补偿者，徒一年；七八分未补偿者，徒二年；八分以上未补偿者，一律徒三年。三百种以上杂物、武器当补偿者：十分中二分未补偿，不治罪；三四分未补偿者，徒一年；五六分未补偿者，徒二年；七八分未补偿者，徒三年；八分以上全未补偿者，不论官多寡，一律当革职、军。[④]

对于上述铠甲、马甲、官马及各种杂物等所有武器装备有短缺者，应当补偿，且本身具有补偿能力但只补充部分装备，则按照没有补偿来算。"已补偿半份，不足一整份，当按未补偿一整份法承罪。"[⑤]

对于铠甲、马甲、官马及各种杂物等所有武器装备有能力补偿但不补偿，被别人举报了，要对举报者进行奖励：如果举报者是下属，则"其所属首领应革官、军、职，下属人举报时，其人勇健刚劲，善战有战功，求知识，为诸司载于典籍，则举告人应为首领。若其人不

① 史金波、聂鸿音、白滨译：《天盛改旧新定律令》卷六《抄分合籍门》，法律出版社，2000 年，第 262 页。
② 史金波、聂鸿音、白滨译：《天盛改旧新定律令》卷五《季校门》，法律出版社，2000 年，第 232 页。
③ 史金波、聂鸿音、白滨译：《天盛改旧新定律令》卷五《季校门》，法律出版社，2000 年，第 234 页。
④ 史金波、聂鸿音、白滨译：《天盛改旧新定律令》卷五《季校门》，法律出版社，2000 年，第 235—236 页。
⑤ 史金波、聂鸿音、白滨译：《天盛改旧新定律令》卷五《季校门》，法律出版社，2000 年，第 236 页。

善战斗，体弱，求转院，当在本司院内调转”。如果举报者不是下属的，“其他人举发者及不求转院者，所告军首领应获月徒刑，当赏告者十缗；应徒一年时，当赏二十缗；应徒二年时，当赏三十缗；应徒三年时，当赏五十缗；应革职、军时，当赏七十缗。其赏金应按高低由获罪行监、大小溜首领、舍监、末驱等出给”。[①]

第二节　《天盛律令》中的武器装备军籍账簿管理

一、注册登记

西夏在对武器装备季校检查的同时，还要进行注册登记，实时记录各类属的兵器配备情况、武器装备的变化状况等，而登记过的军籍簿又成为下次检查审核的依据。《天盛律令》规定在实行武器装备的季校时，“正军、辅主、负担之注籍官马、坚甲应依籍点名检验。其中正军、辅主新请领取官马、坚甲，有应注籍而未注籍者，按数有注册则依注册校，无注册则当分析按状上校验。不校而隐瞒者，正军、辅主之已向局分处告，且已减除，隐瞒者及不校者一律徒一年。未行注册而隐瞒者，应依第六卷未注籍罪不入注册之罪状判断，其披、甲、马三种未行已行注册，一律一种徒三个月，二种徒六个月，三种徒一年”。[②]

尽管《天盛律令》有武器装备注册登记入账簿的规定，西夏社会是否依照法律执行，若遵照执行又是如何登记的，登记的具体内容都有哪些？这些问题一直摆在西夏军事研究者的面前，直到史金波先生对西夏军籍文书的整理翻译，才使这些问题得以解决。

在《俄藏黑水城文献》中，有一大批西夏社会文书，计有1000余号，1500余件，其中有关西夏军事的文书就达300多件，关于西夏“军抄人马装备帐”的有几十件。这些文书详细记载了西夏基层军事人员、马匹、装备等详细内容。根据史金波先生对俄藏黑水城出土的军籍文书的部分解读，使我们可以非常清晰地看到西夏时期黑水城地区的军籍情况，为我们解读西夏武器装备提供了可靠的材料，也为了解西夏军事提供了重要文献。[③] 为了便于讨论，摘录文书如下：

1. ИHB.No.4197 天庆庚申七年(1200)军籍：

(黑水属)军首领嵬移西铁吉，正军一种纳告

① 史金波、聂鸿音、白滨译：《天盛改旧新定律令》卷五《季校门》，法律出版社，2000年，第234页。
② 史金波、聂鸿音、白滨译：《天盛改旧新定律令》卷五《季校门》，法律出版社，2000年，第239页。
③ 史金波：《西夏文军籍文书考略》，《中国史研究》2012年第4期，第147页。

先自全籍告纳，天庆己未六年六月一日始，至天庆

庚申七年五月底。无注销。已定。八种　　（始3行有首领印）

正军三

官马一

甲一

披一

印一

辅主一强

一抄有三种　　二抄无有

一抄首领嵬移西铁吉，人员二人，有三种，马栗

正军西铁吉　　四十四

番杂甲：胸五、背六、胁四、结连接八、衣襟九、末五、臂普护十……

手头护二、颈遮一、独目下三、喉面护一、衣裙十……铁索五、裹节袋绳索等全。

番杂披：红丹色麻六，颈五、肩护一、胸三、喉嗓二……二、马头套等全。

辅主一强　　前前俄　　六十三

二抄单人，无有。李兆儿　　六十五　　酩布阿犬　七十九

天庆庚申七年六月　　　　　　　　西铁吉

黑水属主簿命屈……

黑水属主簿命屈……[①]

2. ИHB.No.4196：《俄藏黑水城军籍文书》：

一抄首领律移吉祥有，单人，有三种　马？

正军吉祥有　　八十二

番杂甲：胸五、背六、胁三、结连接八、衣襟七、臂膊套十、手头护二、项遮一、都目下三、喉一、衣裙十二、更兜二、关子三、裹节袋绳索等全套。[②]

3. 在《英藏黑水城文献》第一册第79页下部和第80页上部两幅图片，编号为Or.12380－0222和Or.12380－0222V。

黑水属军首领嵬移慧小狗，正军，一种纳告

① 史金波：《西夏文教程》，社会科学文献出版社2013年9月，第391—392页。

② 史金波：《西夏文军籍文书考略》，《中国史研究》2012年第4期，第147页。

前自全军籍告纳，天庆己未六年六月一日始，至天庆

庚申七年五月底，无注销，已定。二十种

正军四

官马四

甲一

披一

印一

辅主九

强七

老一

弱一

一抄三种有，三抄马有

一抄首领嵬移慧小狗人员三人三种有　？

正军慧小狗……

番杂甲：胸口、背口、胁口、接连结八、衣襟九、末四、……

十一、手头护二、项遮一、独目下三、喉面……

二、更兜、关子、铁锁五、裹节袋等全

番杂披：麻六、项五、肩一、胸三、喉嗓二、末十二、盖

三、结铁有、毡里裹袋等全

辅主二强　小狗酉　七十一　犬盛　六十六

一抄卧利羌势　人员二人马一种有　？

正军羌势　一百十七

辅主一强　中？一百十七

一抄……吉讹人员五人马一种有　沙??

正军吉讹　一百十七……

辅主四

二强　　讹有　一百十七　那征有……

一老　　寂显　一百二十七、

一弱　　那征讹　九十五(此处有首领朱印)

一抄酩布犬羊子人员三人马一种有　　？

正军犬羊子　……

辅主二强　……

天庆庚申七年六月　　慧小狗

黑水属主簿……①

从以上军籍文书中,我们可以看到这些军籍文书应都属于西夏黑水监军司,故在登记首领是记录了这些首领的归属地。同时,文书 ИHB. No. 4197 嵬移西铁吉、Or. 12380 - 0222 和 Or.12380 - 0222V 文书中的慧小狗和 ИHB.No.4196 中的律移吉祥,既是首领,又是正军,这一方面体现了全面皆兵的部落兵制,所有的部落首领也要参战;而西夏正军的政治、军事地位应该非常高,他们可以是一些部落的首领。另一方面,因为正军是首领,故其装备最为齐整。

在西夏军籍文书,我们只看到了官马、披、甲的记载,但是发现在这些军籍文书中并没有兵器的记录,是西夏的兵器因为国家统一供给,故不用记录于军籍账簿中,还是单独记录,这与中国传统的军籍文书有着明显的区别。如居延汉简中也主要记载的是当时戍守河西士兵的具体兵器,编号简 74.E.J.T30：214[17]"六石具弩一,不正,负四算",和编号简 74.E.J.T：119[17]"大黄弩服,衣绝,非物。负一算。皮窅二,□□,负□算。鞮瞀绝、绞各三寸负二算。㔸二,绝,非物,□□,负二算"。② 在敦煌文书 S.1898《甲仗簿》记载了部分归义军时期兵士武器装备：如张庆郎"大枪一根,弘(红)旗一面,并钻刃全,官甲一领",③如果没有详细的籍账记载,那么西夏的武器季校又能如何准确开展,这些有待于进一步发掘研究。

虽然我们在《天盛律令》中看到除去牧主、农主、使军之外的所有类属,其正军、辅主、负担均配备官马、披、甲等。但是在具体的黑水城出土的军籍文书中发现并不是所有正军、辅主、负担都能配得起官马、披、甲,这些反映了尽管西夏政府非常重视武器装备的配

① 史金波：《英国国家图书馆藏西夏文军籍文书考释》,《文献》2013 年第 3 期,第 7 页。

② 范香立：《汉代河西戍边军武器装备考述》,《郑州航空工业管理学院学报》2013 年第 3 期,第 65 页。

③《英藏敦煌文献》第三册《甲仗簿》,四川人民出版社,1990 年,第 172 页。

备和检查,也具备了大规模生产这些装备的能力,但因为经济水平总体落后,也不能武装到每个士兵。这也符合《天盛律令》"诸人领有官马、坚甲中为无室贫男,无力养治者,应禀报所属首领处,与子嗣已断,披、甲、马有所遗,当一同于院中移转"。[①]

同《天盛律令》相比,西夏军籍文书中记载的铠甲、马铠,其主要构件大体相同,有些甲片的数量略有出入,这在前文中已有统计。同时,西夏军籍文书还记载了《天盛律令》中没有规定的装备,如"铁索五"、"裹节袋绳索等全"、"关子"、"结铁"等。这些成为研究西夏防具和辅助装备的有力补充材料。

二、军籍磨勘

对于注册等级的军籍文书,西夏政府还要在每年的规定时间进行军籍磨勘,以保证军籍文书记录的准确性,及时发现问题并处理其中的错误、违规等问题。根据《天盛律令》卷六《纳军籍磨勘门》规定我们可知:首先,西夏在磨勘军籍的时候,规定了上缴军籍簿的具体时间、次序。"国内纳军籍法:每年畿内三月一日,中地四月一日,边境六月一日等三种日期当年年交簿。按所属次第由监军司人自己地方交纳籍者,年年依时日相互缚系自□□□。"如上述ИHB.No.4197天庆庚申七年(1200)军籍中记载:"先自全籍告纳,天庆己未六年六月一日始,至天庆庚申七年五月底。"我们根据史金波先生对西夏军籍文书的翻译可知,俄藏No.4196中记载"天庆乙丑十二年六月一日始,至应天丙寅元年五月底"等等。[②] 说明西夏在实际磨勘军籍的时候,严格遵守《天盛律令》的时间规定。对于逾期未及时交纳军籍簿的要进行惩罚:"派主监者使集中出检,与告状当接册[③]来交纳。若监军司大人未行动时,一至五日勿治罪,五日以上至一个月以内迟出,则监军、习判各罚马一,都案罚钱七缗。迟出逾月,则监军、习判悉降一官,并罚一马,都案罚一马,局分案头、司吏依法□□。"

其次,西夏在军籍造册的时候非常强调用印。"当司吏纳籍日临近时,应先备籍册,经军首领□用印。假若主簿大人不造册,不用印,首领亦未主簿备印,及不驱遣,日期内籍册不至时,其军首领、主簿、司吏等一律一日至五日以内勿治罪,迟六日至盈月则有官罚马一,庶人十三杖,迟逾月一律徒二年。若军首领预先遣人印籍而司吏稽误者则首领不治罪。若首领未用印已误,则司吏不治罪。主簿、司吏出逃及死无继,及主簿不明等,则军首

---

① 史金波、聂鸿音、白滨译:《天盛改旧新定律令》卷六《官披甲马门》,法律出版社,2000年,第248页。

② 史金波:《西夏文军籍文书考略》,《中国史研究》2012年第4期,第148页。

③ 文中"接册"一词,在史金波、聂鸿音、白滨译的《天盛改旧新定律令》中没有识别出来,根据史金波先生《西夏文军籍文书考略》一文补录。

领自当来纳籍。若军首领任城溜差事，则可遣辅主及自子、兄弟等前来纳籍。有住滞时，则依如何住滞法判断。”[①]在出土的西夏军籍文书中有许多都是有印章的，应该为法律条文中规定的军首领印。同时在文书中明确写有主簿的姓名，这样便于划分责任，明确任务。

三、注销或变更登记

伴随着服兵役人口的增减、流动、迁徙、死亡等情况的发生，需要对已经注册登记的军籍账簿及时变更，准确反映西夏军籍的变化，以保障军籍账簿对武器装备、军籍、人口等的适时管理。但是变更、注销登记需要严格的审核。西夏律法规定：“诸大小臣僚、行监、将、盈能等对首领等官马、坚甲应移徙时，当经边境监军司及京师殿前司，当给予注销。”即使是在军籍管理上发生注销、变更，对其武器装备、铠甲、官马等不可随意转让，“其中不允与有官马、坚甲者私相授受，隐瞒而为属者除籍，使自著籍”。如有违律者要“两厢情愿，著籍人能养治而逃避，首领等求及畜之品次及坚甲、马所置意力而请移徙时，计量后依偷盗律治罪。以索者为造意，给与者为从犯判断。若属者虽确实无力养治，但首领等能办使畜及品级时，首领等之罪依前述所示治罪，赐者徒二年。若属者发起，不当给而给者徒五年。若请者不知畜品阶为何，则易者不治罪，其中受贿者以贪赃枉法论。若理当请徙而不报，随意回应者，则允者、请者等一律有官罚马一，庶人十三杖。局分人等受贿无理徇情注册注销者，则依不当请移徙之罪状，以及计受贿量，按贪赃枉法罪，依其重者判断。若受贿而未徇情，则以未推求，有官罚马一，庶人十三杖。”[②]如上述 ИНВ.No.4197 天庆庚申七年(1200)军籍文书有“无注销。已定”的记载。

对于“诸种类不应入弱中，年老、有疾病，有与长门转抄者时”需要除籍注销的，法律规定“所借甲衣肩当转换，籍上册为正职，不须注销原有官坚甲已失或已宰杀者，已偿，正军、辅主已死等当除籍时，其所属军首领应于五个月内报局分处籍抽出。若于限期内不除籍抽出，及后应请注册注销，纳籍日不于籍上改正，不给折减而取等，有官罚马一，庶人十三杖。若非原属官马、坚甲，应依官新请注册注销时，所请处司人当往职管殿前司、监军司等，其人名及披、甲、马等数量、颜色均应注明于籍。若局分人等懈怠不往时，则当以迟缓典册罪加一等。领者不如此报请局分处，不求注册注销时，徒一年。其坚甲、马当著籍”。[③]

① 史金波、聂鸿音、白滨译：《天盛改旧新定律令》卷六《纳军籍磨勘门》，法律出版社，2000 年，第 255 页。
② 史金波、聂鸿音、白滨译：《天盛改旧新定律令》卷六《官披甲马门》，法律出版社，2000 年，第 248 页。
③ 史金波、聂鸿音、白滨译：《天盛改旧新定律令》卷六《抄分合除籍门》，法律出版社，2000 年，第 261 页。

四、西夏武器装备的行政检查管理

西夏每次如果要举行季校，首先由殿前司大人要同意当年举行季校，并报奏枢密院、经略司等机构，《碎金》中载“爵位文中书夕军马武枢密”，[①]这也符合西夏各司行文的要求。“一上次中下末五等司大小高低，依条下所列实行。上等司：中书、枢密。次等司：殿前司、御史、中兴府、三司、僧人功德司、出家功德司、大都督府、皇城司、宣徽、内宿司、道士功德司、阁门司、御庖厨司，匦匣司、西凉府、府夷州、中府州。”而经略司“比中书、枢密低一品，然大于诸司”。[②] 也就是说明经略司要高于次等司，当然就高于殿前司了。

然后殿前司行文经略司，经略司派人对所属处司进行季校，“当视天丰国稔时，应派季校者，则当行文经略司所属者，当由经略大人按其处司所属次序，派遣堪胜任人使为季校队将，校毕时分别遣归，典册当送殿前司”；对不属于经略司所属处司，则“非系属经略司者，当由殿前司自派遣能胜任人，一齐于十月一日进行季校。若不应派季校者，则当令暂止，代替大校，自己行监、溜首领当做小校”。[③]

西夏政府除了规定各处司派人检查外，还严格规定了季校者的行居、饮食，以免发生贿赂、铺张浪费等情况。“往为季校者，其人马、食馔及其他所须领等，分别依第二十卷规定明确以外，所校阅军当认真校验。不允取饮食物，校阅时为虚杂，以及于大小军首领、军卒总计出摊派。若违律大校毕局分人于所校军中受贿时，总计所受多少，按枉法贪赃判断。巡检者受贿徇情，隐瞒他人之罪者，及本人弄虚作假时所受贿，与隐瞒他人之罪及弄虚作假罪比较，依其重者加一等。若受贿未徇情，巡检失误不知，则有官罚马一，庶人十三杖。”[④]

为加强对武器装备的生产与储备，中国古代统治者历来重视对武库系统的建立。“武库”是国家各机构武器装备储藏之所的统称。尽管西夏的武器装备是部落自备，但是依然有许多的武器储备。武库系统，在军队武装力量的建设方面占有重要地位，它的建立意味着国家政权握有一支庞大的物化了的军队。

尽管西夏武器生产水平在建国初期比较落后，但也开始由国家集中生产、储备武器。如宋仁宗明道元年（1032）遣郎官杨告为旌节官告使，前往兴州册元昊为西平王，杨告在会见元昊时，“闻屋后有数百人锻声”。[⑤] 元丰四年（1081）宋将李宪率兵攻打西夏：“大军过

---

① 聂鸿音：《西夏文本〈碎金〉研究》，宁夏大学学报（社科版）1995 年第 2 期，第 15 页。
② 史金波、聂鸿音、白滨译：《天盛改旧新定律令》卷十《司序行文门》，法律出版社，2000 年，第 363 页。
③ 史金波、聂鸿音、白滨译：《天盛改旧新定律令》卷五《季校门》，法律出版社，2000 年，第 230—231 页。
④ 史金波、聂鸿音、白滨译：《天盛改旧新定律令》卷五《季校门》，法律出版社，2000 年，第 240 页。
⑤ ［宋］李焘撰：《续资治通鉴长编》卷一一一，中华书局，2004 年，第 2594 页。

龛谷川,秉常僭号'御庄'之地,极有窖积,及贼垒一所,城甚坚完,无人戍守,惟有弓箭、铁杵极多,已遣逐军副将分兵发窖取谷及防城弓箭之类。"①这些御庄就是专门藏储物品的地方,其中就包括了大量的箭杆等武器。《天盛律令》规定得更加详细:"边中库局分派遣、磨勘次第、期限长短已分而明之,此外啰庞岭监军司者,因不在经略,本处管辖种种赏物、军粮、武器、军杂物等于库局分迁转时,本处当磨勘五十日,则派往京师所管事处,沿途十五日,来至京师,所辖司磨勘五十日,都磨勘司三十五日。"②由上述材料可以看出,西夏的武器装备的生产、管理应该也实行武库管理方式,但是其规模远远无法和宋朝相比。

同时在兵器上刻有生产单位或制造工匠姓名也是一种监管检查武器装备的有效方法,秦律记载:"公甲兵各以其官名刻久之,其不可刻久者,以丹若髹书之。"③即官有武器均应刻记其官府的名称,不能刻记的,用丹或漆书写。华岳在《翠微北征录》卷八《弓箭制》记载:金朝的虏中"军器,上皆有元监造官姓名,年月,遇有损害,有误使用,即将元监造官吏依法施行,断不轻恕"。故"器具一一如法"。④ 西夏也有在兵器、印章上面刻有名字的习惯,但不知是生产者之名字,还是使用者之名字。如西夏短刀上就有"□阿□人"、"此经典说"、"夏长茍",宁夏海原县贾埫乡马营村南临羌寨遗址出土的弩机上,也有四个西夏文文字。

① [宋]李焘撰:《续资治通鉴长编》卷三一六,中华书局,2004年。
② 史金波、聂鸿音、白滨译:《天盛改旧新定律令》卷十七《物离库门》,法律出版社,2000年,第547页。
③《睡虎地秦墓竹简·工律》,文物出版社,1978年1月,第43页。
④ [宋]华岳、兰书臣、吴子勇:《翠微北征录浅说》卷八《弓箭制》,解放军出版社,1992年,第236页。

第四章　西夏武器装备法律条文与唐宋法律条文比较研究

军事法是调整国防建设和军事方面法律关系的法律规范的总和，是由国家制定或认可并以国家强制力保证其实施的，用于调整军事领域各种关系的法律规范的总称。军事法制定得是否完备，执行得是否有效，直接关系到军队管理与部队战斗力，甚至关乎国家的安危。中国历代统治者无不重视军法的制定和执行。《孙子》首篇就谈到“一曰道，二曰天，三曰地，四曰将，五曰法”。唐代除了《唐律疏议》中略有规定，还专门制定了《军防令》等来规定唐代的各种军事，包括兵役之征发、军队之编组、卫士之分番、边防之戍守、勋授之等级、军中之赏罚等。其中涉及到武器装备方面的内容就分散于各方面，没有设立专章。尽管宋代军法律条比较多，散见于各类法令中，但其散佚不全，我们无法窥其全貌，在《宋刑统》和《庆元条法事类》等法令中还保存了一些武器装备方面的规定。

在武器装备的配备种类方面，唐代《军防令》中有关于唐代武器装备的记载，“诸火具乌布幕、铁马盂、布槽、锸、镬、凿、碓、筐、斧、钳、锯皆一，甲床二，镰二。队具火钻一，胸马绳一，首羁、足绊皆三。人具弓一，矢三十，胡禄、横刀、砺石、大觿、毡帽、毡装、行縢皆一”，[①]这样笼统的记载方式与《辽史・兵制》对于武器装备的记载十分相似，“辽国兵制，凡民年十五以上，五十以下，隶兵籍。每正军一名，马三匹，打草谷、守营铺家丁各一人。人铁甲九事，马鞯辔，马甲皮铁，视其力；弓四，箭四百，长短枪、䤬𨱏、斧钺、小旗、锤锥、火刀石、马盂、粆一斗、粆袋、搭钩毡伞各一，縻马绳二百尺，皆自备。人马不给粮草，日遣打草谷骑四出抄掠以供之”。[②] 而《天盛律令》卷五《军持兵器供给门》中对于西夏武器装备的配备则更加明细。我们通过《天盛律令》的规定可以知道，西夏社会中的各种独诱、牧主、农主、大小臣僚、帐门后宿、内宿后卫、神策内外侍等不同类属、不同性质的正军、辅主、负担各自配备的

---

① ［日］仁井田升、栗劲等译：《唐令拾遗》，《唐令・军防令》第十六，长春出版社，1989 年，第 368 页。

② ［元］脱脱：《辽史》卷三四《兵卫志》，中华书局，2000 年，第 397 页。

具体武器种类和数量。如此详细的规定，不仅对于研究西夏武器装备，就是西夏军制和西夏社会也起到一定的参考价值。如《天盛律令》中对于帐门后宿武器装备的规定：

一等帐门后宿属：正军有：官马、披、甲、弓一张、箭百枝、箭袋、银剑一柄、圆头木橹一、拨子手扣全、五寸叉一柄、囊一、弦一根、凿斧头二、长矛杖一枝。

正辅主：弓一张、箭六十枝、有后氈木橹一、拨子手扣全、长矛杖一枝。

负担：弓一张、二十枝箭、拨子手扣全、长矛杖一枝。[①]

可惜的是，《天盛律令》中规定各类属武器装备配备的同时，只记载了"正军、辅主、负担"，没有更详细地记载各类属下的官、职、军等人员构成。唐代《军防令》中记载了大将的军队职官构成，"诸军每大将一人（别奏八人，傔十六人），副二人（分掌军务，奏傔减大将军半）判官二人，典四人，总管四人（二主左右虞候二、左右押衙、傔各五人），子将八人（委其分行陈，金鼓及部署、傔各二人），执鼓十二人，吹角十二人，司兵司仓司骑司胄城局各一人，每队五十人，押官一人，队头一人，副二人，旗头一人，副二人，火长五人（六分支甲、八分支头牟、四分支戟、一分支弩、一分支棒、三分支弓箭、一分支枪、一分支排、八分支佩刀）"。[②]《宋史・夏国传》中提到部队阶层不同，而个别武器装备有所变化，"刺史以下，无帐无旗鼓，人各橐驼一、箭三百、幕梁一。兵三人同一幕梁。幕梁，织毛为幕，而以木架"。[③]

在武器装备发放、保管方式方面，西夏由于实行部落兵制，《隆平集》记载："其部族一家号一帐，男年十五以上为丁，有二字丁者，取正军一人，负担一人为一抄……年六十以下，十五以上，皆自备介胄弓矢以行。"[④]也就是说，男丁从十五岁就开始配备武器，一直到其注销军籍。在此期间武器装备一直不离其身。从上述史料记载来看，尽管西夏建国初期，还实行武器装备自备，但到了西夏后期，武器装备和唐、宋相似，都是由国家统一供给。唐、宋律法反映的是，唐、宋武器装备一般是由武库管理，等到军队出发前，或者是士兵要参军入伍时才进行发放。之前民间是禁止私藏武器装备的。唐代《军防令》中规定的就是如此情况，"诸卫士麦饭九斗，米二斗，皆自备，并其介胄、戎具藏于库。有所征行，则视其入而出给之"。[⑤] 而宋代武器装备供给也是要经过武库发放，《庆元条法事类》中记载"诸军帐若甲仗、防城、备城库文书于监官听写造封锁。即差发军马所支器甲，以支出见在逐

① 史金波、聂鸿音、白滨译：《天盛改旧新定律令》卷五《季校门》，法律出版社，2000 年，第 223—228 页。

② ［日］仁井田升、栗劲等译：《唐令拾遗》，《唐令・军防令》第十六，长春出版社，1989 年，第 372—373 页。

③ ［元］脱脱：《宋史》卷四八六《夏国传》，中华书局，2004 年，第 14028 页。

④ ［宋］曾巩撰、王瑞来校证：《隆平集校证》卷二十《夏国》，中华书局，2012 年，第 603 页。

⑤ ［日］仁井田陞、栗劲等译：《唐令拾遗》，《唐令・军防令》第十六，长春出版社，1989 年，第 368 页。

色数申尚书兵部。所申状，监官诣长吏听监写，签发官聚听点校书印”。[①]

西夏与唐宋之间的武器装备发放方式完全不同，西夏男丁早早就有了自己的武器装备，且一直不离其身。这样每个西夏部落士兵都能很早熟悉自己的武器装备，并根据自己的爱好和习惯进行调整，达到将熟兵、兵识器的效果，使士兵在战争中更加得心应手。反观唐宋，从武器装备的生产到保管一直由武库管理，直到部队出发才配备武器。一方面，造成士兵对所发放的新武器不能及早适应。或在发放武器之前，士兵因没有得到相应的训练，不会使用武器。法律规定若持有兵器视为违法行为，将受到严厉的处罚。《唐律疏议》中规定：

> 诸私有禁兵器者，徒一年半，（谓非弓、箭、刀、楯、短矛者。）疏议曰："私有禁兵器"，谓甲、弩、矛、矟、具装等，依《令》，私家不合有。若有矛、矟者，各徒一年半。注云："谓非弓、箭、刀、楯、短矛者"，此上五事，私家听有。其旌旗、幡帜及仪仗，并私家不得辄有，违者从"不应为重"，杖八十。弩一张加二等。甲一领及弩三张流二千里，甲三领及弩五张绞。私造者各加一等，甲，谓皮、铁等。具装与甲同。即得阑遗，过三十日不送官者同私有法。[②]

另一方面，如果武器装备有质量问题，也不能及时发现，从而进行调整和修葺。《武经总要》为了预防此类问题发生，规定："器仗不预修整临阵不堪施用，或给受之际不即言上，致临阵败事者斩。"[③]如宋将欧阳修曾在《论西北事札子》中谈到宋朝武器因监管不利致使武器装备质量低下，请朝廷派人修换。可见武器装备的及时发放对于方便士兵使用和战斗力提升有着很大的影响。

> 河东沿边州军器械，全然不堪。臣昨到彼，见逐处弓弩无十数枝可施用者。问其何故，云为省司惜筋、胶，支请不得，纵支得，即角短筋碎，不堪使用，久无物料修治，是致废坏。臣亦知京中筋、胶、角绝少，然若遍支与诸州军，即恐不及，欲乞且只支与沿边州军。仍乞选差干事官，逐州自遣一员，上京支请，便令自监修补。其诸州木羽箭，臣曾逐色用草人被甲，去三十步以硬弩射之，或箭杆飞掉不至，或箭头卷折不入甲。此乃临阵误事之物，十无一二堪者。惟旧竹箭，虽翎损、镞生锈，然射之亦能入甲，又数目不多，亦乞委官拣点修换。[④]

---

① 戴建国点校：《庆元条法事类》卷八《泄露传报・军防令》第十六，黑龙江人民出版社，2002 年，第 147 页。
② 刘俊文点校：《唐律疏议》卷十六《擅兴・私有禁兵器》，法律出版社，1999 年，第 382 页。
③ [宋] 丁度：《武经总要前集》卷十四《罚条》，解放军出版社、辽沈书社，1988 年 8 月，第 743 页。
④ [宋] 欧阳修：《欧阳文忠公全集》卷一一五《河东奉使奏草》，四部丛刊本，第 21 页下。

因武器装备的发放、保存方式不同，造成了在武器装备检查及其处罚方面的差异，如上文所述，西夏对于发放于正军、辅主、负担手中的武器装备检查十分详细。对于武器装备是否齐全、合格、互相借索、交换、买卖武器、以及武器装备能否得到及时修补和补充等情况做了详细的规定。如《天盛律令》对于“诸溜盈能、大小军头监、末驱、舍监、军卒等季校，披、甲、马、杂物等短缺”的武器装备不全的罪法：“正军属：披、甲、马三种有一种不备，十三杖；二种不备，十五杖；三种皆不备，十七杖。其另外杂物、武器多寡不备者，则当入其下。”①

但是唐宋朝对于武器装备的检查则呈现出完全不同的结果。西夏是按照军籍账簿，对每位持有武器装备的个人进行季校检查，而唐宋却有几种不同的检查方式，其一是对武库进行检查，宋朝政府要求“诸将军器，每岁委总管、安抚、钤辖司于本路互差官诣库检察，内有损坏不堪者，即具名件申逐司置籍注之，送所在作院、责限修整毕申逐司勾销。岁具有无未修整名件申枢密院。仍令提点刑狱司因岁巡处点检”。② 对于那些还没来得及发放到部队的不合格武器装备，若点检出来问题，就返回给将作院返厂修理，与个人好恶有关。

另一种检查方式，是对已经发放到士兵个人手中的武器装备进行检查。唐朝关于防人要求修葺武器装备是其义务，但对武器的缺失、损坏有明确的规定，“若镇、戍官司，役使防人不以理，致令逃走者，一人杖六十，五人加一等，罪止徒一年半。《疏》议曰：依《军防令》：‘防人在防，守固之外，唯得修理军器、城隍、公廨、屋宇……’”③宋朝政府对于“诸从军甲仗不经战阵损失者，三分理二分，勿理，损者，官修”④或者对于诸军教阅时，“差将校逐日分番部押，其早教仍轮兵官一员巡按，每营置印历，录巡教官姓名，五日一赴州县，长吏书押。州长吏时往提按点名，分队教射。阙兵器者，于甲仗库借支。（诸军指占出战或封椿者，亦听权借，当日内却选。拍试者准此。）三路总管司，余帅司躬亲按视。非逐司所在，即转运、提点刑狱司各据逐年应分巡州准此，遇按，仍取印历检查”。⑤ 可见，宋朝政府对于发放到个人手中的武器装备亦不是十分重视，缺者或者不理，或者官补，这样往往造成士兵对武器装备的不重视和不爱惜保护，造成了武器装备的极大浪费，增添了国家的经济负担。

---

① 史金波、聂鸿音、白滨译：《天盛改旧新定律令》卷五《季校门》，法律出版社，2000 年，第 231 页。
② 戴建国点校：《庆元条法事类》卷八《泄露传报・军防令》第十六，黑龙江人民出版社，2002 年，第 147 页。
③ 刘俊文点校：《唐律疏议》卷十六《擅兴・遣番代违限》，法律出版社，1999 年，第 380 页。
④ 戴建国点校：《庆元条法事类》卷八十《毁失官私物・军器令》，黑龙江人民出版社，2002 年，第 910 页。
⑤ 戴建国点校：《庆元条法事类》卷七《监司巡历・军防令》，黑龙江人民出版社，2002 年，第 124 页。

“若法令不明，赏罚不信，金之不止，鼓之不前，虽有百万何益于用?”[①]赏功罚罪是军法的重要方面。通过战争缴获敌军的武器装备，是最为直接补充装备的途径之一，也是有效降低敌人战斗力的重要手段。从党项政权建立到建立国家，西夏一直施行“以战养战”的掠夺政策，不断从宋、辽、金政府手中夺取兵器给养，这是西夏不断获取武器装备和战斗给养的重要补充方式，是党项族不断发展壮大的重要资本来源，也是西夏“以战养战”重要战略的具体表现。

西夏非常重视对战场缴获和丢失武器装备的奖惩，在《贞观玉镜将》中对于缴获敌军武器装备的奖惩具体如下：[②]

> 将军之功……在我地域中，敌军到来，我人、马、铠甲、旗、鼓、金等落入敌手。后得败敌军等，功可抵罪。若功超过罪一百种以下到一百种的，勿得功。若超过一百种以上至五百种的，则加一官，当得三十银碗，衣服一袭十带，五两银腰带一条，茶、绢一百份等。五百种以上到千种的，加二官，当得五十两银碗，衣服一袭十带，六两银腰带一条，茶、绢百五十份等。千种以上到千五百种，加三官，当得七十两银碗，衣服一袭十带，七两银腰带一条，茶、绢二百二十份等。千五百种以上到二千种，加四官，当得百两银碗，衣服一袭十带，八两银腰带一条，茶、绢三百份等。二千种以上到二千五百种，加五官，当得十两金碗，衣服一袭十带，九两银腰带一条，茶、绢四百份等。二千五百种以上到三千种，加六官，当得二十两金碗，衣服一袭十带，十两银上涂金腰带一条，茶、绢六百份等。三千种以上，一律加七官，当得五十两金碗，百两银碗，衣服一袭十带，上缝绯丝，十两金腰带一条，银鞍鞯一副，银一锭，茶、绢千份等。

反观，宋代《武经总要》中对于军队获取和丢失装备的规定十分零散和笼统，“失去衣甲器械者斩，主将见而不收，从违制之罪。及故毁弃军装或盗卖器械、军装而诈称去失者亦斩。大军在路遗落器械衣物，皆须移在道傍，令收后人收候下营处。召主分付如他人妄认及隐匿者斩。收后人不收者杖一百”。[③]“攻战所获军帐人畜资财杂物等，并赐所获之人，内有马及甲仗纳官给偿。”[④]但宋朝对于丢失旗鼓有非常严厉的惩罚规定：“失旗鼓旌节者全队斩，或为贼所取者亦全队斩。”[⑤]

总之，就武器装备方面的条文，通过对比，我们不难看出《天盛律令》同唐、宋律法之间

① [战国] 吴起：《吴子兵法注释》，上海人民出版社，1977年，第23页。
② 陈炳应：《贞观玉镜将研究》，宁夏人民出版社，1995年7月，第70—89页。
③ [宋] 丁度：《武经总要前集》卷十四《罚条》，解放军出版社、辽沈书社，1988年8月，第745页。
④ [宋] 丁度：《武经总要前集》卷十四《赏格》，解放军出版社、辽沈书社，1988年8月，第733页。
⑤ [宋] 丁度：《武经总要前集》卷十四《罚条》，解放军出版社、辽沈书社，1988年8月，第742页。

的不同。

首先，是反映在武器装备方面，西夏无论是从武器装备的种类、配备，还是检查管理，都非常具体。将每类的情况都分开分析、规定，足以见得西夏对于武器装备的重视和保护。而唐宋律法中完全反映不出武器装备对其的重要性，规定笼统宽泛，非常难以执行操作，只是检查训练的常规性工作，而得不到重视。

其次，西夏在此方面的规定更加灵活、更加人性化。西夏军法区别于唐宋军法的一个明显特点就是，西夏的罚罪律中判处死刑的要比唐宋军律少，如《武经总要》中的罚罪律中几乎每条都有规定为“斩”刑的条文。而西夏军法大都是各种惩罚，因西夏人口稀少，通过各种手段获取、保存人口，达到以劳代罚的效果。

第三，通过对《天盛律令》与唐、宋关于武器装备方面的规定，我们发现：作为西夏综合性法典《天盛律令》，在编纂内容上与《唐律疏义》、《宋刑统》有很多不同。其《天盛律令》卷五二门《军持兵器供给门》和《季校门》共 37 条内容，在《唐律疏义》、《宋刑统》中并无此门，就是相关条文也比较少，三者的相似度非常低。远远低于“《天盛律令》九一门的内容是《唐律疏义》、《宋刑统》所没有的，约占 60.7%。其他五十九门的内容与唐、宋律类似或相近，约占 39.3%。在内容相似的部分中，除《天盛律令》中的‘十恶’、‘八议’等十几门内容基本因袭唐、宋律以外，其余四十多门与唐、宋律的相关内容虽有一定关联，但是又有很多差异。体现出西夏党项民族自身的特点”。[①]

但是《天盛律令》卷五内容，与唐代《军防令》、《庆元条法事类》的条文相似度较高，这也符合李华瑞先生的观点：“《唐律疏义》、《宋刑统》在唐中叶以后至两宋并不是主要的立法活动或法典修纂形式，《天盛律令》的修纂受这两部基本成文法典的影响有限，更多的影响来自编敕、条法修纂的影响。”[②]

① 邵方：《西夏法制研究》，人民出版社，2009 年，第 42—60 页。

② 李华瑞：《〈天盛律令〉修纂新探〈天盛律令〉与〈庆元条法事类〉比较研究之一》，《西夏学》第九辑 2013 年，第 24 页。

结　　语

西夏军事是西夏学研究领域中“一个重要而又相当薄弱的学科”，其主要原因就是受到了出土文物与历史资料的限制。作为西夏国家修订颁布的法典，《天盛律令》涵盖了方方面面的内容，其中就包括了西夏军事条文。与其他领域不同的是，西夏的军事法律方面的条文与《唐律疏议》和《宋刑统》相比，其内容丰富，规定详细，有很强的操作性，体现了西夏军事的特色。《天盛律令》中的军事法律条文对于研究西夏武器装备，乃至西夏军事制度，都有着非常重要的价值。

本文主要从西夏文整理和专题研究两部分展开，改变了以往只有翻译不进行研究、或者以他人翻译成果为研究底本的状况，目的有二：一是可以了解翻译的过程；二是对前辈译文进行注释，以期为其他研究者开辟新的方向。

整理部分由释文和校勘组成。释文针对《天盛律令》只有总译，而没有详细的注解考释，以致学界在使用过程中往往存疑的问题，利用《掌中珠》《类林》和部分佛经等夏汉对译文献，对《天盛律令》中军事法律条文进行逐一注解考释。释文包括以下几个方面内容：

一是经过考证，发现与汉译本有出入的字、词，提供更为合适的译法，并解释其原因。有形近之误译，如汉译本中的“[illegible]”（旌旗）译为“枪”，“[illegible][illegible]”（槌杖）译为“矛杖”。对军事法律条文中出现频率非常高的“[illegible]”（马铠），虽然没有错误但在现代汉语中容易造成理解方面的歧义，特将其译成“披”，这样不能准确反映出其具体含义，同时对条文中马铠的各个部件，翻译得也不是非常准确；将“[illegible][illegible]”（浑脱），简单翻译成“囊”，即不能准确表现其材质，也不能突出其民族特色等等。

二是通过对照《俄藏黑水城文献》中《天盛律令》影印件的图版，对汉文译本进行补充，如缺字、缺页等问题的解决。如缺字补充了“[illegible][[illegible][illegible][illegible]]”（箭筒一副），不仅反映了当时西夏武器装备的情况，同时对“[illegible][illegible][illegible][illegible]”一词的准确翻译有借鉴作用。该词直译为“袋有囊全"或"袋有函全",汉译本翻译为"箭袋"。经过考证应译为"弓矢鞲"、"弓箭囊"。"在卷五的翻译中亦发现缺页现象。其中《俄藏黑水城文献》中有一页"俄 ИНВ.No.158 天盛律令(甲本)第五(图版 132,31－26 右面)",汉译本中漏译,本文进行翻译。

专题研究部分根据新补充和译释的资料,利用其他汉文和西夏文文献资料,围绕几个问题展开:

一是依据《天盛律令》卷五中所规定的武器装备,核对原图版,根据整理部分的考据,结合西夏文献与出土文物,对西夏枪矛、棍棒、旌旗、剑、弓弩等兵器的考证和研究,并将其历史沿革、形制特点、制作特点、文化内涵等进行一一介绍。

二是对铠甲和马铠这几个在西夏军事防护用具中非常重要的装备进行了考证,汉译本中只出现了"披甲"的翻译,但所指范围却没有明确说明,文章在考证其含义的同时,辨明"披甲"的具体构造,如铠甲是指人所穿着之防护用具,其包括"护胸"、"护背"、"鹘尾"、"护髀"、"护肩"、"护臂"、"腰带"、"兜鍪","护颈"等一系列部件。而马铠是保护马匹的装备,主要包括"身甲"、"鸡颈"、"荡胸"、"面帘"、"搭后"。西夏从史料和壁画中均无"寄生"部分的记载。可见,西夏武器装备不仅是一个战争的工具,而且涉及到经济、军事问题等诸多问题。

三是西夏武器装备管理的重要问题,而对西夏管理的研究主要集中在两个方面:第一是西夏武器装备的配备方面,《天盛律令》详细规定了西夏配备武器装备的原则、范围、标准、武器种类,可以看出西夏武器装备的配备几乎涵盖了所有行业和所有层面,即反映了西夏全民皆兵的部落军事体制特点。同时也与唐、宋等严格的武器装备敕禁、控制形成了鲜明的对比,成为我们研究西北少数民族发展史的一个途径。第二是西夏严格的武器装备季校检查制度,详细地规定检查中武器装备的缺失、损毁、借索、买卖等情况的惩罚,有效地保证了西夏武器装备的储备和充足,为西夏军事战争的胜利做了有力的保障。

同时我们将西夏武器装备的配备、检查管理方式与唐、宋朝相关律法进行比较,依据《唐律拾遗》中的《军防令》、《庆元条法事类》等具体规定:"诸军教阅,差将校逐日分番部押,其早教仍轮兵官一员巡按,每营置印历,录巡教官姓名,五日一赴州县,长吏书押。州长吏时往提按点名,分队教射。阙兵器者,于甲仗库借支。"如果诸军缺少兵器,不是要求士兵自己补偿,而是要从甲仗库借支。对于"诸招军按举保明隶提点刑狱司,巡按所至,集所招人点检"。如果"禁军不及等杖者,改刺以次军;不堪披带者,改厢军;有工艺者,试验充工匠,更不支例物;其不堪征役者,放逐便,每岁终逐司类聚部内所招人数申所隶官司”。[①] 他们的惩罚只是降级或者扣发军饷，与西夏之律法截然不同。这不仅反映出宋夏的军法严明程度不同，也在一定程度上反映了两国的军制——部落兵制和募兵制在管理上的差异。

尽管论文已基本完成，但仍有一些问题尚待解决，例如西夏文的译释，一些字、词仅作了标音注义等基础性工作，缺乏翻译的依据，一些考证因为缺乏史料和实物证明，也仅是一己之言，一孔之见。其次，征引文献不够丰富，夏汉对译典籍中仍有许多解释没有引入文中。另外，就是对军事法律条文中的一些名物制度，仍有一些问题需要进一步考论，这些都作为今后努力的方向，会不断改进提高。

① 戴建国点校：《庆元条法事类》卷七，黑龙江人民出版社，2002 年，第 123—124 页。

参考文献

古　籍

[1] （宋）欧阳修、宋祁：《新唐书》，中华书局1975年版。
[2] （后晋）刘昫：《旧唐书》，中华书局1979年版。
[3] （宋）欧阳修：《新五代史》，中华书局1974年版。
[4] （宋）薛居正：《旧五代史》，中华书局1976年版。
[5] （元）脱脱：《宋史》，中华书局1985年版。
[6] （元）脱脱：《辽史》，中华书局1974年版。
[7] （元）脱脱：《金史》，中华书局1975年版。
[8] （明）宋濂：《元史》，中华书局1976年版。
[9] （宋）李焘：《续资治通鉴长编》，中华书局2004年版。
[10] （宋）范仲淹：《范文正公年谱补遗》，商务印书馆1978年版。
[11] （宋）曾巩撰：《隆平集校证》，王瑞来校证，中华书局2012年版。
[12] （宋）王钦若：《册府元龟》，中华书局1960年版。
[13] （宋）田况：《儒林公议》，中华书局1985年版。
[14] （宋）欧阳修：《欧阳文忠公全集》，上海书店1989年版。
[15] （宋）司马光：《涑水记闻》，邓广铭、张希清点校，中华书局1989年版。
[16] （宋）沈括：《梦溪笔谈》，施适点校，上海古籍出版社2015年版。
[17] （宋）李昉：《文苑英华》，中华书局1982年版。
[18] （宋）晁补之：《鸡肋集》，《四部丛刊》1985年版。
[19] （宋）太平老人：《袖中锦》，中华书局1985年版。

[20]（宋）朱弁：《曲洧旧闻》，中华书局 2002 年版。
[21]（清）吴广成撰：《西夏书事校证》，龚世俊、胡玉冰等校证，甘肃文化出版社 1995 年版。
[22]（唐）：《唐律疏议》，刘俊文点校，法律出版社 1999 年版。
[23]（宋）窦仪等撰：《宋刑统》，薛梅卿点校，法律出版社 1999 年版。
[24]（宋）谢深甫等撰：《庆元条法事类》，戴建国点校，黑龙江人民出版社 2002 年版。
[25]（清）徐松：《宋会要辑稿》，刘琳等点校，上海古籍出版社 2014 年版。
[26]（明）胡汝砺编、管律重修：《嘉靖宁夏新志》，邵敏校注，中国社会科学出版社 2015 年版

出 土 文 献

[1] 宁夏大学西夏学研究中心、国家图书馆、甘肃省古籍文献整理编译中心编辑，史金波、陈育宁主编：《中国藏西夏文献》(1－20 册)，甘肃人民出版社、敦煌文艺出版社(2005—2007 年版)。
[2] 宁夏大学西夏学研究中心、内蒙古文物考古研究所、甘肃省古籍文献整理编译中心编译，塔拉、杜建录、高国祥：《中国藏黑水城汉文文献》(1－10 册)，国家图书馆出版社 2008 年版。
[3] 俄罗斯科学院东方研究所圣彼得堡分所、中国社会科学院民族研究所、上海古籍出版社编译，史金波、魏同贤、克恰诺夫主编：《俄藏黑水城文献》(1－27 册)，上海古籍出版社(1994—2018 年版)。
[4] 西北第二民族学院、上海古籍出版社、英国国家图书馆编辑，谢玉杰、吴芳思主编：《英藏黑水城文献》(1－4 册)，上海古籍出版社 2005 年版。

著 作

[1]（西夏）骨勒茂才：《番汉合时掌中珠》，宁夏人民出版社 1998 年版。
[2] 史金波、聂鸿音、白滨译：《天盛改旧新定律令》，法律出版社 2000 年版。

[3] 史金波：《西夏社会》，上海：上海人民出版社 2007 年版。
[4] 史金波、白滨、黄振华：《文海研究》，中国社会科学出版社 1983 年版。
[5] 李范文：《同音研究》，宁夏人民出版社 1986 年版。
[6] 史金波、黄振华、聂鸿音：《类林研究》，宁夏人民出版社 1993 年版。
[7] (俄)克恰诺夫、李范文、罗矛昆著：《圣立义海研究》，宁夏人民出版社 1995 年版。
[8] 陈炳应：《西夏谚语——新集锦成对谚语》，山西人民出版社 1993 年版。
[9] 汤晓芳：《西夏艺术》，宁夏人民出版社 2003 年版。
[10] 谢继胜：《西夏藏传绘画——黑水城出土西夏唐卡研究》，河北教育出版社 2002 年版。
[11] 陈炳应：《贞观玉镜将研究》，宁夏人民出版社 1995 年版。
[12] (俄)克恰诺夫俄译、李仲三汉译、罗矛昆校订：《西夏法典——〈天盛改旧新定律令〉》，宁夏人民出版社 1988 年版。
[13] 王天顺：《西夏战史》，宁夏人民出版社 1993 年版。
[14] 王曾瑜：《宋朝兵制初探》，中华书局 1983 年版。
[15] 胡若飞：《西夏军事制度研究》，内蒙古大学出版社 2003 年版。
[16] 张廷杰：《宋夏战争诗研究》，甘肃人民出版社 2002 年版。
[17] 周伟洲：《早期党项史研究》，中国社会科学出版社 2004 年版。
[18] 李范文：《西夏通史》，宁夏人民出版社 2005 年版。
[19] 吴天墀：《西夏史稿》，广西师范大学出版社 2006 年版。
[20] 李蔚：《西夏史研究》，宁夏人民出版社 1989 年版。
[21] 杜建录：《西夏经济史》，中国社会科学出版社 2002 年版。
[22] 杜建录：《中国藏西夏文献研究》，上海古籍出版社 2012 年版。
[23] 杜建录：《西夏史论集》，上海古籍出版社 2016 年版。
[24] 李范文主编：《西夏研究》，中国社会科学出版社 2007 年版。
[25] 李范文：《夏汉字典》，中国社会科学 1997 年版。
[26] 韩小忙：《〈同音背隐音义〉整理与研究》，中国社会科学出版社 2011 年版。
[27] 韩小忙：《〈同音文海宝韵合编〉整理与研究》，中国社会科学出版社 2008 年版。
[28] 李范文主编：《西夏语比较研究》，宁夏人民出版社 2004 年版。
[29] 李华瑞：《宋夏史探研集》，科学出版社 2016 年版。
[30] 汤开建：《党项西夏史探微》，商务印书馆 2013 年版。

[31] 郑炳林:《敦煌归义军史专题研究》,兰州大学出版社 1997 年版。
[32] 王天顺:《西夏天盛律令研究》,甘肃文化出版社 1998 年版。
[33] 杨积堂:《法典中的西夏文化:西夏天盛改旧新定律令研究》,法律出版社 2003 年版。
[34] 姜歆:《西夏法律制度研究——〈天盛改旧新定律令〉初探》,兰州大学出版社 2005 年版。
[35] 杜建录:《〈天盛律令〉与西夏法制研究》,宁夏人民出版社 2005 年版。
[36] 陈永胜:《西夏法律制度研究》,民族出版社 2006 年版。
[37] 韩小忙:《西夏道教初探》,甘肃文化出版社 1998 年版。
[38] 白滨:《西夏史论文集》,宁夏人民出版社 1984 年版。

论　　文

[1] 王静如:《西夏法典序》,《宁夏大学学报》(社会科学版)1990 年第 1 期。
[2] 李范文:《西夏法典》,《宁夏大学学报》(社会科学版)1990 年第 1 期。
[3] 李温:《〈西夏法典〉述评》,《法律科学》,1990 年第 2 期。
[4] 杜建录:《论西夏〈天盛律令〉的特点》,《宁夏社会科学》2005 第 1 期。
[5] 史金波:《西夏〈天盛律令〉略论》,《宁夏社会科学》1993 年第 1 期。
[6] 姜歆:《论西夏法典中的刑事法律制度》,《宁夏社会科学》2003 年 6 期。
[7] 杜建录:《西夏〈天盛律令〉的历史文献价值》,《西北民族研究》2005 年第 1 期。
[8] 姜歆:《论西夏法律制度对中国传统法律文化的传承与创新——以西夏法典〈天盛律令〉为例》,《固原师专学报》2006 年第 2 期。
[9] 刘菊湘:《关于〈天盛律令〉的成书年代》,《固原师专学报》1998 年第 4 期。
[10] 苏冠文:《西夏军队装备述论》,《宁夏社会科学》2000 第 6 期。
[11] 刘菊湘:《西夏的库及管理制度》,《固原师专学报》1999 年第 4 期。
[12] 何玉红:《西夏女兵及其社会风尚》,《云南民族大学学报》(哲学社会科学版)2004 年第 5 期。
[13] 杜建录:《西夏军队的武器装备及其管理制度》,《河北大学学报》(哲学社会科学版)1998 年第 3 期。

[14] 邵方:《西夏的兵役制度论》,《中国政法大学学报》2012 年第 5 期。
[15] 彭向前:《释"负赡"》,《东北史地》2011 年第 2 期。
[16] 张玉海:《简论宋夏平夏城之战》,《西夏研究》2010 年第 4 期。
[17] 贾随生:《西夏军事后勤供给概论》,《宁夏社会科学》2004 第 2 期。
[18] 杜建录:《西夏仓库制度研究》,《中国史研究》1998 年第 2 期。
[19] 陈广恩:《关于西夏边防制度的几个问题》,《宁夏社会科学》2001 第 3 期。
[20] 汤开建:《近几十年国内西夏军事制度研究回顾》,《宁夏社会科学》2002 第 4 期。
[21] 陈炳应:《西夏军队的兵种兵员初探》,《固原师专学报》(社会科学版)1989 年第 1 期。
[22] 陈炳应:《党项人军事组织述论》,《民族研究》1986 年第 5 期。
[23] 史金波:《西夏的职官制度》,《历史研究》1994 年第 2 期。
[24] 刘建丽:《略论党项夏国的军事制度》,《宁夏大学学报》(社会科学版)2007 年第 6 期。
[25] 杜建录:《西夏边防制度初探》,《固原师专学报》(社会科学版)1993 年第 1 期。
[26] 祁跃、崔凤祥、崔星:《西夏党项族尚武精神在岩画中的演绎》,《黑龙江民族丛刊》2010 年第 2 期。
[27] 刘旭东、秦文忠:《西夏王朝的军事体育》,《贵州体育科技》2010 年第 4 期。
[28] 孙昌盛:《西夏服饰研究》,《民族研究》2001 年第 6 期。
[29] 胡若飞:《有关西夏军制"几种人"的范围考察》,《宁夏大学学报》(社会科学版)1997 年第 2 期。
[30] 曲小萌:《榆林窟第 29 窟西夏武官服饰考》,《敦煌研究》2011 年第 3 期。
[31] 鲁人勇:《西夏监军司考》,《宁夏社会科学》2001 第 1 期。
[32] 丁文斌:《西夏初期的军队战斗力》,《群文天地》2012 年第 11 期。
[33] 陈广恩:《西夏兵器及其配备制度》,《固原师专学报》(社会科学版)2001 年第 4 期。
[34] 陈广恩:《西夏兵器及其在中国兵器史上的地位》,《宁夏社会科学》2002 第 1 期。
[35] 拓万亮:《西夏特色兵器的研究》,西北师范大学 2011 年硕士研究生学位论文。
[36] 李进兴:《两件西夏兵器考略》,《西夏研究》2010 年第 1 期。
[37] 汤开建:《关于铁鹞子的几个问题》,《史学月刊》1989 年第 1 期。
[38] 徐庄:《西夏双木扇式风箱在古代鼓风器发展中的地位》,《宁夏社会科学》2008 第 1 期。

[39] 姜淑媛、方伟:《古代战服刍议》,《四川丝绸》2007 年第 1 期。

[40] 贾潍:《中国古代铠甲的历史变革分析》,天津师范大学 2010 年硕士研究生学位论文。

后　　记

20 世纪 90 年代以来，随着《俄藏黑水城文献》、《英藏黑水城文献》、《中国藏西夏文献》、《中国藏黑水城汉文文献》、《斯坦因第三次中亚考古所获汉文文献》（非佛经部分）、《法藏敦煌西夏文献》、《俄藏敦煌文献》、《日本藏西夏文献》等大型文献的出版，为全面深入研究西夏与黑水城文献奠定了坚实的基础。为此，宁夏大学西夏学研究院展开系列研究，在组织重大重点项目的同时，编纂出版《西夏文献研究丛刊》，由杜建录教授主编。2013 年，又将中俄人文合作研究课题"西夏法律文献研究"、"西夏文献专题研究"纳入《西夏文献研究丛刊》出版计划，由中俄西夏学联合研究所中方所长杜建录教授和俄方所长波波娃教授共同主编。

《西夏文献研究丛刊》自 2010 年推出后，目前已出版杜建录、史金波《西夏社会文书研究》、聂鸿音《西夏文献论稿》、杜建录编著《中国藏西夏文献研究》、彭向前《西夏文〈孟子〉整理研究》、杜建录、波波娃主编《〈天盛律令〉研究》、胡进杉《西夏佛典探微》、段玉泉《西夏〈功德宝集偈〉跨语言对勘研究》、杜建录《党项西夏碑石整理研究》，即将出版的有潘洁的《〈天盛律令〉农业门整理研究》、于光建的《〈天盛律令〉典当借贷门整理研究》、翟丽萍的《〈天盛律令〉职官门整理研究》、《西夏文〈宫廷诗集〉整理与研究》等。该文献研究丛刊的出版，得到中俄人文合作委员会秘书处（教育部）、教育部国际合作与交流司、社会科学司、宁夏回族自治区教育厅、宁夏大学、俄罗斯科学院东方文献研究所以及上海古籍出版社的大力支持，教育部副部长、中俄人文合作委员会教育合作分委会中方主席郝平拨冗作序，在此一并表示衷心的感谢！

编　者

二〇一八年三月七日

图书在版编目(CIP)数据

《天盛律令》武器装备条文整理研究 / 尤桦著. —上海：上海古籍出版社，2019.5
(西夏文献研究丛刊)
ISBN 978-7-5325-9177-0

Ⅰ.①天… Ⅱ.①尤… Ⅲ.①法制史—研究—中国—西夏 Ⅳ.①D929.463

中国版本图书馆 CIP 数据核字(2019)第 060277 号

西夏文献研究丛刊
书　　名 《天盛律令》武器装备条文整理研究
作　　者 尤　桦　著
责任编辑 王　珺
出版发行 上海古籍出版社
(上海瑞金二路 272 号　邮政编码 200020)
(1) 网　址：www.guji.com.cn
(2) E-mail：guji1@guji.com.cn
(3) 易文网网址：www.ewen.co
印　　刷 金坛市古籍印刷厂
版　　次 2019 年 5 月第 1 版
2019 年 5 月第 1 次印刷
规　　格 开本 787×1092　1/16
印　　张 17.75　字数 324,000
国际书号 ISBN 978-7-5325-9177-0/K·2629
定　　价 88.00 元